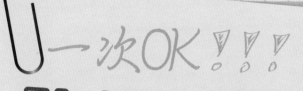

一次OK!!!

陳思緯◎編著

社會工作研究方法

2024
最新試題

必勝！

考用出版股份有限公司

目錄 Contents

第一章　社會工作研究方法與研究取向 ★★★★

第二章　假設、理論、概念與變項 ★

第三章　測量與抽樣 ★★★★★

應考須知

一、應考資格

考試名稱	類科	應考資格
專門職業及技術人員高等考試（續）	社會工作師（續）	一、公立或立案之私立專科以上學校或經教育部承認之國外專科以上學校社會工作科、系、組、所畢業，領有畢業證書者。 二、公立或立案之私立專科以上學校或經教育部承認之國外專科以上學校相當科、系、組、所畢業，領有畢業證書，曾修習社會工作（概論）或社會工作（福利）理論、人類行為（發展）與社會環境、社會個案工作、社會團體工作、社區組織與（社區）發展或社區工作、社會（工作）研究方法或社會及行為研究法或社會調查與研究、社會福利概論或社會福利通論、社會福利行政（與立法）或社會工作管理、社會政策與（社會）立法、社會工作（福利）實習或實地工作、社會工作方法或臨床社會工作或醫療社會工作、高等社會工作或高等社會個案工作或高等社會團體工作或高等社會社區工作或進階社會工作或進階社會個案工作或進階社會團體工作或進階社會社區工作、社會工作督導、非營利組織（經營）管理或社會服務機構（行政）管理或方案規劃與評估、社會政策分析或比較社會政策、家庭政策或家庭（福利）服務或家庭社會工作、社會福利（服務）或兒童福利（服務）或青少年福利（服務）或老人福利（服務）或身心障礙者福利（服務）或婦女福利（服務）等學科至少 7 科，合計 20 學分以上，每學科至多採計 3 學分，其中須包括社會工作（福利）實習或實地工作，有證明文件者。

考試名稱	類科	應考資格
專門職業及技術人員高等考試（續）	社會工作師（續）	三、中華民國90年7月31日前，經公立或立案之私立專科以上學校或經教育部承認之國外專科以上學校社會政策與社會工作、青少年兒童福利、兒童福利、社會學、社會教育、社會福利、醫學社會學等科、系、組、所畢業，領有畢業證書者。 四、中華民國89年12月31日前，具有國內公立或立案之私立或經教育部承認之國外大學或獨立學院以上非社會工作相關學系畢業，有國內社會工作實務經驗2年以上，並領有中央主管機關審查合格之證明文件者。 五、中華民國95年7月31日前，具有國內已設立10年以上之宗教大學或獨立學院之社會工作相關科系畢業，有國內社會工作實務經驗2年以上，並領有中央主管機關審查合格之證明文件者。 自中華民國102年1月1日起，中華民國國民具有下列資格之一者，得應本考試： 一、公立或立案之私立專科以上學校或經教育部承認之國外專科以上學校社會工作相當科、系、組、所、學位學程畢業，曾修習社會工作（福利）實習或實地工作，領有畢業證書者。所稱社會工作相當科、系、組、所、學位學程係指開設之必修課程包括下列五領域各課程，每一學科至多採計3學分，合計15學科45學分以上，且經考選部審議通過並公告者： （一）社會工作概論領域課程2學科：包括 　　1. 社會工作概論。 　　2. 社會福利概論或社會工作倫理。 （二）社會工作直接服務方法領域課程3學科，包括 　　1. 社會個案工作。 　　2. 社會團體工作。 　　3. 社區工作或社區組織與（社區）發展。

考試名稱	類科	應考資格
專門職業及技術人員高等考試（續）	社會工作師（續）	（三）人類行為與社會環境領域課程 4 學科，包括 1. 人類行為與社會環境。 2. 社會學。 3. 心理學。 4. 社會心理學。 （四）社會政策立法與行政管理領域課程 4 學科，包括 1. 社會政策與社會立法。 2. 社會福利行政。 3. 方案設計與評估。 4. 社會工作管理或非營利組織管理。 （五）社會工作研究法領域課程 2 學科，包括 1. 社會工作研究法或社會研究法。 2. 社會統計。 二、公立或立案之私立專科以上學校或經教育部承認之國外專科以上學校社會工作相關科、系、組、所、學位學程畢業，曾修習社會工作（福利）實習或實地工作，領有畢業證書，且其修習之課程符合前款規定之五領域課程，有證明文件者。 三、前二項實習或實地工作認定標準由考選部另定之。 　　具有第一項各款資格之一者，限於中華民國 105 年 12 月 31 日以前，得應本考試。 ※ 102 年以後畢業者，實習以課堂外實習為限，應至少實習二次且合計 400 小時以上。

二、考試科目

考試名稱	類科	考試科目
專門職業及技術人員高等考試	社會工作師	1. ◎國文（作文與測驗） 2. ◎社會工作 3. ◎社會政策與社會立法 4. ◎社會工作管理 5. ◎社會工作直接服務 6. ◎人類行為與社會環境 7. ◎社會工作研究方法

備註：1. 科目前端有「※」符號者，係全部採測驗式試題。
　　　2. 科目前端有「◎」符號者，係採申論式及測驗式之混合式試題。

三、考試日期

考試名稱	類科	預定辦理日期
專門職業及技術人員高等考試	社會工作師	每年舉辦 1 次，並視需要舉辦 1 次 1. 第 1 次：約於每年 1～2 月舉辦。 2. 第 2 次：約於每年 7～8 月舉辦。

四、錄取（及格）率

專技社會工作師

年度／試種	報考人數	到考人數	錄取人數	錄取率
106 年第二次	3,384	2,340	497	21.2%
107 年第一次	2,367	1,660	606	36.5%
107 年第二次	3,606	2,817	486	17.3%
108 年第一次	2,632	1,997	535	26.8%
108 年第二次	3,546	2,730	451	16.5%
109 年第一次	2,794	2,085	260	12.5%
109 年第二次	4,262	3,191	790	24.8%
110 年第一次	2,891	2,068	282	13.6%
110 年第二次	4,402	2,848	557	19.6%
111 年第一次	2,742	1,759	530	30.1%
111 年第二次	4,337	3,059	399	13.0%
112 年第一次	2,956	2,050	703	34.3%
112 年第二次	4,191	2,978	702	23.6%
113 年第一次	3,344	2,368	355	15.0%

命題大綱

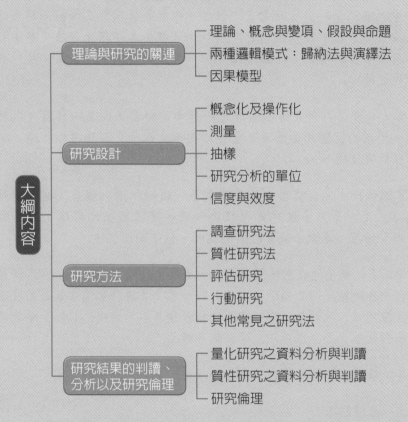

專門職業及技術人員高等考試 社會工作師考試
「社會工作研究方法」科目大綱

大綱內容

理論與研究的關連
- 理論、概念與變項、假設與命題
- 兩種邏輯模式：歸納法與演繹法
- 因果模型

研究設計
- 概念化及操作化
- 測量
- 抽樣
- 研究分析的單位
- 信度與效度

研究方法
- 調查研究法
- 質性研究法
- 評估研究
- 行動研究
- 其他常見之研究法

研究結果的判讀、分析以及研究倫理
- 量化研究之資料分析與判讀
- 質性研究之資料分析與判讀
- 研究倫理

■ 備註：表列命題大綱爲考試命題範圍之例示，惟實際試題並不完全以此爲限，
仍可命擬相關之綜合性試題。

■ 資料來源：考試院考選部網站（http://wwwc.moex.gov.tw）

準備要領

「社會工作研究方法」在社會工作的學門中,是一科高度科學化的考科,涉及了研究方法論、研究方法、統計技術等。在社會工作系學生的養成教育中,這門學科占有相當多的學分,但也是最不容易學好的科目,更是考生在公職考試中最恐懼科目。所以,「社會工作研究方法」普遍被認為內容龐雜、資料瑣碎,很難準備,但只要這科分數能夠異軍突起,就是掌握勝利之鑰。

其實,社會工作研究方法是相當好準備的科目,因其內容具有高度的結構化,準備的範圍相當固定,重要的是考生必須克服恐懼的心情,融會貫通即可取得佳績。

本書的編排,完全從考生的角度著手,適時的加入圖表,提升邏輯架構之建立,並以最具系統化的整理與分析,建立完整的架構;內容的整理,清晰有條理,再加上適當的案例輔助,強化閱讀記憶。

詳讀本書,將使您在考場解出高人一等的申論題漂亮解答,內容細節的注重,使得在測驗題的正確選答將是易如反掌;另再搭配編者另著的歷屆試題解析:陳思緯,《社會工作研究方法搶分題庫》,考用出版社,將使考生在考場出類拔萃,高分在握,榮登公職金榜。

給各位讀者的期勉~豐收,來自於深耕,更來自於堅持。

祝您 金榜題名!

編者 陳思緯 敬上

經過社工系4年的薰陶，雖然感覺自己好像當新鮮人才沒多久，怎麼這麼快就大四了，距離畢業愈來愈近了，時間也過得太快了吧！

　　畢業後考取專技社工師證照，是許多社工人的規劃之一。在預算有限以及時間較難配合的情況下，我決定不補習，決定靠自己準備的方式準備考試。所謂「工欲善其事，必先利其器」，所以專技社工師考試用書的選擇，是最重要的一步（一步錯，步步錯），我花了二週的時間，逛遍各大考試用書的實體書局，更在知名網路書店逐一過濾與試閱各種考試用書的內容，發現許多的考試書，不是一成不變（萬年書），不然就是編排邏輯架構有問題，看不出考科有很完整的體系概念（在書局站到腳都麻了……），我在想，我買了這些書，看了以後恐怕很難建立架構分析的能力，我真的要買這些書嗎？

　　就在此時，我在書局架上看到一本社會工作研究方法的書，隨手拿起這本書，整個內容的編排讓我眼睛為之一亮，不但邏輯架構很清楚（這時即使站再久也不會腳麻……心裡暗自竊喜），最特別的是，這本書還榜首提點、關鍵焦點的特別提醒，讓我感覺讀書不再沒互動。不會再打瞌睡了（常見的考試書都只是內容，超級枯燥無趣），付出少少的預算，就可以得到互動教學的fu，透過書中的提點，感覺老師就在你身邊耳提面命，讓我更能掌握重點，好好加強準備一番了。

　　專技社工師放榜當天，我的心情非常緊張，我上榜了，真的高興得當晚整晚睡不著，雖然這是我第一次參加考試，但也是我最高興的一次，我憑藉著這本書的體系清楚，順利考上社工師，希望能將此次備考選擇考試用書的經驗與各位學弟妹分享，也期待大家能順利考取。

公務人員高考／專技社工師雙榜生　林╳雅

本書使用說明

1. 關鍵焦點

提出本章最關鍵的考點,考生可以特別針對此部分加強閱讀。

2. 榜首導讀

點出本章最關鍵的考點,考生可藉由上榜前輩的提點直接切入重點閱讀。

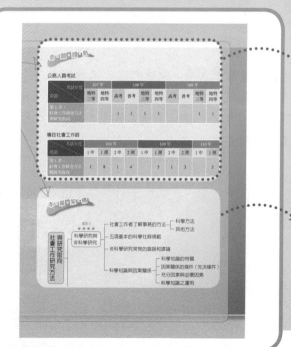

3. 命題趨勢

提出本章占各年度的考題數,讓考生可以依命題趨勢分配閱讀時間。

4. 本章架構

讓考生可以先了解本章大概的內容。

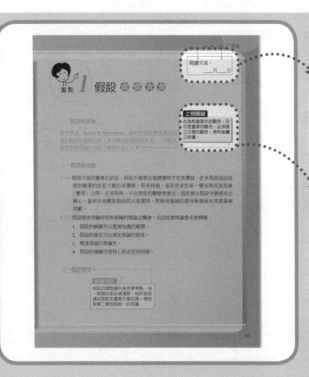

5. 閱讀完成日

可記錄唸完本章的時間，再複習時可以供參考。

6. 上榜關鍵

針對內文延伸出重要的觀念，或是老師提醒考生應該注意的地方，增進應考實力。

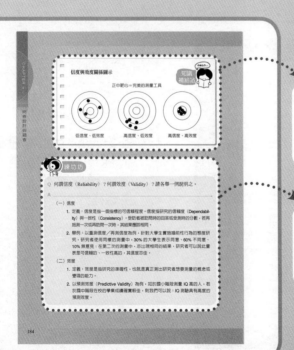

7. 知識補給站

針對內容較艱深的部分做例子補充或說明，讓考生一目瞭然。

8. 練功坊

學習一段重要觀念後，馬上進行練習，增加記憶。

9. 重點便利貼

讀完各章後，供考生最後再瀏覽該章重點。

10. 擬真考場

各章末附上相關歷屆試題，加上考題出處，輔以解析，供考生鑑往知來。

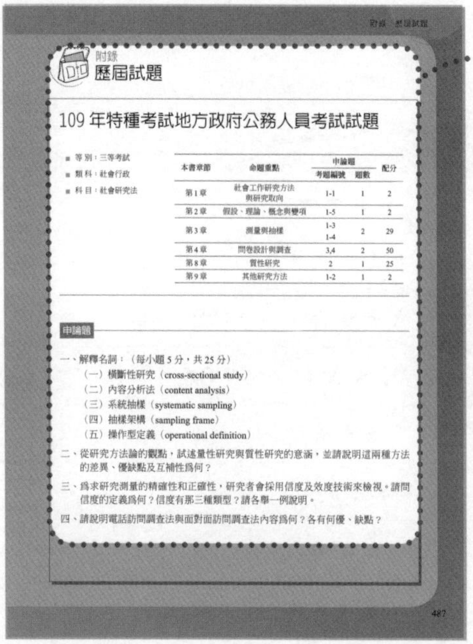

附錄 歷屆試題

附錄
歷屆試題

109 年特種考試地方政府公務人員考試試題

■ 等別：三等考試
■ 類科：社會行政
■ 科目：社會研究法

本書章節	命題重點	申論題		配分
		考題編號	題數	
第 1 章	社會工作研究方法與研究取向	1-1	1	2
第 2 章	假設、理論、概念與變項	1-5	1	2
第 3 章	測量與抽樣	1-3 1-4	2	29
第 4 章	問卷設計與調查	3,4	2	50
第 8 章	質性研究	2	1	25
第 9 章	其他研究方法	1-2	1	2

申論題

一、解釋名詞：（每小題 5 分，共 25 分）
（一）橫斷性研究（cross-sectional study）
（二）內容分析法（content analysis）
（三）系統抽樣（systematic sampling）
（四）抽樣架構（sampling frame）
（五）操作型定義（operational definition）

二、從研究方法論的觀點，試述量性研究與質性研究的意涵，並請說明這兩種方法的差異、優缺點及互補性爲何？

三、爲求研究測量的精確性和正確性，研究者會採用信度及效度技術來檢視。請問信度的定義爲何？信度有那三種類型？請各舉一例說明。

四、請說明電話訪問調查法與面對面訪問調查法內容爲何？各有何優、缺點？

487

11. 附錄　歷屆試題

書末歷屆試題除供考生練習外，每題亦附上出題的本書章節，如果有不清楚的地方，可以快速翻閱該章節，再進行閱讀。

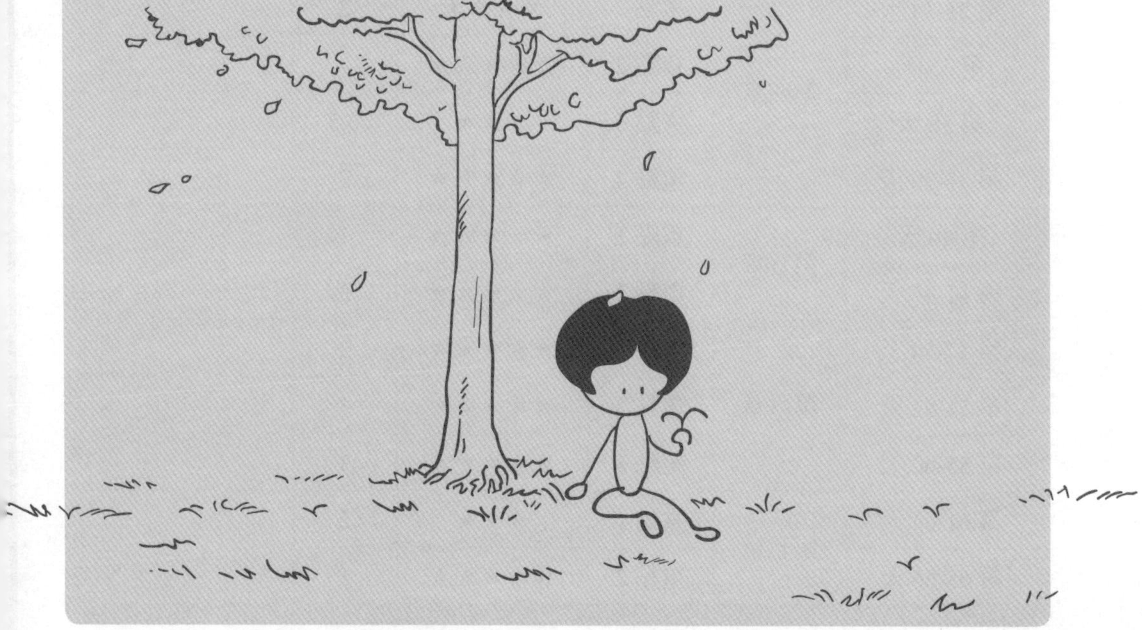

100 日讀書計畫

執行天數	範圍內容		重要性	時數	完成日期
第 1 天	第一章	重點 1	★★★★	1	
第 2-7 天		重點 2	★★★★★	3	
第 8-11 天		重點 3	★★★★★	2	
第 12 天		重點 4	★★	0.5	
第 13 天		重點 5	★★★	1	
第 14 天	第二章	重點 1	★★★★	1	
第 15-18 天		重點 2	★★★	2	
第 19-22 天		重點 3	★★★★★	2	
第 23-26 天	第三章	重點 1	★★★★★	2	
第 27-30 天		重點 2	★★★★★	2	
第 31-34 天	第四章	重點 1	★★★★	2	
第 35 天		重點 2	★★★★★	1	
第 36 天		重點 3	★★★	0.5	
第 37-39 天		重點 4	★★★★★	2	
第 40 天	第五章	重點 1	★★★★★	1	
第 41-46 天		重點 2	★★★★★	3	
第 47-50 天	第六章	重點 1	★★★★★	2	
第 51-54 天		重點 2	★★★★★	2	
第 55-60 天		重點 3	★★★★★	3	
第 61-64 天	第七章	重點 1	★★★	2	
第 65-66 天		重點 2	★★★★★	1	

執行天數	範圍內容		重要性	時數	完成日期
第 67-74 天	第八章	重點 1	★★★★	4	
第 75-80 天		重點 2	★★★★★	3	
第 81-82 天		重點 3	★★★★★	1	
第 83-88 天	第九章	重點 1	★★★★	3	
第 89-94 天		重點 2	★★★★★	3	
第 95-100 天	歷屆試題		★★★★★	6	

歷屆試題分析

專技社會工作師考試

章節	107年 2申	107年 2測	108年 1申	108年 1測	108年 2申	108年 2測	109年 1申	109年 1測	109年 2申	109年 2測	110年 1申	110年 1測	申論題	占申論題總出題數比率	測驗題	占測驗題總出題數比率	總出題數	占總出題數比率
第1章：社會工作研究方法與研究取向		7	1	8	1	4		5	1	3		5	3	25%	32	13%	35	14%
第2章：假設、理論、概念與變項		5		3		6		7		3		2	0	0%	26	11%	26	10%
第3章：測量與抽樣		6		4		5		9		6		3	0	0%	33	14%	33	13%
第4章：問卷設計與調查		6		5		5		3		11	1	9	1	8%	39	16%	40	16%
第5章：資料統計與分析		9		7		3	1	4	1	5		3	2	17%	31	13%	33	13%
第6章：實驗研究			1	2		6		4		1		2	1	8%	15	6%	16	6%
第7章：觀察研究				1						2	1	1	1	8%	4	2%	5	2%
第8章：質性研究	1	4		7		6	1	3		5		8	2	17%	33	14%	35	14%
第9章：其他研究方法	1	3		3	1	5		5		4		7	2	17%	27	11%	29	12%
合計	2	40	2	40	2	40	2	40	2	40	2	40	12	100%	240	100%	252	100%

Note.

社會（工作）研究方法（含概要）

CHAPTER 1

第一章 社會工作研究方法與研究取向

榜·首·導·讀

- 本章社會工作研究方法與研究取向，有許多大面向、基礎性的論述，在觀念的建立上非常重要，並且相當注重理論的實務運用，請考生務必紮實準備。

- 三大研究取向：實證主義社會科學、詮釋（解釋）社會科學、批判社會科學是非常重要的考點，與其所相關聯的其他理論，包括女性主義、俗民方法論、符號互動論、衝突理論等，均為較難準備的考點，請多花時間用心研讀。

- 非科學研究常見的錯誤和謬論、研究的面向、研究分析單位與錯誤等，均為熱門考點。

- 研究倫理除內涵加強準備外，請思考實務案例之運用。

關·鍵·焦·點

- 過度概化、選擇性觀察、偽科學三者較不容易懂，必須以案例建立觀念。

- 假性關係指的是，變數 A 和變數 B 之間之所以會表現出因果聯繫的原因在於：另外存在一個變數 C，而變數 C 和變數 A、B 都有關聯。觀念必須正確釐清。

- 三大研究取向的差異與共同特徵，藉由圖表分辨其學說之差異。

- 貫時性／縱貫性研究的各類型在區辨上易混淆，請使用案例建立觀念。

- 生態謬誤是難以望文生義的專有名詞，請參考生態謬誤的透澈經典案例釐清觀念。

- 知會（情）同意的意涵，務必清楚；知會同意的項目，請逐點詳記；知會同意的運用方式，請融入實務運用案例中使用。

110 年		111 年				112 年				113 年	
2 申	2 測	1 申	1 測	2 申	2 測	1 申	1 測	2 申	2 測	1 申	1 測
	4		6		5	1	6		3		6

本·章·架·構

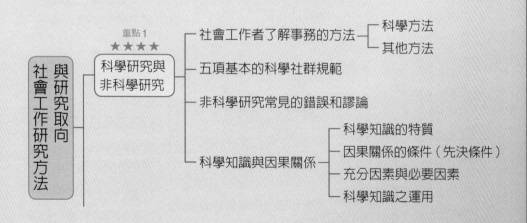

重點1
★★★★

科學研究與
非科學研究

社會工作研究方法 與研究取向

社會工作者了解事務的方法 ── 科學方法 ── 其他方法

五項基本的科學社群規範

非科學研究常見的錯誤和謬論

科學知識與因果關係 ── 科學知識的特質 ── 因果關係的條件（先決條件） ── 充分因素與必要因素 ── 科學知識之運用

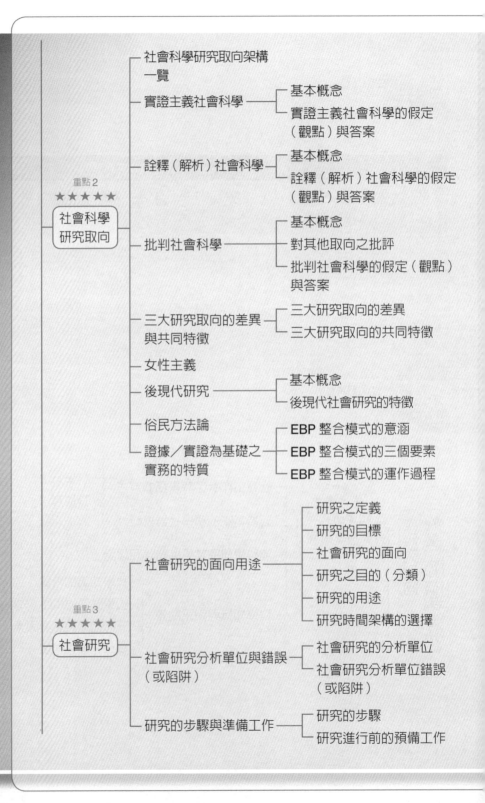

重點2
★★★★★
社會科學
研究取向

- 社會科學研究取向架構
  一覽
- 實證主義社會科學 ── ┬ 基本概念
  └ 實證主義社會科學的假定
    （觀點）與答案
- 詮釋（解析）社會科學 ── ┬ 基本概念
  └ 詮釋（解析）社會科學的假定
    （觀點）與答案
- 批判社會科學 ── ┬ 基本概念
  ├ 對其他取向之批評
  └ 批判社會科學的假定（觀點）
    與答案
- 三大研究取向的差異 ── ┬ 三大研究取向的差異
  與共同特徵 └ 三大研究取向的共同特徵
- 女性主義
- 後現代研究 ── ┬ 基本概念
  └ 後現代社會研究的特徵
- 俗民方法論
- 證據／實證為基礎之 ── ┬ EBP 整合模式的意涵
  實務的特質 ├ EBP 整合模式的三個要素
  └ EBP 整合模式的運作過程

重點3
★★★★★
社會研究

- 社會研究的面向用途 ── ┬ 研究之定義
  ├ 研究的目標
  ├ 社會研究的面向
  ├ 研究之目的（分類）
  ├ 研究的用途
  └ 研究時間架構的選擇
- 社會研究分析單位與錯誤 ── ┬ 社會研究的分析單位
  （或陷阱） └ 社會研究分析單位錯誤
    （或陷阱）
- 研究的步驟與準備工作 ── ┬ 研究的步驟
  └ 研究進行前的預備工作

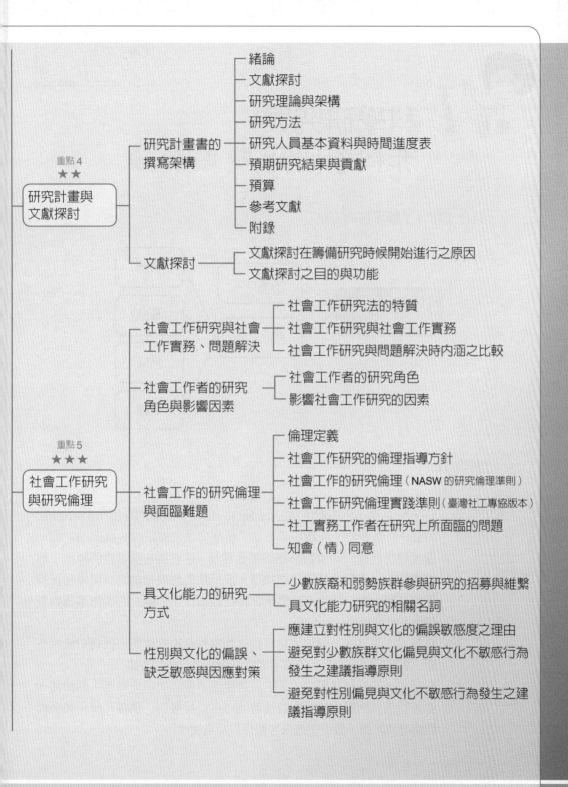

重點4
★★

研究計畫與
文獻探討

研究計畫書的
撰寫架構
├─ 緒論
├─ 文獻探討
├─ 研究理論與架構
├─ 研究方法
├─ 研究人員基本資料與時間進度表
├─ 預期研究結果與貢獻
├─ 預算
├─ 參考文獻
└─ 附錄

文獻探討
├─ 文獻探討在籌備研究時候開始進行之原因
└─ 文獻探討之目的與功能

重點5
★★★

社會工作研究
與研究倫理

社會工作研究與社會
工作實務、問題解決
├─ 社會工作研究法的特質
├─ 社會工作研究與社會工作實務
└─ 社會工作研究與問題解決時內涵之比較

社會工作者的研究
角色與影響因素
├─ 社會工作者的研究角色
└─ 影響社會工作研究的因素

社會工作的研究倫理
與面臨難題
├─ 倫理定義
├─ 社會工作研究的倫理指導方針
├─ 社會工作的研究倫理（NASW 的研究倫理準則）
├─ 社會工作研究倫理實踐準則（臺灣社工專協版本）
├─ 社工實務工作者在研究上所面臨的問題
└─ 知會（情）同意

具文化能力的研究
方式
├─ 少數族裔和弱勢族群參與研究的招募與維繫
└─ 具文化能力研究的相關名詞

性別與文化的偏誤、
缺乏敏感與因應對策
├─ 應建立對性別與文化的偏誤敏感度之理由
├─ 避免對少數族群文化偏見與文化不敏感行為
│ 發生之建議指導原則
└─ 避免對性別偏見與文化不敏感行為發生之建
   議指導原則

科學研究與 非科學研究

一、社會工作者了解事務的方法

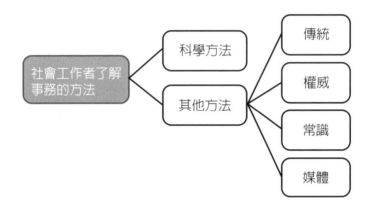

（一）科學方法

1. 科學的研究方法

    (1) 科學提供了公認的實相（Agreement Reality）與經驗的實相（Experiential Reality）之方法，稱為科學方法。科學方法（Scientific Method）的一個重要特色是一切事物都應該接受質疑。這意指在探索我們極欲了解的事物時，應對於任何我們知道，或是我們想要相信的一切事物保持開放心胸。換句話說，我們應該將我們稱作「知識」的事物都視為暫時性並且隨時可以反駁的。

    (2) 科學方法的另外一個特色是尋找以觀察為基礎的證據來做為知識的基礎。實證（Empirical）這個字即指以觀察為依據的證據。

    (3) 科學方法：一種探索方法，用以避免因不嚴謹的研究而產生的錯誤。主要特色包括視知識為暫時性且隨時可以反駁的、根據系統化和全面觀察尋找證據、觀察中追求客觀性以及重複性。

2. 科學相關名詞說明

    (1) <u>互為主觀性</u>（Intersubjectivity）

        科學（和其他研究）的實質是憑藉兩個研究相同問題的不同研究者，得到相同的結論，最終，這樣特定的判準即稱為客觀性，如果獨立的觀察者，以不同的主觀定位所做的結論是「真實」，我們同意某事物是「客觀真實」。

> **上榜關鍵** ★★★
>
> 互為主觀性有許多不同的中譯名稱，請熟記英文用詞，以免混淆。這個名詞涉及邏輯辯證，在準備時請務必建立清晰的觀念，解釋名詞曾有出題紀錄。

（二）其他方法

1. 傳統：學習事情的一項重要的間接方式就是透過傳統。我們每個人在某種程度上都承襲由文化所組成、所公認的世界運作知識。

2. 權威：對這些新事物的接受度常視發現者的身分地位而定。比如說，當醫生和你的房東同樣告訴你感冒會經由接吻傳染時，你會比較相信前者。權威和傳統一樣，妨礙之處在於我們依靠權威專家在不是其專業領域的意見。廣告業就是個擅長濫用權威影響力的例子，比方藉由高人氣的運動員詳述早餐吃玉米麥片的營養價值。

3. 常識：常識可以是合理的、精確的，但若要將其視為科學以外的知識來源，將是不適合且非常危險的。

4. 媒體：所知道關於這世界的事物大部分來自於新聞媒體。電視新聞報導、閱讀報紙雜誌，可以從網路得知。

二、五項基本的科學社群規範

> **上榜關鍵** ★★★★
>
> 申論題考點，請詳加準備。

（一）普遍性（Universalism）

不論是誰進行研究（例如：老或少、男或女），以及不論研究是在何處所進行的（例如：美國、法國、哈佛大學，或是一所不知名的大學），都只能以科學價值為基礎來對該研究進行評判。

（二）系統性質疑（Organized Skepticism）

科學家不應該以一種毫無考慮、未加批判的方式來接受任何新的想法或是證據。他們應該挑戰並且質疑所有的證據，而且要仔仔細細地審查每一項研究。

進行批判的目的，並不是要去攻擊個人，而是要確保在研究中所使用的方法都能夠經得起嚴密且詳細的檢驗。

（三）公正無私（Disinterestedness）

對於意外的觀察結果以及新的想法，科學家必須保持中立、公正、接納，以及開放的態度。科學家不應該死板地堅守著某個特定的想法或是觀點。他們應該要接受，甚至去尋找一些與其立場相左的證據，並且應該誠實地接受所有來自於高品質研究所得到的發現。

（四）研究成果共有主義（Communalism）

科學知識必須與他人一起分享，因為科學知識是屬於所有人的。創造科學知識是一項公共的活動，而且研究發現是公共資產，可供大眾取得並使用。研究的進行方法必須詳細地加以描述。要等到其他研究者已經審閱過，並且以一種特殊的形式與方法公諸於社會大眾時，新的知識才能被正式地接受。

（五）誠實（Honesty）

雖然這是一種普遍的文化規範，但是在科學研究裡卻特別強調此項規範。科學家強烈要求所有的研究都必須誠實，而不誠實或者是欺騙的作法，在科學研究中是極大的禁忌。

> **榜首提點**
>
> 非科學研究常見的錯誤和謬論是五顆星的重要考點，無論是申論題、解釋名詞或測驗題，題目出題頻率相當高，請紮實準備。

三、非科學研究常見的錯誤和謬論

項次	項目	內　容
1	不精確的觀察	我們在觀察事情時常常是漫不經心的，因此會犯錯。沒能觀察到發生在眼前的事情，或是對一些事情做了錯誤的觀察。無論簡單或複雜的測量方法都有助於預防不精確的觀察。
2	過度概化	當我們注意身邊事物的模式時，常把一些相似的事件當成支持一個共通模式的證據。這個專有名詞叫做過度概化（Overgeneralization）。預防過度概化的方法是觀察大量的樣本。

接下頁

項次	項目	內　　容
3	選擇性觀察	過度概化的危險之一是它可能會導致選擇性觀察。一旦研究者下結語說有某個模式的存在，並將之發展成一個對事件原因的概括性解讀，之後研究者會對與該模式一致的事件特別加以注意，研究者很有可能忽略那些不一致的事件。例如：種族偏見主要是出自於固執的選擇性觀察。
4	事後假設	■ 假設研究者在執行一項針對仍與施虐者同住的受虐婦女的外展方案，計畫執行成功，那麼在進行處遇後，受虐婦女將很快地開始以更正面的態度來看待自己。 ■ 產生相反的研究結果，其原因可能來自於在進行處遇前，受虐婦女是以一種否認的心理防衛機制潛意識地保護自己。在處遇之前，她們所表現出來的較佳感受，乃是源自於拒絕面對自身所處的危險與可悲的遭遇。我們的處遇是協助她們克服這種拒絕承認的情況，並協助她們更接近面對令人不愉快的真相，以尋求改變的機會。因此，處遇之後較為「負面的」反應其實是較為「正面的」！她們開始認清自己所處的情況有多糟，也就跨出改變的第一步。剛剛所描述的例子常稱作事後假設（Ex Post Facto Hypothesizing）。
5	其他不合邏輯的推論	■ 稻草人論證（Straw Person Argument），這是將想要攻擊的特定立場加以歪曲，讓它們變得更容易攻擊。舉例來說，反對國民健康保險與病人權益保障法等健康照護改革提案的人，可能會誇大改革的影響，聲稱改革將會提高成本或延緩病人獲得醫療照護。 ■ 時尚吸引力（Bandwagon Appeal），表示一個新的處遇方法之所以被宣揚，是基於它越來越流行，其隱含的意涵是倘若你的專業同儕也投入某項流行的處遇方法，表示該處遇方法是有效的。
6	過早終結研究	過度概化、選擇性觀察，以及袒護性地使用不合邏輯的推論共同促成了研究的過早結束。
7	偽科學	偽科學（Pseudoscience）就是假的科學。某些檯面上的領導人物，可能會支持立基於偽科學的服務，因為他們在該服務上享有既得利益——可能是藉由推銷書籍或工作坊來攫取名利。他們很可能真的相信他們所極力推薦的事物，而他們的跟隨者或許也是真正的信徒，且對於他們所宣誓的服務是如此地投入，以致於他們不會讓事實妨礙他們所珍視的信仰。

四、科學知識與因果關係

（一）科學知識的特質

抽象性	可以不受時間與空間的限制，例如：「收入」。科學知識的累積過程中，必須對於生活中的種種瑣碎事務逐漸予以抽象層次的研究，否則就無法與其他的概念產生關聯，所以抽象化是科學知識的第一個特質。
互通性	科學知識中所談的理論、概念或變項，必須可以被別人了解、被接納，起碼同界彼此間對該理論、概念、變項也是同樣的定義，所以兩者可以相通、互動、批判、互補，甚或再予開發、探討，以便形成不同的概念或理論，此其科學知識的互通性。
與實證相關	科學知識所涉及的種種現象、事務都可以被拿來檢驗，看是否存在？是如何存在？與其他事務是否有關聯？如何關聯？科學知識可以拿來與其他的驗證相比較，也因此，這些經過驗證、可拿來驗證的資料才稱為科學知識。

（二）因果關係的條件（先決要件）

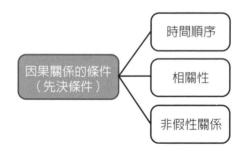

科學知識其實就是證實事件因果關係的過程，「因果」是很重要的概念。

上榜關鍵 ★★★★★
三個條件要項必須熟記，
申論題、測驗題考點。

Lazarsfeld 指出因果關係的三個條件：

時間順序	■ 說明：從時間系列來說，「因」一定要在「果」之前，有了因，才有果；一個因素或事件要「引起」另一個因素或事件的出現或變化，那麼這個因素或事件在時間上必須比所引起的因素或事件先行出現。 ■ 舉例：常見的固定變數（Fixed Variables）是研究者無法以人為加以操縱和改變的變數，例如：先賦屬性（即我們一生下來就具備的一些特徵）是固定變數的最好例子，比如：性別、年齡、種族、出生的先後順序等，都是固定變數。由於這些固定變數在我們呱呱落地時就附著在我們身上，所以當和其他一些變數放在一起時，很容易確定它們在時間上先於其他變數出現。
相關性	■ 這個先決條件的意思是，如果兩個變數之間存在因果關係，那麼它們必須共同變化。相關性並不「等於」因果關係。並不是所有的共變現象或相關性都代表因果關聯。 ■ 「因」、「果」兩者必定彼此相關，且此相關是可證實的。第一條件只講出了前後的次序，但是有前後次序的事件，不一定有關聯，可能是其他變項所造成的而已。所以，要成為因果，除了前後關係，還必須有相關聯的關係。
非假性關係	■ 如果兩個變數（變數 A 和變數 B）之間表現出一種似真的因果關係，但這個關係是不真實的，那麼此時，假性關係（Spurious Relationship）就出現了；二者之間的相關，必須被證明非由其他因素的影響所造成。因為兩個變項之間的關聯，很可能是由第三個因素所造成。若要說兩件事情有因果關係，必須也能證實這種相關只存在於這兩個變項之間。 ■ 假性關係指的是，變數 A 和變數 B 之間之所以會表現出因果聯繫的原因在於：另外存在一個變數 C，而變數 C 和變數 A、B 都有關聯。在檢驗因果關係真偽的過程中，研究人員必須考慮任何以及所有可能的解釋（即幕後影響的變數 C），也許就是這些影響變數導致了變數 A 和 B 之間出現似真的因果關係。剔除某個變數的影響的做法叫做「控制」變數，即我們隔斷該變數對其他變數的影響。

榜首提點

非常難清楚了解，請釐清觀念，勝券在握。

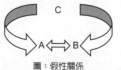

由於都和C存在相關關係，所以A和B看起來也是「相關」的。	當阻斷變數C的影響之後，A和B之間的相關關係消失了。
圖：假性關係	圖：控制變數C之後的假性關係

（三）說明變項間因果關係的檢測結果時必須考量之效度類型

1.　內在效度（internal validity）：是指我們有多少把握可以推論，研究結果正確描述一變項是否為另一變項的原因。研究滿足三項條件的程度：(1)「因」要發生在「果」之前；(2) 兩變項間有實證上的相關性；(3) 兩變項的關係不是由於第三變項所導致。就是該研究具備的內在效度。相反地，若未達到該等條件，我們就很難推論說：自變項在解釋依變上扮演一導因的角色。

2.　外在效度（external validity）：是指研究發現的因果關係可概化或推論到研究情境以外場域和母群的程度。

（四）充分因素（Sufficient Cause）與必要因素（Necessary Cause）之區辨

把因果關係從或然率的角度來解釋時，也必須分辨出何謂必要條件、何為充分條件。說明如下：

必要因素／ 必要條件	■ 指某種情況有了「因」以後，必然的會產生影響（effect）。 ■ 舉例：一個人若要懷孕的話，必要條件必須是個女人，因此女人是懷孕的必要條件。
充分因素／ 充分條件	■ 指當某種情況中，有了充分的「因」素時，就會有很大的可能性會使「影響」也產生。 ■ 舉例： (1) 若兩個人結婚，他們發生性關係的可能性很高，所以結婚是發生性關係的充分條件。 (2) 不參加期末考的同學有很大的可能性會被當掉，但是平常不讀書，就算參加了期末考也很可能被當掉——不參加期末考是被當掉的充分條件，雖然不是唯一的條件。

（五）科學知識之運用

1. 類別化	■ 把東西（Things）組織或歸類就是類別化。當我們對觀察社會現象、分析種種問題，甚或是試圖要解釋發生問題的原因時，最簡單有效的科學方法就是使之類別化。 ■ 好的類別化之三個條件：知 (1) 周延性：要把東西或事務分類，最重要的是，該有的類別是否都涵蓋了？若把臺灣的區域類別化，分爲北區與南區時，周延性可能就不足，因爲中區就比較難歸屬，不知要放在北區或是南區，應把中區也加進來（甚至把東區也納入）。 (2) 互斥性：分類時，我們必須注意是否類別與類別之間彼此不重疊，項目與項目之間彼此互相排斥，此稱爲互斥性。把東西分爲北、中、南、東固然有其周延性，但是各區到底各包括那些縣市則必須釐清。例如：苗栗是屬於北區或中區？ (3) 一致性：以區域來說，北、中、南、東四區在概念上是同一個層次，它們在概念上的一致性高，若除了這四區外，又加上一個蘭嶼當作第五類，那蘭嶼與其他四區的概念層次就比較不一致，不如用「其他」類來當作第五個項目，如此與其他四區來比較時，還顯得較爲自然。
2. 預測未來與解釋過去	■ 科學應該對事務與問題如何發生，提出解釋，它也應該有能力預測事務與問題的未來，告知大衆可能的走向。 ■ 換言之，把科學的知識用來解釋過去所發生的事，更把科學的概念引用到日常生活當中，指出某種變項的改變（如：婦女所受的教育程度愈高），將會導致另外一個變項的改變（如：婦女自主性提高、獨立能力增加，因此婚姻或家庭方面的決策能力也因而提高）。
3. 可被了解	要使科學知識更爲有用的話，必須使它被了解，若科學知識能被了解，甚至於很容易的就可以應用到日常生活當中時，它的實用性就更高。
4. 對事件有控制能力	科學之所以有其功能，在其對事件有其控制的能力，因爲科學了解問題的成因，科學也應能處理問題的後果，因爲它了解其重要的相關變項。自然科學的控制能力顯然比社會科學要佳，因爲人的複雜性，社會互動的交叉性都比自然科學所研究的事物還具挑戰性。愈精準的科學，其控制性必然愈高。

知識
補給站

未來在研讀第四章問卷設計與測量時，會讀到問卷設計概念衍化過程的考慮因素，即是好的類別化之三個條件之應用，說明如下：

- 要注意衍化後的周延性：由概念衍化成一些變項，好壞與否端看這些變項是不是能夠表達概念。以「臺灣的區域」這個概念為例。如北、中、南、東及其他（離島）五個變項加起來。

- 互斥性也不可忽略：「地區」概念中的北、中、南、東及其他（離島）五個變項，只要把各區的地理範圍規範清楚，各區有各區的範圍，不會重疊時，就表示它們之間的互斥性很好。

- 同質性問題最好講究：根據某個概念設計變項時，該些變項最好屬於同級的語意，使他的抽象程度大致相等，如此，在問卷的設計時，就可以使問卷的品質得以保證。

 練功坊

Q 社會科學中常有很多偽科學（Pseudoscience）的情形，請問何謂偽科學？

A _____

偽科學（Pseudoscience）就是假的科學。某些檯面上的領導人物，可能會支持立基於偽科學的服務，因為他們在該服務上享有既得利益——可能是藉由推銷書籍或工作坊來攫取名利。他們很可能真的相信他們所極力推薦的事物，而他們的跟隨者或許也是真正的信徒，且對於他們所宣誓的服務是如此地投入，以致於他們不會讓事實妨礙他們所珍視的信仰。

★（　）某實務工作者執行脫貧方案，發現它能有效協助當地貧困者脫貧。現在，他打算推廣到其他地方去。但他又害怕產生研究法中「過度概化（Overgeneralization）」的謬誤，這個問題該如何解決？
　　(A) 試著給予選擇性的觀察
　　(B) 試著加大樣本數、並且重複的再觀察這項方案執行的結果
　　(C) 針對這個現象，請教權威
　　(D) 這個情形很難避免，做了再說

解析 _____

B。當我們注意身邊事物的模式時，常把一些相似的事件當成支持一個共通模式的證據。這個專有名詞叫做過度概化（Overgeneralization）。預防過度概化的方法是觀察大量的樣本。

★（　）當我們找尋資料或進行觀察時，常會傾向於自己所熟悉的部分，而容易忽略其他可能之資料，特別是與自己的興趣相對立的資料，此種現象稱為：
　　(A) 光環效應　　　　　　　　(B) 以偏概全
　　(C) 過度推論　　　　　　　　(D) 選擇性之觀察

解析 _____

D。選擇性觀察是指一旦研究者下結語說有某個模式的存在，並將之發展成一個對事件原因的概括性解讀，之後研究者會對與該模式一致的事件特別加以注意。研究者很有可能忽略那些不一致的事件。種族偏見主要是出自於固執的選擇性觀察。

閱讀完成：

＿＿月＿＿日

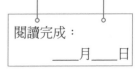

重點 2 社會科學研究取向 ✦✦✦✦✦

上榜關鍵 ★★★

社會科學研究取向的準備，請以本架構圖作為研讀的基本概念圖。

一、社會科學研究取向架構一覽

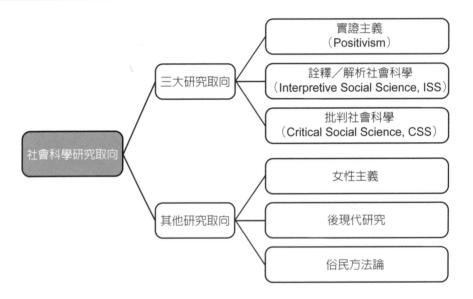

社會科學研究取向

三大研究取向
- 實證主義（Positivism）
- 詮釋／解析社會科學（Interpretive Social Science, ISS）
- 批判社會科學（Critical Social Science, CSS）

其他研究取向
- 女性主義
- 後現代研究
- 俗民方法論

二、實證主義社會科學（Positivism）

（一）基本概念

1. 廣義來說，就是自然科學的研究取向。就名稱上來說，實證主義有許多類型，像是邏輯實證論、那個為大眾所接受的或正統的觀點、後實證主義、自然主義與行為主義。實證主義與許多特殊的社會理論相結合。最為人所熟知的是它與結構功能、理性選擇，以及交換理論相結合。

榜首提點

「實證主義與許多特殊的社會理論相結合。最為人所熟知的是它與結構功能、理性選擇，以及交換理論相結合。」，這段文字點出其與社會學的關係，歷屆考題中不乏出現結構功能論的社會學理論申論考題，因此，請先建立對實證理論的完整觀念，將有利於社會科學理論之應用。

2. 實證主義研究者比較喜歡精確的量化資料，而且時常使用實驗法、調查法，以及統計分析法。他們尋求嚴謹確實的測量工具與「客觀」的研究，並且藉由對測量所得數字的謹慎分析，來檢定假設。

3. 實證主義視社會科學係為了發現與確證一組用來預測人類活動一般模式的機率因果法則，而結合演繹邏輯與對個人行為做精確經驗觀察的一個有組織的方法。

4. 實證主義之批評者指責實證主義把人降低成數字，並且抨擊實證主義對抽樣法則或公式關心，與人類活生生的真實生活毫不相關。

■ 結構功能理論

知識補給站

- 基本概念：整合與均衡
  (1) 功能論觀點可追溯到孔德、史賓賽、涂爾幹等人的思想，特別是史賓賽的社會有機論，而在帕深思（Talcott Parsons）、墨頓（R. Merton）時達到成熟階段。
  (2) 結構是社會的格局，它是製造功能，是放置功能之處，也是一種效果，因此往往將結構與功能放在一起。在功能論裡，體系（System）是基本的中心概念，是由相互依賴之各個部門所組成的整體；而各個部門為了維持整體的生存與運作，必須履行不同的要求與功能。

- 功能論的基本命題
  功能論強調社會各部門的有機關係，在這種有機關係下，社會產生了功能體系，社會在功能體系的作用下，出現了下列四個基本命題：
  (1) 每一個社會體系內的各個部門裡，其在功能上的關係是相互關聯的。
  (2) 每一體系內的組成單位之所以存在，通常是有助於體系的持續操作運行。
  (3) 社會各個部門也可自成一體系，而且可視為是整個大體系的次體系（Subsystem）。
  (4) 社會體系內的現象是穩定和諧的，不易有變遷。

（二）實證主義社會科學的假定（觀點）與答案

項目	答案
為什麼要進行社會科學研究？	■ 研究的終極目標是得到科學解釋——發現與記錄人類行為的普遍法則。另外一個重要的理由是了解世界運作的模式，如此人們才能控制或預測事件的發生。 ■ 舉例：實證主義者使用一個我們如何學會辨識預測教育系統中增進學生學習關鍵因素（例如：班級大小、學生的身體習性、老師的教學）的理論。

接下頁

項目	答案
社會實相的基本特徵是什麼？	■ 認爲社會與自然實相是眞眞實實地就存在「那裡」，等著人們將之發覺出來。 ■ 社會實相不是隨機的，是有固定的模式與秩序的。少了這項假定（也就是說，如果世界是混亂與無規則的），那麼邏輯與預測將成爲不可能的事。
什麼是人類的基本特徵？	人類被認爲是自利的、尋求快樂的與理性的個體。人們的活動是以外在因素爲基礎，相同的原因對每個人都會產生相同的結果。我們透過觀察人類的行爲以及我們在外在實相中所看到的事物，我們可以對人有所了解。
科學與常識間的關係爲何？	實證主義者分辨在科學與非科學之間存在一個明顯的分界點。在眾多尋求眞理的方法中，科學是特別的——「最好」的一個方法。科學知識比其他劣等的獲取知識的方法要來得好，而且終將取代那些劣等的方法。
什麼構成了社會實相的一個解釋或理論？	■ 實證主義的科學解釋是像法則般的，是建立在一般法則的基礎之上。透過因果關係的發現，科學解釋社會生活爲何是現在這個模式。解釋所採取的形式爲 Y 是 X 造成的，因爲 Y 與 X 是因果關係的特定例子。換句話說，一個實證主義的解釋說明了適用於或者涵蓋社會生活特定觀察值的一般性因果法則。這就是爲什麼實證主義被認爲是使用涵蓋法則的解釋模型。 ■ 實證主義認爲法則的運作是根據嚴謹的邏輯推理。研究者以演繹邏輯將因果法則與社會生活中所觀察到的特定事實，加以連結。實證主義者相信最後能以帶有公理、推論、假定、以及定理等正式的符號系統，來表達法則與社會科學的理論。 ■ 舉例來說，對 1990 年代多倫多犯罪率上升的一項實證主義的解釋，會提到在任何一個時代任何一個地方都可以發現的因素（像是離婚率的攀升、傳統道德價值認同的式微）。
如何分辨解釋是對是錯？	■ 就實證主義而言，解釋必須符合兩個條件：第一，在邏輯上沒有矛盾；第二，符合觀察到的事實。不過，這還不夠，還有複製也是必要的。 ■ 任何一位研究者必須要能夠複製或者也能產生他人的研究結果。這爲知識創造這整體系加上了一個稽查機制，確保誠實，因爲不斷會有人以堅實、客觀的事實來檢定解釋。所有相互對立的解釋處於一種開放的競爭狀態，使用的是公正無私的規則，精確地對中立的事實加以觀察，嚴格地遵循邏輯的思考。

接下頁

項目	答案
什麼才算是好的證據？或是事實資訊長得像什麼樣子？	實證主義是二元論者；認為冰冷的、可觀察的事實基本上與概念、價值或理論，是有所不同的。經驗事實存在於個人的觀念或思想之外。我們可以透過我們的感覺器官，或是使用可以擴展這些感覺的工具來進行觀察。
在什麼時候社會／政治價值介入科學？	實證主義者力求成為一門價值中立的科學，也就是客觀。實證主義者視科學為社會的一個獨特部分，不帶有任何私人、政治或宗教的價值。科學的運作不受影響其他人類活動的社會與文化力量所支配。所涉及的是應用嚴格的理性思考與有系統的觀察，是以一種超越個人偏見、偏差與價值的方式進行。

三、詮釋（解析）社會科學（Interprestive Social Science）

（一）基本概念

> **榜首提點**
>
> 這段文字說明詮釋（解析）社會科學即是質性的研究方法，包括俗民方法論、象徵互動論等常見的理論，對釐清社會科學的概念相當有幫助。詮釋（解析）社會科學的整體概念，請建立清晰概念，才能運用自如。

1. 詮釋（解析）社會科學有許多不同的類型：詮釋學、建構主義、俗民方法論、認知社會學、唯心論社會學、現象學的社會學、主觀論的社會學，以及質化社會學。詮釋社會學的研究取向與社會學中的象徵互動論，或是 1920 年代到 1930 年代的芝加哥學派相結合。常被稱為研究的質化方法。

2. 詮釋研究者經常使用參與觀察與田野研究。實證主義研究者會精確地測量發生在從成千上萬人身上所篩選出來的量化細節，並使用統計分析。然而，詮釋研究者可能與一打的人一起生活大約一年的光陰，使用仔細的方法來蒐集大量詳盡的質化資料，以便對這些人如何創造日常生活的意義，獲致深度的了解。

3. 與實證主義的工具取向相對，詮釋研究取向採取的是實務取向（Practical Orientation），是關於一般人如何處理日常生活中的實際事務，或是他們如何做好日常事務的經過。詮釋（解析）社會科學關心的是人們如何互動、如何創造與維持他們的社會世界有所了解並且給予詮釋，研究者透過直接詳盡的觀察在自然狀況下的人們，以便對於具有社會意義的行動，進行有系統的分析。

4. 詮釋研究取向許多年來一直以實證主義的忠實反對者自居。詮釋研究取向是那些社會研究技術——敏銳地捕捉情境脈絡、使用不同方法以求進入他人內心洞察這個世界，以及關心的是獲取他人的情感與世界觀能夠有同理心的了解，而不是檢定人類行為法則的基礎。

（二）詮釋（解析）社會科學的假定（觀點）與答案

項目	答案
為什麼要進行社會科學研究？	■ 社會研究的目的是在發展對社會生活的了解，以及發現在自然狀況下的人們如何建構意義。詮釋研究者想要知道，對被他們研究的人們而言，什麼是有意義的、什麼是他們所關切的、甚或個人如何經驗日常生活。研究者藉著了解認識某個特殊的社會背景，從局內人的角度來審視這個情境，來達成這個目標。 ■ 舉例：身體上的反射動作，像是眨眼睛，在人類行為中很少是個帶有某種意圖的社會行動（亦即出於某個理由或某個動機而採取的行動），但在某些情況下，這也可能成為社會行動（例如：使眼色）。
社會實相的基本特徵是什麼？	■ 與唯實論的看法（為實證主義與批判社會科學所共享的看法）——社會生活在「那兒」，獨立於人類的意識之外——正好相反，詮釋社會科學認為社會實相不是等在那裡等著被發現。 ■ 詮釋研究取向主張，社會生活是建立在社會互動與社會建構的意義體系之上。人們擁有的是對實相的一種內在的經驗感覺。社會實相是建立在人們對它所下之定義的基礎之上。
什麼是人類的基本特徵？	一般人置身於一個經由社會互動創造彈性意義體系的過程之中，然後他們使用這些意義去詮釋他們的社會世界，使他們的生活充滿意義。人類行為可能有一定的模式與規律，但是這不是因為有早已存在的、等待著被發現的法則。這些模式是在不斷演進的意義體系之中，或是在社會互動所產生出來的社會慣例之中，被創造出來的。
科學與常識間的關係為何？	實證主義者認為常識是比科學拙劣的知識。相對的，詮釋研究者則主張一般人靠常識來指導他們的日常生活，因此吾人必須先抓住常識。人們無時無刻不在使用常識。人們用來組織與解釋世上的事件，是那些成堆成打的日常生活理論。了解常識至為關鍵，因為其中充滿著人們置身於例行性社會互動時，所使用的意義。

接下頁

項目	答案
什麼構成了社會實相的一個解釋或理論？	■ 實證主義者相信社會科學應該與自然科學相似，有演繹的公理、定理與相互關聯的因果法則。取代由相互關聯的法則與命題所構築出來的迷宮，詮釋（解析）社會科學的理論述說一個故事。 ■ 詮釋（解析）社會科學理論描述並且詮釋人們如何活出他們的日常生活。這包括些概念與有限的通則，但是這與被研究者的經驗與內在實相不會相距太遠。 ■ 詮釋研究取向是表意的（Ideographic）與歸納的。表意的是指這個研究取向提供的是一種符號式的呈現法或「厚厚重重」的描述。
如何分辨解釋是對是錯？	■ 實證主義者以固定的程序來檢定假設，並據此對理論進行評估，如果解釋經得起複製，則被視之為真。 ■ 對詮釋（解析）社會科學而言，如果被研究者覺得理論說得通、如果能夠讓他人有更深入的了解、甚或進入被研究者的實相，那麼該理論即為真。
什麼才算是好的證據？或是事實資訊長得像什麼樣子？	■ 實證主義的好證據是可觀察的、精確的，以及不受理論與價值影響的證據。相對而言，詮釋（解析）社會科學認為特定情境脈絡與意義都具有獨特性，是了解社會意義的基礎。關於社會行動的證據，是不能脫離行動發生的脈絡，以及置身其中的社會行動者所賦予它的意義。 ■ 詮釋研究者很少會問客觀的調查問題、匯集許多人的答案、聲稱握有某件有意義的事物。每個人對調查問題的詮釋都必須擺回情境脈絡（例如：個人以前的經驗，或是調查訪問的情境），而且每個人答案的真正意義也會隨著訪問或詢問的脈絡而有所不同。再者，由於每個人給予每個問題與答案的意義，多多少少有點不同，把所有的答案集合起來只會造成一堆毫無意義的東西。
在什麼時候社會／政治價值介入科學？	■ 實證主義研究者呼籲排除價值，在無涉及政治的環境下進行研究。相對的，詮釋研究者主張，研究者應該反省、重新檢視、並且分析屬於研究他人過程一部分的私人觀點與感覺。詮釋研究者需要，至少暫時有這個必要，強調與分享他們研究對象的社會與政治承諾。 ■ 詮釋研究者並不嘗試保持價值中立。實際上，詮釋研究者質疑做到價值中立的可能性。這是因為詮釋研究者認為價值與意義無所不在、無處不存之故。被實證主義者稱為價值中立的概念，只不過是另一套意義體系與價值罷了——實證主義科學的價值。

四、批判社會科學（Critical Social Science）

（一）基本概念

1. 批判社會科學提供切入方法論意義的第三項選擇。這個研究取向的版本被稱為辨證唯物論、階級分析，以及結構主義。

2. 批判社會科學混合法則與表意兩種研究取向。它同意詮釋研究取向對實證主義的許多批評，但是它又加上些許它自己的批評，而且在某些點上，它也有不同意詮釋（解析）社會科學之處。

3. 批判社會科學典範也有各種不同的名稱，有人稱之為「馬克思主義者」典範、「女性主義」典範、「充權」典範或「倡導」典範。這個典範中，有可能使用實證主義的典型研究方法，但是他們對於研究價值的立場不同。實證主義的研究者在詮釋研究發現時，會試圖使政治或意識型態價值觀的影響減至最低，同時嘗試以一種中性和陳述事實的態度，來詮釋這些發現；相反地，批判理論一開始，就是透過他們所要充權和提倡的目標，來詮釋研究發現。（引自林萬億審定，社會工作研究法，第二章：科學及研究中的哲學與理論，P45）。

4. 批判研究者可能使用任何一種研究技術，但是他們比較傾向使用歷史比較法。那是因為這個研究技術強調變遷，而且是因為這個研究技術有助於研究者揭露底層結構。批判研究者與其他取向的研究者的區別不在於研究技術上，而在他們如何切入一個研究問題、他們所追問問題的類型，以及他們進行研究的目的。

（二）對其他取向之批評

1. 批判社會科學批評實證主義科學使用的理性方式過於狹隘、反民主、而且也違反人性。詮釋（解析）社會科學批評實證主義無法處理活生生的人們所產生的意義以及他們能夠感覺與思想的能力。它也相信實證主義忽略了社會脈絡、違反人道主義。批判社會科學相信實證主義為現況辯護是出於其對萬古不變的社會秩序之假定，而不是把當前社會視為一個不斷進行過程中的一個特殊階段。

2. 批判研究者批評詮釋研究取向太過主觀、過於相對主義。批判研究者說詮釋（解析）社會科學認為所有的觀點都相同。詮釋研究者把人們的思想看做比實際的狀況更加重要，把焦點擺在地方化、微觀層次，以及短期的情勢，而忽略了更為廣闊的社會脈絡。詮釋（解析）社會科學是不講道德與被動的。不採取一個強烈的價值立場、也不主動幫助人們辨識周遭虛妄的幻覺，以便改善他們的生活。而批判社會科學把社會科學界定為：一個為了幫助人們改變狀況、建構一個更美好的世界，而超越表面的幻覺，揭露物質世界真實結構的一個批判性的調查過程。

（三）批判社會科學的假定（觀點）與答案

項目	答案
為什麼要進行社會科學研究？	■ 批判研究者進行研究以批判和改變社會關係。 ■ 批判社會研究者是行動取向的。他們不滿現狀，尋求劇烈的改進。實證主義者通常試圖去解決政府或企業菁英所界定的問題，而不求「弄翻整條船」。相對的，批判研究者可能藉著「刻意引發、指認出比政治與行政部門的統治菁英所能應付，更別提所能「解決」的更多的問題」。批判研究者質問令人尷尬的問題、揭露偽善、調查狀況，以便激起劇烈的草根行動。
社會實相的基本特徵是什麼？	■ 就像實證主義，批判社會科學採取唯實主義的立場（也就是說，社會實相就在「那兒」等著被發現）。不過，與實證主義不同，因為採取的是歷史唯實主義，而該學說認為實相乃是不斷受到社會、政治、文化，以及相似因素模塑的結果。 ■ 批判社會科學假定社會實相總是不斷變化，而變遷則根源於社會關係或制度間的緊張、衝突或矛盾。批判社會科學把焦點擺在變遷與衝突，特別是內在於社會關係組織模式之中的矛盾弔詭與衝突。諸如此類的弔詭矛盾或內在衝突流露著社會實相的真正本質。 ■ 詮釋（解析）社會科學與批判社會科學兩者都認為社會實相是變動不定的，並且深受社會創造意義的影響。批判科學研究取向不同意詮釋（解析）社會科學把重點擺在微觀層次的人際互動，及其對所有意義體系都來者不拒。批判社會科學說，雖然主觀意義很是重要，但是塑造社會關係的還有真正客觀的關係。批判研究者質疑社會情境，並且將之擺進一個更為廣大的鉅觀層次的歷史脈絡之中。

接下頁

項目	答案
什麼是人類的基本特徵？	<ul><li>實證主義者看待社會力的方式幾乎就好像他們有自己的生命，運作起來完全不顧人們各自的期望。這種社會力有駕馭人、控制人的力量。批判科學研究取向駁斥這種想法，認為此係物化（Reification）的概念。</li><li>物化是指賦予你自己活動的創造之物或是從你曾協助其完成之事中分開或移除，直到你不再認得它是你的一部分。一旦你不再看見你在其中的貢獻，把你曾經協力創造之物看成某個外在力量，你便喪失了對自己命運的控制權。</li></ul>
科學與常識間的關係為何？	<ul><li>批判社會科學對常識的立場是基於錯誤意識（False Consciousness）這個概念——人們誤解了客觀實相下他們真正的最佳利益，並且做出了違反他們真正最佳利益的行動。</li><li>詮釋研究取向指出，人們創造並且使用這些意義體系，研究者只能描述這些體系，而不能判斷他們的價值。批判科學取向則說，社會研究者應該研究主觀想法與常識，因為這些事物觀念模塑人們的行為。然而，他們同時也充滿了迷思與幻覺。批判社會科學假定，是有一個客觀的世界存在著，它對於常識所依據的資源與權力有著不均等的控制力。</li></ul>
什麼構成了社會實相的一個解釋或理論？	<ul><li>實證主義是根據決定論的思想：人類行為是由人類沒有多少控制能力的因果法則所決定的。</li><li>詮釋（解析）社會科學則提出了自願主義（Voluntarism）的假定：人們有極大的自由意志來創造社會意義。</li><li>批判科學研究取向介於兩者之間，部分帶點決定論、部分帶點自願主義。批判社會科學說，人們受限於他們所安身立命的物質環境、文化脈絡與歷史情境。人們所居住的世界限制住了他們的選擇，並且模塑了他們的信仰與行為。</li><li>一個完整的批判科學解釋會做到下面數項工作：消除幻覺的神秘色彩、描述處境的底層結構、解釋如何達成變遷，以及提供一個未來的可能願景。批判理論除了對那些構成可觀察的實相、而人們卻看不見的機制加以描述之外，也對人類處境提出批判，並且暗示一個發動變遷的計畫。</li></ul>

接下頁

項目	答案
如何分辨解釋是對是錯？	■ 實證主義者透過演繹假設、複製觀察結果來檢定假設、然後將這些結果結合起來看其是否支持法則的這種方式，來驗證理論的正誤。 ■ 詮釋研究者則以觀察意義體系與行為規則是否對被研究者來說言之成理的方式，蒐集對理論的支持證據。 ■ 批判理論試圖提供人們能夠幫助他們了解並且改變他們的世界的一份資源。 ■ 研究者檢定批判理論的作法是，正確描述底層結構所產生的人類處境，然後應用這個知識去改變社會關係。一個好的批判理論教導人們關於他們自身的經驗、協助他們了解他們的歷史角色、並且一般人也能夠用之來改善他們的處境。 ■ 批判理論告知實際的行動或建議該採取什麼行動，但是理論也根據實際的應用狀況而做修正。批判研究取向使用實踐（Praxis）來區別好與壞的理論。它將理論付諸實行，用實際應用的結果來重新規劃理論。
什麼才算是好的證據？或是事實資訊長得像什麼樣子？	■ 實證主義假定世界上存在著，是所有理性的人都同意之無可爭議的中立事實。這個兩元論的學說指出社會事實就像物體一樣，他們的存在獨立於價值或理論。詮釋研究取向視社會世界是由人類創造的意義所組成的，意義是由人們所創造並且取得協議的。 ■ 詮釋研究取向駁斥實證主義的兩元論，但是取而代之的是詮釋研究學派把重點擺在主體。所謂的證據是指所有存在於置身其中的人們的主觀了解。 ■ 批判研究取向嘗試在這個物體—主體鴻溝之間搭起橋樑，於是批判研究取向學派指出，物質處境下的事實獨立存在於主觀知覺之外，但是事實並不具有理論中立性。相反的，事實需要擺進一個價值、理論與意義的架構之內，方能加以詮釋。

接下頁

項目	答案
在什麼時候社會／政治價值介入科學？	■ 批判研究取向帶有行動主義者導向。社會研究是個道德政治活動，要求研究者服膺某個價值立場。 ■ 批判社會科學駁斥實證主義價值中立的說法，視之為一種迷思。同時，也攻擊詮釋研究取向所採取的相對主義的立場（每件事都是相對的、天底下沒有絕對的事）。對詮釋研究取向而言，天才的實相與白癡的實相是同樣有效與同樣重要的。判斷這兩個相對實相或衝突觀點的基礎，即使有，也是相當薄弱。 ■ 批判研究取向拒絕實證主義與詮釋（解析）社會科學，認為他們不聞不問，關心的只是研究這個世界，而不是改造這個世界。批判社會科學認為知識是一種力量。社會科學知識可以用來控制人；可以藏在象牙塔內任由知識份子自己玩；也可以把它傳授給民眾，幫助他們管理、改善他們的生活。

上榜關鍵 ★★★

藉由三大研究取向的差異與共同特徵之圖表說明，可以再次複習考生是否有清晰的觀念及紮實的準備，非常重要的觀念建立，請參考加以研讀。

五、三大研究取向的差異與共同特徵

（一）三大研究取向的差異

項次	八大問題	實證主義	詮釋／解析社會科學	批判社會科學
1	研究的理由	發現自然法則，以便人類可以進行預測與控制。	了解與描述有意義的社會行動。	粉碎迷思與賦予民眾激進改變社會的力量。
2	社會實相的本質	事先存在著的穩定模式與秩序，等待人們去發現。	情境的定義充滿了流動的特性，完全在於互動中的人類創造。	隱藏著的基本結構充滿了衝突，並受其宰制。
3	人性的本質	追求自我利益、理性的個人、受制於外在力量的模型。	是創造意義的社會生物，不斷為他們生存的社會添上意義。	充滿創造性的、適應性的民眾，有著未獲實現的潛力，受制於虛幻與剝奪。

接下頁

項次	八大問題	實證主義	詮釋／解析社會科學	批判社會科學
4	常識的角色	顯然不同於科學，而且不具效度。	相當強而有力的日常生活理論，廣泛地被平常人所用。	錯誤的信仰，把實際的權力與客觀情況隱藏起來。
5	理論長的是什麼樣子？	相互關聯的定義、原理、原則所構成的合乎邏輯、歸納體系。	對團體的意義體系如何產生、維持所提出的描述。	顯示真正的情況，提出的批判能夠幫助民眾看見可以邁向更好的世界。
6	何謂真的解釋？	合乎邏輯與法則有關，並且立基於事實。	獲得被研究者共鳴，獲得他們的認同。	提供民眾改變世界所需的工具。
7	何謂好的證據？	基於明確的觀察，其他人可以複製的。	鑲嵌在流動的社會互動中。	能夠揭發虛幻錯覺的理論及其提供的想法論調。
8	價值的地位	科學是價值中立的，價值在科學研究中是沒有地位的，除了選擇主題之外。	價值是社會生活整體的一部分，沒有團體的價值是錯誤的，有的只是差異。	所有的科學必須從某個價值立場出發，有些立場是對的，有些立場是錯的。

（二）三大研究取向的共同特徵

1. 都是經驗論的：每個研究取向都植根於人類的景象、聲音、行為、表情、討論與行動等可觀察的實相。研究絕不是單憑造假與想像，所以完成的。

2. 都講求系統化：每個研究取向都強調以精密與仔細的態度來從事研究。全都拒絕臨時起意的、偽造的或鬆散的思考與觀察。

3. 都有理論：理論的本質各有不同，但是全都強調概念的使用與模式的觀察。沒有一個主張社會生活是一團混亂與毫無秩序。全部都主張解釋或了解是有可能達到的。

4. 都強調公開：全部都認為研究者的工作必須老老實實地讓其他的研究者知曉；應該說明的清清楚楚與大家分享。全都反對把研究過程藏起來、留做私用或秘而不宣。

5. 都強調自我反省：每個研究取向都說，研究者必須認真思索他們要做些什麼、胸有成竹。絕不可盲目做研究或不經思索。研究涉及到嚴謹的籌劃、並且對自己要做什麼成竹在胸。

6. 都強調開放過程：都視研究為不斷前進的、演進的、變化的、問新的問題以及追求領先的過程。沒有一個視研究為靜態的、固定的或封閉的過程。當前的知識與研究程序不是「寫在石頭上的」或是已經蓋棺論定的。他們都關涉到以開放的心態來面對持續的變遷，並且接受新的思考與做事方式。

小結：不管這些研究取向之間的差異，所有研究取向都說，藉由自我反省與開放辯論的公開過程，社會科學努力去創造經過系統蒐集的、建立在經驗之上的理論知識。

上榜關鍵 ★★★
除準備女性主義的內涵外，請與批判社會科學一併研讀，以收統整之效。

六、女性主義

（一）女性主義研究是由具有女性主義自我認同並且有意識地使用女性主義觀點的人來執行的，他們使用多種研究技術。女性主義方法論試圖給予女性一個發言權，並且藉此糾正長期來一直主導社會科學發展的男性觀點。

（二）許多女性主義者把實證主義等同於男性觀點看待：是客觀的、合乎邏輯的、工作導向的以及工具性的。實證主義反映出男性對個人競爭、對宰制與控制環境，以及對剛性事實與影響世界力量的重視。相對的，女性強調調適與逐步因信賴感情與相互的義務而關聯在一起的人們。女性傾向於強調主觀、同理心、過程導向與包容性的社會生活。女性主義的研究也是行動取向的，並且試圖提倡女性主義的價值。

（三）女性主義研究取向基本上視研究者為被性別化了的生物。女性主義研究者無法客觀或置身事外；他們與其研究的對象互動、合作。他們將個人的與專業的生活融合成一體。舉例來說，女性主義研究者會試圖去了解受訪者的經驗，同時也會把她本身經驗與感覺和受訪者分享。這個過程可能會促使研究者與受訪者之間發展出一種私人關係，而這份關係也可能會隨時間的累積而發展成熟。

（四）女性主義很少嚴格地只使用某一種方法；相反地，女性主義同時使用多種方法，常常是質化研究法與個案研究法。

七、後現代研究

（一）基本概念

1. 後現代主義是對現代主義（Modernism）的一種棄絕。現代主義是指興起於啓蒙時代的基本假定、信仰與價值。現代主義根據邏輯推理；對未來抱持著樂觀的態度、並且相信進步；對科技與科學充滿了信心，並且擁抱人道主義的價值（也就是說根據對人類福祉的功效來判斷思想的價值）。現代主義主張，世界存在有爲大多數人所同意的真、善、美的標準。

2. 後現代主義不認爲在藝術或人文科學與社會科學之間存在有明顯的區隔。它分享了批判社會科學去除社會世界神秘面紗的目標；試圖解構，或撕下表象、揭露隱藏在內部的結構。就像極端形式的詮釋（解析）社會科學，後現代主義不信任抽象的解釋，並且主張研究最多只能做到描述，因此所有的描述都具有相同的價值。

3. 超越詮釋與批判社會科學的是，後現代研究試圖徹底轉變或拆解社會科學。極端的後現代主義者不信任所有系統化的經驗觀察，並且質疑知識可以通則化或隨時間而累積。

4. 後現代主義者反對以置身事外的、中立的方式來呈現研究結果。當某人閱讀某篇報告時，該報告的研究者或撰寫者絕不該被隱藏起來；他們的存在在報告中必須是明明白白、毫不含糊的。因此，後現代主義的研究報告就好像一件藝術品。目的在於啓發他人、提供娛樂、引起回應或挑起好奇心。後現代主義者是反精英主義論者，而且拒絕把科學用於預測或制定政策決定。後現代主義者反對世人使用實證主義科學，去增強權力關係與控制人民的科層形式。

（二）後現代社會研究的特徵

1. 拒絕所有的意識型態、有組織的信仰，包括所有的社會理論。

2. 強烈地仰賴直觀、想像力、個人經驗與情緒。

3. 充滿了無意義感與悲觀主義，相信世界永遠不會改進。

4. 極端的主體性，認為心靈與外在世界沒有區別。

5. 狂熱的相對主義，相信世界上存在無數的解釋，沒有任何一個特別強而有力。

6. 充滿異質性、混亂與複雜性。

7. 拒絕研究過去或相異之處，因為只有此時此地是相關的。

8. 相信因果是不可能研究的，因為生命太過複雜，而且變化太過快速。

9. 斷定研究永遠無法真正地代表社會世界發生的狀況。

八、俗民方法論

> **上榜關鍵** ★★★
> 俗民方法論是重要的理論，請與詮釋（解析）社會科學併同準備。

（一）「俗民方法論」由高芬柯（Harold Garfinkel）所提出。可視為符號互動論進一步發展的一個理論產物，其同時注重日常生活世界和重視社會活動的象徵互動性的特徵。

（二）俗民方法論著重於某些特定的研究裡，而非在於概括的理論或方案陳述，俗民方法論把社會實在界的真實本質視為是社會學的根本現象，也就是一種在日常生活中不斷協調的活動，這活動是其成員所知、使用、且視為是理所當然的方式所達成，故是可說明的，這就是俗民方法論研究的主要方向。換言之，要求社會研究從不同群體的實際生活環境及實際感受出發，了解他們是如何在其日常生活和日常行為中，界定了他們生活於其中的那個社會的意義。而對這個根本現象的反省性，正是經由實作的行動、實作的環境、社會結構之常識的特色而得。

（三）由於俗民方法論主要研究社會成員如何建構日常生活的秩序，其研究調查取材均來自日常生活，故無特別有趣的題材，亦不涉及矯正、治療實作行動和建立標準的研究調查過程。俗民方法論者認為，沒有客觀的社會，如果有，也是人造出來的，社會雖然是組織的，但仍有創造性、藝術性的存在，所以不是研究社會本身，而是研究人們看社會的方法，以及一來一往的實作。所以在生活世界中的社會成員使其日常事務具有可說明的（Accountable），也就是透過不斷的說明過程來建構其生活世界。對於說明過程的反省性（Reflexivity）或具體化（Incarnate）的特質正是俗民方法論研究的要點。

九、證據／實證為基礎之實務的特質

（一）EBP 整合模式的意涵

1. 在應用科學方法來做實務決定時，以證據為基礎之實務（evidence-based practice, EBP）和以權威為基礎之實務（authority-based practice）不同。從事以證據為基礎之實務工作者將會是個具有批判性的思考者。在實務工作中，實務工作者會對許多事提出問題，而非只是自動地接受其他較有經驗或較有權威者所述；實務工作者會辨別沒有事實根據的看法和假設，並獨立思考他人所要傳達的實務知識是否為邏輯和實證所支持；實務工作者會考量現有的最佳科學證據，來決定如何介入實務上微觀或巨觀的各種層面，而非只是盲目地遵從傳統或權威。

榜首提點

「以證據（實證）為基礎之實務的整合模式」是一個常見的名詞，但在解釋此名詞之前，請對其意涵有清楚的了解，並思考在實務工作上的運用；EBP 為字母縮寫，必須有概念；並請建立申論題實力。

2. 這些實務工作者為使用證據，必須找到證據。在這程序中，他們不能只是消極的期望或假設證據將會以某種方式自行出現在面前；他們必須將「追尋」證據當作實務生涯生涯中「終身」不斷持續進行的一部分；他們必須知道如何找尋相關的證據，並了解研究與設計的方法，如此才能夠「有批判性的評估」他們所找到的證據之效度。最後，他們必須運用研究方法來評估所採用的證據為基礎之行動，是否確實達成了他們預設的目標。

（二）EBP 整合模式的三個要素

1. 雖然以證據為基礎之實務程序是根據現有的最佳研究證據來下實務決策，但並不會嚴峻地約束實務工作者的選擇，甚至鼓勵工作者整合其實務專門知識的科學證據，以及對具體實務決策相關情境的了解。以實證為基礎之實務的整合模式（EBP）應有技巧地協調三要素（最佳研究證據、實務工作者的專門知識、案主特性）後才做出實務決策，即圖中圓圈交會的陰影部分（如下圖）。

2. Shlonsky 和 Gibbs 對此模式的說明為：「三個核心要素中，沒有任何一個可以獨立存在；它們藉著實務工作者的技巧彼此協調，利用過去曾有效的處遇方式來建立一個具有案主敏感度（client-sensitive）的個案計畫。若缺少重要實證，其他兩個要素所占的比重會較多；反之，若有壓倒性的證據出現，則最佳實證的構成比重會較多。」

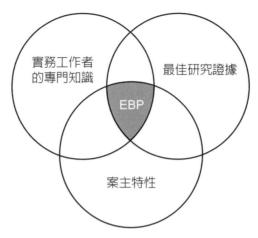

圖：EBP 的整合模式

3. 儘管以證據為基礎的實務程序大部分的論述都跟提供案主何種處遇的決策有關，但它同時也適用於決定如何有效評估實務問題，以及適用於工作者做出其他層次的實務決策，像是社會政策、社區等有關的決策。例如：一個臨床工作者對一個新接案的案主使用以證據為基礎的實務，將會企圖找出並使用最科學、最有效的診斷工具，以評估案主問題和處遇需求，按照現有最佳研究證據建立處遇計畫。計畫中依據評估結果、工作者關於案主相關的臨床專門知識，以及案主獨特的性質和狀況找出最有效的處遇方式。

（三）EBP 整合模式的運作過程

1. 步驟 1：建構問題以回應實務需求。在第一個步驟裡，實務工作者會依據以下兩點來建構問題，包括：(1) 必須做成的實務決策中相關的已知部分；(2) 以及完全了解所需要的額外資訊。例如：工作者在一間收容有情緒與行為問題少女的療養院，其中大部分的少女都是遭受到身體虐待或性虐待的原住民。工作者的第一個疑問可能是：「對於居住在療養院中，具有情緒與行為問題的受虐少女來說，哪些處遇方式的有效性受到最多的研究證據的支持？」

2. 步驟 2：搜尋證據。進行文獻回顧以做為研究計畫的指引，工作者可以在線上搜尋文獻，以做為引導其做實務決策的證據。例如：搜尋「對於居住在療養院中，具有情緒與行為問題的受虐少女來說，哪些處遇方式的有效性受到最多的研究證據的支持？」之相關文獻，工作者可能很快地發現，工作者的問題有時還必須考慮少女特質的變異性資訊。

3. 步驟3：批判性地評估你所找到的相關研究。由於在文獻上所找到的關於各種處遇方式有效性的研究論文，其研究品質良莠不齊，工作者必須具有研究方法和研究設計的概念，並明白如何批判地評估你所找到的研究。例如：文獻中對於少女特質的變異性資訊有些呈現相反的研究結果，工作者必須批判性地評估你所找到的相關研究，以確認何種證據是真確的。

4. 步驟4：決定何種以證據為基礎的處遇最適合你的特定案主。就算是最佳證據所支持的處遇方式，也不必然對每個案主或情況有效。就算是有力的研究所提供的有效證據指出某種處遇方式是有效的，通常也只發現此種處遇方式比其他選擇較為有效，而非對每個案例均有效；對某些族裔成員有效的處遇方式，對其他族裔的案主可能無效，最有力研究所支持的處遇方式，可能涉及到和某些文化或個別案主價值相衝突的程序。因此，工作者必須使用工作者的專門知識、工作者對於案主的認識、案主的回饋，以及工作者的文化能力來下判斷。例如：「對於居住在療養院中，具有情緒與行為問題的受虐少女來說，哪些處遇方式的有效性受到最多的研究證據的支持？」工作者應思考到目前為止哪一種處遇獲得最佳的證據支持，亦應將是否符合工作者之案主特性納入評估。

5. 步驟5：應用以證據為基礎的處遇。在應用最終選定的處遇方式之前，工作者可能需要藉由持續的教育工作坊、專業研討會或是社會工作學校提供的選修課程，來獲得處遇方式的訓練；工作者也應該獲得如何進行處遇的工作手冊，或試著找一個對於提供處遇方面有經驗的同事，並安排諮詢或督導。針對一些比較新的處遇方法，工作者可能會找一個由專業團體同行所組成的支持團體，以定期聚會的方式彼此提供如何在各種案例中使用新的處遇方法，另亦可以訓練或督導等方式提升處遇能力。做為一個以證據為基礎的實務工作者，應該與案主合作，共同規劃可衡量評估的處遇目標。例如：「對於居住在療養院中，具有情緒與行為問題的受虐少女來說，哪些處遇方式的有效性受到最多的研究證據的支持？」工作者經證據支持，擬規劃以認知理論與認知治療為主要的處遇方式，工作者應與受虐少女共同進行處遇過程的討論。

6. 步驟6：評估與回饋。為了評估處遇方式對特定案主是否有效，在處遇開始後，工作者要能用圖表顯示每日資訊，並且找出圖表資訊的模式加以大力改善。評估是必要的，因為支持處遇方式的有效性的研究，基本上無法證實此被測量的處遇方式能夠保證適用於每個案主或狀況；反之，這些研

究只能指出某種處遇方式可能會較其他方法有效，你的案主可能就是不適用此種處遇方法的案例之一，因此必須隨時進行評估與回饋。例如：「對於居住在療養院中，具有情緒與行為問題的受虐少女來說，哪些處遇方式的有效性受到最多的研究證據的支持？」工作者應和案主持續討論這些資訊，包括有需要在處遇方式沒有助益或是處遇目標已經達成的情況下改變處遇計畫。

 練功坊

Q 某社會工作研究者想了解接受安寧照護病患的經歷以及這些經歷對患者的深層意義，來提高他們的生活品質，這類研究較適合採用的典範為何？

A

採用詮釋主義典範。詮釋主義研究者相信單靠眾人以相同標準化方法使用的客觀衡量機制不足以理解人類。反之，他們相信理解人類的最好方式是使用彈性與主觀的方法，如此一來研究對象的主觀世界即可透過其主觀觀點被「發現」。僅衡量研究對象的外在行為或問卷答案是不夠的，必須更深入地檢視個人的話語或行為的主觀意涵與其社會脈絡。詮釋主義是一種研究式典範，它重視對人們內心感受能產生同理心的理解，企圖解析個人每天的生活經驗、深層意涵與感受以及其行為背後的獨特意涵。

★ （　） 某一青少年工作者想要運用精確與客觀的研究方法來檢測某一介入方案（Intervention Program）是否能減少青少年的偏差行為。請問該研究所遵行的典範為：
(A) 後現代主義　　　　　　(B) 詮釋主義
(C) 實證主義　　　　　　　(D) 批判社會科學

解析

C。在實務工作中，實務工作者會對許多事提出問題，而非只是自動地接受其他較有經驗或較有權威者所述；實務工作者會辨別沒有事實根據的看法和假設，並獨立思考他人所要傳達的實務知識是否為邏輯和實證所支持；實務工作者會考量現有的最佳科學證據，來決定如何介入實務上微觀或巨觀的各種層面，而非只是盲目地遵從傳統或權威，即為實證主義的典範。

練功坊

★（　）下列何者並非實證主義研究典範下的觀點？
　　(A) 科學方法的邏輯只有一套，社會科學和自然科學間並無差異
　　(B) 社會科學研究的目的在於了解，了解以便預測，預測以便控制
　　(C) 社會科學研究要重視設身處地的理解，才能有效了解人類行為
　　(D) 人們可藉由理性了解不理性的人類行為

解析

C。實證主義者視科學為社會一個獨特的部分，不帶有任何私人、政治或宗教的價值。科學的運作不受影響其他人類的社會與文化力量所支配。所涉及的是應用嚴格的理性思考與有系統的觀察，是一種超越個人偏見、偏差與價值的方法。

閱讀完成：

____月____日

重點 3 社會研究 ★★★★★

一、社會研究的面向用途

（一）研究之定義

「研究」是指對許多知識做仔細、系統的研究，以建立一些事實的原理原則；研究者重複的運用客觀、嚴格及系統的程序，把研究的對象操作化或測量化（Measurement）；對所觀察事實的假設驗證化（Verifiability）；使研究的結果有代表性（Representative）等三大目標的過程。

（二）研究的目標

1. 敘述（Description）：一個好的研究可以使我們更能客觀的敘述，把事實真相、情境、現象、過程與結果作一番敘述。

2. 解釋（Explanation）：敘述只指出發生了什麼事（What），但是解釋則更進一步要說出事情的前因後果是什麼？

3. 預測（Prediction）：能準確的判斷未來所可能發生的事就是「預測」，藉著數據、經驗、理論等預測未來所可能產生的結果。

4. 干預、處置（Intervention）：除了分析問題如何產生以外，還須對問題提供解決的方案。

5. 比較與評估（Comparison & Evaluation）：比較處置的前後有多少差異？這些差異是否顯著？評估我們的方案是不是有效？與所付出的時間、人力、資源成不成比例？這些比較與評估的技巧，在研究法的訓練中不可或缺。

（三）社會研究的面向

榜首提點

社會研究面向的架構表非常重要，可以快速協助考生釐清個別面向的定位及內容。

社會研究之 目的	社會研究之 用途	社會研究之 時間架構	社會研究資料 收集之技術
探索性研究 描述性研究／ 敘述性研究 解釋性研究	基礎研究 應用研究： ■ 行動 ■ 衝擊 ■ 評估	橫剖面／橫斷性研究 貫時性／縱貫性研究： ■ 小樣本連續調查／同樣本多次研究／同組研究／固定名單研究（Panel Study） ■ 時間序列（Time Series Research） ■ 世代分析／族群研究（Cohort Analysis） ■ 趨勢研究（Trend Study） 個案研究	量化資料： ■ 實驗 ■ 調查 ■ 內容分析 ■ 現成的統計 質化資料： ■ 田野研究 ■ 歷史比較研究

榜首提點

研究的目的是榮登金榜的必備考點，除相關內容的準備外，請準備實務案例備用。

（四）研究之目的（分類）

1. 探索性研究：探索性研究（Exploratory Research）是指對於缺乏前人研究經驗的問題所作的研究，例如：世界展望會欲了解非洲某部落的生活狀況與是否有饑餓問題存在所作的研究。

2. 描述性研究／敘述性研究（Descriptive Research）或稱為描述性研究，是對於所要研究現象的性質作有系統而正確的描寫與敘述，主要作用在於客觀報導事實，以供了解；例如：社會工作者對 921 地震受災戶所作的調查研究，了解其家園重建狀況與目前有哪些福利需求等。

3. 解釋性研究（因果性研究）：解釋性研究（Explanatory Research）或稱為因果性研究（Causality Research），是指為驗證（或解釋）變項間的因果關係所作的研究，例如：社會工作者為驗證老人之社會支持與生活滿意度間存有正相關；在因果性研究或解釋性研究中，通常都會有明確的研究架構；因為透過研究架構（架構圖）可將研究中的主要變項（包括：自變項與依變項）間的關係具體地呈現出來，可使研究更為清晰。

```
                        研究之目的
        ┌───────────────┼───────────────┐
   探索性研究         敘述性研究         解釋性研究
 如世界展望會欲了解非   如社會工作者欲了解   社會工作者為驗證老人
 洲某部落是否有饑餓問   921 地震受災戶家園重   之社會支持與生活滿意
 題存在之研究。       建狀況。          度間存有正相關。
```

上榜關鍵 ★★★

基礎研究與應用研究之
定義，比較必須清楚，
申論題考點。

（五）研究的用途

1. 基礎研究：基礎研究係為增進有關於社會世界的基本知識。焦點擺在駁斥或支持有關於社會世界如何運作、事情為何發生、社會關係為何有特定的模式，以及社會為何會變遷之類的理論。基礎研究是大部分新科學概念的來源，也是關於這個世界的思考模式，它可以是探索性的、描述性的、也可以是解釋性的研究最為常見。

2. 應用研究：應用研究者嘗試解決特定的政策問題或是協助實務工作者完成任務。理論對他們而言，遠不如尋找在有限條件下某個特定問題的解答來得重要。

表：基礎與應用社會研究之比較

基礎研究	應用研究
■ 研究本身就令人滿足，是由其他的社會學家來做評斷。	■ 研究是工作的一部分，由社會學界之外的贊助者來評斷。
■ 研究者對研究問題的選擇，享有極大的自由。	■ 研究問題相當「狹窄限定」，為了符合老闆或贊助者的需要。
■ 研究的判斷是根據絕對嚴謹的科學規範、追求最高的學術標準。	■ 學術的嚴謹與標準繫之於研究結果的用處。研究可能是「草率簡陋」，也有可能符合高尚的學術標準。
■ 主要關切的是研究設計的內在邏輯與嚴謹度。	■ 主要關切的問題是能夠把研究發現通則化到贊助者有興趣的領域。
■ 對基本理論知識有所貢獻是推動研究的驅策力。	■ 實際的報酬或研究結果獲得採納是從事研究的主要目標。
■ 成功見諸於研究結果被刊登在學術期刊之上，並對科學社群發揮影響。	■ 成功見諸於研究結果被贊助者用到決策制定之上。

榜首提點

研究時間架構的選擇在解釋名詞及專技社工師測驗題大量出現，是非常重要的考點；此外，請熟記其英文用詞，以免因中譯名稱不同而混淆；這些名詞有些相當不容易區辨，請務必注意。

（六）研究時間架構的選擇

橫剖面／橫斷性研究 Cross-Sectional Studies	■ 定義：研究某一特殊定點時間內的社會事實與現象。這種研究所牽連的時間較為單純，時間的消耗也較短，當然在經費上自然也會較為經濟；亦即如果研究檢驗及分析某一時間內的現象，即稱為橫斷性研究。 ■ 舉例：人口普查就是研究某一特定時間內居民的社會人口特性。
貫時性／縱貫性研究 Longitudinal Studies（續）	■ 指對研究對象作長時間的觀察或資料蒐集，試圖描述長時間的過程變化並進行長期觀察。例如：針對特定議題，如墮胎、精神病犯罪，對報紙社論或法院判決進行長期分析。 ■ 類型：

	1.小樣本連續調查／同樣本多次研究／同組研究／固定名單研究 Panel Study	■ 基本概念：是一種極有效力的貫時性研究。它的難度比時間序列研究還來得高。在小樣本連續調查／同樣本多次研究中，研究者在不同的時點裡觀察完全相同的一群人、一個團體或一個組織。小樣本連續調查／同樣本多次研究執行起來相當困難，而且所費不貲。長期追蹤一群人不是件容易的事，因為某些人可能已經亡故，或者不知道搬到哪裡去了。此類樣本容易流失，較不可行。 ■ 舉例：例如對社工碩士班畢業學生進行追蹤調查，了解對於研究法、社會工作行政等必修課程的態度是否隨著時間而改變；如果這些校友在畢業數年後升至督導、主管職位時，對這些課程的評價大幅增加，那這資訊有助於師生對課程修正的討論。
	2.時間序列研究 Time-Series Research	■ 基本概念：是一種貫時性的研究，研究者針對一群人或其他研究單位，蒐集同一種類型、但卻是橫跨數個不同時期的資料。透過這筆資料，研究者可以觀察這些事物的特性屬穩定性還是變動性，還可以追蹤不同時點下情況的演變。 ■ 舉例：研究延長刑期對槍擊重犯的可能影響，是否延長刑期會降低槍支的犯罪率。

接下頁

貫時性／縱貫性研究 Longitudinal Studies	3.世代分析／族群研究 Cohort Study	■ 基本概念：是檢視某一特定年齡的狀態情形，但是是追蹤這一「群」變化狀況。研究相同主題、特殊族群（Specific Sub-Population）在經過一段相當時間後（五年或更久），其行為或現象的改變，故研究對象來自同一母群體、相同性質，卻非原本的樣本。如：五年前 15～19 歲青少年吸食古柯鹼的比例，以比較其行為的變化，但五年後的調查並非同一群人。 ■ 舉例：比較 1989 年時，70～80 歲接受長期照護的老人，與 1999 年時，80～90 歲接受長期照護的老人之健康狀況是否有所不同，這樣的研究就稱為世代。在世代研究中，兩（或多）「群」的人數不一定相等，因為可能有人口流失的問題，不過主要都是透過平均值的比較來看變化的情形。
	4.趨勢研究 Trend Study	■ 基本概念：是指研究過去一段時間某一特定年齡層的狀態變化情形。研究社會現象變遷與發展的趨勢，通常為五年、十年或是更久，所以它是相關主題、不同時間、不同樣本的研究，如近十年中移民與死亡率的發展研究。 ■ 舉例：研究在 1989 年與 1999 年時，70～80 歲接受長期照護老人的健康狀況是否有所不同，這樣的研究就稱為趨勢研究。
個案研究 Case-Study Research		■ 基本概念：在個案研究（Case-Study Research）中，研究者深入檢視在某段期間內，出現在非常少數的數個個案上的多種特性。個案可以是某個個人、團體、組織、運動、事件或是地理單位。所得到的資料通常非常詳細、多樣，幾乎無所不包，研究者可能密集研究一兩個個案，或者比較少數幾個個案的數項特性。個案研究使用分析邏輯，而非數量。 ■ 舉例：對 1980 年代亞洲移民住進美國某社區現象的個案研究。

二、社會研究分析單位與錯誤（或陷阱）

（一）社會研究的分析單位

1. 個人。
2. 團體。
3. 方案。

上榜關鍵 ★★★

專技社工師的測驗題、申論題的考點。

4. 組織或機構。

5. 社區。

6. 社會加工品／社會人造物（Social Artifacts）：分析雜誌、報紙、文章的特色。

（二）社會研究分析單位錯誤（或陷阱）

1. 區位／生態謬誤

(1) 說明：

A. 「區位／生態謬誤」（Ecological Fallacy）當研究的分析單位與研究結果的判斷單位出現不對稱或不一致的現象時稱之。

B. 生態謬誤源自於分析單位的錯誤配對，是指研究者握有經驗證據的單位，與他想要發表論述的單位之間出現不相稱的狀況。知

這是由於推理不當，以及通則化超過證據所保證的範圍之外的緣故。發生在研究者蒐集的資料是一組較高層次的或聚集的分析單位，但是卻想要對一個較低層次的、非聚集的單位提出論述之時，這之所以是一種謬誤錯誤，乃是因為在某個分析單位上發生的狀況，並不總會發生在另一個分析單位之上。因此，如果研究者蒐集到較大集體（例如：組織、整個國家）的資料，然後根據這些資料提出關於個體行為的結論，研究者就犯下了生態謬誤。確定研究者用作解釋的分析單位等同於或是接近於研究者蒐集的資料的單位屬性，研究者就可以避免落入這種錯誤。

(2) 舉例：當分析臺灣地區失業率（分析單位）最高的幾個縣市的人口組成，發現都是以閩南籍為多，於是推斷閩南籍（判斷單位）人口多的縣市、失業率都會偏高；這樣就是犯了區位／生態謬誤的問題。因為研究者沒有調查失業率中度或低度縣市的人口組成；事實上，在全臺灣地區所有縣市幾乎都是以閩南籍人口為最多；所以如果對於所有縣市均調查失業率與籍貫的相關，就會發現兩者之間其實並沒有特殊的關聯存在。

知識
補給站

區位／生態謬誤透徹了解經典案例

湯姆鎮（Tomsville）與瓊安鎮（Joansville）大約都住有四萬五千人，湯姆鎮中有較高比例的高收入人口，在這個鎮上有半數家庭的家庭收入超過十六萬美元。這個鎮上所登記的機車數也比任何其他與它大小相近的市鎮為多。瓊安鎮則住有許多窮人，半數的家庭生活在貧窮線之下，它所登記的機車數也比任何與它大小相近的市為少。但是只根據這些資料就說有錢人比較可能擁有機車，或說證據顯示家庭收入與擁有機車之間有關，就是個謬誤。原因是我們並不知道在湯姆鎮與瓊安鎮中哪種家庭擁有機車，就整個鎮來看，我們只知道兩個變項——平均收入與機車數量。觀察變項的分析單位是整個城鎮。或許湯姆鎮中所有中、低收入的家庭都加入一個機車俱樂部，但沒有一家高收入的家庭加入這個俱樂部。或許瓊安鎮的每個富有家庭以及每五個窮人家庭都擁有一輛機車。要做出關於家庭擁有機車的狀況與家庭收入之間有關係的陳述，必須就家戶蒐集資料，而不是就整個城鎮。

2. 簡化論

榜首提點
簡化論請著重於概念之建立，並運用例題輔助準備。

(1) 說明：

　　A.「簡化論」（Reductionism）係當研究者過度簡化問題的複雜性或是將複雜的社會現象歸因於單一因素所造成，也稱為不對等謬誤。這個錯誤是發生在研究者解釋鉅觀層次的事件時，但有的只是關於數個特定個人的證據。發生在研究者觀察的是較低或個別的分析單位，卻對較高或聚集單位的運作狀況做出論述的情況之時。這是生態謬誤錯誤配對的逆向情況。握有關於個人行為決策資料的研究者，卻對鉅觀層次單位的動態提出論述，這時就犯了化約論的謬誤。會出現化約論的謬誤，是因為通常從具體的個人取得資料比較容易；同時也是因為鉅觀層次單位的運作比較抽象與模糊之故。

　　B. 就和生態謬誤一樣，可以藉著確定研究者解釋時所用的分析單位非常接近於研究者所掌有之證據的分析單位，而避開這個錯誤。未能對分析單位做出正確思考的研究者與掌握有不相稱的理論與資料的研究者，是比較可能犯下生態謬誤或化約論的謬誤。他們不是對適合於研究問題的資料做出錯誤的判斷，就是過度通則化他們的資料。

(2) 舉例：研究者認為近來「少子化」現象日益嚴重，應與失業率居高不下之間有高度相關，於是著手進行此二變項間的相關分析；但是這樣

的想法可能忽略了另外的重要變項，例如：「婦女的經濟獨立」以及「現代人傳宗接代與養兒防老價值觀的轉變」所造成的影響。

3. 套套邏輯

   (1) 說明：套套邏輯（Tautology）是循環論證——發生在當某些事「就定義來說是正確」之時。套套邏輯看似是一個因果關係，其實不是。它的發生是由於語言上失誤，因而在定義和因果關係之間造成的混淆。科學假設必須能夠被經驗證據證明為假，套套邏輯不是無法接受經驗檢定，就是無法透過經驗檢定而顯示為假，因為套套邏輯敘述的是一個邏輯或語意關係，而非經驗、因果的關係。研究者可以試看看用某個假設是否可以重新被說成一個定義的方式，來避免這種錯誤。如果用等號可以取代在自變項與依變項之間的因果箭，研究者有的可能就是個套套邏輯。

   (2) 舉例：保守主義者是個帶有某種態度、信仰和價值（希望較少的政府管制、不對較高所得者課稅、維持強大軍隊、主張公立學校教授宗教課程、廢除反歧視法）的人。指出想要較少的政府管制、維持強大的軍隊等等會造成保守主義的說法，就是套套邏輯。

4. 目的論

   (1) 說明：這是指某些事看似因果關係，但其實並非因果關係，因為它無法接受經驗檢定。目的論（Teleology）起自於語言上的失誤，發生在使用一個模糊的未來狀況，或是用一個關於「世界本質」的抽象、廣泛觀念來解釋某些特定事物之時，它無法檢定的，而且違反因果解釋的時間順序。研究者可以仔細檢定一個解釋中的自變項或原因以避免犯下這個錯誤。

   (2) 舉例：「核心家庭是西方工業社會盛行的家庭型態，因為它具有維繫社會的功能」——這個陳述是源自結構功能論的一個無法驗證的目的論陳述。它是說「社會維繫」是「家庭型態發展」的原因。然而，我們可以觀察一個社會是否維繫的唯一方式是在事實發生之後，或者是在它已經有了一種家庭型態之後的結果。

5. 虛假相關

(1) 說明：

A. 稱變項間的關係為「虛假相關」，意味著這個關係是錯誤的，是種幻覺。由於兩個變項間任何關聯都有可能是虛假的，所以當研究者發現兩個變項有所關聯時就得特別提高警覺；因為進一步探究之後，可能構不成因果關係的基礎。可能會是個幻覺。

B. 虛假相關發生在兩個變項有所關聯，但不是因果關聯之時，因為實際上尚有未被察覺的第三個因素，才可能是造成這個關係的真正原因。第三個變項同時是看似明顯的自變項與依變項的原因，它說明了觀察的關聯。以因果關係的條件來說，未被察覺的第三個因素代表另外一個強而有力的解釋。實際上虛假相關是根據某些你已經使用過的常識邏輯。

(2) 舉例：

A. 你已經知道在冷氣機的使用與冰淇淋甜筒的消耗量之間有所關聯。如果你測量使用中的冷氣機數量和冰淇淋捲筒每天賣出的數量，你將會發現兩者間有很強的相關，當有較多冷氣機在使用的日子裡，就會賣出較多的冰淇淋甜筒。但是你知道吃冰淇淋甜筒並不會促使人們打開冷氣機。相反的，這兩個變項是由第三個因素——天氣炎熱——造成的。第三個因素沒有被察覺，直到你運用邏輯思考才找出來。你可以透過統計來檢驗相同的事物，例如：測量每天的溫度，以及冰淇淋的消耗量與冷氣機使用量。

B. 長得比較高的十五歲孩子似乎比較喜歡橄欖球與運動，而比較不喜歡購物買衣服。再者，身高與喜愛橄欖球之間有很強的相關。這並非意味著身高造成對橄欖球的偏好；這個關係是虛假的，因為第三個因素——性別——會發生作用。十五歲的男孩比十五歲的女孩高，而男孩比較喜歡橄欖球。因此，身高本身可能和喜歡橄欖球並沒有什麼關係。相反的，是性別產生了身高上的差異，也是性別和喜歡橄欖球與其他運動的社會化有所關聯。事實上，很可能是在男孩子之間，長得比較高者實際上不是比較喜歡籃球，就是追著橄欖球跑。如果研究者只觀察身高與對橄欖球的偏好，而忽略性別差異，他勢必會被誤導。

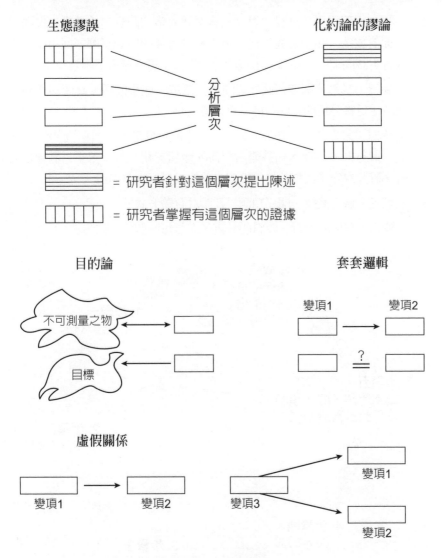

圖：解釋時須避免的五大錯誤

三、研究的步驟與準備工作

（一）研究的步驟

1. 步驟一：科學的步驟是從研讀（Study）與討論（Discuss）開始，這是研究的第零步（Step Number Zero）。藉著更多的資料蒐集與思考，必須逐漸的認知可能的問題是什麼，這是科學研究的第一步。

2. 步驟二：蒐集更多資料，對問題範圍做大略的觀察，並且設法做些口頭或字面的敘述（如果研究者自己講不清楚有關問題是怎麼一回事時，表示研究者對該問題的認知都還未搞清楚，也表示思考得還不夠）。

3. 步驟三：是澄清問題。並且把問題分割成一些小問題，當問題切割得愈仔細時，日後分析問題的角度就可以愈周全。

4. 步驟四：設定假設（Hypothesize）。假設的設定就是對研究的變項處理設定一個方向，不僅告知該變項與何種變項有關？還要預測它們會是何種關聯？研究說穿了其實就是要證明這些假設是否為真而已。

5. 步驟五：概念演繹、關係預測以及設計實驗方式。

6. 步驟六：實驗的進行、資料的分析、進行每一個假設的測試。

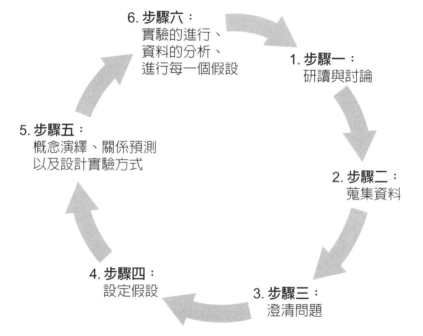

（二）研究進行前的預備工作

1. 研究目標或宗旨的設定

   (1) 評估目標（Evaluative Goal）：評估目標較重視研究的應用性（Applied Research），這種研究與實務的方法和處遇的效果有關，重點是評估方案如何或是否直接有助於案主，基本上是在建立評估的目的上。

(2) 真實目標（True Goal）：有的研究不是那麼強調其應用性，它的研究目標就是單純的做研究（Pure Research），這種研究可以增進概念的演進與釐清，藉由概念化的檢驗與發展來增加專業知識，固然無法馬上應用於實務，但對理論與概念的釐清卻相當重要。

2. 確定研究的分析單位

(1) <u>分析單位的類型</u>：

A. 個人。

B. 團體。

C. 方案。

D. 組織或機構。

E. 社區。

F. 其他事務等（Artifacts）：分析雜誌、報紙、文章的特色。

> **上榜關鍵** ★★★
> 分析單位的類型，為測驗題考點，請務必清楚。

(2) <u>考慮到研究的分析單位時，須注意的兩大陷阱</u>：

A. 區位謬誤（Ecological Fallacy）的問題：研究的分析單位與研究結果的判斷單位有時會有不對稱、不一致的現象，如：研究發現青少年退學者（分析單位）較少出自結構完整的一般家庭，而因此解釋為：單親家庭（研究結果判斷單位：家庭型態）的青少年較容易成為退學者……。他們未考慮研究的取樣區域中，屬於完整家庭的本來就比較少，冒昧的下此結論，會有解釋錯誤的可能。

> **上榜關鍵** ★★★
> 分析單位有關的兩大陷阱是重要的考點，請仔細準備。

B. 化約主義（Reductionism）：研究者或因過於執著本身的觀點與看法，不知不覺中，會過分武斷的強化他的研究發現，而且也過分簡化了產生一件問題的複雜性，或將複雜的社會現象歸因於單一的因素。

 練功坊

Q 社會研究對時間面向的考量是重要且必要的。請就研究中常見的橫斷性和貫時性兩種面向進行說明，並各舉一實例。

A _____

（一）橫剖面／橫斷性研究（Cross-Sectional Studies）

　　1. 研究某一特殊定點時間內的社會事實與現象。這種研究所牽連的時間較為單純，時間的消耗也較短，當然在經費上自然也會較為經濟；亦即如果研究檢驗及分析某一時間內的現象，即稱為橫斷性研究。

　　2. 舉例：人口普查就是研究某一特定時間內居民的社會人口特性。

（二）縱貫性／貫時性研究（Longitudinal Studies）

　　1. 指對研究對象作長時間的觀察或資料蒐集，試圖描述長時間的過程變化並進行長期觀察。例如：針對特定議題，如墮胎、精神病犯罪，對報紙社論或法院判決進行長期分析。類型包括小樣本連續調查／同樣本多次研究／同組研究／固定名單研究（Panel Study）、時間序列（Time Series Research）、世代分析／族群研究（Cohort Analysis）、趨勢研究（Trend Study）等。

　　2. 以小樣本連續調查／同樣本多次研究（Panel Study）為例，例如對社工碩士班畢業學生進行追蹤調查，了解對於研究法、社會工作行政等必修課程的態度是否隨著時間而改變；如果這些校友在畢業數年後升至督導、主管職位時，對這些課程的評價大幅增加，那這資訊有助於師生對課程修正的討論。

★（　　）為了解大學生對兩性平權態度是否有所改變，李教授研究在 1960 年畢業之大學生對兩性平權態度的變化。此後每隔 10 年（也就是 1970，1980，1990，2000，2010）李教授就從該年之畢業生抽出新的樣本進行調查。請問李教授乃從事何種研究？

　　(A) 橫斷性研究（Cross-Sectional Study）

　　(B) 世代研究（Cohort Study）

　　(C) 因果研究（Causal Study）

　　(D) 同樣本多次研究（Panel Study）

解析 _____

　　B。世代／族群研究（Cohort Study）：研究相同主題、特殊族群（Specific Sub-Population）在經過一段相當時間後（五年或更久），其行為或現象的改變，故研究對象來自同一母群體、相同性質，卻非原本的樣本。

練功坊

★（　）魯教授研究酒醉駕車在鄉村地區和都會地區的比例，結果發現，在鄉村地區酒醉駕車被逮捕率較高，魯教授因此下結論：住在鄉村地區的人比住在都市地區的人有可能酒醉駕車。魯教授的結論顯示：

(A) 區位謬誤　　　(B) 簡化主義　　　(C) 歸納推理　　　(D) 演繹推論

解析

A。區位謬誤（Ecological Fallacy）是指研究的分析單位與研究結果之判斷單位有時會有不對稱、不一致的現象。本題在鄉村地區酒醉駕車被逮捕率較高，就下了住在鄉村地區的人比住在都市地區的人有可能酒醉駕車的結論，並未考慮鄉村地區人口數明顯少於都市地區之因素，冒昧的下此結論，會有解釋錯誤的可能。

重點 **4** 研究計畫與文獻探討 ⭐⭐

一、研究計畫書的撰寫架構

> **上榜關鍵** ★★
>
> 請思考如果考題要考生寫出一份研究計畫書，該如何將其架構完整呈現，並請以實務案例舉例說明之。

（一）緒論

緒論中通常又會包含：研究動機（或背景）、研究的重要性、研究目的與名詞定義（或解釋）等。其中研究動機（或背景）、研究的重要性與研究目的等，名詞定義（或解釋）有時會視情況而決定要不要特別列出。

（二）文獻探討

針對欲研究的題目，找出相關的國內外文獻進行分析整理，而後選取與欲研究主題接近的理論架構、自變項與依變項、研究設計與方法等，有系統層次加以呈現，而後引導出後續的研究計畫內容。

（三）研究理論與架構

包含：研究理論、研究架構（一般以圖示的方法，將自變項、依變項或／與中介變項等加以連結的研究變項間關係示意圖）、研究問題與研究假設等。

（四）研究方法

1. 研究方法：是整個研究計畫的核心部分，也是相關單位最關心與審核的重心。研究方法內容是否適當與可行，直接關係著研究計畫的品質與該研究計畫是否能夠順利被審查通過。

2. 研究方法包含內容
    (1) 研究設計：研究設計部分要決定整個研究要用何種方法去蒐集資料。
    (2) 樣本：此部分是對研究的取樣方法與樣本大小（針對初級資料研究），或是就資料庫的背景資料及所欲選取來做研究的樣本部分（針對次級資料研究）做出說明。
    (3) 變項的操作型定義：針對因果性研究／解釋性研究，或是量化的描述性研究而設計的部分。對於量化的描述性研究，其變項通常也會有明

確的操作型定義。

(4) 測量工具：針對初級實證研究是量化還是質性研究，都需要此一部分，研究計畫中說明打算用以蒐集資料的測量工具。

（五）研究人員基本資料與時間進度表

時間進度表則通常都是採用甘特圖（Gantt Chart）的方式來呈現。所謂「甘特圖」，就是：以工作項目爲最左一行，以時間爲最上一列，所繪製成能表示預期工作進度的圖表。

（六）預期研究結果與貢獻

撰寫內容往往會與研究計畫第一部分「研究的重要性」相呼應。對於任何一位研究計畫的審核者來說，透過「預期研究結果與貢獻」可以看出該研究的重要性與研究者對這個研究的掌握程度。

（七）預算

「預算」部分通常也是當研究計畫針對委託招標單位或是贊助機構才需要提供出來的相關資料，藉以讓可能的委託或贊助單位了解到：如果審核通過本案，將需要撥付多少金額（主要分成人事費與業務費兩大部分）。

（八）參考文獻

參考文獻係將研究計畫內容中，有引用到的書、論文等各項資料出處加以說明，通常採 APA 格式。

（九）附錄

附錄（Appendix）是不便放在研究計畫文中（例如：篇幅太長），但卻又應該向讀者交代的資料；通常放在最後。

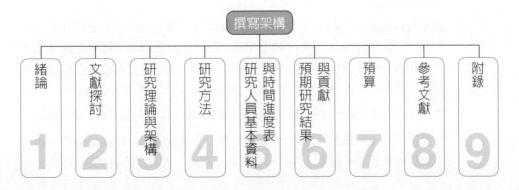

撰寫架構
1 緒論
2 文獻探討
3 研究理論與架構
4 研究方法
5 研究人員基本資料與時間進度表
6 預期研究結果與貢獻
7 預算
8 參考文獻
9 附錄

二、文獻探討

(一)文獻探討在籌備研究時候開始進行之原因

1. 藉著文獻探討,可以協助我們選擇研究主題,減少選擇了不恰當、不合時宜,或已有充分資料的研究題目,以免浪費時間與精力。

2. 文獻探討若做得好,可以使研究者事先就確定有效的測量工具是什麼,因為文獻可以讓我們知道該變項是如何被測量,先前的測量工具是否仍然可以被引用。

3. 文獻探討可以幫助我們確定問題的所在,也可以使研究者了解變項間的對立(相對)概念。

4. 質性研究或場域理論(Grounded Theory)方法來建構理論之研究者,可以盡早了解目前的智識基礎和它的限制,豐富我們的想像。所以文獻探討及早進行不會影響質性研究的品質。

5. 文獻探討亦有其陷阱,當研究者對其問題的知識背景不足,而花很長的時間來消化所看到的文獻時,可能會因而太依賴他人的研究和分析而減低個人的創造力。所以進行研究時,應該把文獻探討當作動態的整理過程,在初步撰寫以及在研究過程中,當發現需要時,隨時都可以再回到文獻找尋答案或更多的佐證。

(二)文獻探討之目的與功能

1. 使研究的計畫合乎科學的要求,融入於科學的論點中:研究是一種科學的探知過程,文獻探討使研究者可以「繼往開來」,也可以使研究者「鑑古知今」,一方面繼承了科學的累積,融入了科學的主流,並為科學的發展,注入新的力量。

2. 避免重複的工夫以節省人力:這是文獻探討很重要的目的,使研究者知道所要研究的題目是否以前已被研究過?研究的結果如何?碰到何種難題?先前的研究對未來的研究又有何種建議?若在進行研究之前能把相關的文獻作好整理,一定可以避免不少重複的功夫,也可以節省不少人力。

3. 使研究更務實,避免使研究的問題重蹈覆轍,或又落入別人研究的窠臼裡面。

4. 科學當然要不斷的探究新的領域與主題,文獻探討的功能就是整理、吸收先前的研究經驗與結果,作為未來更新、更好、更周詳的研究的準備。

5. 文獻是研究者呈現研究邏輯的重要過程：文獻探討的功能不是顯示自己看書的數量，而是與前面的問題敘述，以及後面的研究架構、資料分析等脈絡相承，不可分割。文獻探討主要是釐清研究概念的層次，把和研究有關的變項作系統的介紹，使讀者對研究者的觀念、邏輯有層次上的了解。

6. 好的文獻探討在敘述時已經在為自變項與依變項的出現鋪路，當文獻探討結束時，自變項與依變項彷彿「圖窮匕現」般，以假設的方式出現。文獻探討會說服讀者進入作者的思維體系，使其越能同意研究者的理論架構。

 練功坊

Q 在研究過程中，閱讀、分析和整理文獻爲首要步驟，請說明文獻檢閱與探討對於一個研究之形成和進行有哪些貢獻？

A _____

文獻探討之目的與功能：

（一）使研究的計畫合乎科學的要求，融入於科學的論點中：研究是一種科學的探知過程，文獻探討使研究者可以「繼往開來」，也可以使研究者「鑑古知今」，一方面繼承了科學的累積，融入了科學的主流，並為科學的發展，注入新的力量。

（二）避免重複的工夫以節省人力：這是文獻探討很重要的目的，使研究者知道所要研究的題目是否以前已被研究過？研究的結果如何？碰到何種難題？先前的研究對未來的研究又有何種建議？若在進行研究之前能把相關的文獻作好整理，一定可以避免不少重複的功夫，也可以節省不少人力。

（三）使研究更務實，避免使研究的問題重蹈覆轍，或又落入別人研究的窠臼裡面。

（四）科學當然要不斷的探究新的領域與主題，文獻探討的功能就是整理、吸收先前的研究經驗與結果，作為未來更新、更好、更周詳的研究的準備。

（五）文獻是研究者呈現研究邏輯的重要過程：文獻探討的功能不是顯示自己看書的數量，而是與前面的問題敘述，以及後面的研究架構、資料分析等脈絡相承，不可分割。文獻探討主要是釐清研究概念的層次，把和研究有關的變項作系統的介紹，使讀者對研究者的觀念、邏輯有層次上的了解。

（六）好的文獻探討在敘述時，已經在為自變項與依變項的出現鋪路，當文獻探討結束時，自變項與依變項彷彿「圖窮匕現」般，以假設的方式出現。文獻探討會說服讀者進入作者的思維體系，使其越能同意研究者的理論架構。

★（　　）一個好的研究，文獻探討是不可或缺的一部分，請問下列有關文獻探討的敘述，何者爲非？

(A) 文獻探討可以幫助我們確定問題所在，幫助我們了解變項間之對立概念

(B) 文獻探討的目的之一是爲了使我們知道哪些題目以前已經被研究過？研究結果又是如何

(C) 文獻探討的目的不是爲了讓我們東抄西抄，但是爲了可以有較好的概念，因此我們要儘量參考碩士論文

(D) 文獻探討是呈現研究邏輯的重要過程

解析 _____

C。文獻資料的種類相當繁多，只要與研究相關的文獻資料，均為參考的資料來源，而非僅限於碩士論文。

練功坊

★ （　　） 研究進行中，文獻回顧（Literature Review）也是很重要的一項步驟，下
列有關文獻回顧的敘述，何者錯誤？
(A) 文獻回顧可以幫助研究人員從他人的研究中學習錯誤的經驗
(B) 當研究架構完成之後，再進行文獻回顧，對研究是沒有幫助的
(C) 對測量工具的使用不是很確定時，也可以參考文獻回顧
(D) 有些研究會在最後階段再進行文獻回顧

解 析
_____

B。當研究架構完成之後，再進行文獻回顧，可以使研究者再次審視研究設計有
無錯誤或疏漏之處。

重點 5 社會工作研究與研究倫理

一、社會工作研究與社會工作實務、問題解決

（一）社會工作研究法的特質

1. 研究與社會工作相關的主題：研究與社會工作的方法有關之主題：例如：個案工作方法、團體工作方法，社會福利有關的對象與人口也是重要的主題，如：兒童、婦女、家庭、勞工、身障及各種弱勢團體；至於有關行政、政策等間接服務方面也是研究主題。

2. 從社會工作的角度探討別的領域問題：社會工作專業與很多學科有密切的關聯，如：心理學、教育學、社會學、政治學，甚或是生理、精神醫學等，所牽涉的範圍頗為廣泛。

3. 以「Do」的角度來評價社工的創新、修正與實驗：社會工作較偏向於實務，因為社會工作的精神不只是針對各類的社會問題提出分析，更要針對這些問題提出處置，以解決其問題，至少可以使問題的傷害減到最低限度，因此把研究的成果回饋到專業時可提升處遇效果。

4. 強調與社工實務的關聯，取自實務，用之於實務：透過研究，不僅理論可以實務化，實務也才可以理論化，如此，社會工作專業的水平才能提升。

（二）社會工作研究與社會工作實務

1. 運用研究方法，重新審視實務的決定：把研究法用到實務工作裡並不是就要對實務工作進行評估，研究法除了評估以外還有很多的用途，例如研究如何擴大服務效果。

2. 在干預過程中，需蒐集資料，以審視干預之效果：實務工作者在服務案主時，應隨時蒐集資料，觀察案主本身及各種情境，來考量我們對案主所提供的干預是否得到預期的效果。

3. 運用研究方法、技術與工具，以審核干預的效果：研究法的領域中，包含著各式各樣的研究類型與研究設計，每一種類型與設計都有其優缺點，各

適用於不同的領域與問題，宜掌握各類研究方法的技術與工具審慎應用。

4. 以具體、可觀察、可測量的項目去描述案主系統性的問題，干預的過程、目標及結果：界定案主問題的嚴重性時，便必須以客觀的態度來衡量，以案主具體、可觀察、可測量的問題來當作處置、干預的目標與對象，再用統計的方法去分析與判斷處遇是否達到預期的效果。

5. 當提出社工的實務項目時，需合乎邏輯規則：在界定研究主題時，需要合理的推理才能使研究合乎研究方法。

6. 需了解研究和實務都是應用邏輯的一種方式：從研究和實務的本質來分析，事實上兩者都是理性科學的過程，一樣都是邏輯的應用。從理論到實務的演繹過程，加上從實務到理論的歸納步驟，全然都應該是邏輯，都應該相存共依。

7. 在定義案主的問題、蒐集資料、評估各種訊息時，須以研究的方法、技術和工具，且透過此法去導引出干預的策略：研究過程需嚴格謹守研究法中的原則、技巧與方法，使問題的定義適中、資料的蒐集周延、測量上客觀合理，分析時又能準確詳實；研究的結果分析探討後，須擬定適當的處遇策略與方法。

8. 需了解研究與實務是問題解決的一連串過程：社會工作的本質是解決問題，因此社會工作實務、社會工作研究，都是邏輯的演繹與歸納的問題解決過程。

（三）社會工作研究與問題解決時內涵之比較

步驟　　　　項目	「問題解決」之實施內涵	「社會工作」之實施內涵	「社工實務」之實施內涵
問題的界定、定義與特殊化	了解問題的存在	確定研究的問題	診斷與評定
選擇可干預的策略	建議解決問題的可能方法	成立假設並設定研究設計	選擇並計畫干預
施行	執行所選擇的解決方法	執行研究設計	執行所選擇的干預策略
評估與普及研究發現	對所選用方法的結果評估	分析、解釋與報告發現	評估案主的進展與結案

二、社會工作者的研究角色與影響因素

（一）社會工作者的研究角色

1. 研究的使用者：指社會工作者有能力作研究，知道研究的步驟與過程，也能從研究的發現中給予詮釋和應用；社會工作者知道如何應用研究，有能力研判該研究的優缺點。

2. 知識的創造者與傳播者：指社會工作者經由假設、調查、分析所得來的「發現」，並在研究領域上的交流。

3. 對各學科的知識分享者：社會工作的理論與知識有不少是由相關的學科而來，如心理學、教育學、社會學或諮商與輔導等，社會工作的研究成果應與各學科進行分享。

（二）影響社會工作研究的因素

社會工作機構	■ 責信的問題：社工單位就必須針對所做服務的效果、工作的效率，以及經費上的花費提出報告，以便讓外界可以信服。 ■ 評估的問題：機構對評估的態度也會影響研究是否進行。對從事實務的機構而言，難免會帶來壓力與焦慮，不僅是因為懷疑本身是否有研究的能力，有時候更是擔心研究的結果會不會影響業務推廣的焦慮。 ■ 研究的市場：以目前時代的發展取向來看，研究有其愈來愈寬廣的市場，因為研究已是一個時代趨向。社會工作專業應該妥善運用研究和評估，因為若運用得當，評估可對機構的運作產生有利的幫助，使社會大眾對社工專業更加的信服。 ■ 敵對的環境：社會往往忽略了社會工作（社會福利）在問題的預防與解決上、在資源的整合與運用上，對社會所帶來的貢獻。在這種環境中，克服這種困難最有效的方法就是藉著客觀的研究，藉著合理的數據與成果來說明、來說服社會大眾。 ■ 缺乏財力資源：社會福利事業普遍缺乏經費，研究上的花費在次序上並非優先項目。改善此狀況的方法，除了政府單位的補助、民間財團的支持外，藉研究設計與規劃減低研究的支出與預算，或對研究題目的斟酌等技巧，來設法獲取財力資源，也是一途。 ■ 個案資料被研究時所面臨的倫理問題：必須要考慮是否違反專業倫理及觸法問題，都會造成研究過程上的困擾，這些因素也都需要加以考慮。

接下頁

社會工作專業	社會工作專業本身也會影響研究的進行，除了研究面臨的價值和倫理的問題外，對所研究對象的權益亦應加以保護。
社會工作實務者	社會工作是以人為取向，工作重點不是物體或某項任務。社會工作以實務為主，所重視的是社會工作的理念與原則是否能夠運用與施展，它較不重視數字或成本效益等「現實」的問題。所以，這種背景或心態也會影響到研究工作的進行。

三、社會工作的研究倫理與面臨難題

（一）倫理定義

韋伯新世界字典代表性的將倫理定義為「遵從特定專業或團體行為指導標準」。倫理議題是源自於對研究的適當方法的關切、兩難與衝突，倫理界定了什麼是正當、什麼是不正當，或者說什麼是「合乎道德」的研究程序。

榜首提點

社會工作研究的倫理指導方針在申論題有出題的紀錄，其各要項務必清楚；此外，解釋名詞與測驗題，亦有相當高的出題頻率。

（二）社會工作研究的倫理指導方針／倫理議題

1. 自願參與和知情同意	■ 社會工作研究常常意味著侵入他人的生活。訪談者的登門拜訪與信件中夾帶的問卷對受訪者來說，意味著一種不請自來並常需要耗費他／她相當多的時間與精力來應付的活動。參與研究會中斷受訪者日常的活動。 ■ 社會工作研究常需要受訪者透露他們的個人訊息──那些或許連朋友或同事都不知道的資訊。而社會工作研究常需要將這樣的個人資訊透露給陌生人。研究倫理的主要原則是參與者必須是自願的。沒有人可以被迫參加。所有的參與者必須知道他們正在參與一項研究，被告知所有研究的後果並同意加入。
2. 不傷害參與者	■ 社會工作研究不該在研究中傷害參與者，不管參與者是否自願參與研究。或許實務中最能清楚說明這個規範的例子是資訊的透露使參與者困窘或危及他們家庭生活、友誼、工作等等。 ■ 研究對象在研究進行過程中可能會受到心理上的傷害，研究者必須注意到哪些細微的危險並且對它們保持警戒。

接下頁

3. 匿名性與保密性	對參與者身分的保護，是在調查研究中保護其利益與福祉之最明顯不過的關係。如果透露他們在調查中所提供的回答，無論如何都會傷害到他們，那麼嚴守這項規範就變得更加重要。兩項技巧——匿名性與保密性——將在這方面協助。 ■ 匿名性 (1) 當研究者無法區分哪一個回答屬於哪一個受訪者時，該受訪者會被認為是匿名的。這意味著訪問調查的受訪者永遠不會是匿名的，因為訪問者是從可資識別的受訪者蒐集資訊。例如：回收至研究辦公室的每份問卷，都沒有識別號碼以資識別。 (2) 確保匿名性使得記錄誰有交回或誰沒交回問卷變得困難。儘管有這個問題，一般還是會建議在某些情形下，這種代價是必要的。 ■ 保密性 在一項保密研究中，研究者能夠識別每個受訪者的答案，但基本上不得將之公開。可採取相關技巧來加強這些保證，訪問者和其他能獲得受訪對象個人身分者，應該接受倫理責任的訓練。所有姓名和地址資料應該儘快地從問卷上消除，並替換上識別號碼。應該設計一個主要識別檔案來連接識別號碼與姓名，以便稍後可以校正遺失或矛盾的資料，但除非有正當目的，否則這份檔案不是任何人都可以接觸得到。每當一項調查是保密而非匿名的時候，確保這些實情受訪者都清楚是研究者的責任。
4. 欺瞞參與者	對研究對象表明你是研究者的身分，有些時候是有用且甚至必要的。你必須精於話術以在不洩漏你正進行研究的情況下，使受訪者完成冗長的問卷。甚至當隱藏你的研究身分是合理並且重要的時候，還有一個重要的倫理面向必須要考慮。欺騙是不道德的，在社會研究中，欺騙需要有令人信服的科學或管理考量來證明其正當性。
5. 分析與報告	在任何嚴謹的研究中，研究者應該比其他任何人更熟悉其研究在技術上的缺點和不足。你有義務將這些缺點讓讀者知道。雖然你可能會覺得承認錯誤是很愚蠢的一件事，無論如何你都應該這麼做。如果真的跟你的分析有關，研究的負面發現應該被報告出來。

（三）社會工作的研究倫理（NASW 的研究倫理準則）

1. 研究員在參與研究中，必須小心顧及所可能產生的後果：不管研究的性質如何，在進行研究之前，必須顧及所可能產生的後果，並事先預防問題的產生。

2. 研究過程中應徵求案主的同意，對拒絕參加的案主不能有任何的剝削或懲罰，並要注意案主的自尊和隱私：對拒絕接受調查的案主不能有任何的剝削或懲罰，在進行調查的過程中，更要注意案主的自尊與隱私。

3. 應當保護案主，避免案主受到心理或生理的傷害：在社會工作研究中，有時只是選一個人當作研究的樣本，就可能對案主造成傷害，例如：受暴婦女，因此調查研究時應謹慎。

4. 社會工作員參與評估時，應站在專業目的上，讓受評估者有表達的餘地：為免影響受評估者的基本權益，在參與評估時，應站在專業的目的上，讓受評者有表達、解釋的機會與餘地。

5. 研究中所得的有關案主的消息，應視為機密：有關受訪者在回答問題時所透露的消息，都應該被視為機密。研究者應該養成習慣，不把案主的任何消息隨便的洩露。

6. 研究結束時，研究者應該把功勞歸於對研究不斷努力，對求真不遺餘力等各種有貢獻的人，不管這些人是直接或間接，是志願或非志願。

> **上榜關鍵** ★★★
>
> 這部分的準備，主要是回歸臺灣的實務面思考，其內容與社會工作研究的倫理指導方針相結合，考生研讀後可當申論時之素材使用。

（四）社會工作研究倫理實踐準則（臺灣社工專協版本）

自願參與，告知後同意與保密（續）	■ 社會工作研究者從事研究之前，應在適當時機取得研究參與者自願簽下的知情同意書，拒絕參與者不應受到任何暗示性或實質性的剝奪或懲罰；不得利用不正當的誘因吸引參與者，應注意參與者的福祉、隱私及尊嚴。 ■ 當研究參與者為兒童或因故無法提供知情同意書，社會工作研究者應對參與者提供適當的解釋說明，給予對研究流程表達同意或反對的機會，取得參與者在其能力範圍內的同意，並由其法定監護人／代理人自願簽下的知情同意書。

接下頁

自願參與，告知後同意與保密	■ 若研究參與者來自社會福利機構，社會工作研究者應主動配合機構內之相關審查規定，研究計畫及訪談內容應事先通過該機構之審查過程，並獲得機構同意後始得進行研究。 ■ 社會工作研究者在取得知情同意時，知情同意書的呈現應以研究參與者可以理解的語言文字或溝通能力為準，知情同意書的內容應包含研究的本質、範圍及研究參與者所被要求參與的時間、參與研究所可能帶來之風險及利益，以及提供研究參與者之申訴管道。 ■ 社會工作研究者應充分告知研究參與者有「拒絕參與研究」和「隨時退出研究」的權利，且於研究中所接受的任何專業服務及未來獲取社會工作服務之管道並不會因此受到影響。 ■ 社會工作研究者應以書面或其他影音方式妥善保存研究參與者所自願簽署之知情同意書，確保參與者及其資料的匿名性及保密性，並應告知參與者有關保密的限制、保密所採取的方法步驟及研究資料未來將銷毀的時間。 ■ 除非知情同意書明確陳明，社會工作研究者在報告研究結果時應刪除任何可辨識研究參與者之資訊，以保護其隱私。若牽涉研究參與者之聲音、影像、肖像之資料，社會工作研究者必須經參與者授權同意後，始得發表。 ■ 社會工作研究者應確保所蒐集之資訊僅和所牽涉之相關專業人士進行討論，資料之使用僅限學術目的且不可挪做他用。
傷害最小化	■ 社會工作研究者應將研究參與者的利益置於個人及研究計畫利益之上，並確保參與者不會受到任何未被告知的生理、精神或情緒上的不適、壓力、傷害和剝奪。 ■ 社會工作研究者應以研究參與者的福祉為優先考量，特別是因年齡、健康、障礙或社會因素而成為弱勢者，應積極保護其不受身體上及精神上的傷害、不適、危險，以及不合理日常生活干擾或未被告知隱私侵犯。 ■ 社會工作研究者應說明參與研究可能帶來的風險和好處，盡力去察覺研究對研究參與者造成的生心理傷害或不良影響，並採取所有可能的措施將傷害降至最小，協助研究參與者取得合適的支持性服務之管道以消除不良的影響。

接下頁

避免欺騙	■ 社會工作研究者應避免於研究中採取欺騙的研究步驟，除非已無其他替代性的研究方法，則應預測該研究方法不會造成參與者傷害，同時證明該研究方法的利大於弊。 ■ 社會工作研究者執行研究或研究設計牽涉隱瞞、欺騙或不需知情同意書的程序，則需經過嚴格且具公信力單位的檢視。 ■ 社會工作研究者的研究執行牽涉刻意隱瞞時，應於事後告知研究參與者並取得其同意，才可進行發表。
避免雙重關係及利益衝突	■ 社會工作研究者應確保研究的獨立性，並應仔細檢查其研究設計、研究契約、資料歸屬、財務管理、研究角色等，避免產生可能的利益衝突。 ■ 當社會工作研究者與研究參與者間存在雙重關係或任何潛在或實質的利益衝突時，社會工作研究者應向研究參與者清楚說明之，並採取適當行動解決此問題。 ■ 社會工作研究者應提供一具公信力之客觀申訴管道，並主動告知研究參與者該項資訊，尊重研究參與者表達意見之權利。

（五）社工實務工作者在研究上所面臨的問題

1. 觀念上覺得研究很複雜、很難：從問題的擬定、文獻的蒐集、研究的設計、統計的分析或電腦的使用等，均覺得很困難，但只要有正規的訓練，克服心理畏懼即可成功。

2. 對統計的畏縮：面對統計心生畏懼是對研究裹足不前的原因，但只要抓住要訣，或藉著電腦套裝軟體的應用即可克服。

3. 不知從何著手，手忙腳亂：只要多做研究，即可駕輕就熟。

4. 面對壓力的脆弱與不成熟：研究的主要障礙不是研究本身，而是研究者面對壓力的能力、處理挫折的能力，或是人格成熟度等因素。針對以上種種的研究困境，實務工作者必須在心態上作一修正，以為因應。

> **榜首提點** 💡
> 知會（情）同意的意涵、因素，務必清楚；知會同意的項目，請逐點詳記；知會同意的運用方式，請融入實務運用案例中使用；另在解釋名詞及測驗題有出題紀錄。另知情同意書所包括的項目，亦為申論題考點。

（六）知會（情）同意

1. 社會研究基本的倫理原則是：絕不強迫任何人參與研究；參與者必須是自願的。取得研究對象的同意還不夠；他們需要了解他們將被要求去參與的

是什麼活動，這樣他們才能做出告知後的決定。受試者可以從閱讀和簽署給予告知同意的陳述中——這是一份書面的同意參與協議書 知，在受試者了解了研究程序之後表示願意參與的書面文件——獲知他們的權利以及他們涉入的什麼活動。

2. 簽署知會同意陳述書對大部分調查研究、田野研究，以及次級資料研究都是選擇性，但是對實驗研究則經常是強制性的。而在文獻研究和大部分的電話訪談研究，也不可能做到。一般的規則是：對受試者造成潛在傷害的風險越大時，越有必要獲得書面的知會同意陳述。總而言之，需要取得知會同意的原因很多，但是能舉得出不需要取得的理由則少之又少。

3. 關於哪些情況需知情同意 ，哪些情況不需要，McKee 和 Porter 表示影響因素包括：公開與私密、主題敏感度、互動程度 ，以及研究究參與者易受傷害性。研究情境愈公開、愈不敏感的主題、研究者和研究參與者互動程度愈少，以及研究參與者易受傷害性愈小者，傾向較不需要知情同意；反之，則需要知情同意。

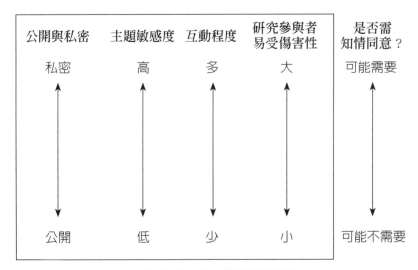

圖　影響是否需知情同意的因素

知會（情）同意陳述所包括的項目

- 關於研究的目的與程序的簡要描述，包括期望的研究執行期限。
- 說明參與研究可能涉及的風險與不適。
- 對記錄的匿名保密與絕不外洩，提出保證。
- 關於研究者的身分職稱，以及何處可以取得關於受試者權利或是關於該研究問題的資訊。
- 關於參與完全是出於自願，並且隨時可以中止，而且不必受罰的陳述。
- 可能使用替代程序的陳述。
- 關於任何支付給受試者給付或報酬，以及受試者人數的陳述。
- 提供研究發現摘要報告的陳述。

四、具文化能力的研究方式

（一）少數族裔和弱勢族群參與研究的招募與維繫

上榜關鍵 ★★★★
申論題考點。

從弱勢和受壓迫人口中招募足夠且具代表性的研究樣本，可以採用的對弱勢族群與受壓迫人口參與的招募和保留方式（技巧），說明如下：

1. 取得社區領袖的背書：如果研究中的潛在參與者發現所尊敬的社區領導人認同你的研究，那麼他們對研究者的不信任，或對研究為社區帶來的價值之懷疑可能因此獲得減輕。

2. 採行具有文化敏感的保密方法：對那些重視集體認同（Collective Identity）的少數團體來說，保障個人保密性是不夠的。他們同時可能會要求共同保密性（Community Confidentiality）。

3. 僱任當地社區成員為研究訪員：僱用當地社區成員來幫忙找出並招募潛在研究參與者，並取得他們的知情同意書。

4. 提供充適的謝酬：對參與者付出時間和努力所提供的資料，以及其他任何參與研究的方式，給予他們報償是適當的。

5. 排除交通與托兒的障礙：由於一些少數社群的高貧窮率，有些招募和留住參與者的阻礙本身並非文化問題，而是經濟難題。因此，一個對你的研究來說，具有文化能力的方法可能包含了提供免費的交通或兒童照顧（他們其他年幼的子女）。另一個取代免費交通的方法是在他們的住處進行處遇。

6. 選擇貼心而方便的地點：如果你的處遇或資料蒐集期間並非在研究參與者的家中進行，你應該確保你選擇進行處遇和資料蒐集的環境對參與者的需求、資源與擔心的事物具敏感性。

7. 聘任和訓練具文化能力的訪員：想要招募與留住少數族群研究參與者，其中最重要的一項方法是確保與參與者接觸的研究工作人員是具有文化能力的。當然，其中一個方法就是前面我們所提及的，僱用當地社區成員做爲你研究的工作人員。

8. 聘任諳雙語的研究人員：如果你想從一個多數成員講英語有困難的社區裡招募研究參與者，你的招募人員應該有能力用潛在參與者覺得最自在的語言和他們溝通。

9. 了解影響參與的文化因素：研究者可能需要在個人得到允許或樂意參與研究之前，和部落領導人或家庭成員互動。

10. 汙名化的族群須使用匿名報名
    (1) 如果研究參與者是具有被社會烙印的某些特徵的人，要他們出來參與需要冒風險，要找出並招募這類潛在研究參與者是一項特別的挑戰。比如說，需要 HIV 或 AIDS 治療的人就屬於這樣的一類族群。
    (2) 在招募資料中宣傳匿名登錄使得潛在參與者對回應招募感到較爲安全，進而幫助研究小組確認一群因爲擔心被指認出來的社會風險而隱藏的潛在參與者。除了提高確認潛在參與者的機會外，匿名登錄進一步協助確保參與者加入研究的意願。

11. 運用特殊的抽樣技巧：特別適合用於抽樣弱勢和受壓迫族群的技術是比例分層抽樣，其作用是確保某些弱勢團體被挑選出足夠的樣本，以進行那些弱勢團體中子團體之間的比較。

12. 學習往哪些地方去找尋潛在參與者：在試圖招募某些弱勢團體或隱藏被污名化之團體成員時，具有文化能力的研究者已經發現不能夠單靠傳統機構做爲轉介來源。但有什麼替代方案呢？這個答案端視你的目標研究母體而定。

13. 和轉介來源建立關係並保持聯繫：不管你是依靠傳統或非傳統機構爲你的研究轉介參與者，如果你和那些來源中任職的人員關係密切，那麼你從那些來源獲得充分轉介的機會將會提高。

14. 經常聯繫參與者，運用個別化手法：涉及與參與者之間多次會談的研究中，如果沒有後續的成功留住參與者，那麼招募行動只是徒勞無功。定期聯絡和親自接觸以外，有些其他事情你應該持續地做到——比如一些具有重要性的事。在預定的處遇或評估會談時間開始前，記得打電話提醒參與者。

15. 運用定位點的資訊：建議使用定位點（Anchor Points），或許你能夠從某參與者身上找到關於各種地點的片段資訊。

16. 運用追蹤方法：如果你的定位點包含了電話號碼，你可以使用電話追蹤（Phone Tracking）。除了電話追蹤以外，你也可以使用郵件追蹤（Mail Tracking），你的郵件提示會提醒你即將到來的訪談，或請參與者打來更新他們的任何聯絡方式。也可以使用機構追蹤（Agency Tracking），當你找不到該名參與者時，可詢問服務供應單位，或其他社區機構是否最近有和參與者聯繫。如果你在電話追蹤和機構追蹤上的努力還是無法找出該名參與者，你可以求助於實地追蹤（Field Tracking）。

（二）具文化能力研究的相關名詞

項　目	說　明
文化涵化	文化涵化（Acculturation）意指一個團體或個人在接觸到主流文化後的變化過程，表現在語言、價值觀、態度和對主流文化生活方式的偏好上。舉例來說，若你想要針對韓裔美國人做研究，影響他們社會服務使用率的模式或對子女撫育的態度，涵化程度是研究者應當檢視的因素之一。
回向翻譯	一種以獲得翻譯效度為目標的方法，由一個雙語人員先將一項工具翻譯成目標語言，然後由另一位雙語人員將其翻譯回原本的語言（不看到原版的條件下）。接著原版語言的工具被拿來與還原翻譯的版本相互比對，再加以修正兩相不一致的地方。

上榜關鍵 ★★★
有潛力的解釋名詞考點，請做基本準備。

上榜關鍵 ★★★
已有冷門的申論題考題出題紀錄，請考生紮實準備。

五、性別與文化的偏誤、缺乏敏感與因應對策

（一）應建立對性別與文化的偏誤敏感度之理由

1. 有些理論學家表示，當研究者在執行研究時，如果對於性別和文化議題缺乏敏感度，他們不只是犯了研究方法上的錯誤，同時也在倫理方面所有偏誤。

2. 倫理的問題之所以會浮出檯面，乃是因為有人察覺，某些研究對婦女和少數族群造成永久傷害。女性主義和少數族群學者指出，有若干方式可能會造成這樣的傷害。訪談者如果缺乏文化敏感度，可能會冒犯少數族群的受訪者。如果他們以缺乏文化敏感的方式執行研究，那他們根據研究結果所提出的行動建議，可能會忽視少數族群的需要和現實狀況，可能會不正確地（並且或許是刻板印象地）描繪少數族群，或是可能會提出籠統概括甚至不適切的結論或啟示，對於少數族群毫無實質助益。

3. 同樣地，有著性別偏誤和缺乏性別敏感度的研究，可能會被視為是在助紂為虐、維繫男性主宰的世界，或是沒能考量研究結果可能對於男性與女性有著潛在差異的啟示或蘊義。許多學者已經提出建議，可用來避免個人的研究涉及文化、性別的偏誤，或是缺乏敏感度。

（二）避免對少數族群文化偏見與文化不敏感行為發生之建議指導原則

1. 在研究設計最後確定之前，先投入一些時間直接沉浸在你研究的少數族群的文化。

2. 找少數族群的學者和社區代表來規劃研究問題和所有研究的步驟，以確保研究有符合少數族群的需求和期待。

3. 讓研究對象的少數族群代表，參與研究設計和評量工具的發展。

4. 不要逕自假設以前應用在某族群的成功工具，應用到其他族群時仍然可獲得有效的資訊。

5. 在你的測量中要運用具有文化敏感度的用語，也許可以包含特定族群語言的翻譯。

6. 運用有深度的試測，以修正測量工具與施測過程有問題的語言以及翻譯上的缺失。

7. 必要時使用說雙語的訪談者。

8. 要能細心體察少數族群受訪者的潛在需求，配合採用特定少數族群的訪談者，而不要一律由一般族群的訪談者去訪問少數族群的受訪者。

9. 分析資料時，找尋研究結果當中可能在不同種族有相異的地方。

10. 避免無根據的聚焦在少數族群的缺點，也許反而應該把焦點放在他們的優點。

11. 除了找尋不同族群之間的相異之外，也應找尋在特定族群內部，不同涵化適應程度的相異。

12. 評估你自己的跨文化能力。

13. 在你的文獻回顧中，找尋跨文化的研究。

14. 採用特別適用來抽選少數族群充適代表性樣本的專殊化抽樣策略。

（三）避免對性別偏見與文化不敏感行為發生之建議指導原則

瑪格麗特・艾赫勒（Margrit Eichle）在《不帶有性別歧視的研究方法》
（Nonsexist Research Methods）一書，建議下列女性主義指導原則，以避免研究中的性別歧視和缺乏性別敏感：

1. 如果研究只針對一種性別，便要在標題和內文中明確說明，不要把結果概括而論強加到另一性別。

2. 不要使用性別歧視的語言或概念。例如：把男性說成是一家之主，而把女性說成配偶。

3. 不要用雙重標準來設計研究問題，像是只針對母親詢問有關工作與親職衝突的問題，而不問父親。

4. 不要在研究工具中過度強調男性主宰的行為，像是評估社會功能時，只詢問職業生涯方面的活動，而忽視家管和養育兒女的活動。

5. 分析資料時，找尋男性和女性間可能不同的發現。

6. 不要假設用在男性身上成功的測量工具，就可自動適用於女性。

7. 確保你的研究有確實揭露報告男性和女性的研究樣本比例。

 練功坊

Q 社會工作研究的基本倫理守則，其中爲保障自願參與，「知會同意」（Informed Consent）已成爲執行研究不可少的一道程序，請說明「知會同意」應提供研究對象哪些訊息？

A _____

（一）知會（情）同意

1. 社會研究基本的倫理原則是：絕不強迫任何人參與研究；參與者必須是自願的。取得研究對象的同意還不夠；他們需要了解他們將被要求去參與的是什麼活動，這樣他們才能做出告知後的決定。受試者可以從閱讀和簽署給予告知同意的陳述中—這是一份書面的同意參與協議書，在受試者了解了研究程序之後表示願意參與的書面文件—獲知他們的權利以及他們涉入的什麼活動。

2. 簽署知會同意陳述書對大部分調查研究、田野研究，以及次級資料研究都是選擇性，但是對實驗研究則經常是強制性的。而在文獻研究和大部分的電話訪談研究，也不可能做到。一般的規則是：對受試者造成潛在傷害的風險越大時，越有必要獲得書面的知會同意陳述。總而言之，需要取得知會同意的原因很多，但是能舉得出不需要取得的理由則少之又少。

（二）知會同意陳述所包括的訊息

1. 關於研究的目的與程序的簡要描述，包括期望的研究執行期限。

2. 說明參與研究可能涉及的風險與不適。

3. 對記錄的匿名保密與絕不外洩，提出保證。

4. 關於研究者的身分職稱，以及何處可以取得關於受試者權利或是關於該研究問題的資訊。

5. 關於參與完全是出於自願，並且隨時可以中止，而且不必受罰的陳述。

6. 可能使用替代程序的陳述。

7. 關於任何支付給受試者給付或報酬，以及受試者人數的陳述。

8. 提供研究發現摘要報告的陳述。

練功坊

★（　）下列有關社會工作研究倫理的考量，何者正確？

(A) 研究是為增加案主的福利，因此不須案主的同意

(B) 研究資料愈豐富愈好，因此不須視為機密資料

(C) 研究成果是屬於全體的，而不是個人的功勞

(D) 研究不容易進行，所以對案主有些傷害是無法預防的

解析

C。選項 (A)，知後同意是重要的研究倫理，因此須有案主的同意；選項 (B)，有關被研究者的個人隱私資料，必須遵守保密原則的研究倫理；選項 (D)，研究對於案主的各種可能傷害的情形，研究者必須在研究進行前妥為規劃預防的方法。

★（　）如果某一研究者在郵寄問卷調查的說明信函當中述及研究對象具有匿名之保障，但卻又在回郵信封的某個角落用鉛筆加以編號，此種作法違反了何種研究倫理？

(A) 剝奪其自主性（Autonomy）　　(B) 刻意欺瞞（Deception）

(C) 身心方面之傷害　　(D) 未保障研究對象之基本權益

解析

B。欺瞞參與者係指對研究對象表明是匿名性，但在問卷做了隱藏記號，是犯了刻意欺瞞的研究倫理；欺騙是不道德的，在社會研究中，欺騙需要有令人信服的科學或管理考量來證明其正當性。

重點便利貼

❶ 非科學研究常見的錯誤和謬論：不精確的觀察、過度概化、選擇性觀察、事後假設、其他不合邏輯的推論、過早終結研究、偽科學。

❷ 因果關係的條件（先決要件）：時間順序、相關性、非假性關係。

❸ 社會科學研究的三大研究取向：實證主義（Positivism）、詮釋（解析）社會科學（Interpretive Social Science, ISS）、批判社會科學（Critical Social Science, CSS）。

❹ 實證主義視社會科學為，為了發現與確證一組用來預測人類活動一般模式的機率因果法則，而結合演繹邏輯與對個人行為做精確經驗觀察的一個有組織的方法。

❺ 詮釋（解析）研究取向採取的是實務取向（Practical Orientation），是關於一般人如何處理日常生活中的實際事務，或是他們如何做好日常事務的經過。

❻ 批判社會科學混合法則與表意兩種研究取向。它同意詮釋研究取向對實證主義的許多批評，但是它又加上些許它自己的批評，而且在某些點上，它也有不同意詮釋（解析）社會科學之處。

❼ 女性主義者把實證主義等同於男性觀點看待；女性主義研究取向基本上視研究者為被性別化了的生物。

❽ 後現代主義不認為在藝術或人文科學與社會科學之間存在有明顯的區隔。

❾ 俗民方法論者認為，沒有客觀的社會，如果有，也是人造出來的，社會雖然是組織的，但仍有創造性、藝術性的存在，所以不是研究社會本身，而是研究人們看社會的方法，以及一來一往的實作。

以實證為基礎之實務的整合模式（evidence-based practice）指出應有技巧地協調三要素：最佳研究證據、實務工作者的專門知識、案主特性。

⑪ 社會研究的面向

　A. 社會研究之目的：探索性研究、描述性研究、解釋性研究。

　B. 社會研究的用途：基礎研究、應用研究。

　C. 社會研究的時間架構：橫剖面研究、貫時性研究、個案研究。

　D. 社會研究資料蒐集的技術：量化資料、質化資料。

⑫ 社會研究的分析單位、個人、團體、方案、組織或機構、社區、其他事務。

社會研究分析單位錯誤（或陷阱）：區位／生態謬誤、簡化論、目的論、套套邏輯、虛假相關。

社會工作研究的倫理指導方針：自願參與和知情同意、不傷害參與者、匿名性與保密性、欺瞞參與者、分析與報告。

擬真考場

申論題

社會科學的研究是為滿足很多目的，其中最基本且最有用的是探索（Exploration）、描述（Description）及解釋（Explanation）。請詳述三者的基本概念。何時採用何種方法？三者之間的關係為何？

選擇題

(　) 1. 富教授利用次級資料進行分析的結果發現，中低收入之地區比中高收入之地區，有較高之犯罪率。富教授因此下結論：窮人較富人可能產生犯罪行為。富教授之研究符合下列哪一敘述？
(A) 富教授犯了區位性的謬誤　　　　(B) 富教授在進行內容分析
(C) 富教授試圖發展出理想型　　　　(D) 富教授在進行研究複製

(　) 2. 為了觀察臺灣地區兩性結婚平均年齡之變化，唐教授研究了臺灣地區過去數十年之人口統計資料。請問，唐教授應該是從事何種性質之研究？
(A) 世代研究　　(B) 趨勢研究　　(C) 時期研究　　(D) 抽樣研究

(　) 3. 下列有關社會工作研究倫理的考量，何者正確？
(A) 研究是為增加案主的福利，因此不須案主的同意
(B) 研究資料愈豐富愈好，因此不須視為機密資料
(C) 研究成果是屬於全體的，而不是個人的功勞
(D) 研究不容易進行，所以對案主有些傷害是無法預防的

解析

申論題：

（一）探索、描述，及解釋研究之基本概念

1. 探索性研究：探索性研究（Exploratory Research）是指對於缺乏前人研究經驗的問題所作的研究，例如：世界展望會欲了解非洲某部落的生活狀況與是否有饑餓問題存在所作的研究稱之。

2. 敘述性研究：敘述性研究（Descriptive Research）或稱為描述性研究，是對於所要研究現象的性質作系統而正確的描寫與敘述，主要作用在於客觀報導事實，以供了解；例如：社會工作者對 921 地震受災戶所作的調查研究，了解其家園重建狀況與目前有哪些福利需求等。

3. 解釋性研究（因果性研究）：解釋性研究（Explanatory Research）或稱為因果性研究（Causality Research），是指為驗證（或解釋）變項間的因果關係所作的研究，例如：社會工作者為驗證老人之社會支持與生活滿意度間存有正相關；在因果性研究或解釋性研究中，通常都會有明確的研究架構；因為透過研究架構（架構圖）可將研究中的主要變項（包括：自變項與依變項）間的關係具體地呈現出來，可使研究更為清晰。

（二）三者之間的關係

透過探索性研究，可以發掘新的研究事物；而敘述性研究則可將敘述性研究的事物做更能客觀的敘述，把事實真相、情境、現象、過程與結果作一番敘述；敘述只指出發生了什麼事（What），但是解釋則更進一步要說出事情的前因後果是什麼？因此，三者環環相扣，交互循環，以探究事物實相。

選擇題：

1. A　區位謬誤（Ecological Fallacy）是指研究的分析單位與研究結果的判斷單位有時會有不對稱、不一致的現象，如：研究發現青少年退學者（分析單位）較少出自結構完整的一般家庭，而因此解釋為：單親家庭（研究結果判斷單位：家庭型態）的青少年較容易成為退學者。他們未考慮

研究的取樣區域中，屬於完整家庭的本來就比較少，冒昧的下此結論，會有解釋錯誤的可能；本題並未考慮取樣的中低收入人數本來就比中高收入人數少之因素。

2. B 　趨勢研究（**Trend Study**）：研究社會現象變遷與發展的趨勢，通常為五年、十年或是更久，所以它是相關主題、不同時間、不同樣本的研究，如近十年中移民與死亡率的發展研究。

3. C 　選項 (A)，知後同意是重要的研究倫理，因此需要案主的同意；選項 (B)，有關被研究者的個人隱私資料，必須遵守保密原則的研究倫理；選項 (D)，研究對於案主所產生的各種可能傷害的情形，必須在研究進行前妥為規劃預防的方法。

Note.

CHAPTER 2
第二章

假設、理論、概念與變項

榜·首·導·讀

- 假設、理論、概念、變項均為相關聯的議題，在準備時，除對各議題內容仔細研讀外，亦請思考之間的關聯，才能具有統整的觀念，避免「見樹不見林」的迷失產生。
- 演繹式、歸納式的理論建構，基本內容必須清楚，並強化案例論述與解析能力。
- 概念與變項的內容相當多，但必須仔細研讀，因為除解釋名詞與測驗題外，在申論題的考題上，多為各小題之連鎖考題，一小題錯，題題錯，請考生留意。

關·鍵·焦·點

- 歸納假設與演繹假設、研究假設與統計假設之意涵不同，用途也不同，請詳加區辨。
- 統計假設檢定涉及到虛無假設、對立假設、顯著水準等三個層面觀念之整合。
- 律則式與個殊式解釋模式不容易從字面了解，搭配案例學習效果最佳。
- 變項與概念之關係，請建立清楚的分辨能力。
- 變項類型很多，不容易一眼就在題目中清楚判別，必須多以案例題練習。

110 年		111 年				112 年				113 年	
2 申	2 測	1 申	1 測	2 申	2 測	1 申	1 測	2 申	2 測	1 申	1 測
	6		5		4		5		7		7

本·章·架·構

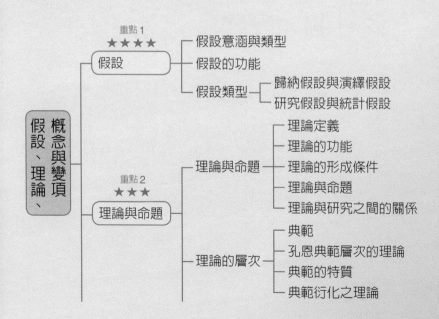

假設、理論、概念與變項

重點 1
★★★★
假設
├─ 假設意涵與類型
├─ 假設的功能
└─ 假設類型 ┬─ 歸納假設與演繹假設
            └─ 研究假設與統計假設

重點 2
★★★
理論與命題
├─ 理論與命題 ┬─ 理論定義
│   ├─ 理論的功能
│   ├─ 理論的形成條件
│   ├─ 理論與命題
│   └─ 理論與研究之間的關係
└─ 理論的層次 ┬─ 典範
               ├─ 孔恩典範層次的理論
               ├─ 典範的特質
               └─ 典範衍化之理論

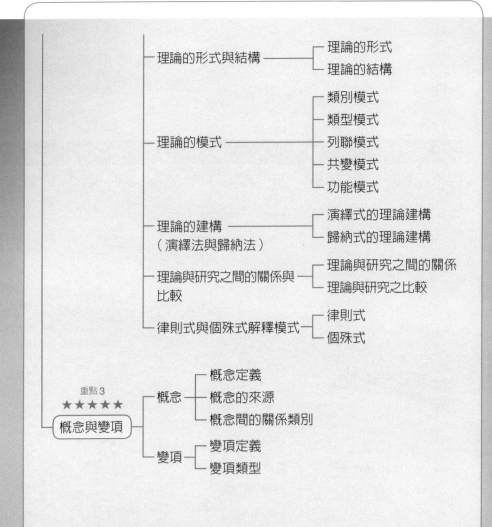

理論的形式與結構 ──┬─ 理論的形式
                  └─ 理論的結構

理論的模式 ──┬─ 類別模式
            ├─ 類型模式
            ├─ 列聯模式
            ├─ 共變模式
            └─ 功能模式

理論的建構 ──┬─ 演繹式的理論建構
（演繹法與歸納法）└─ 歸納式的理論建構

理論與研究之間的關係與 ──┬─ 理論與研究之間的關係
比較   └─ 理論與研究之比較

律則式與個殊式解釋模式 ──┬─ 律則式
                        └─ 個殊式

重點3
★★★★★
概念與變項

概念 ──┬─ 概念定義
       ├─ 概念的來源
       └─ 概念間的關係類別

變項 ──┬─ 變項定義
       └─ 變項類型

重點 1 假設 ★★★★★

一、假設的意涵

研究假設（Research Hypothesis）是研究者根據理論或現象的觀察所建構出的「等待驗證的暫時性答案」，也就是說對研究問題所作的「暫時回答」。

二、假設的功能

（一）假設可提供顯著的訊息：假設不需要在被證實時才有其價值，許多假設是因為提供顯著的訊息才顯出其價值。很多時候，當研究者對某一變項與其他現象（變項）之間，有其特殊、不比尋常的觀察與看法，因此便在假設中展現其企圖心。當研究者藉其假設找出答案時，對研究領域的提升與發展有其意義與貢獻。

（二）假設提供考驗研究所根據的理論之機會，也因此使理論愈來愈精確。

    1.   假設的檢驗可以寬廣知識的範圍。

    2.   假設的檢定可以測定理論的限度。

    3.   增進理論的準確性。

    4.   假設的檢驗可使核心假定更加明確。

三、假設類型

歸納假設與演繹假設

- 歸納假設（Inductive Hypothesis）
  (1) 說明：歸納假設是以所觀察的事實為依據，藉以發展出通則或概括（Generalization）。
  (2) 舉例：例如某社會工作者觀察到親友探望次數多的老人，健康狀況亦佳。因而建立假設：「老人的社會支持程度與健康狀況間呈正相關」。
- 演繹假設（Deductive Hypothesis）
  (1) 說明：演繹假設則是從理論發展出來的。
  (2) 舉例：例如根據人力資本理論（Human Capital Theory），政府投資在有長期照護需求的家庭中，將可減輕家庭照護者的負擔，同時增加其生產力，而有助於家中的經濟狀況。因此可建立如下的假設：「政府對有長期照護需求的家庭所作的投資，與該家庭的經濟狀況間成正相關」。

研究假設與統計假設（續）

- 說明：統計假設是由研究假設而來，通常使用在量化研究中，以作為統計檢定之用。
- 統計假設類型
  (1) 對立假設
      A. 說明：對立假設（Alternative Hypothesis, H_1）與研究假設的意思一樣，只是用數學式或統計學用語來呈現。
      B. 舉例：例如若研究假設為「性別與夫妻婚姻滿意度間有顯著相關」，也就是說，男性的平均婚姻滿意度與女性的平均婚姻滿意度不會相同，且其差異達到統計上的顯著程度。用數學式來呈現，就是「H_1：U 男 ≠ U 女（U＝婚姻滿意度的平均值）」，這也就是本研究的對立假設。而若研究假設為「男性的婚姻滿意度高於女性」，則對立假設就變成「H_1：U 男 > U 女（U＝婚姻滿意度的平均值）」。
  (2) 虛無假設
      A. 說明：虛無假設（Null Hypothesis, H_0）與對立假設的意思正好完全相反，也就是說兩者之間是互斥且窮盡的；而虛無假設成立的狀況就是指自變項沒有發生效力時的狀況。
      B. 舉例：若對立假設為「H_1：U 男 ≠ U 女（U＝婚姻滿意度的平均值）」，則虛無假設就是「H_0：U 男 = U 女（U＝婚姻滿意度的平均值）」；也就是說，虛無假設意指「性別與夫妻婚姻滿意度間是無關的」。對立假設為「H_1：U 男 > U 女（U＝婚姻滿意度的平均值）」，則虛無假設就是：「H_0：U 男 ≤ U 女（U＝婚姻滿意度的平均值）」；也就是說，虛無假設是指「男性的婚姻滿意度不高於女性（可能小於也可能等於女性）」。

接下頁

榜首提點

除解釋名詞外，在解析申論題時亦會用到研究假設與統計假設之觀念，故務必紮實準備，以連線金榜。

研究假設與統計假設

■ 統計假設檢定

(1) 檢定方式：統計假設成立與否必須經由統計檢定來確立，如果是無方向性的統計假設，則用雙尾檢定（Two-Tailed Test）；而若是有方向性的統計假設，則用單尾檢定（One-Tailed Test）。

(2) 檢定邏輯

A. 先假設虛無假設為眞（True），也就是先假設對立假設（或研究假設）不成立，然後再用適當的統計檢定方法去考驗虛無假設是否成立（換言之，研究者不直接考驗對立假設）。

B. 必須要先設定顯著水準（Significant Level），也就是說當研究者拒絕（Reject）虛無假設時所可能犯錯的機率就是 α（第一類型錯誤，Type I Error），而一般 α 都設定在 0.05（也就是 5%）。如果虛無假設眞的在 α 被設定的水準下被拒絕，那麼因為虛無假設與對立假設之間是互斥且窮盡的，所以也就間接證明對立假設（或說研究假設）成立；也就是說，在 α-Value 的顯著水準之下，自變項是有效力的。而若虛無假設不能在 α 被設定的水準下被拒絕，那麼我們就要保留（Retain）虛無假設；也就是說，在 α-Value 的顯著水準之下，研究者不能說自變項是有效力（至於自變項究竟有沒有效力，需待更進一步的研究來證實）。

■ **顯著水準**

知識
補給站

• 研究者經常以水準（例如，某個檢定達到某個水準的統計顯著）來表達統計顯著，而不是使用某種機率。統計顯著水準（經常用 .05、.01 或 .001）是一種方式，說明結果乃出於機會因素的可能性——也就是說，一個不存在於母群體的關係出現在樣本中的機會。

• 舉例

如果研究者說結果達 .05 的顯著水準，這是意味著：

(1) 由機會因素造成類似這種結果，100 次中只有 5 次。

(2) 有百分之九十五的機會樣本結果不是純粹由機會因素造成，而且能力精確地反映母群性質。

(3) 純粹由機會造成這種結果的可能性為 .05 或百分之五。

(4) 研究者有百分之九十五的信心認為結果是出於母群中的真實關係，而不是機會因素造成的。

 練功坊

★（　）某研究者想研究青少年中輟的原因，他從觀察開始，然後找出其中模式，並依此提出一套暫時的結論，在邏輯上，這是什麼方法的應用？
(A) 類比法　　　　(B) 外推法　　　　(C) 歸納法　　　　(D) 演繹法

解析

C。歸納法是透過觀察社會生活的容貌去建構理論，藉著所觀察得到的種種事項，可以歸納或發現可能具有幾分普遍法則的類型。

★（　）進行研究分析時，研究者必須設定其顯著水準。請問，所謂 .05 之顯著水準表示何者意義？
(A) 有百分之五的機會，計算所得之統計值為抽樣誤差的結果
(B) 只有百分之五的機會，測量的變項為虛無相關
(C) 分析結果可以被接受，因為抽樣誤差只有百分之五
(D) 信心水準是百分之五

解析

A。.05 之顯著水準表示有百分之五的機會，計算所得之統計值為抽樣誤差的結果。

★（　）下列有關研究假設的敘述，何者正確？
(A) 假設得到證實，可以增加理論的實用性
(B) 假設無法提供考驗理論的機會，也無法增進理論準確度
(C) 假設可能是真實的也可能是虛假的，因此對研究沒有幫助
(D) 假設無法反應研究者對研究結果所做的推測

解析

A。選項 (B)，假設的檢定可以測定理論的限度，增進理論的準確性；選項 (C)，研究假設是研究者根據理論或現象的觀察所建構出的「等待驗證的暫時性答案」，也就是說對研究問題所作的「暫時回答」，研究者藉其假設找出答案時，對研究領域的提升與發展有其意義與貢獻；選項 (D)，假設可以反應研究者對研究結果所做的推測，使核心假定更加明確。

重點 *2* 理論與命題 ✦✦✦

一、理論與命題

（一）理論定義

「理論」是對觀察到的某些或一系列的現象作有系統的解釋，而當理論愈「強」時，它所能解釋的範圍就愈廣。

上榜關鍵

對理論的定義，務必建立正確的觀念，俾利後續之研讀。

（二）理論的功能

1. 統合現有的知識。
2. 解釋觀察到的現象。
3. 預測未來的發展方向。
4. 指導研究的方向。

（三）理論的形成條件

1. 理論就是一組命題（Proposition）所組成：以行為主義中的操作行為（Operant Behavior）的理論為例，是由許多命題所組成。例如：行為的成因命題、行為的次數命題、獎賞命題、行為增強間隔命題等，有了這些命題才能形成操作行為的理論。

2. 命題相互關聯：命題的組合要使之能成為理論，必須是這些命題彼此相互關聯。例如：行為增強間隔的命題必須是與獎賞命題有關，獎賞的定義又必須從行為主義中對行為的解釋而來，如此一個命題扣緊一個命題，一個概念聯繫著另一個相關的概念，彼此都有關聯時，理論才能形成。

3. 某些命題是可以證實的：要使命題之間彼此有所關聯，要以實證的方法來證實這些命題的成立。若是相關的命題都可以用實證的方法來考驗其真實性時，這個理論自然而然的也就是一個真實性高的理論。

（四）理論與命題

1. 理論與命題的關係

(1) 理論是由一些通律（Generalizations）組合而成，這個通律在物理科學裡稱為「律」（Law），在社會科學或可稱為命題（Proposition）。通律則是對兩個或兩個以上的現象或事件（Events）之間的關係的敘述，也因此，通律有預測（Predict）的功能。例如：智商被證明與小學生的學業成就有關，所以小學生的智商愈高時，我們就可以預測他的學業成就將會愈好。

(2) 亦即，理論是由一組交互相關的概念或命題（Proposition）所組成。

2. 命題定義與舉例

(1) 命題定義：「命題」是指藉由研究的過程，對有關的現象有更深、更廣的了解時，這些發現之間會產生某些通則，而到較成熟的地步時，某些概念與概念間，或是變項與變項之間的關係會特別的顯著，而且有概括的方向可尋，這就是所謂的「命題」。

(2) 命題舉例：例如：社會學功能論（功能體系）就是由下面四個基本命題所組成：

A. 每一體系內的各部門在功能上是相互關聯的。某一部門的操作運行需要其他部門的合作相配合，當某一部門發生不正常問題時，其他部門可以填補修正。

B. 每一體系內的組成單位通常是有助於該體系的持續操作運行。

C. 既然大多數的體系對其他體系都有所影響，則它們應可被視為是整個有機體的附屬體系。

D. 體系是穩定和諧的，不易有所變遷。

（五）理論與研究之間的關係

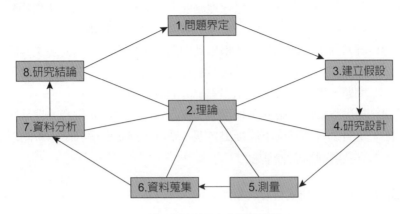

圖：理論與研究之間的關係

二、理論的層次

（一）典範（**Paradigm**）

1. 說明：依孔恩對典範（Paradigms）定義，「典範」指的是「公認的科學成就，在某一段期間內，它們對於科學家社群而言，是研究工作所要解決問題的解答的範例。」

2. 符合典範的理論應具備的條件
   (1) 是一種公認的科學成就。
   (2) 在那個專業中，該理論對某種問題提供了解答。
   (3) 對該問題而言，該理論的解決方式，已被公認為是一範例。

（二）孔恩典範層次的理論（**Kuhn Paradigm**）

1. 說明：孔恩（Thomas Kuhn）是當代哲學名家，大作《科學革命的結構》，對典範的優先性、危機與新理論的建構，以及科學史與科學哲學之間的關係等多所解析。

   上榜關鍵 ★★★

   孔恩典範的觀念建立，請確實了解其意涵。

2. 符合「孔恩典範」的理論應具備的條件
   (1) 對現存的社會現象的解釋，在概念上有極具創新的本質：意即一個真正的理論對社會現象的解釋應有獨排眾議並言之成理的能力，而不是人云亦云。

(2) 對研究的過程提供一種新的研究策略與方法，以得到所要驗證的資料：不僅在理念上，這種理論能多所創新，在研究方法與過程上，最好亦能有另一條路徑，另一種策略，或另外的方法。

(3) 經常對解決問題的方法指出其問題：各種理論對如何解決其問題各有其方法，但是合乎孔恩典範的理論要對現存的方法提出質疑，指出其問題，也因此能提供自己理論中所認為正確的方法。

(4) 提供以前的理論對某種現象所沒有辦法解釋的新解釋：理論雖多，但是對某些事務尚不能提出合理、系統、周全的解釋時，新的理論的成立就要彌補以前理論的不足。

（三）典範的特質（與孔恩式典範之差別）

1. 典範（Paradigms）對某現象提供了獨特的解釋，但是仍然缺少其傳奇與獨特的看法，該理論的宏觀程度也較低，較無世界觀（World View）的特質。合乎典範型態的理論或許可以對某個文化的特定人口群舉出頗有見地的發現，但仍然不足以放諸四海而皆準。

> **上榜關鍵** ★★★
> 一般的典範與孔恩典範的區別，請區辨清楚；Paradigms 有許多不同的中譯名稱，請考生熟記英文用詞。

2. 雖然有周全的研究策略，但是仍然缺少嶄新的研究方法。換句話說，在研究的方法上，它或許提供了良好的研究，也有很可貴的發現，但是一般而言，它的創新性就不像孔恩式的理論那麼強烈。

3. 新的概念倡議、新的研究問題。典範式的理論或有不少見地，它也因此對未來的研究方向有所建議，它也可對未來研究的較佳主題，或較可能努力的範圍提出建議。

4. 新的概念有時也提供了以前的理論所不能解釋的問題或事件。固然這是很重要的貢獻，但是其範圍與功能尚不以像孔恩式的理論那麼的擲地有聲，無法被稱為劃時代的大作。

5. 目前社會科學或行為科學專業有頗大的貢獻理論。例如：Ellis 的理性情緒治療法，這個理論雖不是像 Freud 或 Skinner 的理論被視為劃時代的巨著，但是在行為科學與社會科學之間，提出了獨特的解釋方法，也有了嶄新的研究策略，包含著新的概念倡議與研究問題，也對以前的理論所不能解釋的現象作了傑出的貢獻，所以此理論縱使不能稱為孔恩式的典範，但歸類為典範式的理論，應屬合理。

（四）典範衍化之理論（Paradigm Variations）

1. 說明：在專業的範疇中，我們可以讀到各式各樣的理論，有不少理論雖有其見地，但是與其他理論仍然有「頗多雷同」，原因是它們出自同源，所以有一樣的架構、一樣的大前提，只差在特殊的情況中，這些理論針對原先的典範作了修正與補充，他們在細節上有了變化，或許也變更了強調的重點，此稱爲「典範衍化之理論」。

2. 舉例：例如 Alfred Adler, Carl Jung, Otto Rank 的理論等，都是對 Freud 理論的修正，或從 Freud 的理論衍化出來的。事實上，平日所做的研究中，大都也是在證實典範所衍化的理論居多。

三、理論的形式與結構

理論的形式（Reynolds 提出）（續）

■ 定理組合形式的理論
(1) 說明該理論的呈現，可以清楚的發現其背後有一組的定理在組成。該理論的形成是由這些定理在支撐，換句話說，把一些彼此相關。被公認、被接納，甚至被證明的理論（定理）組合在一起，來解釋一種並未被好好解釋、合理解釋的社會問題或現象時，可以稱爲定理組合形式的理論。
(2) 舉例：例如社會學中的科層鐵律（The Iron Law of Oligarchy），這個理論主要是由一些重要的定理而來，如社會系統定理、民主式的領導理論（定理）、階層體系理論（定理）等。

■ 命題衍化形式的理論
(1) 說明：這種理論本身有一組相關的定義與敘述，理論的概念也都能用操作性的定義來形容，但是這種理論最大的特色是它的衍化性。
(2) 理論特質：
　A. 有一組可以操作化的定義，這些定義包含著一些理論的概念，以及操作性的定義，使得一些抽象的概念可以落實到具體的生活實務中。
　B. 理論的敘述可以用來解釋眞實的情境，這種理論與實際生活的關聯頗爲密切，它可以應用到實際的現象裡。
　C. 理論、命題、情境等都可以衍化爲一些相關的敘述與命題，可以使其理論衍化到其他的情境，藉著較操作化的概念、藉著邏輯，命題可以衍化到相關的命題，概念可以衍化到相關的概念，更重要的是所解釋的情境也可以衍化到相關的情境，如此，理論所解釋的情境就日漸的豐富。
　D. 理論不失其邏輯性，使各概念可以相容，使理論可以衍化，而衍化的過程與結果仍能合乎其科學的本質。

接下頁

理論的形式（Reynolds 提出）

(3) 舉例：就如數學公式的衍化，可以演算成新的命題，例如：把第一命題與第二命題相加時，就可以得到一個新的命題。

■ 因果形式的理論

(1) 說明：在因果式的理論中，每個敘述都有自變項與依變項的成分，當自變項出現時，依變項就跟著產生（也只有該依變項會產生）。

(2) 舉例：行為主義理論的行為形成理論：「當一個行為產生以後，若得到的增強夠大，則該行為會重複出現」。此時，增強物是自變項，重複出現的行為則是依變項。認知理論中，「當個體有非理性的認知時，就會產生非理性的行為」，一樣是因果式的理論。

理論的結構

■ 聚合式理論（Convergent）：重點在它的前提（前例）（Antecedents）以及每個概念（Concept）中的潛在成因（Potential Cause），換句話說，這種理論的成立取決於早已存在的某個前提（可能是早已經證實或已被廣泛接納的理論），有關形成這個理論的概念或變項的成因也早已被了解，當研究者把這些有關的前提或概念組合，針對某特定的問題提出說明或論點，甚或形成理論時，與上述之定理組合形式的理論不謀而合。

■ 散發式理論（Divergent Theory）：與命題衍化式的理論雷同。散發式理論強調其後果及其潛在的影響。它的重點不是前提，不在於是否有已經被證實的命題或理論，而是在前提所造成的後果或影響性。在衍化式的理論中，我們也不是看理論如何組合，而是在理論本身如何形成命題或如何再度的衍化，也因此理論就可以解釋更多實務與現象。

■ 因果結構式的理論（Causal-Effectual Structure Theory）：不僅重視前提，也重視後果，針對特定的問題與現象做因果式的說明，例如：解釋青少年犯罪的原因時，壓力理論（Strain Theory）認為當一個人合法的需求或欲望未被滿足時，青少年就會用非法的手段來完成。

上榜關鍵 ★★

理論的各類型模式，請詳細準備其內容，並搭配案例說明，在解釋名詞有被命題的可能性。

四、理論的模式

（一）類別模式【Classificatory（Classification）Model】

1. 說明：若理論的呈現特別注重某些現象的價值、類別或等級時，則為類別模式。理論兩大條件：互斥性（Exclusive）與周延性（Exhaustive）。類別與類別之間必須彼此互斥，兩個類別之間不能有重疊；概念與概念間應該釐清，不能有灰色地帶，此為類別「互斥性」。當全部的類別加在一起時，則應該把該現象所有的可能性都涵蓋，不可以有遺漏，此即為「周延性」。

2. 舉例：弗洛依德把我歸類為「本我、自我、超我」（Id, Ego, Superego），這三種我就是類別的模式。

（二）類型模式（Typological Model）

1. 說明：把兩個（或兩個以上）類別交叉分析比對時，就可以在概念上創造新的類型。

2. 舉例：依人的財富狀況，我們把人分為富人、窮人；依人的好壞，我們也分為好人、壞人，當我們把這兩組類別交叉配對分析時，可以創造新的類型：

類型　＼　財務狀況	富人	窮人
好人	大善士	安分者
壞人	惡霸	小混混

（三）列聯模式（Contingency Model）

1. 說明：兩個變項之間存在著一種函數之間的關係，其理論的「關聯性」，即是從一個理論衍化出來，形成另外一種理論者。這種理論大體包括兩個以上的概念，該理論並指出這兩種概念彼此之間的關係（如犯罪學中指出環境如何影響青少年的犯罪行為）；該理論有預測的功能，指出一個變項如何牽動著另外一個變項（在某種狀況下，環境如何影響著青少年的犯罪），這種理論的概念之間因此就成立了命題結構的過程。

2. 舉例：在卡方的表格中，在各個空格（Cells）中，都有一些數字，若是理論取自於這些變項交叉之間的結論而來，把這種理論稱之為列聯模式。

> **上榜關鍵** ★
> 日益重要的考點，觀念與範例併同準備。

（四）共變模式（Association Model）

1. 說明：指在理論內的類別變項之間，有其線性的趨向，不僅指明彼此之間的交叉分布，而且指出各類別觀察後的各種可能的共同性，這些概念間有其共變關係，但只限於線性（直行）關係（或正，或負，或0的關係而已）。

2. 舉例：例如：國民的年平均收入愈高，離婚率也就愈高，這兩個變項是線性的關聯，但是年平均收入高到一個地步時，離婚率可能會停滯在一定的程度，這種理論雖然明確的指出兩個變項之間的關係是正或負，或是無關（0），但卻不能清楚的告知在多少劑量的自變項下一定會造成多少程度的依變項反應，我們可把這類的理論稱之為共變模式的理論。

（五）功能模式（Functional Model）

1. 說明：指出兩種變項的線性關係，更可指出類別或概念間一對一的關係。因此功能模式的理論其預測能力較高，因為每個自變項的一個層次（Level），只能帶動依變項的某一個層次。

2. 舉例：年資與士氣之間關係的方向，自變項的一個層次（如年資 3 年或是 7 年），只能帶動依變項的某一個層次（士氣的低落或是平穩）。

> **榜首提點**
> 請將其相關內容詳加準備，案例務必融會貫通；考題類型遍及申論題、解釋名詞、測驗題。

五、理論的建構（演繹法與歸納法）

（一）演繹式的理論建構（演繹法 Deductive Approach ／演繹性解釋 Deductive Explanation）

1. 演繹的主要功能是把抽象的概念現實化，也把形而上的概念操作化。在現實化、抽象化與操作化的過程，都是經過理論性的假設過程，進而藉由問卷的設計，把抽象的概念與現實的生活連結起來。亦即，演繹法是從一個抽象的合乎邏輯的概念關係開始，然後朝向具體的實證證據前進。

2. 演繹性解釋（Deductive Explanations） 知 要求：(1) 普遍的通則；(2) 通則成立所須條件的陳述；(3) 所要解釋的事件；(4) 形式邏輯的規則。在演繹性解釋中，現象是透過驗證來進行解釋，它可以從已建立的普遍法則演繹而得。例如：對丟到空中再掉落地面物體的科學解釋，是基於重力法則。因此，科學家可以做出以下論述：如果所有物體彼此有相互吸引力，則任何特定物體相對於地球將有相同的行為。因此，普遍法則的重要條件，是它包含所有在其定義範圍中的所有案例。

3. 在演繹的推理過程中，前提必然地導出結論；也就是說，若且唯若前提為真，結論必定為真。反之，如果前提若非為真，結論將也亦非為真。例如在民主體制中，任何民選官員將會尋求連任（錯誤的前提），若某甲為一個民選官員，因此他將尋求連任（錯誤的結論）。演繹性解釋是最有力的科學解釋工具，因為如果其前提為真，則結論必定為真，而且它們可以用來解釋獨特的事件和一般的行為。

4. 理論建構的三個要素

　　(1) 把理論概念化

　　　　A. 說明：每一種理論都是由一些概念組合而成，概念可以說是理論的

基本建材。

　B. 舉例：與少年犯罪有關的理論中，一定離不開「少年」、「犯罪」、「同儕團體」、「社會階層」、「種族」，或「學業成就」等概念，若要有效的解決少年犯罪的背景、成因或處遇的模式與方法時，這些從理論衍化而來的概念等，都應被充分的了解。

(2) 把概念變項化：變項是概念的實證性對手（部分）（Empirical Counterpart）。概念涵蓋在理論的範圍內，而變項是做觀察和測量概念或理論之用，因此變項比概念來得明確、具體。一個概念常有一些不同變值的變項，這些同屬於某種概念的變項，有共同的特性，能藉著變質的異同或大小，仔細的顯露出各個現象之間的強弱、高低與快慢。

(3) 把理論用演繹的方式陳述

　A. 說明：演繹式理論陳述通常是以衍化式的理論（Axiomatic Form）（或稱通則）來表達。這種理論經常都包含著一些命題，命題的主要功能則是描述概念間的關係，也是由通則藉著邏輯的相互關係或推論，逐一衍化而來。

　B. 舉例：

　(A) 少年犯罪的理論會敘述爲「每個人都渴望舒適的物質生活」，藉著邏輯，把這個命題化爲：

　　(A) 「上流社會的人比勞動階層的人更有能力合法的獲得較舒適的物質生活」。

　　(B) 「勞動階級的年輕人比上流階層的年輕人更容易用破壞社會規範，來獲得物質上的滿足」。

　(B) 因此，可從以上的命題衍化出一個可供我們研究用的假設：「勞動階級的年輕人比上流階級的年輕人有較高的犯罪率」。這個假設可由研究加以驗證。

社會科學家的目標，是提供對「爲什麼？」問題的一般性解釋。當科學家必須解釋爲何某一事件或行爲會發生時，他們被期待能對引起事件或行爲發生的原因，提供系統化的經驗分析。隨著科學的進展，其解釋形式隨之改變。韓培爾（Carl Hempel）區分兩種不同類型的科學解釋：演繹性（deductive）解釋與或然性（probabilistic）解釋，至於分類則是建立在解釋時所採用的某些通則之上，包括演繹性（deductive）解釋及或然性（probabilistic）解釋。

知識補給站

（二）歸納式的理論建構（歸納法 Inductive Approach ／或然性解釋 Probabilistic Explanations ／歸納性解釋 Inductive Explanation）

1. 歸納法是從仔細地觀察這個世界開始，然後朝向更爲抽象的通則與觀念前進。開始的時候，有的可能只是一個主題與若干模糊的概念，隨著觀察的進行，概念變得犀利，發展出經驗通則，並確認出一些初步的關係，而往上建構理論。

2. 或然性解釋（Probabilistic Explanations），或稱爲歸納性解釋（Inductive Explanation）。或然性解釋是從仔細地觀察這個世界開始，然後朝向更爲抽象的通則與觀念前進。開始的時候，有的可能只是一個主題與若干模糊的概念，隨著觀察的進行，概念變得犀利，發展出經驗通則，並確認出一些初步的關係，而往上建構理論。或然性解釋透過觀察社會生活的容貌去建構理論，藉著所觀察得到的種種事項，可以歸納或發現可能具有幾分普遍法則的類型。

3. 並且所有的科學解釋都是基於普遍性法則，社會科學就是屬於這類的情況，因爲它甚少成立任何有意義的普遍性法則。社會科學家主要運用或然性解釋或稱爲歸納性解釋。例如：政治科學家可以說明，由於政府過去經常在艱困的經濟情境下增加支出，以至於在惡劣經濟狀況下也有此一反應，解釋某國政府支出的增加。這個解釋將所要研究的現象，與早期發生的事件（全國經濟的狀況）發生聯想。因爲我們可以發現經濟狀況與政府支出之間存在這樣的關係，所以科學家就提出此一解釋。

4. 然而，這種關係卻無法經由普遍性法則來表達，因爲並非每一個惡劣經濟情境的案例，都將帶來政府支出的增加。科學家只能預估在艱困的經濟情境之下，有相當大的可能性，將引起政府支出的增加；或是在所有的調查案例中，在艱困的經濟情境之下，有極大比例導致政府支出的增加。這種一般性解釋稱爲或然性解釋，或稱爲歸納性解釋，而且它們是從或然性的通則中獲得。換言之，或然性解釋採用可以表達現象之間算術比例的通則（X 造成 Y 的百分比），或是表達趨勢的通則（X 傾向引發 Y）。

5. 歸納法透過觀察社會生活的容貌去建構理論，藉著所觀察得到的種種事項，可以歸納或發現可能具有幾分普遍法則的類型。

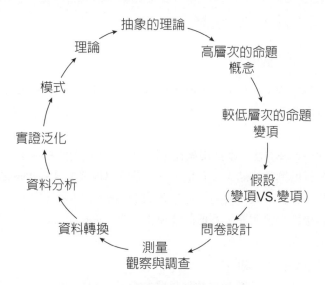

圖：研究的演繹與歸納的本質

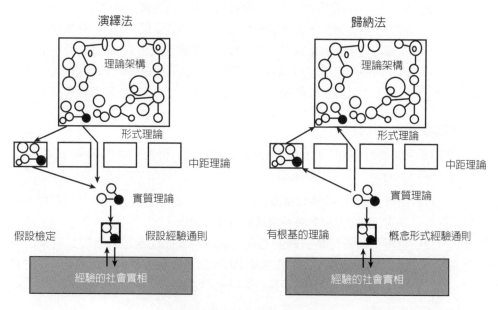

圖：演繹與歸納理論化的方法

六、理論與研究之間的關係與比較

(一) 理論與研究之間的關係

1.　由研究歸納而成的理論：由研究歸納而成的理論，以下列步驟來進行：
　　(1)　選擇我們有興趣的某一現象或問題，並且儘量把此現象的所有特質陳
　　　　列出來。
　　(2)　使用各種方法，把此現象在不同的狀況中所有的特質予以測量。
　　(3)　分析所測量的結果，看是否有「系統的模式」（Systematic Pattern）現
　　　　象，若有，表示某些共通的特質已存在。
　　(4)　若是結果很明顯，就把此發現正規化（Formalization），並用理論的敘
　　　　述將之陳列出來。
2.　由理論演繹而進行研究
　　(1)　把一個我們所熟悉也頗為具體的理論，用衍化的形式，把這個理論轉
　　　　化成概念，甚或用更具體的變項來說明。
　　(2)　舉例：小團體理論中有：「若權力集中，則團體行為會產生一致性」的
　　　　敘述，把這個概念用到家庭的管教方式與親子關係方面。在概念上，把
　　　　「權力集中」衍化為家庭的管教方式「愈權威化」，把「一致性」衍化
　　　　為「順服性愈高」，所以由小團體理論演繹而成的研究即完成，研究假
　　　　設為：「家庭管教愈權威化的家庭，其子女對父母的順服性愈高」。

(二) 理論與研究之比較

「由研究歸納而成的理論」與「由理論演繹而進行研究」兩種策略的比較：

1.　不同的假設
　　(1)　由研究而理論是歸納的過程，假設自然界中有真正的事實與真理，科
　　　　學的目的就是要把這些事實與真理找出來。
　　(2)　由理論而研究是演繹的過程，認為科學的任務是對真理與現象的描
　　　　述，科學家應該把科學的理論落實到日常生活當中，以增加科學的實
　　　　用性，所以他們比較重視研究現象的描述。
2.　不同的哲學觀
　　(1)　由研究而理論的科學家們無法找出可以測量任何現象的變項，也無法
　　　　在變項與變項之間那麼多可能的關係中，去斷定變項與變項之間的因
　　　　果關係，因此研究者只選擇有興趣的部分來測量，分析時也只找出可
　　　　能顯著的部分。

(2) 由理論而研究的科學家們，不斷的把理論演繹到日常生活事務中，也不斷設法從理論中去假設、去證實；除非研究得到證實，否則理論就不能衍化與擴充。

3. 效率方面

(1) 由研究而理論者：在各類型的研究中，相同的資料可以被整合，而成為一組定律，科學知識或理論有「組合而成定理」的形式，因此只要所組成的研究夠多，相同性也高時，其彼此之間的整合也較容易，形成理論的速度當然也較快，所以其效率也較高。

(2) 由理論而研究者：可以不斷的用一些小型的研究設計，使其應用在不同的生活實務中，藉著每個計畫的完成可以使理論擴充、修訂或改善，以便在下一個研究中再來測試。

七、律則式與個殊式解釋模式

(一) 律則式（Nomothetic） 知

對所有個人與情況之所有變化的普遍面向感到興趣，預設獨特的個人行為是可以普遍運用於全體之律則展現。試圖要展現人們、事件以及背景之間的相同之處，且依

> **榜首提點**
>
> 律則式與個殊式解釋模式是一個較為特別的名詞，在考點上，解釋名詞與測驗題均有出題紀錄，但個殊式要以解釋名詞論述，請務必搭配案例說明，以提升得分效果。

據這些共同特徵對人與事件提出解釋。藉由尋找變化與差異，並且試著把它們與其他觀察到的特質，例如：行為、行動與結果相連結甚至緊密聯繫。

▦ **律則式（Nomothetic）之案例**

律則式解釋模型本身解釋因果關係時，必然充滿或然率的。藉由確認幾個成因常常很難提供完整的解釋，在所有最佳實務世界裡，律則式模型意味著，當符合具體條件的數量有限時，發生具體行動的機率或可能性是非常高（或非常低）的。例如律則式文獻指出，某一種處遇方式介入受苦於 PTSD 的案主，70% 的案主在幾週內 PTSD 症狀消失，它告訴你一般情況下介入的有效機率，但卻無法擔保你對於你的某位案主也會有效，也許你的案主較接近未涵蓋 30% 的人。

知識補給站

（二）個殊式（Idiographic）

個殊式尋求透過找出許多成因，可能理解特定個案的每件事；而律則模式則致力於使用相對較少的變項，對普遍現象取得局部的概括理解。個殊式將個體（人物、地點、事件、背景等）視爲獨特個案來研究，焦點在於那些對個體而言相當特別的因素之間的互動。即使二個個體擁有某些共同的特質，不可避免的，這些特質還是會顯著的受到彼此之間其他的差異所影響。因此，兩對異性戀夫妻可能擁有許多的相同點：相同年紀、相同文化、同樣數目的小孩、在同一地點相同的房子，然而他們卻仍有許多差異，例如：不同的工作、不同的社經背景、不同的興趣、孩子有不同的性格、不同的親子關係。對於夫妻的研究，必須承認前述的不同點會顯著的受到差異處的型塑，也因此每對伴侶都被視爲獨一無二。

個殊式（Idiographic）之案例

假設我們想要了解年輕人為何會犯罪，若你是個案工作者，你可能會想要去竭盡所能地去了解與他有關的家庭情況、鄰居、學校環境、同儕相關的每件事，以及任何可能造成他偏差行為的事物。他成長於單親家庭或失功能家庭？他屬於任何幫派嗎？他在校的表現如何？他的家庭貧窮嗎？他是否有任何導致偏差行為的生理或心理問題，而你的了解有多少？在這個例子裡，你的目的是盡可能完整地了解這個人，包括他所有的特質傾向，這就是個殊式的解釋模式。

練功坊

Q 律則式解釋模式（Nomothetic Explanation）。

A

律則式解釋模式是對所有個人與情況之所有變化的普遍面向感到興趣，預設獨特的個人行為是可以普遍運用全體之律則展現。試圖要展現人們、事件以及背景之間的相同之處，且依據這些共同特徵對人與事件提出解釋。藉由尋找變化與差異，並且試著把它們與其他觀察到的特質，例如行為、行動與結果相連結甚至緊密聯繫。例如律則式文獻指出，某一種處遇方式介入受苦於 PTSD 的案主，70% 的案主在幾週內PTSD 症狀消失，它告訴你一般情況下介入的有效機率，但卻無法擔保你對於你的某位案主也會有效，也許你的案主較接近未涵蓋的 30% 的人。相對應的概念為個殊式（Idiographic），係將個體（人物、地點、事件、背景等）視為獨特個案來研究，焦點在於那些對個體而言相當特別的因素之間的互動。

★（　　）下列敘述何者錯誤？

(A) 理論是由一些命題所組成

(B) 理論都具有指明變項間因果關係的功能

(C) 理論對現象的解釋力有層次、形式和模式之別

(D) 新的概念有時也可發揮理論的功用

解析

B。理論可分為定理組合形式、命題衍化形式、因果形式等三種理論類型，但並非所有的理論都具有指明變項間因果關係的功能，因果形式的理論才具有此種功能。

★（　　）對於社會現象或某些概念之間關係的一種解釋陳述，我們稱之為：

(A) 研究論題　　　(B) 問題陳述　　　(C) 變項　　　(D) 命題

解析

D。「命題」是指藉由研究的過程，對有關的現象有更深、更廣的了解時，這些發現之間會產生某些通則，而到較成熟的地步時，某些概念與概念間，或是變項與變項之間的關係會特別的顯著，而且有概括的方向可尋，這就是所謂的「命題」。

重點 3 概念與變項 ✦✦✦✦✦✦

上榜關鍵 ★★★

> 「概念」看似簡單，但要建立清晰的觀念，相當不容易，請練習概念之舉例。

一、概念

(一) 概念定義

「概念」定義為「構思的一部分」。概念是理論的基石，再複雜的理論裡面都包含著非常多的「簡單」的概念。例如：任何與少年犯罪相關的理論中都必須包括「少年」、「犯罪」、「同儕團體」等相關概念。

(二) 概念的來源

1. 由想像而來的概念：為了有效形容某些比較抽象的事實或現象，因而創造一些語詞來處理。例如：職業聲望（Job Prestige）或社會經濟地位（SES）等，都是由想像而來的概念。

2. 由經驗而來的概念：實務經驗中也會形成概念。例如：實務工作中我們會有「工作滿足感」、「成就感」、「倦怠感」，這些概念均是由工作的經驗而來。

3. 由專業的憲章、規則而來：專業權威的組織、期刊、協會、字典、專業手冊等，廣為會員或該專業有關的人員所使用。例如：弱勢團體、族群。

4. 由其他的概念轉化而來：例如：社經地位（SES）這個概念，指一個人在社會上的地位是由其經濟與社會地位兩個主要的因素所構成，此概念普遍的被大家所接受。這種經濟地位與社會地位不相稱的狀況就是「地位不一致」，由此分析，「地位不一致」的概念純粹是由社經地位的概念轉化而來。

(三) 概念間的關係類別

1. 關聯關係與因果關係
   (1) 說明：兩個概念之間雖然「有關」，但是很難斷定是哪個概念在影響另一個概念，找不出其時間上的先後次序也看不出在作用上的因果關係，這種現象則是關聯，而不是因果。在社會科學中要確定概念之間的因果事實上頗為不易。

(2) 舉例：以禁菸問題為例，明知抽菸有害健康，為何不馬上禁絕？要作出這種決策，必須確定一些事：

A. 凡是抽菸的人必然會罹患肺癌；

B. 凡是患有肺癌的人必然是因為他抽了菸。但有些人抽了菸卻未罹患肺癌；有些人患有肺癌卻未曾抽過菸。如此我們縱使知道抽菸與肺癌之間有關聯，卻不能斷定抽菸是因、肺癌是果。所以抽菸與肺癌之間仍是關聯的關係，而不是因果關係。

2. 因果關係與關聯關係（Causal & Covariational）二者間的種種變異困惑

(1) 概念與概念之間，不管是因果或是關聯，有時看似單純，詳細分析時，卻會變得很複雜，會造成我們的困惑。

(2) 舉例：父親教育與兒子職業為例，各種可能的關係都會出現，有因果性，也有關聯性的。

① A→B（父親教育→父親職業）

② A→B→C（父親教育→父親職業→兒子教育）

③ A→C→B（①與②模式的結合）

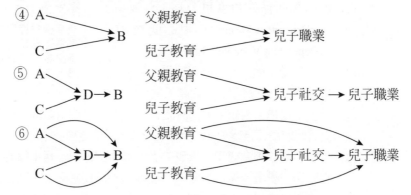

二、變項

（一）變項定義

1. 「變項」是由概念演化而來的；也可以說，變項是概念具體化的延伸。此外，變項是屬性的

集合體，例如：性別這個變項就包含男性和女性。變項是一種特質，可以賦予一個以上的價值。從抽象層次來看，概念較抽象，變項則較具體。

2. 變項的兩個特質

(1) 變項所包含的所有屬性有周延性（Exhaustive），絕無遺漏。也就是說，所有可能的情形都會被包含在變項的所有屬性之中，例如：教育程度此一變項就包括「國小（含）以下」、「國中」、「高中」、「大專」、「研究所（含）以上」等屬性。

(2) 屬性應具有獨特性，亦即唯一性與互斥性（Mutually Exclusive）。也就是在分類過程中，一個屬性就是一個唯一的選擇，同時彼此之間沒有重疊。例如：就業與失業不可能同時存在。

> **榜首提點** 💡
>
> 各變項的類型，均不可疏漏，且必須要能區辨各變項類型之不同，極易混淆，請考生建立最清楚的觀念。

（二）變項類型

1. 自變項與依變項

(1) 依因果關係的角度可分為「自變項」（Independent Variable）與「依變項」（Dependent Variable）兩類。

> **榜首提點** 💡
>
> 為金榜登榜關鍵考點，雖然看似簡單，但許多考生面臨實務題判斷時，常常猶豫不決，無法正確區辨，請考生務必多加思考。

(2) 自變項是「因」，而依變項是「果」。至於自變項與依變項之間的關係就是由「假設」來建構。例如：欲探討讀書時間與學業成績之間的關係，可假設讀書時間為「自變項」，而學業成績為「依變項」。

(3) 自變項屬於刺激變項，為研究者所操弄的因素，藉由操弄此因素觀察它對另一變項所產生影響，而依變項則為反應變項，隨自變項影響而改變；自變項又稱為「獨立變項」；從預測作用之角度，自變項預測依變項，自變項則屬於「預測變項」，而依變項則屬於「效標／判準變項」（Criterion Variable）、「結果變項」。

(4) 自變項和依變項的關係型態

A. 正相關：依變項隨著自變項的增加而增加，或是依變項隨著自變項的減少而減少，就是正相關，也就是兩個變項有相同的變化方向；例：若老人所受社會支持程度愈高則生活滿意度愈高，那麼兩者之間就是正相關。

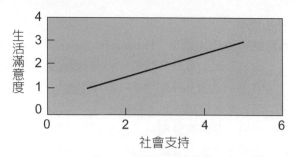

圖：自變項（社會支持）和依變項（生活滿意度）之間呈正相關

B. 負相關：若依變項隨著自變項的增加而減少，或是依變項隨著自變項的減少而增加，就是負相關，也就是兩個變項有相反的變化方向；例如：若青少年翹課次數愈多則學業成績愈低，那麼兩者之間就是負相關。

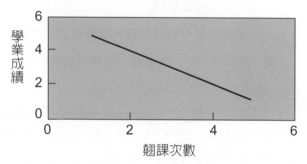

圖：自變項（翹課次數）和依變項（學業成績）之間呈負相關

C. 曲線相關：是指隨著自變項的增加，依變項呈現或增加或減少的方向（未趨一致）；例如：根據統計，夫妻之婚姻滿意度隨著結婚年數的增加，呈現先增次減再增的 U 型曲線。

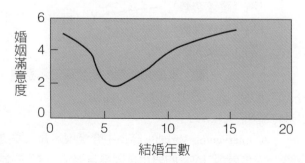

圖：自變項（結婚年數）和依變項（婚姻滿意度）之間呈曲線相關

2. 外加變項

(1) 說明：外加變項（Extraneous Variable），又稱（或稱外緣變項），是指：表面上看似自變項（X）的變化造成了依變項（Y）的變化，但事實上，是因為外加變項（Z）的變化造成，真正造成 Y 變項的是 Z 變項，此 Z 變項為外加變項。

(2) 舉例：某研究發現病人接受到愈多的社會服務，他們的生命期限反而愈短。表面上看似自變項（社會支持）愈大、造成了依變項（生命期限）愈短的不合理狀況；但事實上是因為有另一變項（疾病的嚴重程度）在影響。

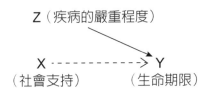

虛線表示未實質影響，而實線表示實質影響。

圖：自變項（X）、依變項（Y）與外加變項（Z）之間的關係

3. 內含變項

(1) 說明：內含變項（Component Variable）是指在一群複雜且彼此具一定相關程度的自變項（X、X_1、X_2、X_3）中，對於影響依變項（Y）最具決定性要素的自變項（X）稱之。

(2) 舉例：影響青少年暴力鬥毆行為次數（Y）的因素很多，可能有：家庭功能、翹家次數、翹課次數與嗑藥次數等，但若我們發現家庭功能乃為主因，且可涵蓋以上所列各項因素，則家庭功能即為內含變項。

圖：家庭功能為內含變項之示意圖

4. 中介變項／介入變項 知

(1) 說明：

A. Intervening Variable 譯為中介變項、介入變項。中介變項表面上以為依變項（Y）的變化是因為自變項（X）的變化所造成，但當控制 Z 變項後，自變項（X）與依變項（Y）的關係即消失，此 Z 變項即為

中介變項。

B. 一個基本的因果關係需要的不只是自變項與依變項，第三變項——中介變項也會出現在較為複雜的因果關係中。發生在自變項與依變項之間，顯示它們之間的關聯或機制。就某一方面來說，中介變項是自變項的依變項，也是依變項的自變項。

(2) 舉例：以涂爾幹的自殺研究為例，一般以為基督徒比天主教徒有較高的自殺率，因此認為宗教信仰（X）會影響自殺率（Y），但事實上是因為整合的程度（Z）不同。換言之，天主教的整合程度較高，因此造成了較低的自殺率；而整合程度就是自變項（宗教信仰）與依變項（自殺率）之間的中介變項。

X（宗教信仰）→ Z（整合的程度）→ Y（自殺率）

圖：自變項（X）、依變項（Y）與中介變項（Z）之間的關係

中介變項觀念強化案例：

社經地位的代間傳遞，透過子女的教育進行。變項 X 是受訪者父親的社經地位，Y 是受訪者本人的社經地位，Z 是受訪者的教育程度。以下架構圖中，自變項 X 是受訪者父親的社經地位，依變項 Y 是受訪者本人的社經地位，中介變項 Z 是受訪者的教育程度。

X ▶ Z ▶ Y

---

5. 居間變項

(1) 說明：居間變項（Mediating Variable）係自變項藉由它影響依變項。

(2) 舉例：假如我們認為，我們的方案可先藉由提升囚犯對於犯罪受害者的同理心，以減少重複犯罪，那麼「對於犯罪受害者的同理心」便是我們的居間變項。它是介於自變項（囚犯是否參與該方案）與依變項（他們是否因另一項犯罪再被逮捕）之間。正在概念化一條因果鏈，自變項影響了中介變項，而後者則接著影響依變項。因為居間變項介於自變項與依變項之間，所以它們也被稱之為中介變項（Intervening Variable）。

6. 干擾變項／調節變項

(1) 說明：Moderating Variable 譯為干擾變項、調節變項。干擾變項是那些不受自變項影響的變項，但卻能影響自變項與依變項關係的強度與方向。

(2) 舉例：假如我們預測我們的方案只在女囚而不是男囚身上是有效的，那麼「性別」就是干擾變項。

7. 控制變項

(1) 說明：控制變項（Control Variable）是一種干擾變項，在研究設計中，我們使它保持不變而加以控制。

(2) 舉例：將研究者的疾病別分成 A. 患有威脅生命疾病的受測者，以及 B. 患有不具生命威脅疾病的受測者。研究者先對第一組受測者，評估他們的壽命與其所得到社會服務的數量兩者之間的關係，接著再就第二組進行同樣的評估。該研究是對疾病嚴重性的變項進行控制，檢測原先存在於自變項與依變項之間的關係，是否會在疾病嚴重性的各個層級上產生變化或是保持不變。在這個脈絡中，「控制」一詞並非代表研究者可以控制疾病的性質，它只是意謂著研究者分別在控制變項的每個類目下檢測關係。

8. 前導變項

(1) 說明：前導變項（Antecedent Variable）是指一個造成自變項（X）變化的更早有影響力的變項，此變項並非要改變自變項（X）與依變項（Y）的因果關係，而是強調先於此因果關係的影響力，此變項即為前變項。

(2) 舉例：健康（X）會影響到生活滿意度（Y），但事實上健康（X）又會被生活習慣（Z）所影響。因此生活習慣就是自變項（健康）與依變項（生活滿意度）之間的前導變項。

Z（生活習慣）→ X（健康）→ Y（生活滿意度）

圖：自變項（X）、依變項（Y）與前導變項（Z）之間的關係

9. 抑制變項

(1) 說明：抑制變項（Suppressor Variable）是那些能減弱一種關係，隱藏其真正力量的變項。在一項分析調查時，由於存在著某種變項的效應，而使得原來存在的關係無法明顯，甚至消失，是因為這變項考慮進去，將使得真正的關係無法出現，此某種變項便是抑制變項。

(2) 舉例：調查得出文化疏離與種族無關，這是受教育這個抑制變項影響結果。若把教育變項控制好時，就可以發現文化疏離與種族其實是有關聯的。

$$\frac{X}{Z} \cdots\cdots\cdots Y$$

$$X \longrightarrow Y$$

圖：自變項（X）、依變項（Y）與抑制變項（Z）之間的關係

10. 曲解變項

(1) 說明：曲解變項（Distorter Variable）可以使研究者知道正確的解釋恰恰是原始資料所提供的反面，亦即由於在原來的分析下，加入曲解變項的考慮，使得原來的正向（負向）關係變成負向（正向）關係。

(2) 舉例：婚姻狀況與自殺關係，由於年齡這個因素曲解了，若有人說已婚的人（X）自殺率（Y）較高，而且結婚年數愈多，自殺率就愈高。但仔細分析以後，發現是年齡的因素在作怪，因此控制年齡因素（Z）以後，已婚者的自殺率反而比未婚者要低。

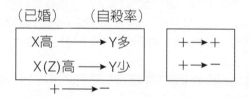

圖：自變項（X）、依變項（Y）與曲解變項（Z）之間的關係

 練功坊

Q 解釋名詞：中介變項（Intervening Variable）。

A

(一) 中介變項表面上以為依變項（Y）的變化是因為自變項（X）的變化所造成，但當控制 Z 變項後，自變項（X）與依變項（Y）的關係即消失，此 Z 變項即為中介變項。

(二) 一個基本的因果關係需要的不只是自變項與依變項，第三變項─中介變項也會出現在較為複雜的因果關係中。發生在自變項與依變項之間，顯示他們之間的關聯或機制。就某一方面來說，中介變項是自變項的依變項，也是依變項的自變項。

(三) 舉例：以涂爾幹的自殺研究為例，一般以為基督徒比天主教徒有較高的自殺率，因此認為宗教信仰（X）會影響自殺率（Y），但事實上是因為整合的程度（Z）不同。換言之，天主教的整合程度較高，因此造成了較低的自殺率；而整合程度就是自變項（宗教信仰）與依變項（自殺率）之間的中介變項。

★（ ） 小恩的論文題目是「社工師職業生涯規劃與其工作滿足感之相關研究」，請問自變項是：

(A) 小恩　　　　(B) 職業生涯規劃　(C) 工作滿足感　　(D) 相關研究

解析

B。自變項為職業生涯規劃，依變項為工作滿足感。

★（ ） 某研究發現，案主尋求協助的原因與社工員提供服務的目標越能配合，則案主對該服務的滿意度越高。該研究結果顯示此兩個變項之間的關係為：

(A) 正相關　　　(B) 負相關　　　(C) 曲線相關　　　(D) 沒有相關

解析

A。正相關係指依變項隨著自變項的增加而增加，或是依變項隨著自變項的減少而減少，就是正相關，也就是兩個變項有相同的變化方向；例如：若老人所受社會支持程度愈高則生活滿意度愈高，那麼兩者之間就是正相關。

重點便利貼

❶ 概念是理論的基石，再複雜的理論裡面都包含著非常多的「簡單」的概念。

❷ 「變項」是由概念演化而來的；也可以說，變項是概念具體化的延伸。變項是屬性的集合體。變項是一種特質，可以賦有一個以上的價值。從抽象層次來看，概念較抽象，變項則較具體。

❸ 依因果關係的角度可分為「自變項」（Independent Variable）與「依變項」（Dependent Variable）兩類。自變項是「因」，而依變項是「果」。

❹ 外加變項（Extraneous Variable），又稱（或稱外緣變項），是指：表面上看似自變項（X）的變化造成了依變項（Y）的變化，但事實上，是因為外加變項（Z）的變化造成，真正造成 Y 變項的是 Z 變項，此 Z 變項為外加變項。

❺ 內含變項（Component Variable）是指在一群複雜且彼此具一定相關程度的自變項（X、X_1、X_2、X_3）中，對於影響依變項（Y）最具決定性要素的自變項（X）稱之。

❻ 中介變項（Intervening Variable）表面上以為依變項（Y）的變化是因為自變項（X）的變化所造成，但當控制 Z 變項後，自變項（X）與依變項（Y）的關係即消失，此 Z 變項即為中介變項。

❼ 居間變項（Mediating Variable）係自變項藉由它影響依變項。

❽ 干擾變項（Moderating Variable）是那些不受自變項影響的變項，但卻能影響自變項與依變項關係的強度與方向。

❾ 控制變項（Control Variable）是一種干擾變項，在研究設計中，我們使它保持不變而加以控制。

⑩ 前導變項（Antecedent Variable）是指一個造成自變項（X）變化的更早有影響力的變項，此變項並非要改變自變項（X）與依變項（Y）的因果關係，而是強調先於此因果關係的影響力，此變項即為前變項。

⑪ 抑制變項（Suppressor Variable）是那些能減弱一種關係，隱藏其真正力量的變項。在一項分析調查時，由於存在著某種變項的效應，而使得原來存在的關係無法明顯，甚至消失，是因為這變項考慮進去，將使得真正的關係無法出現，此某種變項便是抑制變項。

⑫ 曲解變項（Distorter Variable）可以使研究者知道正確的解釋恰恰是原始資料所提供的反面，亦即由於在原來的分析下，加入曲解變項的考慮，使得原來的正向（負向）關係變成負向（正向）關係。

擬真考場

申論題

某教授蒐集 1,000 個受訪者資料後發現，65 歲以下的受訪者平均的快樂程度從 1960 到 1980 年間呈現下跌趨勢，而 65 歲及 65 歲以上之受訪者，從 1960 到 1980 年間平均快樂程度呈現上升趨勢。請問在這個研究中的自變項是什麼？依變項是什麼？從樣本資料中，可以獲得什麼研究發現？

選擇題

(　) 1. 某研究生終於決定了他的研究論文題目為：不同受暴經驗婦女的婚姻觀差異。請問下列何者正確？
(A) 自變項為婦女，依變項為婚姻觀
(B) 自變項為婚姻觀，依變項為受暴經驗
(C) 自變項為受暴經驗，依變項為婚姻觀
(D) 自變項為婦女，依變項為受暴經驗

(　) 2. 根據一項老人調查，發現都市的老人健康自評的滿意度較高，非都市的老人生活滿意度較高。請問這個研究的自變項是什麼？
(A) 老人　　　　　(B) 城鄉　　　　　(C) 健康滿意度　　(D) 生活滿意度

(　) 3. 在某個社會工作研究中，「家庭功能」這個變項：
(A) 只可以成為自變項　　　　(B) 只可以成為依變項
(C) 只可以成為控制變項　　　(D) 成為何種變項應視研究假設而定

解析

申論題：

（一）自變項與依變項

　　1. 自變項：年齡。

　　2. 依變項：快樂程度。

（二）研究發現資料之解析

　　1. 從研究數據發現，65 歲以上的受訪者，隨著年齡的增加，平均快樂程度有逐漸增加的趨勢。

　　2. 兩組研究對象（65 歲以下、65 歲以上）在平均快樂程度上，發展趨勢雖有所不同；但 65 歲以下的受訪者，在年齡逐漸增加下，平均快樂程度會逐漸增加，亦即，進入 65 歲以上組別的發展趨勢。

　　3. 從另一方面推論，65 歲以下者，平均快樂程度隨年齡之降低而減少。

選擇題：

1. C　自變項為受暴經驗，依變項為婚姻觀。

2. B　研究對象為老人，自變項為城鄉，依變項為生活滿意度。

3. D　各變項成為何種變項，應視研究假設而定。

Note.

CHAPTER 3

第三章

測量與抽樣

榜·首·導·讀

- 本章為本考科的極重要章節,歷年來考題在此出題頻率非常高,請各位考生務必按編者在各部分的提示,確實紮實準備,切勿疏漏。
- 在考題的出題型態,除解釋名詞與測驗題大量出現外,在申論題以各種抽樣方法的論述與實務案例運用為主,因此,朝向抽樣方法的案例運用,為主要的準備重點。

關·鍵·焦·點

- 測量的相關名詞請務必要全部內容均了解外,更要有能力舉例應用。
- 四項測量尺度類型,經常出現在申論題、解釋名詞、測驗題,區辨能力務必提升,並要有能力舉例及判別案例屬於何種測量尺度。
- 隨機誤差 vs. 系統誤差,請了解其意涵。
- 抽樣的相關專有名詞,請詳讀並請具有在解釋名詞及測驗題運用之能力。
- 抽樣方式(類型)請先以架構圖建立分類概念,主要區辨重點為隨機抽樣、非隨機抽樣的類型及其所包含的抽樣方法;然後務必對各種抽樣方法多次研讀,直至觀念清楚為止。

命·題·趨·勢

110 年		111 年				112 年				113 年	
2 測	2 測	1 申	1 測	2 申	2 測	1 申	1 測	2 申	2 測	1 申	1 測
1	6		7		7		4	1	3	1	5

本·章·架·構

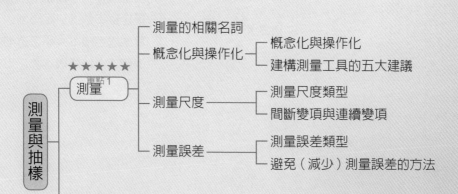

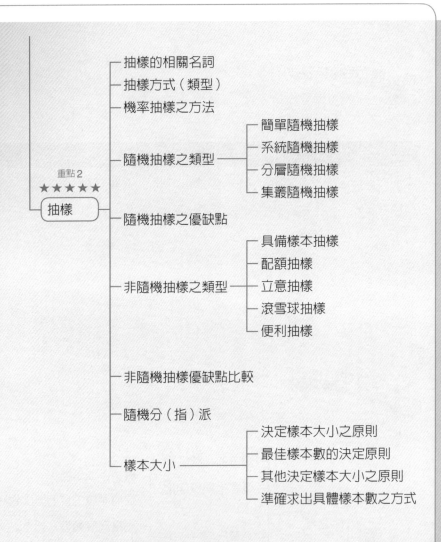

重點 2
★ ★ ★ ★ ★
抽樣

― 抽樣的相關名詞
― 抽樣方式（類型）
― 機率抽樣之方法

― 隨機抽樣之類型 ― 簡單隨機抽樣
　　　　　　　　 ― 系統隨機抽樣
　　　　　　　　 ― 分層隨機抽樣
　　　　　　　　 ― 集叢隨機抽樣

― 隨機抽樣之優缺點

― 非隨機抽樣之類型 ― 具備樣本抽樣
　　　　　　　　　 ― 配額抽樣
　　　　　　　　　 ― 立意抽樣
　　　　　　　　　 ― 滾雪球抽樣
　　　　　　　　　 ― 便利抽樣

― 非隨機抽樣優缺點比較

― 隨機分（指）派

― 樣本大小 ― 決定樣本大小之原則
　　　　　 ― 最佳樣本數的決定原則
　　　　　 ― 其他決定樣本大小之原則
　　　　　 ― 準確求出具體樣本數之方式

重點 1 測量 ★★★★★

一、測量的相關名詞

名詞別	說　明
測量	■ 「測量是根據某些準則，把一些對象或事件賦予數字的過程」。 ■ 測量的過程： (1) 下定義：把所要觀察的對象與賦予數字的方法定義出一些準則。 (2) 作觀察：進行對象觀察。 (3) 配數字：使所觀察的現象都能以數字來表示。
概念	概念（Concept）指對某件事物的定義。例如：「成就感」是個概念。定義其相同或差異最簡單的方法，就是設法對其概念予以操作化。
概念化	概念化（Conceptualization）是指捕捉一個建構或概念，並且藉由下概念或理論定義的方式，來提煉建構。
操作化	把抽象的定義予以實體化，使之可以用測量的方式來衡量此概念時，即謂操作化。
操作性定義（Operational Definition）	■ 操作性定義（Operational Definitions）是指「當界定概念或變項時，不直接描述該被界定項的性質或特徵，而是舉出測量該被界定項所作的操作活動。」亦即就是「可具體測量的變項定義」。主要是適用於量化研究而非質性研究。 ■ 舉例：生活滿意度問卷，1-非常不滿意，2-不滿意，3-尚可，4-滿意，5-非常滿意。
概念型定義（Conceptual Definition）	■ 概念型定義是透過其他比較不抽象的概念來描述某一個抽象概念，這時候它的抽象層次已經比原始的概念降低許多。 ■ 舉例：「教育」可以減少「族群之間的歧視」嗎？

二、概念化與操作化

（一）概念化與操作化

1. 從抽象建構到具體的測量工具中，涉及三個層次需要考慮：概念層次、操作層次以及經驗層次。說明如下：

    (1) 概念層次：在最抽象的層次，研究者感興趣的是兩個建構之間的因果關係，或稱為概念假設（Conceptual Hypothesis）。

    (2) 操作層次：在操作型定義的層次，研究者感興趣的是檢定經驗假設（Empirical Hypothesis），從而判斷指標間的關聯程度。這個層次會使用到相關統計、問卷，以及其他等等的工具。

    (3) 經驗層次：這個層次是具體的經驗世界，如果變項的操作性指標（例如：問卷）與建構（例如：種族歧視）存在合乎邏輯的關聯性，那麼變項的指標將會捕捉到實際發生在經驗社會世界中的事物，並且將這些事件連結到概念層次。

從抽象建構到具體的測量工具

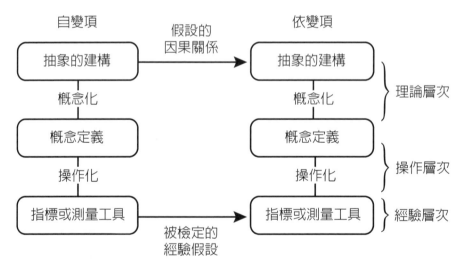

圖：概念化與操作化

（引自朱柔弱譯，《社會研究方法—質化與量化研究取向》，揚智）

2. 結論

   (1) 測量過程經過這三個層次，以演繹的方式從抽象到具體。研究者間概念化一個變項，賦予它一個清楚的概念定義，然後進行操作化，發展出一個操作型定義，或一組指標，最後使用這些指標，把這些指標用到經驗世界上。

   (2) 抽象建構與經驗實象的結合，使研究者可以檢定經驗假設，順著邏輯，這些經驗檢定回過頭關聯到理論世界中的概念假設與因果關係。

（二）建構測量工具的五大建議

1. 熟記清楚概念的定義：創造所有的測量工具原則使之符合研究建構所要用的概念定義。

2. 維持思路的創造性，並不斷地尋找更好的測量工具。避免學者開普蘭所謂的「工具性法則」，意指陷入使用一種測量工具來解決所有問題的狀況。

3. 借用他人的發明：無須害怕借用其他研究者的測量工具，只要研究者在研究中承認其他人的貢獻即可。在別人的研究中可以找到或是從修正他人的測量工具中，可以發展出好的測量點子。

4. 預期會遭遇困難：試圖測量自己感興趣的變項時，經常會遇到邏輯與實務上的問題。有時某些問題的出現是在意料之中的，可以因事先有謹慎的思量與計畫而加以避免。

5. 不要忘了分析單位：測量工具應該與研究的分析單位相吻合，方能將研究結果通則化。

三、測量尺度

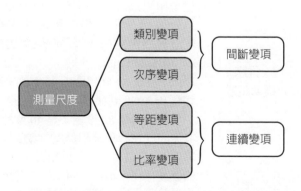

（一）測量尺度類型

測量尺度	功　能	說　明
類別尺度／ 類別變項 （名義尺度／ 名義變項） （Nominal）	分類	■ 變項的屬性只具有周延性和互斥性就是類別尺度。 ■ 舉例：性別、宗教信仰、婚姻狀態、出生地、主修科系、職業等。分析類別尺度的資料時不能用量化方式計算平均數、標準差、中數等，這是沒有意義的，但是，我們可以陳述出，例如：個案數量的 40% 是男性，60% 是女性等。
次序尺度／ 次序變項 （Ordinal）	分類，排序	■ 變項的屬性具有邏輯的層次與次序的大小，但是沒有相等的單位稱之。 ■ 舉例： (1) 以名次為例，第一名與第二名的成績差異，不一定等於第二名與第三名的成績差異；但是第一名一定成績高於第二名，而第二名成績也一定高於第三名。 (2) 教育程度可分為不識字、國小、國中、高中、大專、研究所及以上等。 (3) 階級尺度，可分低層階級、中低階級、中層階級、中上層階級，以及上層階級。
等距尺度／ 等距變項 （Interval）	分類，排序， 設定標準距離	■ 變項的屬性具有邏輯的層次與次序的大小，同時有相等的單位稱之。在等距尺度／等距變項中可以計算平均數與標準差，因為它們只是表示分數的集中與離散趨勢，但卻不能計算倍數關係（因為缺乏絕對的零基點，Zero-Based Point）。 ■ 舉例：攝氏 80 度到攝氏 90 度的差距（10 度）和攝氏 40 度到攝氏 50 度的差距（10 度）是一樣的，但是 80 度絕不是 40 度熱度的兩倍。其原因就在於華氏和攝氏的零度都不是「絕對零度」；也就是說，華氏和攝氏都容許有「負」的溫度存在。年代（西元）、海拔（公尺）等也是等距尺度／等距變項的例子。

接下頁

測量尺度	功能	說　明
比率尺度／ 等比尺度／ 比率變項 （Ratio）	分類，排序， 設定標準距 離，並含絕 對零點	■ 比率變項的屬性不但具有邏輯的層次與次序 　的大小、相等的單位，同時有「絕對的零點」， 　可說是變項尺度中最「嚴謹」、位階最高的 　一種。 ■ 舉例：年齡、身高、體重、居住時間、子女數、 　住院日數、結婚次數等，亦即在比率變項中絕 　不會有「負值」出現。因此只有在比率變項中， 　才能計算倍數關係（例如：體重 100 公斤是體 　重 50 公斤的兩倍）。

上榜關鍵 ★★★★

間斷變項與連續變項之
準備，請回歸測量的四
種尺度併同思考。

（二）間斷變項與連續變項

類　型	說　明
間斷變項	■ 間斷變項：是指該變項在測量尺度的相鄰兩測量單位間不可 　能存在於任何數值，亦即具有互斥屬性（Mutually Exclusive 　Attributes）。換言之，個人或分析單元必須符合而且只能符合 　變項的某個屬性。舉例來說，一個測量宗教類型的變項，如果 　它有基督教與猶太教等屬性，那麼它就不是互斥的；窮盡屬性 　（Exhaustive Attributes）的意思是指所有的個案都必須符合變項 　全部屬性中的某一個。 ■ 類別變項與次序變項屬於間斷變項，因為無法自測量尺度的相鄰 　兩測量單位間產生任何數值。 ■ 舉例：男性與女性間無法再產生第三性，而第一名與第二名間也 　無法再產生第 1.5 名。
連續變項	■ 連續變項：是指該變項在測量尺度的相鄰兩測量單位間能夠產生 　無限個數值。 ■ 等距變項與比率變項屬於連續變項，因為確實可自測量尺度的相 　鄰兩測量單位產生無限個數值。 ■ 舉例：攝氏 5 度與 6 度間可再產生 5.5 度，而考試成績 90 分與 　91 分之間也可再產生 90.5 分。

四、測量誤差

（一）測量誤差類型

1. 系統誤差
   - (1) 系統誤差（Systematic Error）是指蒐集到的資料與原先預定測量的事物有所不同，即產生系統誤差。
   - (2) 系統誤差產生的原因
     - A. 資料蒐集的方法出差錯：例如：用面訪方式問牽涉到「性」、「所得」與「政治意向」等方面的敏感問題。
     - B. 社會期望誤差／社會期望偏誤（Social Desirability Bias）
       - (A) 若受測者依據社會期望回答答案，則稱為「社會期望誤差」；例如：若訪員以面訪方式問到「你覺得政府應該投入更多的預算在社會福利項目上嗎？」則受訪者往往會被引導到回答「是」，以免被視為不重視社會福利、不關懷弱勢。
       - (B) 要改善這樣的測量問題以減少系統誤差，可以一方面考慮將面訪改成郵寄問卷，以減少受訪者覺得自己的答案會「曝光」，因而趨向回答社會所期待的答案；另一方面就是修改問卷，將原本的「你覺得政府應該投入更多的預算在社會福利項目上嗎？」改成「你覺不覺得政府應該投入更多的預算在社會福利項目上？」如此是一個正反兼顧的陳述，比較不會有偏頗或引導的狀況。
     - C. 文化差異：指在不同的文化環境下，同一語句所表達的概念可能有所不同；或是要用不同的資料蒐集方法才能蒐集到研究者想要的資料；例如：西方社會較東方社會開放，所以問句可為：「你／妳是否贊成婚前性行為？」
2. 隨機誤差：如果過去測量的事物沒有改變，但是卻有不同的測量結果，亦即兩次測量結果不一致稱為隨機誤差。例如：如果問卷設計過於冗長，而受訪者因為疲累，以至於到後面即不能思考，所以隨意作答；如果問卷內容多用專業術語呈現，以至於受訪者不能了解題目意思。

（二）避免（減少）測量誤差的方法

1. 謹慎設計測量工具（問卷或量表）與安排測量（觀察）情境：例如：要設計一份問卷或量表，儘量避免用有偏見的字眼，這樣可以減少系統誤差（當然也可透過預試結果來加以調整）；同時儘量用受訪者能夠了解的語句，因為這樣可以減少隨機誤差。

2. 三角測量（測定）法／多元測量法／三角校正法：「三角測量法」，是指運用很多種不同的方法（亦即不同的資料來源）去蒐集同一個研究問題所需的資料，以減少系統誤差。例如想要了解某養老院中某位老人的健康狀況，可以透過研究者自行設計的健康自評量表請案主填寫；亦可透過蒐集該位老人就診醫院之書面門診紀錄，以了解該老人的就診頻率與病情狀況；更可訪問該養老院主責此位老人的社工員或是個管員，以了解該老人平日的身體狀況、心理狀況及參與社會活動狀況。

3. 提高測量工具（問卷或量表）的信度與效度。

榜首提點
常見於解釋名詞及測驗題考題，請詳加準備。

表：三角測定法類型

類型	說明
資料三角測定法 Data Triangulation	在研究中利用不同的資料來源。
研究者三角測定法 Investigator Triangulation	使用不同的研究人員與訪談人員。
理論三角測定法 Theory Triangulation	使用多種觀點取向去詮釋一組資料。
方法論三角測定法 Methodological Triangulation	以多種方法去研究一個問題或方案。研究者若在質性研究中，持有三角測定的「研究態度」，一定可以使研究結果更加豐富，這也才是真正的「客觀」。

 練功坊

Q 解釋名詞：間斷變數（Discrete Variable）。

A

間斷變項是指該變項在測量尺度的相鄰兩測量單位間不可能存在於任何數值。類別變項與次序變項屬於間斷變項，因為無法自測量尺度的相鄰兩測量單位間產生任何數值。例如：男性與女性間無法再產生第三性，而第一名與第二名間也無法再產生第 1.5 名。

★（ ）小李想進行「中輟生輟學原因」之研究，請問輟學原因是屬於下列何種測量尺度？
(A) 名目（Nominal）測量尺度 　　(B) 次序（Ordinal）測量尺度
(C) 等距（Interval）測量尺度 　　(D) 比例（Ratio）測量尺度

解析

A。類別尺度／類別變項（或說名義尺度／名義變項）（Nominal）為變項的屬性只具有周延性和互斥性即是。例如：性別、宗教信仰、婚姻狀態。輟學原因亦屬之。

★（ ）「請問您每個月的工作收入是：① 19,999 元以下 ② 20,000-29,999 元 ③ 30,000-39,999 元 ④ 40,000 元以上」，上述測量工具是屬於：
(A) 名目（或類別）尺度 　　(B) 順序（或次序）尺度
(C) 等距尺度 　　(D) 比率尺度

解析

B。次序尺度／次序變項的屬性具有邏輯的層次與次序的大小，但是沒有相等的單位稱之。

重點 *2* 抽樣 ★★★★★★

榜首提點

抽樣的相關名詞出題頻率超級頻繁，以解釋名詞及測驗題為主，請務必列入金榜重點準備；顯著水準、信賴區間涉及統計觀念，請加強研讀。

一、抽樣的相關名詞

項目	說明
普查 （Census）	■ 普查是針對全體個體一一進行觀察、訪問與記錄，進而取得資料。 ■ 普查工作在執行時須耗費大量人力、物力及時間才得以完成，常因母體資料取得不易而無法進行，因此在實務上運用普查方法進行資料蒐集的情形很少見。以全民人口普查為例，由於動員龐大、物資需求甚鉅，而僅能定十年一期的調查週期，普查工作之艱辛由此可知，也因此，抽樣調查的重要性便顯而易見了。
抽樣	■ 「抽樣」是指在研究問題確定後，研究者決定要觀察誰、觀察什麼，以及決定由誰來回答問題的過程。 ■ 抽樣的特質： (1) 抽樣是從母群體中抽取一部分而已，而不是把母群體中的每一個樣本都拿來調查。 (2) 抽樣必須能代表母群體，否則就不是好的抽樣，所以分析抽樣的樣本以後，若是抽樣的結果是真，母群體也一定是真，抽樣的結果一定可以在母群體當中存在。 (3) 如果抽樣是隨機的，則可不必擔心樣本當中有太特殊的情況，因為藉著大的樣本進行抽樣，我們有充分的理由可以相信，這些太特殊的樣本是可以彼此互相中和的。

接下頁

項目	說明
元素 （Element）	<ul><li>「元素」是研究資料分析的基本單位。</li><li>舉例：虞犯少年（以該少年爲調查的「單位」）、社團（以該社團爲單位，調查其組織架構）、種族（以種族爲分析的單位）、離婚率、失業率、自殺率（以社會產物爲分析的單位）等，不同研究的抽樣元素也都不同。</li><li>元素和分析單位指的常是同一件事，前者指的是樣本的選擇，後者指資料分析的單位。</li></ul>
母群體 （Population）	<ul><li>「母群體」是研究者所有有興趣研究對象的整體。</li><li>舉例：研究者想要了解全臺北市老人的生活狀況與福利需求，則其所設計研究的母群體就是全臺北市的老人。</li></ul>
研究母體 （Study Population）	<ul><li>「研究母體」是樣本實際被選取的架構中所有元素的集合體。</li><li>舉例：民眾對候選人的支持度，於是全國所有登記家用電話的號碼中隨機選取 1,200 個號碼作爲樣本，進行電話訪問調查。母群體是全國民眾，可是實際上的「研究母體」卻是家中有裝設有線電話的家庭（家戶）；也就是說，家中未裝有線電話的家庭就絕對不可能被抽中而加以調查。因爲研究母體才是真正樣本被選取出來的架構，故此理論上樣本的各項統計數，都只能推論到研究母體，而非母群體。</li></ul>
樣本 （Sample）	<ul><li>樣本是母群體的子集合（Subset），也就是研究者在受限於時間與財力的情況之下，所選擇出來要實際進行調查的較少數受試者。</li><li>在資源不足而尋求使用複雜的統計分析之研究中，選擇樣本大小之決定，常是由待分析的變數，乘上認可的統計程序所需的每個變項的最小樣本數來決定。</li></ul>
抽樣單位 （Sampling Unit）	<ul><li>「抽樣單位」係不同抽樣階段中的抽樣元素。</li><li>舉例：在臺中市八個行政區中隨機抽取四區，此時是以區爲抽樣。從所抽樣的四區中，在各區中隨機抽取五個里，各里中隨機抽取六個鄰，各鄰中隨機抽選十戶進行調查。在這不同的抽樣過程中，有不同的抽樣單位，分別就是區、里、鄰、戶等。</li></ul>

接下頁

項目	說明
抽樣架構 （Sampling Frame）	■ 「抽樣架構」係根據研究主題與對象的範圍，列出一份包含所有合乎抽樣條件者的名單；也就是說，在不同抽樣階段中抽樣單位的集合體。亦即抽樣架構（Sampling Frame）是選出樣本之元素的列表或類似表。假如一個學生樣本從學生名冊中選出，此名冊即為抽樣架構。假如一個複雜母體樣本的主要樣本單位是為統計區，那麼統計區的列表即為抽樣架構。 ■ 舉例：在臺中市作選舉行為調查時，研究者先在八個區中隨機抽取四區，因此這八個區就是第一階段的抽樣架構；其餘依此類推。
抽樣間距 （Sampling Interval）	抽樣間距係指如何從抽樣架構中選取構成要素。例如：要從900名單中抽出300個，隨機的起始點選出以後，在900個名單中，每隔2個選出第3個名單，總共得到300個樣本，抽樣間距是3，亦即900/300=3。
抽樣比率／比例 （Sampling Ratio）	抽樣比率／比例（Sampling Ratio）是指被選擇的樣本數目與所有母群體元素數目的比率。
中央極限定理 （Central Limit Theorem）	數學的中央極限定理為說明在抽樣分配中，不同的隨機樣本會隨著組數的增加，乃至於增加到無限大時，樣本的模式和母群參數將變得越來越可以預測。在相當多組的隨機樣本下，抽樣分配會呈現出一條常態曲線，而且這個曲線的中點，隨著抽出的樣本組數的增加，就會越接近母群的參數。
觀察單位／資料蒐集單位 （Observation Unit／Unit of Collecting Data）	■ 「觀察單位／資料蒐集單位」係根據抽樣的單位與架構，研究者可以選擇觀察的單位／資料蒐集的單位，觀察的單位／資料蒐集的單位與資料分析的單位可能相同，也可能不相同。 ■ 舉例：了解大學生（分析單位）的生活狀況，訪問虞犯少年的管理者（資料蒐集單位）。
變項 （Variable）	■ 「變項」是屬性（Property）的集合體，會依不同數值或類別的出現而有所變動。 ■ 舉例：性別（類別變項）就包含了男性和女性兩種屬性。
母數 （Parameter）	■ 「母數」係代表母群體性質的量數。 ■ 舉例：研究者研究的對象為全臺灣的老人生活滿意度及其影響因素，因此全臺灣地區老人的平均年齡就是一項母數。

接下頁

項目	說明
統計數 （Statstic）	■ 「統計數」係描述樣本性質的量數稱為統計數。 ■ 舉例：本次接受抽樣調查的在職肢體障礙者，目前平就業年數為五年，那麼這樣的資訊就是統計數。
抽樣誤差 （Sampling Error）	「抽樣誤差」係母數真值與樣本統計數估計值之間的誤差值。研究者往往會藉由良好的研究設計，以盡可能減少抽樣誤差，但無論如何抽樣誤差都不可能為 0。
非抽樣誤差	■ 「非抽樣誤差」是指在蒐集或處理資料過程中產生的誤差。如反應錯誤、偏見、受訪者對問題不清楚、拒絕參與，或抄寫錯誤等都是，這些錯誤非因抽樣的過程所導致，故稱為「非抽樣誤差」。 ■ 抽選的樣本愈大，則抽樣誤差愈小；然而過大樣本的研究反而會產生較多的非抽樣誤差。
顯著水準 （Significant Level； α 值）	當拒絕虛無假設時，容許犯錯的機率（第一類型錯誤，Type I Error）。
信賴區間、信賴水準、信賴界限	■ 信賴區間（Confidence Interval）就是「一段標示出包含被估計的母數機率值的數值間」，而此機率值就稱為信賴水準／信心水準（Confidence Level），而此區間的兩端點數值就稱為信賴界限（Confidence Limits）。 ■ 舉例：某大學全校同學真實托福平均成績（被估計的母數）落在 530 分到 570 分的機率為 95%。則「530 分」及「570 分」為信賴界限，「95%」為信賴水準／信心水準，530 分到 570 分的間隔為 95% 的信賴區間。
樣本平均數的抽樣分配	抽選重複樣本平均數的分布，此樣本分布的標準差稱為「標準誤」（Standard Error）。標準誤愈小表示樣本的平均數與母群體平均數愈接近。所以計算一個樣本的平均數、變異數或標準差，這些用來敘述樣本之分布情形稱為「統計量」（Statistics）。如果樣本是依機率法則選取的，則樣本的統計量可被用來估計母群體「母數」（Parameter）。
常態曲線	當樣本被重複使用或當樣本很大時，樣本平均數的抽樣分配趨近於「常態曲線」。標準誤受母數變異數及樣本「中央極限定理」（Central Limit Theory）所影響。因為每個樣本平均數的變異數須除以樣本大小，所以樣本數愈大，變異數愈小；在一個抽樣分配中，標準誤隨著樣本增加而減少。

二、抽樣方式 知（類型）

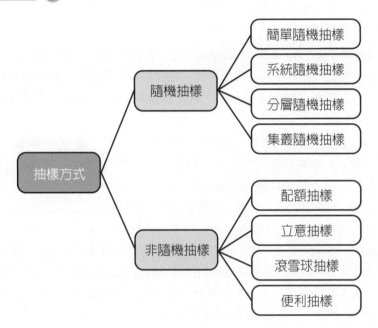

抽樣方式

隨機抽樣
- 簡單隨機抽樣
- 系統隨機抽樣
- 分層隨機抽樣
- 集叢隨機抽樣

非隨機抽樣
- 配額抽樣
- 立意抽樣
- 滾雪球抽樣
- 便利抽樣

知識補給站

- 隨機抽樣
  當研究者運用亂數表或電腦程式軟體，按一定的機率抽取樣本，使每一個樣本有均等機會被抽中時，即可稱為隨機抽樣。
- 非隨機抽樣
  非隨機抽樣法中，每個人被抽到的機會是不完全平等的，每個樣本不是處在一個絕對一樣的機率中被選為研究樣本。這種抽樣方法適用於獨特性的研究資料中，研究本質所需，非得取到某種樣本不可，因此無法在隨機取樣中獲得。

三、機率抽樣之方法（Techniques for probability sampling）

（一）從母群體中抽取所謂「機率樣本」（Probability Sample）的方式很多。但不論何種方式，都有一定之步驟，而不是任意去抽的，所謂隨機（Random），並不是隨意。當然，社會科學家也經常會用非機率樣本來做研究。這種樣本雖然也有其功能，如做探索性的研究，也常比較容易或以低成本取得，但這類樣本最大的限制，是無法將由此類樣本得到的結果推論到抽樣所用之特定群體以外的群體。

（二）不論機率抽樣（Probability Sampling）的方式為何，其目標是一樣的，就是抽得之樣本要能代表其所來自的母群體，也就是要有代表性（Representative）。例如：母群中有 60% 的人是女性，則機率樣本若有代表性，也應相當接近 60% 的人是女性。

（三）確保樣本有代表性的原則，也就是機率抽樣的基本原則是，如果抽樣的方式是以「均等機率之選取方式」（Equal Probability of Selection Method，簡稱 EPSEM），則如此得到之樣本極可能有代表性。需注意的是根據 EPSEM 之抽樣法和樣本是否有代表

> **上榜關鍵** ★★★
> EPSEM 為解釋名詞考題，觀念務必清楚，測驗題易出題。

性是兩回事。換言之，即使是透過 EPSEM 方法所得之樣本也不一定有代表性，但透過此法得到有代表性之樣本的可能性很高，而且研究者可以推估得到無代表性樣本的機率有多大。推論統計只能運用在以 EPSEM 方式得到之樣本上。透過推論統計，研究者可以了解或估計樣本之誤差（亦即了解樣本特性代表性之程度）。

> **榜首提點** 💡
> 本部分準備重點有二部分：首先，請就各隨機抽樣類型的內容詳加研讀，並具有論述的能力；其次，申論題經常會以實務案例的方式出題，例如：考題附上案例，請考生進行抽樣，另有關考題請考生自行設計案例，依考題的抽樣方法進行抽樣，請考生務必預為練習及準備案例備用。

四、隨機抽樣之類型

（一）簡單隨機抽樣（Simple Random Sampling）

1. 簡單隨機抽樣最常使用的方式是利用亂數表（Random Numbers Table）進行抽樣。

2. 優點是使用容易，但缺點則是當母群體的名單無法獲得時，此法便不可行；因為研究者無法把號碼附在每一個樣本上，也因此在實際的應用上並不常被使用。

（二）系統隨機抽樣（Systematic Random Sampling）

1. 系統隨機抽樣又稱間隔隨機抽樣（Interval Random Sampling），亦即每隔固定的抽樣間隔（K）就抽取出一個樣本來。

2. 在使用此方法時要特別注意的是，必須避免單位的次序和抽樣間隔一致，亦即，使用系統抽樣時，應注意一個危險性，即當母群體的名冊排列和抽樣區間的間隔一樣，又稱為週期性（Periodicity），樣本的抽樣偏誤就會發生。

（三）分層隨機抽樣（Stratified Random Sampling）

1. 分層隨機抽樣之步驟

   (1) 首先研究者需將母群體分成不同的層／類，每一層／類都必須明確，而且類與類之間必須有顯著的互斥性，因此每一個個體都只能歸在其中一類。同時最好符合：「層間異質性高，而層內同質性高」的前提。

   (2) 經過歸類以後，每一層／類中的樣本彼此之間相似性很大，而類與類之間卻差異性很大，也因此研究者在每一類別中選取較少數的樣本時就足具代表性，抽樣的效率可以增加。

   (3) 抽取的樣本數，最好能按母群體各層人數比例來計算抽取，以便整個樣本的結構與母群體的結構差異不大。不過若母群體的人口資料中，各層人數比例差異太大的話，則此時恐不易完全按照母群體各層人數比例來抽取樣本。也就是說，此時是適合使用加權（Weighting）的狀況。

2. 在分層抽樣中，研究者亦常會使用「等比例」與「非等比例」的分層抽樣方法進行抽樣。 知

■ 「等比例」與「非等比例」的分層抽樣方法

- 等比例分層抽樣（Proportionate Stratified Sampling）：
  使用分層隨機抽樣法從同質性的組別中抽取固定比例的
  樣本，稱為等比例分層抽樣。例如：某機構中有案主
  1,000 人，其中 600 名為白人、300 名非裔美國人、40
  名西班牙人、30 名亞裔、20 名美國原住民、10 名為其他種族的案主。假如研究
  者計畫從母群體中抽取 10% 的樣本，就必須從各個分組的類別中各抽取 10%，
  則各組分別抽出的樣本為 60 名為白人、30 名非裔美國人、4 名西班牙人、3 名
  亞裔、2 名美國原住民、1 名為其他種族的案主。因此，這樣的抽樣方法可以比
  例性的反映出機構整體個案的分層比例。

- 非等比例分層抽樣（Disproportionate Stratified Sampling）：但在某些研究中，
  某些組別因為過少的個案，可能就不具有代表性，因此必須增加較少個案組別的
  抽樣比例，這就是非等比例分層抽樣。例如：研究者的研究目的要細部的分析出
  服務滿意度會不會因為種族不同而有差異，則過少的個案可能就無法代表某一種
  族的滿意情形。因此，研究者必須增加較少個案的抽樣比例，在這抽樣的過程
  中，較少個案的組別反而有較高被選為樣本的機率。例如：從黑人及白人案主中
  各取 10% 為樣本，其中團體中各取 50% 為樣本，最後的樣本數分別為 20 名西
  班牙人、15 名亞裔美國人、10 名美國原住民、5 名其他種族的案主，以便進行
  個別組別的深入分析。

（四）集叢隨機抽樣（Cluster Random Sampling）

1. 當調查對象符合：「層（叢）間同質性高、而層（叢）內異質性高」的前
   提時，集叢隨機抽樣（Cluster Random Sampling）是很好的抽樣方法。

2. 抽樣步驟：

   (1) 先將母群分類或分層。例如：大學生對調高學雜費的態度與看法，假
       設各大學間並無很大差異（此即層間同質性高），因此該研究者可隨機
       抽取大學準備進行施測。

   (2) 擴大每一集叢的選擇數。若總數還是太大的話（不需要調查整所大學
       裡全部的學生），每一個集叢裡又可以再做集叢隨機抽樣，選取一至兩
       個學院進行集叢隨機抽樣；或可再細分至以系為單位亦可。與分層抽
       樣不同，分層抽樣，每個「層」裡面最好同質性愈高愈好；而集叢抽
       樣時，最好每個集叢的異質性愈大愈好。

   (3) 但如果每個集叢樣本的規模不同，研究者可以使用一個經過修正的方
       法，稱之為樣本比例（Probability Proportionate to Size, PPS）抽樣法。知

樣本比例抽樣法

- 樣本比例（Probability Proportionate to Size, PPS）抽樣法，按照字面解釋之，指的就是每個集叢中的各元素都有相同被選取機率。使用這樣的抽樣方法，主要是減少因為各個樣本規模有差異時所產生的抽樣誤差的風險，而使得抽樣失去代表性。例如：採用樣本比例的抽樣法，集叢中有 200 戶的城鎮，就比 100 戶的城鎮多了二倍被選取的機率。

- 舉例：

(1) A 區域有 100 戶，B 區域有 10 戶，依據樣本比例抽樣法，住在 A 區域中的家戶將比 B 區域中的住戶被選取機率多的 10 倍，如 A 區域中的住戶被選取的機率是 1/20，則 B 區域的住戶則只有 1/200 的被選取機率。

(2) 假如研究者先選出 A 區域，接著從抽出 5 個家戶，則區域 A 中的家戶被選取機率將是 5/100，因此計算區域 A 的住戶在全體中被選取的比例就是 1/20 X 5/100＝5/2000＝1/400。

(3) 如果研究者選出 B 區域，因其中的戶數較少，故這些家戶也有較好的機率。例如：從區域中選出 5 個樣本，其被選取的機率為 5/10。但是總體而言，其被選取的機率是 1/200 X 5/10＝5/2000＝1/400，跟 A 區域中的家戶被選取機率是相同的。

榜首提點

申論題、測驗題的金榜考點。

五、隨機抽樣優缺點比較

類型	敘述	優點	缺點
簡單隨機抽樣	將母體中每一單位個體列成一名單，然後以一個保證讓每一單位個體均有同等機會被選爲樣本的方式來抽選。	■ 學理上最準確。 ■ 僅受機會影響。	有時候欲將整個母群體列出不易實施，或基於實際考慮而妨礙隨機抽樣的進行。
系統隨機抽樣	第一個樣本是利用亂數表取得，其他的樣本則是依次加上一定之間距取得。	■ 與隨機抽樣類似。 ■ 比前者容易實施。	系統有時候可能成爲偏差。

接下頁

類型	敘述	優點	缺點
分層隨機抽樣	將母體依研究所要了解之特性分成若干層，再自每一層中依簡單隨機抽樣抽出一定之比例形成所需之樣本。	■ 能將大樣本按重要變項予以劃分。 ■ 樣本太大無法列出時，需用此方法。	若各階層的加權錯誤，可能導致偏差。
集叢隨機抽樣	母體依某種特性分為若干個群體，再以簡單隨機抽樣的方式抽出一群或數群為樣本。	容易蒐集被研究者的資料。	若組群的數目小易致偏差。

榜首提點

• 考題出題數量與頻率，不勝枚舉。
• 這部分與隨機抽樣的考型相同，亦即請就各立意抽樣類型的內容詳加研讀，並具有論述的能力；其二，申論題經常會以實務案例的方式出題，例如：考題附上案例，請考生進行抽樣，另亦有請考生自行設計案例，依考題的抽樣方法進行抽樣，請考生務必預為練習及準備案例。

六、非隨機抽樣類型

（一）配額抽樣（Quota Sampling）

配額抽樣是指根據某些標準將母群體分組，然後用非隨機的方法來抽取樣本，直到額滿為止。配額抽樣的樣本是指依據某些既定的標準或特色抽樣（如：以週三早上來上課的各年級學生），其樣本的特色、數目均由研究者主觀來決定，因此當然容易產生誤差。

（二）立意抽樣（Purposive Sampling）／判斷抽樣（Judgmental Sampling）

1. 立意抽樣是指研究者依據自己的研究目的及對母群體了解來選取樣本，特別是當研究者有足夠的知識，可以選出具有代表性的人選時，就是立意抽樣。例如：研究身心障礙者對當前政府提供的福利措施的了解與滿意程度，立意抽樣對不同類身障別的身心障礙者進行訪談。

2. 立意抽樣適用之情況：

(1) 研究者使用它來選擇特別能提供訊息的獨特個案。例如：研究者想要使用內容分析法來研究雜誌內容，以發掘文化主題，他選擇某本流行的女性雜誌來做研究，因爲該本雜誌領導潮流。

(2) 研究者可能使用立意抽樣來選取很難以接近、屬性特殊的母群中的成員。例如：研究者想要研究娼妓，要列出所有娼妓的名單，然後從這份名單中進行隨機抽樣，這都是不可能的。相反的，他使用主觀的資訊（例如：娼妓吸引人的地區與娼妓結合的社會團體）和專家（例如：在罪惡地區工作的警察、其他娼妓）來界定研究計畫所要包含的娼妓樣本。研究者使用許多不同方法來確認這些個案，因爲他的目的是要儘可能找出較多的個案。例如：哈波在其 1970 年代美國乞丐與遊民的田野研究中，所得到的樣本就是靠著與「專家」（例如：乞丐）爲友，和他們一起在火車和貧民區中生活而得來的。這種特殊母群不一定是從事非法的活動，例如：麥寇確認出三十一位聖路易市的女藝術家，也是靠著向一位朋友詢問關於其他藝術家的事情，以及透過加入當地藝術組織的方式才能達到了。

(3) 研究者想要確認特殊個案類型，以便進行深入探究。這種目的不是要論到較大的母群上，而是要獲得對這種類型的深入了解。例如：學者侯奇柴德深入訪談二十八位民眾的信仰，她選擇其中的某些人是因爲他們收入較低，而選擇另外一些人是因爲他們有較高的收入。某些人是男人，另一些是女人。

（三）滾雪球抽樣（Snowball Sampling）

滾雪球抽樣也稱爲網絡、關係鎖鍊（聲望）抽樣，是一種辨識和抽取（或選擇）網絡中個案的方法，是運用在對某一特殊人口中，只熟知某一少部分人時，從已知的人數中去蒐集資料，並請他們介紹其周遭朋友或其他可能適合接受訪問的對象。其是建立在雪球的類比之上，雪開始的時候很小，但是當它在潮濕的雪地上滾動而增加額外的雪片時就愈變愈大。雪球抽樣是一種多階段的技術，它開始於一個或少數的人或個案，然後根據和初始個案的連結而擴展開來。

（四）便利抽樣（Convenience Sampling）

若研究者將手邊現有的樣本拿來作研究，例如：社工師以本身所負責的個案作爲研究的對象，即爲便利抽樣。便利抽樣本的選取標準是選擇即時可取到的，其優點是方便，但最嚴重的缺點爲：因爲樣本的客觀性與代表性都不足，研究結果的效度與參考價值均因此而大打折扣。

七、非隨機抽樣優缺點比較。

類型	敘述	優點	缺點
配額抽樣	研究者將母體依特質分為數類，而抽樣時按比例從各類中抽出；其樣本具有某種特質的比率和母體具有某種特質的比率約一致。	■ 較隨機抽樣中的分層抽樣成本低。 ■ 具有分層抽樣的效果。	■ 雖採配額抽樣，但在抽樣時若不是隨機選取，選出的樣本也會有誤差，而不能代表整個母體。 ■ 研究者將母體分類時可能會產生偏誤。
立意抽樣	依研究者的判斷進行抽樣，因此研究者對母體必須十分的了解。	在蒐集樣本時，較節省成本及時間。	■ 在抽樣時可能會因主觀因素而影響了抽樣，進而造成偏差。 ■ 由抽樣資料來推估母體時較不適合。
滾雪球抽樣	先蒐集目標母體的少數成員，再由這些成員引出其他的母體成員。	在尋找少數難以尋找的母體時，是一個很好的方法。	■ 因為抽樣單位不獨立，會產生較高的偏差。 ■ 由抽樣資料來推估母體時較不適合。
便利抽樣	最方便或是最經濟的抽樣方法。	■ 不需要母體的名冊。 ■ 資訊取得快速、便利。	■ 正確性和估計偏差不能衡量或控制。 ■ 因研究者的主觀意識而影響所選出的樣本可能不是很適合代表母體。

八、隨機分（指）派（Random Assign）

（一）Random Sampling 是隨機抽樣，指一種抽樣的過程。而隨機分（指）派（Random Assign）則是指將受訪的個人隨機的安排到一些實驗的情況或團體中。在隨機分派的過程中，每個人都有個號碼，而以隨機的方式被安排在適當位置或組別，以避免調查的偏見。

（二）抽樣是指有系統地選擇一個研究計畫所要包含的個案的一種過程。當研究者進行隨機分派時，是使用隨機的過程將一群個案分成兩個或以上的團體。相反地，在隨機抽樣中，研究者是從較大的個案群中選出一個較小的個案組，研究者可以同時使用抽樣和隨機分派，可以先用抽樣得到一組較小的個案群（例如：從 2 萬人中取中 150 人），然後再使用隨機分派將來將這個群體分成一些團體（例如：將 150 人分成 3 個 50 人的團體）。

• 隨機指派

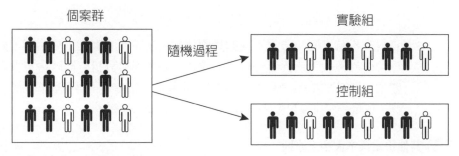

• 隨機抽樣

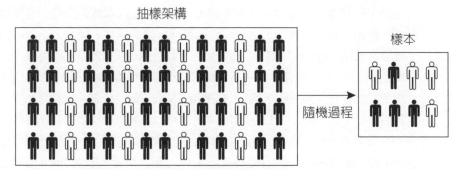

圖：隨機分派與隨機抽樣

九、樣本大小

（一）決定樣本大小之原則

1. 非隨機抽樣：若是抽樣過程非隨機抽樣時，研究者比較可以不考慮樣本大小，因為非隨機抽樣原本在對母群體的代表性與推論性上都受到相當程度的限制，所以它要推論的話，重點是在於：樣本中所具有的「類型」，母群體是否具有？因此與樣本大小較無直接關聯。

2. 隨機抽樣：若為隨機抽樣（量化研究）時，因為樣本的統計結果要推論母體，因此必須考量統計考驗力（Power）與抽樣誤差（Sample Error）等因素，所以樣本的大小就必須加以考慮。事實上，樣本的大小，主要是母群體之特性與研究問題的本質（是假設檢定還是母數估計）而定，若母群體的變數愈多、異質性愈高，則抽樣的數值就必須多一點；反之，若樣本的同質性很高，則抽樣的數額就可以將就一點。

（二）最佳樣本數的決定原則

1. 需要達到的精確程度。

2. 母群體的變異性或多樣性。

3. 資料分析時，同時檢視不同的變數個數。在其他的因素不變之下，如果母群變異性較大或異質性較高，或者想要在資料分析時同時檢視很多的變項，則需要較大的樣本。當可以接受較低的精確性、母群體的同質性較高，或是一次只檢視數個變項時，小一點的樣本就夠了。

（三）其他決定樣本大小之原則

1. 母群越小，要得到精確樣本（也就是說，有較高機率得出與整個母群體相同結果的樣本）的抽樣比率就要越大。較大的母群體能夠使較小的抽樣比率，得出同樣好的樣本，這是因為隨著母群體的成長，樣本大小回報的精確隨之遞減。對於小母群（小於1,000），研究者需要比較大的比率抽樣（大約百分之三十）。例如：為了有較高的精確性，樣本大小約需有300個；對於中等的母群（10,000）而言，要達到同樣的正確性，較小的抽樣比率（大約百分之十），或大約1,000個樣本，就可以了。對小樣本而言，在樣本數的些微增加，會在精確性上產生相當大的回收，例如：樣本從50個增加到100個，可以使誤差從7.1%降低至2.1%；但如果樣本數從1,000個增加到2,000個，則只能使誤差從1.6%降低至1.1%。

2. 分析次團體的資料也會影響到研究者關於樣本大小的決定，如果研究者想要分析母群體中的次團體，他需要有個比較大的樣本。例如：想要分析四個變項上。30 歲與 40 歲的男性有何差異，如果這個樣本是來自於一般大眾，那麼大概只有少部分（例如：百分之十）的個案會來自於這個年齡層的男性。因此，一個經驗法則是對每個要進行分析的次團體，最好每一個都要 50 個個案左右，因此，如果要分析某個團體，而它只占母群體的百分之十，那麼應該有 10×50，即 500 個個案的樣本，以確保有足夠的個案進行次團體分析。

> **上榜關鍵** ★★★
> 「統計考驗力」、「抽樣誤差」與樣本數之關係，請建立清楚觀念。

（四）準確求出具體樣本數之方式

1. 除了依據如何決定樣本大小之原則決定樣本數之外，若要準確求出具體樣本數應為多少？則「統計考驗力」與「抽樣誤差」是重要的兩項參考指標。大體說來，若研究採用的推論統計為假設檢定類型，則統計考驗力應為主要的考量指標；而若研究採用的推論為母數估計類型，則抽樣誤差應為主要的考量指標。

2. 「統計考驗力」與「抽樣誤差」說明

   (1) 統計考驗力：統計考驗力就是「正確拒絕虛無假設的機率」，也就是「正確偵測出自變項確有效果的機率」，因此它的數值是愈大愈好；也就是說，統計考驗力是在假設檢定過程中必須要考慮的因素。而統計考驗力會受到顯著水準（α）、效果大小（Effect Size）以及樣本數大小（n）的影響。基本上，當顯著水準數值愈大、自變項效果大小愈強以及樣本數愈大的時候，統計考驗力就會愈大。

   (2) 抽樣誤差：抽樣誤差因素的重要性特別顯現在母數估計的部分，也可以說是主要應用在探索性研究與描述性研究上。

 練功坊

Q 試說明分層隨機抽樣（Stratified Random Sampling）與系統隨機抽樣（Systematic Random Sampling）之意義。

A _____

（一）分層隨機抽樣之意義：分層隨機抽樣是研究者補充資訊將母群體分成若干個次母群（層）。將母群體分層之後，研究者從每一個次母群體中隨機選取樣本，研究者可以在各層中以簡單隨機抽向法或系統抽樣法抽取樣本。在分層抽樣中，研究者控制每一個層的相對大小，而不是任由隨機過控制各層抽到的個數。這不是確保了代表性，就是固定一組樣本中各層抽取的比例。如果分層的資訊精確的話，通常分層抽樣產生的樣本會比簡單隨機抽樣具有較高的母群體代表性。

（二）系統隨機抽樣之意義：系統隨機抽樣（Systematic Random Sampling）又稱間隔隨機抽樣（Interval Random Sampling），亦即每隔固定的抽樣間隔（K）就抽取出一個樣本來。在使用此方法時要特別注意的是必須避免單位的次序和抽樣間隔一致，亦即，使用系統抽樣時，應注意一個危險性，即當母群體的名冊排列和抽樣區間的間隔一樣，又稱為週期性（Periodicity），樣本的抽樣偏誤就會發生。

★（　）情況：小英的姑姑去年收養了一位 2 歲小孩，念社工研究所的小英想了解北部地區收養家庭的親子互動情形及其家庭動力分析。請問小英該用甚麼樣的抽樣方法找到樣本？
(A) 滾雪球抽樣法（Snowball Sampling）
(B) 配額抽樣法（Quota Sampling）
(C) 系統抽樣法（Systematic Sampling）
(D) 直接找姑姑問就好，用個案研究分析法

解析 _____

A。滾雪球抽樣（Snowball Sampling）是運用在對某一特殊人口中，只熟知某一少部分人時，從已知的人數中去蒐集資料，並請他們介紹其周遭朋友或其他可能適合接受訪問的對象。

練功坊

★（　）某人設計了一份問卷，對每一個問項均請作答者自 0、1、2、3、4 選擇
　　　一個數字代表其「完全不同意（0）」到「完全同意 (4)」的意見。試問
　　　這可達到哪一種測量水準？
　　　(A) 名義量數　　　(B) 順序量數　　　(C) 等距量數　　　(D) 等比量數

解析 _____

B。次序尺度／次序變項：變項的屬性具有邏輯的層次與次序的大小，但是沒有
相等的單位稱之。

重點便利貼

❶ 操作性定義：指「當界定概念或變項時，不直接描述該被界定項的性質或特徵，而是舉出測量該被界定項所作的操作活動。」亦即就是「可具體測量的變項定義」。

❷ 類別尺度：變項的屬性只具有周延性和互斥性。

❸ 次序尺度：變項的屬性具有邏輯的層次與次序的大小，但是沒有相等的單位稱之。

❹ 等距尺度：變項的屬性具有邏輯的層次與次序的大小，同時有相等的單位稱之。

❺ 比率尺度：不但具有邏輯的層次與次序的大小、相等的單位，同時有「絕對的零點」。

❻ 間斷變項：是指該變項在測量尺度的相鄰兩測量單位間不可能存在於任何數值，亦即具有互斥屬性。

❼ 連續變項：是指該變項在測量尺度的相鄰兩測量單位間能夠產生無限個數值。

❽ 系統誤差：是指蒐集到的資料與原先預定測量的事物有所不同，即產生系統誤差。

❾ 隨機誤差：如果過去測量的事物沒有改變，但是卻有不同的測量結果，亦即兩次測量結果不一致稱為隨機誤差。

❿ 三角測量法：是指運用很多種不同的方法（亦即不同的資料來源）去蒐集同一個研究問題所需的資料，以減少系統誤差。

⓫ 抽樣架構：係根據研究主題與對象的範圍，列出一份包含所有合乎抽樣條件者的名單。

⓬ 抽樣比率／比例：是指被選擇的樣本數目與所有母群體元素數目的比率。

⑬ 顯著水準：當拒絕虛無假設時，容許犯錯的機率（第一類型錯誤，Type I Error）。

⑭ 信賴區間：就是「一段標示出包含被估計的母數機率值的數值間」，而此機率值就稱為信賴水準／信心水準（Confidence Level），而此區間的兩端點數值就稱為信賴界限（Confidence Limits）。

⑮ 簡單隨機抽樣最常使用的方式是利用亂數表進行抽樣。

⑯ 系統隨機抽樣又稱間隔隨機抽樣，亦即每隔固定的抽樣間隔（K）就抽取出一個樣本來。

⑰ 分層隨機抽樣係將母群體分成不同的層／類，每一層／類都必須明確，而且類與類之間必須有顯著的互斥性，再進行抽樣。

⑱ 當調查對象符合：「層（叢）間同質性高、而層（叢）內異質性高」的前提時，集叢隨機抽樣是很好的抽樣方法

⑲ 配額抽樣是指根據某些標準將母群體分組，然後用非隨機的方法來抽取樣本，直到額滿為止。

⑳ 立意抽樣是指研究者依據自己的研究目的及對母群體了解來選取樣本。

㉑ 滾雪球抽樣是一種多階段的技術，它開始於一個或少數的人或個案，然後根據和初始個案的連結而擴展開來。

㉒ Random Sampling 是隨機抽樣，指一種抽樣的過程。而隨機分（指）派（Random Assign）則是指將受訪的個人隨機的安排到一些實驗的情況或團體中。

㉓ 若要準確求出具體樣本數應為多少？則「統計考驗力」與「抽樣誤差」是重要的兩項參考指標。

擬真考場

申論題

試以滾雪球抽樣（Snowball Sampling）與系統性抽樣（Systematic Sampling）為例作簡要說明。

選擇題

( ) 1. 下列關於抽樣（Sampling）方法的敘述，何者錯誤？

    (A) 配額抽樣（Quota Sampling）是一種隨機（Random）抽樣的方法

    (B) 不同的隨機抽樣方法結合在一起，還是隨機抽樣

    (C) 立意抽樣（Purposive Sampling）是最常見的質性研究抽樣方法

    (D) 當有效樣本數在各層的比例與母體差距頗大時，可用加權（Weighting）的方式來處理

( ) 2. 在測量過程中，下列哪一種測量誤差通常無法避免，但其造成的問題相對較不嚴重？

    (A) 系統誤差　　　(B) 隨機誤差　　　(C) 重複誤差　　　(D) 相關誤差

( ) 3. 下列有關間斷變項的舉例中，何者最為正確？

    (A) 年齡、性別、教育程度

    (B) 宗教、居住地區、家庭總收入

    (C) 家庭子女數、上課出席狀況、住宅擁有的數量

    (D) 工作收入、失業週數、族群別

解析

申論題：

（一）滾雪球抽樣（Snowball Sampling）

1. 說明：滾雪球抽樣亦稱為網絡、關係鎖鍊抽樣，是運用在對某一特殊人口中，只熟知某一少部分人時，從已知的人數中去蒐集資料，並請他們介紹其周遭朋友或其他可能適合接受訪問的對象。滾雪球抽樣是一種多階段的技術，它開始於一個或少數的人或個案，然後根據和初始個案的連結而擴展開來。

2. 舉例：研究者要檢視某個社區中青少年之間的友誼關係網絡。研究者從三個互不認識的青少年開始，每一個青少年說出 4 位親密的朋友名字，然後研究者就去找這 4 位朋友，做同樣的事，依此類推。就會逐漸增加許多的樣本。研究者停止不再擴大樣本，主要原因可能是因為沒有新的名字被提出來，表示封閉網絡已經出現極限，或是網絡變得太大，到了研究者所能夠研究的極限。

（二）系統性抽樣（Systematic Sampling）

1. 說明：系統性抽樣，亦即系統隨機抽樣（Systematic Random Sampling）又稱間隔隨機抽樣（Interval Random Sampling），亦即每隔固定的抽樣間隔（K）就抽取出一個樣本來。在使用此方法時要特別注意的是必須避免單位的次序和抽樣間隔一致。

2. 舉例：例如要從國小一年級 1,000 名新生中，抽出 100 名學生組成讀書會團體，則按 1,000 學生按照入學報到的編號排序，然後研究者先從 1 至 10 中隨機選出一個數字做為開始動作的元素，這元素的號碼會被包含在樣本中，連同這個元素之後的每第 10 個元素，進行每 10 個學生的間隔抽樣。而抽樣間距為 10，抽樣比為 1/10。

選擇題：

1. A 配額抽樣（Quota Sampling）是非隨機抽樣。配額抽樣是指根據某些標準將母群體分組，然後用非隨機的方法來抽取樣本，直到額滿為止。配額抽樣的樣本是指依據某些既定的標準或特色抽樣（如以週三早上來上

課的各年級學生），其樣本的特色、數目均由研究者主觀來決定，因此當然容易產生誤差。

2. B　如果過去測量的事物沒有改變，但是卻有不同的測量結果，亦即兩次測量結果不一致稱為隨機誤差。

3. C　間斷變項則是指該變項在測量尺度的相鄰兩測量單位間不可能存在於任何數值。類別變項與次序變項屬於間斷變項，因為無法自測量尺度的相鄰兩測量單位間產生任何數值。年齡、家庭總收入、工作收入、失業週數都不是間斷變數。

Note.

第四章 CHAPTER 4
問卷設計與調查

110 年		111 年				112 年				113 年	
2 申	2 測	1 申	1 測	2 申	2 測	1 申	1 測	2 申	2 測	1 申	1 測
	8	1	5		4		8		10		8

本·章·架·構

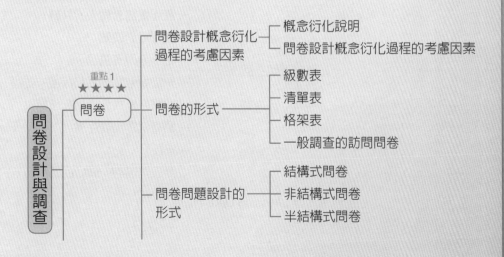

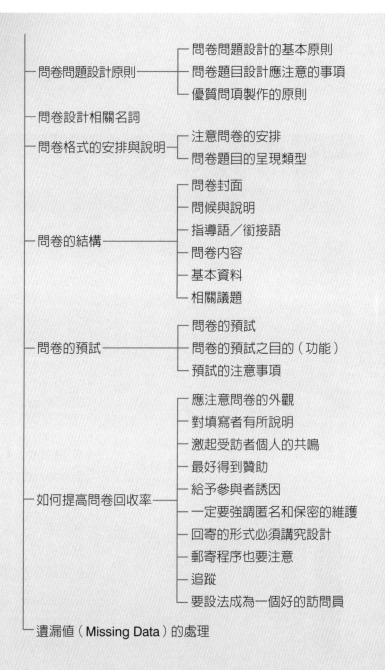

問卷問題設計原則 —— 問卷問題設計的基本原則
　　　　　　　　　 —— 問卷題目設計應注意的事項
　　　　　　　　　 —— 優質問項製作的原則

問卷設計相關名詞

問卷格式的安排與說明 —— 注意問卷的安排
　　　　　　　　　　　 —— 問卷題目的呈現類型

問卷的結構 —— 問卷封面
　　　　　　 —— 問候與說明
　　　　　　 —— 指導語／銜接語
　　　　　　 —— 問卷內容
　　　　　　 —— 基本資料
　　　　　　 —— 相關議題

問卷的預試 —— 問卷的預試
　　　　　　 —— 問卷的預試之目的（功能）
　　　　　　 —— 預試的注意事項

如何提高問卷回收率 —— 應注意問卷的外觀
　　　　　　　　　　 —— 對填寫者有所說明
　　　　　　　　　　 —— 激起受訪者個人的共鳴
　　　　　　　　　　 —— 最好得到贊助
　　　　　　　　　　 —— 給予參與者誘因
　　　　　　　　　　 —— 一定要強調匿名和保密的維護
　　　　　　　　　　 —— 回寄的形式必須講究設計
　　　　　　　　　　 —— 郵寄程序也要注意
　　　　　　　　　　 —— 追蹤
　　　　　　　　　　 —— 要設法成為一個好的訪問員

遺漏值（Missing Data）的處理

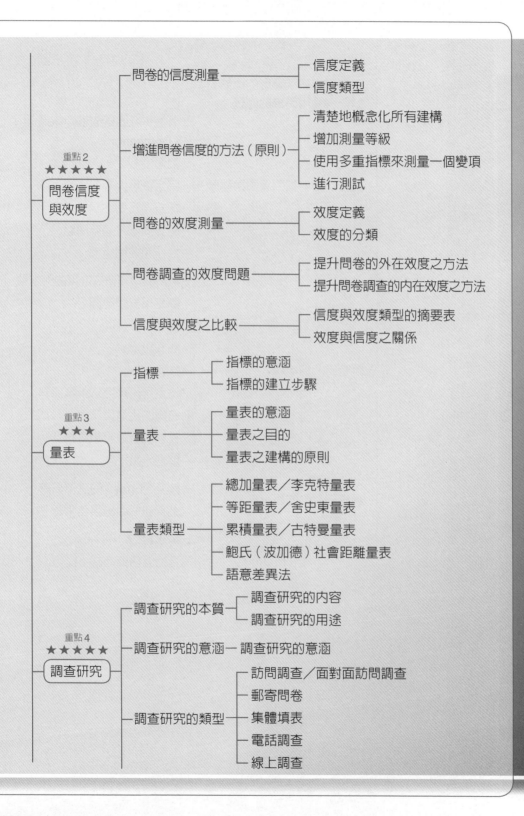

重點2
★★★★★
問卷信度
與效度

問卷的信度測量 ── 信度定義
　　　　　　　　└─ 信度類型

增進問卷信度的方法（原則）── 清楚地概念化所有建構
　　　　　　　　　　　　├─ 增加測量等級
　　　　　　　　　　　　├─ 使用多重指標來測量一個變項
　　　　　　　　　　　　└─ 進行測試

問卷的效度測量 ── 效度定義
　　　　　　　　└─ 效度的分類

問卷調查的效度問題 ── 提升問卷的外在效度之方法
　　　　　　　　　　└─ 提升問卷調查的內在效度之方法

信度與效度之比較 ── 信度與效度類型的摘要表
　　　　　　　　　└─ 效度與信度之關係

重點3
★★★
量表

指標 ── 指標的意涵
　　　└─ 指標的建立步驟

量表 ── 量表的意涵
　　　├─ 量表之目的
　　　└─ 量表之建構的原則

量表類型 ── 總加量表／李克特量表
　　　　　├─ 等距量表／舍史東量表
　　　　　├─ 累積量表／古特曼量表
　　　　　├─ 鮑氏（波加德）社會距離量表
　　　　　└─ 語意差異法

重點4
★★★★★
調查研究

調查研究的本質 ── 調查研究的內容
　　　　　　　　└─ 調查研究的用途

調查研究的意涵 ── 調查研究的意涵

調查研究的類型 ── 訪問調查／面對面訪問調查
　　　　　　　　├─ 郵寄問卷
　　　　　　　　├─ 集體填表
　　　　　　　　├─ 電話調查
　　　　　　　　└─ 線上調查

一 各項調查研究類型的優點、
　 缺點與適用時機的比較

一 調查訪談的指引原則與程序 ─┬─ 外貌（Appearance）和態度
　　　　　　　　　　　　　　　　　（Demeanor）
　　　　　　　　　　　　　　 ├─ 熟悉問卷
　　　　　　　　　　　　　　 ├─ 完全依照問卷的問項用語
　　　　　　　　　　　　　　 ├─ 把答案正確地記錄下來
　　　　　　　　　　　　　　 ├─ 刺探問法／追問問題
　　　　　　　　　　　　　　 └─ 合作和控制

一 調查研究的步驟 ───────┬─ 設計與澄清研究之目的與主題
　　　　　　　　　　　　　　 ├─ 劃定母群體範圍
　　　　　　　　　　　　　　 ├─ 抽樣
　　　　　　　　　　　　　　 ├─ 問卷設計
　　　　　　　　　　　　　　 ├─ 試測
　　　　　　　　　　　　　　 ├─ 決定用何種方法蒐集資料
　　　　　　　　　　　　　　 ├─ 訪員的挑選與訓練
　　　　　　　　　　　　　　 ├─ 實地調查並蒐集資料
　　　　　　　　　　　　　　 └─ 整理分析

一 調查研究中的誤差來源 ───┬─ 誤差（Error）的基本概念
　　　　　　　　　　　　　　 └─ 調查研究中的誤差來源

一 調查在需求評估中的使用 ──┬─ 需求評估
　　　　　　　　　　　　　　 └─ 進行評估的方式（技巧）

重點 1 問卷 ★★★★★

一、問卷設計概念衍化過程的考慮因素

（一）概念衍化說明

問卷的來源是根源於理論的衍化，由理論而概念，由概念而變項，由變項而小變項【小變項可稱為某些「標準」（Criteria）或「定義」（Definition）】，再由小變項衍化為一些可由受訪者回答的問題。

（二）問卷設計概念衍化過程的考慮因素

1. 要注意衍化後的周延性：由概念衍化成一些變項，好壞與否端看這些變項是不是能夠表達概念。以「臺灣的區域」這個概念為例。如：北、中、南、東及其他（離島）五個變項加起來。

2. 互斥性也不可忽略：「地區」概念中的北、中、南、東及其他（離島）五個變項，只要把各區的地理範圍規範清楚，各區有各區的範圍，不會重疊時，就表示它們之間的互斥性很好。

3. 同質性問題最好講究：根據某個概念設計變項時，該變項最好屬於同級的語意，使他的抽象程度大致相等，如此，在問卷的設計時，就可以使問卷的品質得以保證。例如：地區的概念，北、中、南、東的性質都相同，「離島或其他地區」雖不至於太離譜，但在語意上，就可能與前四區不太搭調。

二、問卷的形式

> **上榜關鍵** ★★
> 問卷形式的準備，除解釋名詞可運用外，如有問卷設計的實務舉例，亦可加以運用之。

（一）級數表（Rating）

級數表的作法是把所要測量的變項（經常是某種特質的兩極狀況）分列兩端，中間再劃分為一些級距的間隔，以表明受訪者在這兩端特質之間的位置，藉此間隔的位置可以看出受訪者在該特質中的級數。研究者可以在兩個概念之間，設置適合的間隔尺度，以便因主題的難度、受訪者的程度，來決定間隔應有幾個。

請用下列級數表中間的隔數中劃"＋"來形容你母親的特質：

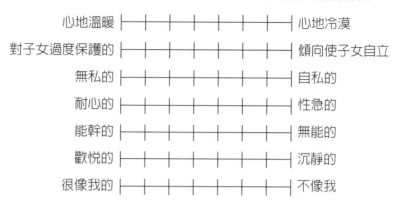

（二）清單表（Inventories）

用清單表的方式來製作問卷也是很有創意的方法。清單表中，開始會較仔細的把問題解釋清楚，回答的類別一般只是三五格而已，仔細一看其實與一般的問卷差異不大。

項　　目	相當煩惱	有些煩惱	很少煩惱
與同學處不來			
社交不好			

（三）格架表（Grids）

若是所調查的範圍都是一些事物類別或行為動作，而不是較為複雜的態度意見，也不是認知感受與情況時，加上回答可以有多種選擇時，那麼簡易的格架表不僅清楚，而且製作也頗為簡單。

處方癥狀	鼻通樂	咳嗽液	噴喉藥	糖漿	喉糖	咳嗽藥
胸咳						
乾咳						
喉痛						

（四）一般調查的訪問問卷

使用總加量表（Likert Scale）進行調查，回答分為五點、七點等量表型態。例如五點量表為：非常同意、同意、無意見、不同意、非常不同意。

	1 非常不同意	2 不同意	3 普通	4 同意	5 非常同意
1. 這個機構的地點交通便利。	☐	☐	☐	☐	☐
2. 老年人能使用社會之教育、文化及宗教資源。	☐	☐	☐	☐	☐

榜首提點

> 問卷問題設計的形式與原則為非常重要的申論題考點，除內容外，優缺點務必熟記；另請自行設計幾題封閉式與開放式的問題備用，並應具備互斥性與周延性。

三、問卷問題設計的形式與原則

（一）結構式問卷

1. 結構式問卷又名封閉式問卷（Closed-Ended Questionnaires），研究者預先設計好各題所有可供回答的答案，讓受試者選擇。例如：教育程度的選項。換言之，受試者所有可能的狀況，都包含在研究者設計的選項之中。

2. 結構式問卷大多用於量化研究之中，受訪者只能就研究者事先提供的答案中勾選。

3. 設計結構式問卷應考慮之變項特性：
   (1) 周延性，把所有可能的答案都考慮進去，或是增設「其他（請填寫）_____」的方式，以便廣納意見。
   (2) 互斥性，預設的答案不能讓填答者同時填寫兩個答案以上，也就是覺得甲答案可以，乙答案也可以的重複選擇（複選題例外），若是如此，在作資料整理和分析時必定相當困難。

4. 結構式問卷之優缺點
   (1) 優點：
      A. 容易作答，因此受試者通常較願意配合，所以回答率通常較高。
      B. 事後編碼較省時。
   (2) 缺點：限制填答者作答（提供的選項也許不能表達受試者真正的意見／看法）；填答者可能隨便作答（不假思索）；容易產生群式答案，大家都圈選中間那項（趨中），研究者便不易區別一些群內的差異。

（二）非結構式問卷

1. 非結構式問卷又名開放式問卷（Open-Ended Questionnaires），是指研究者於整份問卷中完全不設定選項來限制受試者的選擇，而讓受試者可以完全自由發揮來作答。例如：認為目前臺灣最大的社會問題為何？非結構式問卷大多用於質性研究。

2. 非結構式問卷之優缺點：
   (1) 優點：讓受試者有充分的自由度來填，不先預設受試者的答案；而一般多用於探索性階段或是如德菲法般整合專家的意見，為發展出好的封閉式問卷作準備；允許受試者提供細節與較深入的看法（感覺）。
   (2) 缺點：耗時；受試者需要有較高的教育程度與語言表達能力，也因此可能會降低回答率；事後的分類較麻煩，因為大家可能以不同的字眼來表達同樣的意思。

（三）半結構式問卷

1. 半結構式問卷是一種混合形式的問卷設計，也就是說在整份問卷中同時包括封閉式與開放式的問題。

2. 開放式問卷多用於探索性研究，也就是說研究者對選項的全面性無法完全掌握，而且時間及金錢都許可的情況之下。至於封閉式問卷則多用於因果性研究／解釋性研究，因為希望能以統計分析的方法，明確建立變項之間的關係。當然兩種方法亦可用於同一問卷之中（半結構式問卷），這主要就是以問題性質作為考量的依據。

四、問卷問題設計原則

（一）問卷問題設計的基本原則

（引自王雲東。《社會研究方法》）

> **榜首提點**
>
> 問卷問題設計原則在許多的教科書有不同的分類，其內容大同小異，但均有掌握核心重點，考生可於全部研讀後擇一記誦。編者認為以朱柔若譯的《優質問項製作的原則》，說明較為完整清楚，已收錄於本段（三）。

1. 主題原則：問卷的內容和研究主題、研究問題或研究假設要一致。也就是說，問卷的每一項問題，都必須與研究主題有關。

2. 簡短清楚原則：研究者應該提供簡短又清楚的題目，以避免誤解而影響到作答的準確性。題目的設計上，研究者必須儘量避免使用專有名詞／專用術語或是題意不明的狀況，同時在用語上要考慮受訪者的年齡、社經地位與教育程度等。

3. 避免「雙重問題」原則：也就是說不要一次問兩個問題（複合問題）。例如：如果問卷題目為「您是否同意臺灣應該放棄軍購，將經費用到國內社會福利建設？」

4. 避免否定問句原則：避免否定問句原則，例如：「您不贊成臺灣增加社會福利預算嗎？□是　□否」，如果填答者贊成增加社會福利預算，則應勾選「否」，但否定問句容易使填答者以為「是」的答案為贊成增加社會福利預算，造成填「是」的人有贊成增加社會福利預算的，也有不贊成增加社會福利預算的，反之亦然，因此使得蒐集到的資料無法進行統計分析。

5. 禮貌原則：在開頭的問候語必須儘量客氣，並且適當的介紹、說明本研究的目的與重要性，以減少受訪者的戒心、增加回覆率外，在問卷結束時，也一定要再次謝謝受訪者（例如：問卷到此結束，再次謝謝您的合作！）如此才會讓受試者覺得自己的付出是值得的。

（二）問卷題目設計應注意的事項

（引自簡春安、鄒平儀。《社會工作研究法》）

1. 問題與命題：研究者在規劃問卷時，一定要根據研究命題是什麼來設計，緊緊與命題繫在一起，根據命題來設計題目，每個題目都有命題為依據。

2. 開放式與封閉式的問題：開放式的問題，讓受訪者有較大的空間回覆，封閉式的問題則把受訪者所能回答的結果，都限制在研究者所要求的範圍裡。量化研究大概都是採用封閉式的回答方式，質性研究則必須以開放式的回答來進行，否則得不到研究者所要的資料。

3. 務必清楚了解問卷的題目與項目：當訪問正在進行時，訪問前非充分掌握問卷的項目與題目不可。

4. 避免一個題目中載有雙重題意：封閉式的問卷中，每一題都只有一個答案，但若是題意中同時表達了兩種訊息，當然會使受訪者不知從何作答。

5. 有關題目的背景訊息應該完全提供，使受訪者方便作答：詢問受訪者對「虐待兒童」的態度時，必須先把什麼叫做「虐待」交代清楚。

6. 問卷題目之間，彼此應相互聯貫，每個題目都應與主題有關：問卷的形成本來就應該根據研究的主題而來，好的問卷應該都是依據主題一氣呵成，各個變項都能被規劃成為問卷的題目。同樣的，相同的單元中，其題目應該是彼此相關的，若是相同單元中的題目不相關，則不僅其信度不高，問卷設計也一定會犯錯。

7. 題目應簡潔扼要：有效得到受訪者正確答案的方法是把問題儘量簡短扼要，千萬不要冗長繁複。

8. 避免負向的題目：正向題與負向題交叉敘述，效果適得其反，徒然使受訪者混淆不清而已。

9. 避免帶有偏見或情緒化的題目：偏見、情緒化、太過於主觀、太極端的字眼等，都會使受訪者失去了冷靜的態度來作答。

（三）優質問項製作的原則

（引自朱柔若譯。《社會研究方法－質化與量化取向》）

1. 避免行話、俚語和簡寫：除非調查的是某個特殊的群體，否則應該避免使用行話與俚語。應該使用回答者的字彙與文法。對一般大眾而言，這是指電視與報紙上所使用的語言（約八年級所用的閱讀字彙）。

2. 避免模稜兩可、混淆與模糊不清
   (1) 模稜兩可與模糊不清使研究者可能做了潛在的假定，而沒有考慮到回答者的想法。舉例來說，「你有多少收入？」這個問項可以指週薪、月薪或年薪；稅前或是稅後的收入；光指薪水還指所有的收入來源。這種混淆形成了不同回答者各自對問項出現不同的解釋，因而也提出了不同的答案。如果研究者要的資料是去年的稅前家庭收入，則應該照實詢問之。
   (2) 另一個模稜兩可的狀況是使用不明確的字眼或答案選項。舉例來說，對於這個問題「你定期慢跑嗎？是＿＿否＿＿」的答案繫之於「定期」這個詞的含意。有些回答者把「定期」界定為每天，其他人的定義可能是一週一次。為了減少回答者搞不清楚狀況的情形，並從而得到更多的資訊，應該儘可能使用明確的字眼——是否大約一天慢跑一次，一星期數次、一週一次等。

3. 避免情緒性的言語，以及聲望所產生的偏見
   (1) 文字有表面的意義，也有內含的意義。同樣的，社會上的頭銜和職位（例如：總統、專家）帶有聲望或地位。帶有強烈情緒性含意的字眼，以及高社會地位的人在相關的議題上所持的立場，都會影響到回答者聽取與回答者問項的方式。使用中立的語言。避免使用帶有情感「包袱」的字眼，因為會引起回答者答案的可能是這個帶有情感的字眼，而不是議題本身。

(2) 也要避免聲望偏誤（Prestige Bias），存在於某項陳述與某個有名望的個人或團體之間的連結。回答者可能會根據他們對這個人或團體的感覺，而不是根據那個議題來作答。舉例來說：「大部分的醫生說，香菸的煙霧會使吸菸者周圍的人產生肺病。你同意嗎？」就會影響那些同意醫生看法的回答者的作答模式。

4. 避免雙重負載問題

(1) 使每個問項只問一個主題。一個雙重負載（Double-Barreled）的問項把兩個或者更多個問項合成一個問項。這使回答者的答案模稜兩可。舉例來說，如果回答者被問：「這家公司有年金與健康保險的福利嗎？」而回答者所在的公司如只有健康保險的福利制度，他可能回答有，也可能回答沒有。這個答案的意義有點模稜兩可，研究者無法確定回答者的意向。拉賓指出：「或是問項措辭的最基本原則，也是常被忽略的原則，就是一個問項中應該只包括一個概念、主題或意義」。研究者如果想要詢問兩件一同發生的事」，如同時提供年金福利與健康保險福利的公司，應該以兩個分開來的問題來詢問回答者。

(2) 也不要把回答者相信兩個變項間是否有關係存在的想法和實際測量某個關係的變項給混淆一談。舉例來說，研究者想要發現學生對課堂上講比較多笑話的老師，是否給予較高的評價。這兩個變項是「老師講笑話」與「給老師的評價」。切入這個主題時，錯誤的作法是詢問學生：「如果老師講很多笑話，你會給這個老師很高的評價嗎？」這個問項測量的是，學生是否相信他們對老師的評價是根據笑話的多寡，而不是測量變項間的關係。正確的問法是問兩個獨立的問題「你如何評價老師？」以及「老師在課堂上說了多少個笑話？」然後研究者可以檢視這兩個問題的答案，察看兩者間是否有所關聯。相信某個關係存在與這個關係是否實際存在是兩碼子的事。

5. 避免誘導性的問題

(1) 使回答者感覺所有答案都是正當的。不要使回答者意識到研究者想要的是某個答案。誘導性的問項（或另有所指的問項）是透過措辭用字，引導回答者選擇某個答案而不是其他答案的問項。誘導性問項有許多種形式。舉例來說：「你不抽菸，是吧？」這個問項就有誘導回答者回答他們不抽菸的傾向。

(2) 別有所指的問項依其陳述的方式，可以得出正面或負面的答案。舉例來說：「市長應該花更多納稅人的錢，而使道路保持最佳狀態嗎？」

會誘導回答者回答不同意,而「市長應該修護我們城市中坑坑洞洞的危險街道嗎?」會誘使回答者回答同意。

6. 避免超過回答者能力的問題
   (1) 問一些只有少數回答者知道的問題,會使回答者有挫折感,而且會得到劣質的答案。回答者並不是總是能夠記得起過去事情的細節,而且他們有可能根本不知道許多某些特定的事實資訊。舉例來說,詢問某個成年人:「當你六歲時,你對你兄弟有何感覺?」可能毫無意義。要求回答者對其毫無所知的事物做選擇(例如:外交事務上的某個技術問題或是某個組織的內部政策),是可以得到某個答案,但卻是個不可靠與毫無意義的答案。如果可能遇到有許多回答者對某個議題毫無所知,可以使用一個全過濾題(Full-Filter)的問項。
   (2) 透過回答者思考事物的模式來製作問項。例如:很少回答者能夠回答「去年你的車加了多少加侖的汽油?」但是回答者可能可以回答正常情況,他一週加了多少加侖的汽油的問項。有了這個答案,研究者只要把它乘上五十二,就可以估算出一年的購買量。

7. 避免錯誤的前提
   (1) 問題不要以一個回答者可能會不同意的前提開始,然後再問回答者對於這個問題的答案。不同意這個前提的回答者可能會感到挫折,而且不知道該如何回答。舉例來說,問項:「郵局營業的時間太長。你要它每天晚四個小時開門、還是早四個小時關門呢?」使反對這個前提或反對這個方案的回答者,找不到一個有意義的選項可答。
   (2) 比較好的問項是直接要求回答者認定某個前提為真,然後再問回答者偏好哪個選項。例如:「假定郵局要縮減營業時間,你認為下列何者對你較方便?每天晚四個小時開門,還是早四個小時關門?」對某個假設狀況的答案不是非常可靠,但是語意明確可以減少挫折。

8. 避免詢問有關未來的意向:避免詢問人們在假設的情況下,他可能會做的事情或決定。即使有答案也是相當差勁的行為指標。諸如:「假如街尾開了一家雜貨店,你會到那裡去買東西嗎?」之類的問項,是白白浪費時間的。最好是詢問現在的態度與行為。一般而言,回答者對與其經驗有關的特定問題所提供的答案,比回答那些不是他們可以直接經驗到的抽象事物來得可靠。

9. 避免雙重的否定:雙重否定在一般用語中,不是文法錯誤就是易於混淆的。例如:「我並沒有一個工作都沒得到」,邏輯上意指回答者沒有工作,

第二個否定是做為強調用的。這種赤裸裸的錯誤是頂少見的，但是更複雜的雙重否定形式也把人搞得糊里糊塗。它們發生在要求回答者回答同意或不同意之時。舉例來說，不同意以下敘述的回答者，「不應該要求學生參加考過所有的科目才能畢業」，在邏輯上則表達一種雙重否定，他們對不做某件事情，表示不同意見的意見。

10. 避免重疊和不平衡的選項分類
    (1) 使回答類屬或選項、互斥、窮盡，且達到平衡。互斥（Mutually Exclusive）是指回答類屬不會重疊。數字重疊的答項（例如：5-10, 10-20, 20-30）很容易就可加以矯正（例如：5-9, 10-19, 20-29）。
    (2) 文字選項的模稜兩可是另一種類型的答案重疊，舉例來說：「你滿足重疊選項分類的另一種形式，例如：「你對你現在的工作感到滿意嗎？還是有些令你不盡如意之處？」窮盡（Exhaustive）是指每個回答者有一個選項可以作答。例如：問回答者「你在工作，還是正在失業當中？」使沒有工作但不認為自己是失業回答者，無答案可選（像是全職的家庭主婦、度假中的人、學生、殘障以及退休的人）。研究者先思考他要測量什麼，再思索回答者可能的狀況。舉例來說，當詢問回答者有關就業問題時，研究者要問的是關於第一個工作、還是所有做過的工作的資訊呢？是要一份全職工作、還是義務自願性的工作呢？
    (3) 使答項保持平衡。答項選擇不平衡的例子，例如：這個問項：「市長工作做得如何？傑出的、很好的、令人滿意的？」

上榜關鍵 ★★★
本部分多以解釋名詞出現，請詳讀。

五、問卷設計相關名詞

項目	說明
封閉式問題	提供受訪者一組答案，並且要求他們從中選擇一個最接近其觀點的答案。
開放式問題	並沒有提供任何形式的指定答項，而且受訪者的回答被詳細的紀錄。
條件式問題（Contingency Question）	條件式問題的一個特例，它只能應用在受訪者的次團體，也就是只能應用在某些受訪者的問題。

接下頁

項目	說明
事實性的問題 （Factual Questions）	從受測者身上引發有關他們的背景、環境、嗜好之類的客觀資訊。
主觀經驗性問題 （Subjective Experience）	涉及受訪者的信仰、態度、感覺和意見。
標準題 （Standard-Format）	■ 標準題不提供「不知道」這個選擇；回答者要自動想到。 ■ 舉例：這裡有幾題關於其他國家的問項，你是否同意這個說法？「俄羅斯的領導人基本上是想要與美國和睦相處。」
半過濾題 （Quasifilter）	■ 半過濾題提供了「不知道」這個選項。 ■ 舉例：這裡有個關於另一個國家的陳述：「俄羅斯領導人基本上是想要與美國和睦相處。」你同意、不同意、還是沒有意見？
全過濾題	■ 全過濾題是一種特殊類型的列聯題。先問回答者是否有某個意見，然後再要求那些表示有意見的回答者說明他們的意見。 ■ 舉例：這裡有個關於另一個國家的陳述是：「俄羅斯領導人士基本上是想要與美國和睦相處。」你對這個說法有意見嗎？若有，你同不同意？
列聯式問題 （Contingency Question）	■ 在問及第一個問題的時候，需要回答導致接著一連串的問題，這種題型稱之為列聯式問題。 ■ 你曾抽過大麻嗎？ □ 是 ──────┐ □ 否　　　　　↓ 假如有：抽過幾次？ □ 1次 □ 2～5次 □ 6～10次 □ 11～20次 □ 20次以上

接下頁

項目	說明
引導式問題 （Leading Question）	是將問題的措詞作成好像研究者希望從受訪者得到某種答案。
威脅式問題 （Threatening Questions）	會使受訪者感到尷尬的主題，而難以回答的問題。
雙載問題 （Double-Barreled Questions）	兩個以上的主題，結合在同一個問題之中。

上榜關鍵 ★★★

問卷格式的安排與說明之準備，請練習研擬一份問卷或準備一份學者的研究問卷，進行逐一比對，並在研究的問卷上，逐一標示其符合的要點。凡練習過必留下記憶，有利於考場運用。

六、問卷格式的安排與說明

（一）注意問卷的安排

1. 每個題目的用字及其所表達的意義是否簡單清楚？對填寫者而言，會不會有其他的隱含意義？

2. 原則上要避免負向的問題，而以正向的題目為主，免得讓填寫者的頭腦一下子正、一下子負，愈回答愈迷糊（以往的教科書中常常建議，問卷中最好正負題各一半，但是經驗告訴我們，如此一來反而讓填寫者搞混了題意，尤其當題意較複雜或填寫者教育程度較低時，正負題摻雜在一起，容易造成填寫的錯誤，所以是否要正負題各一半，要看受訪者的狀況以及所調查的內容而定）。

3. 問題的敘述也要避免一題兩問。當問卷完成時，不要忘了檢視問卷中有無存在研究者個人的偏見（敏感的人從題目中就可以看出研究者內心對該問題的態度傾向）。

4. 問卷的問題本身是否有直接或間接為難填寫者的情況也要注意，不要讓填寫者有被捉弄的感覺。

（二）問卷題目的呈現類型

1. 問卷類型的選擇
   (1) 封閉式問卷
      A. 封閉式的問卷適合作為概念較清楚時有效蒐集資料的工具。

B. 優點是簡單、清楚，在資料分析時，也較爲公正，而且易於分類，使研究者能很快地比較兩個受訪者的差異，登錄也比較方便，使受訪者較不會空白或答不知道。

C. 缺點是容易產生群式答案，大家都圈選中間那項，研究者便不易區別一些群內的差異。封閉式的問題也會有受訪者因不會回答，只好隨便圈選、勉強作答的情形。

(2) 開放式問卷

A. 常用於探索性的研究。是開放式。問卷中適當的空間安排與線條的規劃都要設計，讓填寫者有空白處可填。

B. 缺點是無法有效歸類，所以容易出錯，並且容易偏於個人化或各說各話，南轅北轍。進行問卷規劃，比較保險的方法是先用開放式的問題來當試測，再依試測結果歸納出一般常見的答案類別，正式施測時再根據這些類別作成封閉式的問卷，則此封閉式的問卷就會有較佳的效果。

2. 問卷題目的安排

(1) 問卷的安排也有獨立性題目與關聯性題目（Contingency Questions）之分。獨立性題目每一題都是單一獨立的問法，關聯性題目就是依據上一個題目所發出來的問題，再衍伸出一相關的題目，如問：「你一天吸幾根菸」，前一題應該是「你有沒有吸菸？」，再下一題才問「抽菸時的感覺如何？」如此一來，這三個題目事實上是彼此關聯的一個主題而已。

(2) 矩陣式的題目（Matrix Questions）也是問卷時題目安排的一種方式。例如：把相關的一組題目都整齊排列，右邊的空間則列出一組很相似的答案讓受訪者選擇（如：非常贊成、贊成、不贊成、非常不贊成、沒意見等）。這種形式的問卷可以讓受訪者較容易回答，而且節省問卷很多的空間，文字的敘述也較爲簡單，不必每題都重複敘述，但要提防他會全部給同樣的答案。

(3) 各種類型的題目中，研究者仍需注意題目的順序（Ordering of Questions），把有趣的、引人入勝的、受訪者容易回答的題目放在前面，以免使受訪者抗拒。

□ **漏斗序列（Funnel Sequence）**

□ • 研究者關心問卷中問項出現的先後順序可能會影響到回答者的作答。例如：這些順序效果（Order Effect）對缺乏強烈意見與教育程度較低的回答者影響最大，這類回答者把先出現的問項變成協助他們回答後出現問項的脈絡。

□ • 研究者可以做兩件事來處理特殊問項的順序效果：使用漏斗序列（Funnel Sequence）來安排問項出現的先後順序，亦即，在問特殊問項之前先問較為一般性的問題（例如：在問及特殊疾病之前，先問一般健康狀況）。或者，將回答者分成兩部分，給其中一半的問卷是根據某種序列的安排，給另一半的則根據另一種序列安排。然後檢視結果察看問項的序列是否發揮作用。

七、問卷的結構

（一）問卷封面

封面記載著研究名稱或加上研究者的機構、指導教授與研究者（學生）的姓名與聯繫方式（電話、地址、e-mail）等。

（二）問候與說明

為了取得受訪者的合作與信賴，問卷開始前應該以信件問候的方式，把該研究的主旨以及請求向受訪者表白，該問候與說明應在問卷正式開始之前完成。

（三）指導語／銜接語

問卷會依主要自變項與依變項的次序，分為不同的單元，而且各單元的作答方式也不盡相同，所以研究者有必要在每個單元之前舉例說明，目的是提供清楚的填寫問卷指示（例如：請依照您覺得滿意的程度，從「非常不滿意」到「非常滿意」圈選一個答案），以協助受訪者進入另一種思考模式，指導語／銜接語簡短扼要即可。

（四）問卷內容

這是問卷的主體，呈現的方式依問卷的性質不同而有差異，原則上都是以問卷的主要變項為依據，內容的建構則看是採用何種尺度為主，但最大的要求是問卷的呈現要合乎邏輯，使讀者在受訪時也能知道研究的方向，不至於如置身五里霧中。

（五）基本資料

受訪者的基本資料可放在問卷的前頭或是結尾。當問卷的敏感度不高，受訪者不必擔心所答的內容是否會洩露時，基本資料置於前頭並無不妥；但若事涉敏感問題，生怕受訪者一旦填寫了基本資料後，反而會影響他填寫內容的真實性時，那就要置於問卷的結尾了。

（六）相關議題

1. 條件式問題：即某些情形與某些人有關，是可以特別被列舉出來的，這種問題形式稱之為「條件式問題」（Contingent Questions），受訪者只要就自己相關的問題回答就可以，不適用者根本不用面對這些問題。

一、請問您是否曾經在網路上購物？
　　□ 是（續答第二題）
　　□ 否（跳答第三題）
二、假如有：購物過幾次？
　　□ 1次
　　□ 2～5次
　　□ 6～10次
　　□ 11～20次
　　□ 20次以上

圖：條件式問題範例

2. 矩陣式的問題型態
   (1) 設計問題時，可能會出現組合式的問題型態，常見於李克特式（Likert）量表，這就是矩陣式的問題型態。
   (2) 優缺點
   　A. 優點：有效率；節省空間；填答者便於作答；增加問題的比較性。也就是說，在同意的狀況下可以更清楚的選擇是「非常同意」，還是「同意」。
   　B. 缺點：問題型態係一系列問題持續下來，若題目的導向相當類似，會誤導填答者，以為都是一樣的，尤其在快速回答下，錯誤就會頻繁產生。解決之道一方可以藉由儘量採用清楚簡短的題目讓受試者能一目了然，而另一方面就是置入一些反向題以測試填答者是否是一路未經思考地答下來。

	1 非常不同意	2 不同意	3 普通	4 同意	5 非常同意
肆、自我實現					
1. 老年人能找到發揮其潛力的機會。	☐	☐	☐	☐	☐
2. 老年人能使用社會之教育、文化及宗教資源。	☐	☐	☐	☐	☐
3. 老年人有意願工作時能找到有收入的工作。	☐	☐	☐	☐	☐
4. 老年人能決定自己退休的時間及方式。	☐	☐	☐	☐	☐
5. 老年人工作人口能獲得適當的教育及訓練。	☐	☐	☐	☐	☐

圖：矩陣型的問題型態範例

3. 問題的次序
   (1) 題目的次序也會影響到作答的情形，特別是前面的問題往往會影響（誘導）後面問題的回答。
   (2) 問題的次序原則：
       A. 把有趣的、引人入勝的、受訪者容易回答的題目放在最前面，以免使受訪者抗拒。
       B. 將較重要的題目也放在前面。
       C. 較敏感及隱私的題目放在偏後段（但非最後），且可交互穿插於一般問題之中，以減少集中在一起對受試者所造成的「震撼」。
       D. 把內容較類似的題目放在一起（容易思考）。
       E. 在每一種主題下的問題，都應根據開放式或封閉式的不同而加以分組（開放式的問題集中在一起，封閉式的問題也集中在一起，以求一致性）。

榜首提點 💡
問卷的預試在歷屆試題中，已有申論題出題的紀錄；解釋名詞與測驗題亦同。

八、問卷的預試

(一) 問卷的預試

預試乃是指在問卷製作完成後，選擇以符合樣本群之背景資料者作為預試樣本，或是了解此領域的同僚來做施測，以作為修正問卷內容的標準，當問卷製作完成後，最好先找一小部分的樣本先作試測。

（二）問卷的預試之目的（功能）

1. 所設計的問題能不能測到所要測的？

2. 所有的題意、字眼都能被了解嗎？

3. 問題能夠被理解嗎？

4. 封閉式的答案類別合適嗎？能把各式答案都全部涵蓋嗎？

5. 能夠使人願意回答嗎？

6. 問題能被正確的回答嗎？

7. 有沒有遺漏的問題？會不會引發一些不易判斷或說明的答案？

8. 有沒有研究者本身的偏見或觀念夾在其中？

（三）預試的注意事項

1. 預試的填答者沒有人數或隨機抽樣的限制，不過一般以三十至四十人爲最常見。

2. 參與預試的人最後就不會成爲眞正問卷施測的對象，因爲他對於問卷題目已有填答的印象，此與其他受試者的立足點就不相同。

3. 預試的目的除了希望了解不同問題之間的內部一致性信度（Cronbach's α）之外，對於問卷的長度、內容與使用字句是否能爲受試者了解、是否所有的變項都有問題予以測量、封閉式選項是否已包括了所有的可能，甚至有沒有研究者本身的偏見夾雜其中等，研究者都要參考預試受試者的意見和建議來進行修改。

榜首提點

如何提高問卷回收率為金榜級考點，請將各要點熟記。

九、如何提高郵寄問卷回收率

項次	方式	說明
1	應注意問卷的外觀	問卷看起來字多擁擠的問卷較不吸引人。字應打得正確、整齊且有空間感；字可分成幾個段落，或用不同顏色印出，以顯現其不同程度的重要性。
2	對填寫者有所說明	如在附信中以簡單的解釋，使填寫者有填寫的背景。問卷文字中不要有太多的專有名詞，以免影響回收率。

項次	方式	說明
3	激起受訪者個人的共鳴	研究若能得到受訪者的共鳴就是成功的一半。
4	最好得到贊助	一些受訪者對調查的單位若存有戒心時，研究的過程會增添一些不必要的麻煩，若研究者得到組織、財團等的贊助（如：由國科會贊助的研究）可在附信中指出，說明受這些機構贊助的理由，以便得到受訪者更多的信心。萬一沒有任何機構贊助時，則設法得到學校公文的支持，訪問公家機構時便不會受到阻撓；要不然，由指導教授具名推薦，也是一途。
5	給予參與者誘因	如：不妨在問卷中加以註明研究的目的，告知受訪者若想要進一步的了解研究的結果時，可以如何聯絡，以便得到資料，如此受訪者的支持度就可以提高。經費若足夠的話，用金錢或禮物為誘因未嘗不可，因為填寫者一旦收了禮物或金錢，而沒填寫時，會有犯罪感，也是增加回收率有效的方法。
6	一定要強調匿名和保密的維護	強調匿名和保密的維護可使填寫者有安全感，但是研究者有時對填寫者是否會完成問卷沒有把握，因此多數不會採用完全匿名的方式，而會用編碼方式留個記號，萬一要再追蹤時，有原先的資料或名冊可循。問卷若是同組研究（Panel Study），則有必要知道每份問卷是由誰填寫。
7	回寄的形式必須講究設計	通常回寄信封上會有住址和郵票，可以用商業回函的方式郵寄。
8	郵寄程序也要注意	問卷寄交的方式和時間會影響回收，所以最好不要接近假日，尤其是長假前後。
9	追蹤	若是受訪者未寄回問卷，研究者可用電話催收，是第一次的追蹤。通常，第二次的追蹤是在兩三個禮拜以後，可用明信片解釋研究的目的，但不附寄問卷。而第三次的追蹤除寄附信以外，也再附上問卷，大約在一個月到六個禮拜之後，可用電話提醒，如此一來，一些回覆動機不強的、問卷業已丟失的，或不把回覆當一回事的，經過催收後，或有不少會因此回覆。

169

榜首提點

遺漏值亦為申論題的題型，以往國內的教科
書對此大多雜亂無章的敘述，很難有統整的
論述。在林萬億審定的《社會工作研究法》
有較多的敘述，編者已將其以有架構的方式
整理在此，將有助於考生申論題答題之用。

十、遺漏值（Missing Data）的處理

（一）假如只有少數幾個個案有遺漏值，則在分析時可以將其剔除。但是如果是重要
變項，會導致其他樣本的誤差，就不應該這樣做。

（二）有時你可以考慮將遺漏值的情形當作變項的反應之一。例如：有份問卷請受訪
者在一系列活動中，用「是」、「否」方式，指出參與情形。有些受訪者在一
些活動的「是」格子內做記號。像這種情形，受訪者未回答，表示「否」，你
可以幫受訪者在沒有做記號的「否」空格內做記號。

（三）小心地分析遺漏值，將它們的意義做另一種解釋處理。例如：測量政治的保守
主義，有些受訪者就沒有回答。另一個例子，是測量宗教信仰，回答不知道
的人幾乎都是「沒有宗教信仰的人」。（注意：你不能拿這些例子當作你自己
研究中的實務參考；他們只是建議你必須有自己的方式分析你的資料）無論
何時，遺漏值的分析既然有這些的解讀，那麼你必須有依據地決定如何對遺
漏值給分。

（四）以中位數作為遺漏值個案的分數，如：給予的數值為 0、1、2、3、4，則可以 2
來賦予作為遺漏值的數碼代號。例如：年齡是一個連續變項，可以取近似。也
可以從數值中以隨機方式選擇一個數值來代替遺漏值。無論如何，處理的方式
有很多種。

（五）假設，你創造一個指數有很多項目，有時可以觀察比率來處理遺漏值。例如：
指數包含六個指標呈現機構的文化能力，每一個機構在每一指標中得 1 分，假
如一個機構得到 4 點，其他兩個指標不確定是否有分數，由於既然有四個指標
各得 1 分，我們就可假定其他兩個指標也可得 2 分，因此，該機構總得分應為
6 分。若另一個機構得到 2 分，你可能給該機構分數為 3 分。

（六）選擇使用哪種特別的方法，是依據研究情境而定，沒有最好的方法，也沒有唯
一的方法。千萬不要建議一個單一的、最好的方法，或者將我們建議方法排列
優先次序。任何有遺漏值的個案都有誤差，會影響研究的代表性。針對遺漏，
給予指定的分數，也會影響研究發現的本質。最安全最好的方法是，建構量
表或指標時，採用輪流的方式，再從每一個方法找出相同的研究發現。無論如
何，了解你的資料是分析資料的最終目標。

Q 製作問卷時，在詞句方面需要注意些什麼？

A _____

優質問項製作應注意之原則：

（一）避免行話、俚語和簡寫。

（二）避免模稜兩可、混淆與模糊不清。

（三）避免情緒性的言語，以及聲望所產生的偏見。

（四）避免雙重負載問題。

（五）避免誘導性的問題。

（六）避免超過回答者能力的問題。

（七）避免錯誤的前提。

（八）避免詢問有關未來的意向。

（九）避免雙重的否定。

（十）避免重疊和不平衡的選項分類。

★（　）調查研究法是社會科學中最普遍使用的資料蒐集技術，對於問卷的開
　　　　放式和封閉式問題設計之優缺點，下列敘述何者有誤？

　　　(A) 開放式優點：比較及資料分析容易；填答的地方占問卷很大的篇幅

　　　(B) 開放式缺點：受試者可能著墨在無關緊要的細節上；調查者需付出
　　　　　大量的時間、思索和精力

　　　(C) 封閉式優點：調查者容易比較不同受試者的答案；受試者會比較可
　　　　　能回答敏感性問題

　　　(D) 封閉式缺點：沒有意見或不了解的人也可以作答；強迫受試者作出
　　　　　在現實世界可能不會作的選擇

解析 _____

　　A。開放式問卷事後的分類較麻煩，因為各受訪者可能以不同的字眼來表達同樣
　　的意思。

 練功坊

★（　）由於現在人的忙碌，以郵寄問卷作為調查研究資料蒐集的方式非常普遍，但是回收率低卻是它很主要的問題，下列何者非提高郵寄問卷回收的方法？
(A) 如有可能，附上小額金錢作誘因
(B) 對於未回覆者寄發兩次提醒信函
(C) 應該在重要假期間寄發問卷
(D) 問卷題目不放於背頁，並留下足夠空間填答意見

解析

C。郵寄程序應注意，因為問卷寄交的方式和時間會影響回收，所以最好不要接近假日，尤其是長假前後。

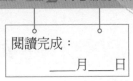

閱讀完成：

____月____日

重點2 問卷信度與效度 ✦✦✦✦✦

榜首提點

問卷的信度測量，包括信度的定義、類型，出題頻率頻繁，為金榜考點，請加強準備。

一、問卷的信度測量

（一）信度定義

信度是指一個指標的可信賴程度。信度（Reliability）指研究的信賴度（Dependability）與一致性（Consistency）。受訪者被訪問時的回答或受測時的分數，若再施測一次，或再訪問一次時，其結果應該相同。

（二）信度類型

信度類型	說明
重測信度／再測信度 Reliability of Measurement	重測信度（Test-Retest Reliability）係指用同一測驗，對同一群受試者前後測驗兩次，再根據受試者兩次測驗的分數，計算其相關係數，此係數即為該測量的信度係數。此法的目的主要是要了解該測量的穩定性。相關係數最好能達到 0.8 以上，但至少也要有 0.7 才算是良好穩定的測量工具。
內部一致性信度 Internal Consistency Reliability	■ 內部一致性信度是屬於測量不同「題」的一致性。 ■ 內部一致性信度類型 　(1) 折半信度（Split-Half Reliability）：就是把問卷「折」成一半，然後再看受訪者在這兩半測驗上的分數彼此之間的相關係數，即為其折半信度值。 　(2) Cronbach's α 係數：測量不同「題」一致性的方法是 Cronbach's 信度係數法。一般來說，Cronbach's α 信度係數值在 0.8 以上，就表示內部一致性信度頗佳，但至少要大於 0.7。

接下頁

信度類型	說明
複本信度／同方向性信度 Alternate-Form Reliability	■ 複本信度（Alternate-Form Reliability），亦即同方向信度，主要是適用於教育領域。複本是指與正本本質相同、結構也相同的問卷或測驗卷，它是另外設計的問卷，與正本「一致」但不「一樣」。所以理論上此兩種版本的考卷所測量的結果應該相同或近似，而此時即表示複本信度較高。 ■ 複本信度的理論與折半信度大同小異，只不過是折半信度的 A 卷和 B 卷，現在改成正本、複本；複本是與正本本質相同、結構也相同的問卷，它是另外設計的問卷，它與正本「一致」（但非「一樣」），所以理論上兩者所測量的結果應該相同，其「信度」應該高，其信度則為複本信度。
分數信度 Score Reliability	研究者可隨機抽取相當份數的測驗卷，請兩位（或兩位以上）的評分者分別給分，研究者再計算這兩組分數的相關係數，這種相關係數則為分數信度。
穩定性信度	穩定性信度（Stability Reliability）是跨越時間的信度。它觸及的問題是：如果在不同的時間下使用同一個測量工具或指標進行測量，會獲得相同的答案嗎？使用相同的指標對同一組人再次施測或再做一次測量，如果所測量的事物是穩定的，指標也具有穩定性信度，那麼每次施測都會得到相同的結果。
代表性信度	代表性信度（Representative Reliability）是跨越次母群或次團體的信度。它觸及的問題是：如果使用同一個測量工具或指標對不同團體進行測量，會獲得相同的答案。
等值信度 （續）	■ 等值信度（Equivalence Reliability）用在研究者使用多重指標（Multiple Indicators）之時，亦即在操作化某個建構時，使用多個特定的測量工具（例如：問卷中有數個問項全都是測量同一個建構）。它觸及的問題是：不同的指標會得出一致的結果嗎？如果數個不同的指標測量的是相同的建構，那麼只要是有信度的指標，都會得出相同的結果。

接下頁

信度類型	說明
等值信度	■ 測量方法： (1) 折半信度：以折半法（Split-Half Method）來檢視試題與長篇問卷的等值信度。這涉及將同一個建構的指標分成兩組，通常分組是採取隨機的過程，然後再行判斷這兩半指標是否得出相同的結果。 (2) 交互信度（Intercoder Reliability）：這是發生在同時使用數個資訊觀察者、評鑑者或登錄者之時。從某方面來說，每個進行觀察的人都是個指標，因此如果觀察者、評鑑者或登錄者的意見都一致，那麼這個測量就是具有信度。
評分者間信度	■ 「評分者間信度」（Inter-Rater Reliability）通常是指觀察者間信度（Inter-Observer Reliability），有時又稱為計分者間信度（Interscorer Reliability）。關心測驗是如何計分一致或由兩位評分者評定行為。 ■ 評分者間一致性的公式： (1) 計算在類別中的所有觀察總次數。 (2) 計算各類別（同一行為）二者一致的次數。 (3) 一致次數除以總次數。 (4) 將「一致次數除以總次數」所得結果乘以觀察者人數。

榜首提點

> 增進問卷信度的方法（原則）為金榜申論題考點，請詳加準備；延伸思考為增加效度的方法。

二、增進問卷信度的方法（原則）

（一）清楚地將所有的構念加以概念化

如果是對單獨的一個建構或建構的某個次面向進行測量，那會提高信度。這意味著研究者應努力發展沒有任何模糊不清之處的理論定義。建構應該要有清楚明確的定義，以消除來自其他建構的「雜音（Noise）」（例如：令人分心或干擾思考的資訊）。

（二）使用精確的測量尺度

測量等級比較高或比較精確的指標，會比測量等級較不精確的指標可能具有較高的信度，這是因為後者所獲得資訊不詳細之故。

（三）使用多重的指標

對同一個建構，使用兩個（或多個）指標會比只用一個來得好。多重指標有兩項功能。第一，允許研究者對一個概念定義的內容進行廣泛的測量。某些作者稱這個作法為從概念範疇中抽樣。可以對建構的不同層面進行測量，每個層面都有自己的指標。第二，一個指標（例如：問卷上的一個問項）可能不夠完美，但是數個測量工具就比較不可能犯下同樣（系統）的錯誤。多重指標測量工具會比單獨一個項目的測量工具更為穩定。

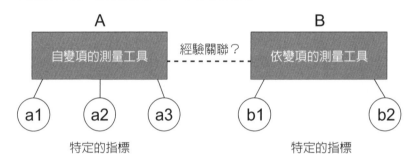

圖：使用多重指標的測量

（四）使用前導研究及複製

先行使用前測或測試版的測量工具。在正式使用最終版本進行檢定之前，先就某個測量工具發展出一個或多個草案或測試版進行測試，以提升信度。

榜首提點

問卷的效度測量，包括效度、內在效度、外在效度的定義、類型，絕對是金榜級考點，切勿疏漏。

三、問卷的效度測量

（一）效度定義

效度（Validity）是指研究的準確性，也就是真正測出研究者想要測量的概念或變項的能力。效度可分為內在效度及外在效度。內在效度（Internal Validity）：是指研究計畫的設計沒有內部的錯誤存在，亦即，我們有多少把握可以推論，研究結果正確描述一變項是否為另一變項的原因。外在效度（External Validity）：主要用在實驗研究，是指把某個特定情境與小團體得到的發現，通

則化到涵蓋範圍極廣的情境與人群的能力，亦即，研究發現的因果關係可概化或推論到研究情境以外的場域和母群的程度。

（二）效度的分類

1. 表面效度：表面效度（Face Validity）是指問卷或測驗在研究者或受試者主觀上覺得有效的程度。例如：某研究者認爲用士兵抱怨的次數來測量士氣是有效度的。

2. 內容效度（Content Validity）

    (1) 內容效度指的是有系統的檢查測驗內容的適切性，衡量測驗是否涵蓋足夠的項目，以及是否有適當的比例分配等。亦即問卷的設計必須依據適宜的理論，更應針對調查的主題，以系統的程序和邏輯的方法，詳細把該主題有關的題目一一規劃出來，此爲其內容效度。因爲強調其研究主題與問卷內容的合理性，又稱爲邏輯效度（Logical Validity）。這種藉由定義範圍與內容，再來規劃問卷題目的過程，亦可稱之爲定義效度（Validity by Definition）。例如：測量健康狀況，應該包括生理、心理及社會等三層面才是。

    (2) 優點：可以有系統的檢試問卷內容的適切性，可以檢查問卷是否包括了研究問題應有的內容，各內容之間是否有合宜的比例分配。

3. 經驗效度

    「經驗效度」（Empirical Validity）是指：從測量所獲取的資料與實際之情形相當的程度，可分爲同時效度／並行效度（Concurrent Validity）、預測效度（Predictive Validity）與效標關聯效度（Criterion-Related Validity）等三類。

表：經驗效度三種類型說明表

類　型	說　明
同時效度／並行效度（Concurrent Validity）	■ 經由問卷所得到的調查結果若能與實質的狀況相稱，表示該問卷具有同時效度或並行效度，否則代表該問卷就不能準確反應狀況，未能與事實並行。並行效度並不研究受測者未來的成功與否，而是利用已成功或失敗者的分數做爲比較的基礎。 ■ 例如：若測量婚姻滿意度，則夫妻關係正常者（美滿者）的分數，應比正在分居中的夫妻高，若有這種辨別力，才能稱上與事實相當的並行效度。

接下頁

類　型	說　明
預測效度 （Predictive Validity）	■ 經由問卷或測驗所得到的調查結果若能預測當事者的「未來」，表示該問卷或測驗具有良好的預測效度。 ■ 例如：於國小階段測量 IQ 高的人，若於國中階段在校的學業成績確實較佳，則我們可以說：IQ 測驗具有高度的預測效度。
效標效度 （Criterionrelated Validity）	■ 「效標」（Criterion）是指：足以顯示所欲測量的概念或變數的指標稱之。 ■ 例如：設計一憂鬱量表，其中建立幾個主要的效標，包括：睡眠狀況（是否失眠）、食量（是否食欲不振）、是否頭痛、是否不想與人談話、是否有厭世的想法等。若某位老人在憂鬱量表上的得分頗高（或說自覺憂鬱狀況嚴重），同時也確有以上所指效標的狀況，就可以說此測驗的效標關聯效度良好。 ■ 在設計問卷時，研究者應該根據主題把適當的「效標」找出來，然後再根據效標，好好的設計相關的題目。 一旦每個概念都有其效標時，研究者的研究結果便可與效標比較，若與效標之間的關係密切，則效標效度就高。

4. 建構效度（Construct Validity）

   (1) 建構效度（Construct Validity）是指測驗能否測量理論的概念或特質的程度。一個好的問卷，其結果不僅可以反映出現實，其結構也應符合理論。所以問卷的設計應該從一個建構的理論出發，先導出各項關於該理論的各樣假設，衍化出各種相關的概念與變項，據之以設計和編製問卷。問卷調查結束後，更應由果求因，以相關、以實驗、以因素分析等方法，查核調查的結果是否符合理論上的結構與見解。

   (2) 例如：「聯合國老人綱領」的五大要點：獨立、參與、照顧、自我實現與尊嚴等，建構出的問卷，若受試的老人中得分愈高者，其自覺人權受重視的程度也較高，這就表示「聯合國老人綱領」中所提出來的五大要點在老人人權的實地測量上獲得驗證，也就是說本測量的建構效度頗佳。

5. 趨同效度：這種類型的效度應用在多重指標產生趨同的結果或彼疑相關的情況下。趨同效度（Convergent Validity）是指同一個建構的多個測量工具都產生相同的結果或是都以近似的模式運作。

6. 區別效度：區別效度（Discriminant Validity），也稱為歧異效度，與趨同效度正好相反。它是指同一個建構的數個指標不但都產生一致的結果或趨同，而且測量相反的建構時，全部都得出相異的結果或負相關。它是說如果兩個建構 A 與 B 完全不同，那麼 A 與 B 這兩個測量工具就不應該有所關聯。

7. 統計效度：統計效度（Statistical Validity）是指選擇正確的統計程序，並且滿足它所有的假設。

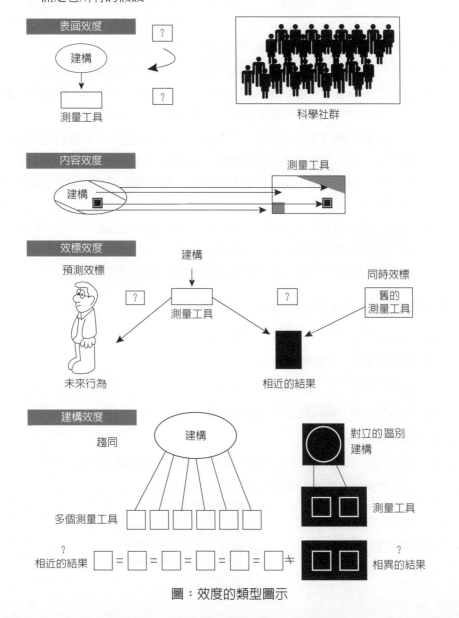

圖：效度的類型圖示

四、問卷調查的效度問題

(一) 提升問卷的外在效度之方法

1. 研究目的澄清:調查時,若受訪者拒絕回覆時,訪問者必須澄清研究的目的,而且最好能與受訪者的目的一致。否則受訪者與調查本身有距離,所給的答案無法做為研究的參考,所做的推論當然無法正確。了解了研究者的研究目的後,回答時文不對題的情況就可以減少,效度自然提高。

2. 敏感問題的減少:避免受訪者覺得焦慮或隱私權受到侵害,最好事先保證保密而且用匿名的方式來處理資料,使受訪者可以放心作答。

3. 避免社會性期待答案的產生:不要讓受訪者覺得應該做哪些回答才是正確的答案,也不要使受訪者有為討研究者喜歡,所以只好揣摩調查心意的情事產生,如此一來,誤差在所難免,所以事先就必須予以說明,謂回答並無對錯之分。

4. 相關問題的處理:因問題多有相關,可能會讓他以為不必在乎答案的題數,便自作聰明選擇自己喜歡的題目作答。因此必須強調每題均要作答的重要性,並且不要問一些不相干的問題,加重受訪者的負擔。

(二) 提升問卷調查的內在效度之方法

1. 問題要明確:須與研究主題有關,字眼不能曖昧。

2. 字語要簡單:不能難以理解。

3. 避免雙載的問法:兩個問題不要問在一起。

4. 問題要精簡:讓填寫者很快讀通,馬上可以作答。

5. 避免負向的陳述。

6. 受訪者的知識水準要加以考慮,依據受訪者的程度與背景設計問卷。

7. 利用試測檢定問卷的好壞。

五、信度與效度之比較

（一）信度與效度類型的摘要表

信度	效度
可信賴的測量工具	**真正的測量工具**
穩定性：經得起時間的考驗 代表性：普遍適用於各個次團體 等值性：普遍適用於各個指標	表面效度：根據他人的判斷 內容效度：捕捉到整個意義 校標效度：與某個外在來源的結果一致 ■　同時效標效度：與早先存在測量值 　　一致 ■　預測校標效度：與未來的行為一致 ■　建構效度：多個指標間的一致性 ■　趨同效度：相同者所得之結果相同 ■　區別效度：不同者所得之結果不同

（二）效度與信度之關係

1. 信度是效度的必要條件，也比效度更容易達到。雖然要成為某個概念的有效測量之前，必須先具有信度，但是有了信度並不保證每個測量工具一定具有效度。信度不是效度的充分條件。測量工具可以每次都產生相同的結果（具有信度），但是它測量的東西可能完全不符合建構的定義（即效度）。

2. 測量的工具可能只具有信度，卻不具有效度。例如：站在體重計上量體重，每次站上站下，體重計顯示的體重都一樣，但是當站上另一臺體重計（測量真正體重的「正式」體重計）時，它卻顯示體重是原先的二倍多。第一個體重計具有信度的結果（即可信賴與一致的結果），但是它對於體重卻沒有給予一個有效的測量值。

3. 信度與效度經常是互補的概念，但在某些特殊的情況下它們也會互相牴觸。有些時候當效度增加時，會比較難以確保信度；反之，有些時候當信度增加時，效度會變得難以掌握。這是發生在當某個建構過於抽象、缺乏容易觀察的定義之時。當測量值相當明確、便於觀察時，信度最容易達到。因此，在極抽象的建構之真實本相與用具體方式測量它之間，是存在一種緊張關係的。例如：「疏離」是個非常抽象、高度主觀的建構，經常被界定成一種深層的、喪失人之所以為人的內在感受，而且這個感受經常擴散到個人生活的許多層面（例如：社會關係、自我的感覺、對自然的取向），問卷中十分明確的問項可能得出具有信度的測量值，但也有捕捉不到該概念主觀本相的風險。

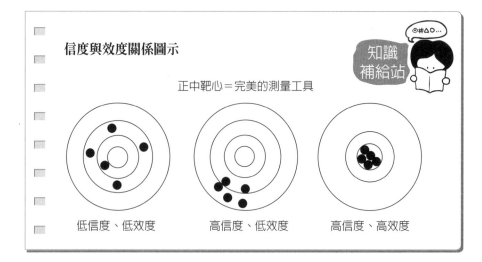

 練功坊

Q 何謂信度（Reliability）？何謂效度（Validity）？請各舉一例說明之。

A _____

（一）信度

1. 定義：信度是指一個指標的可信賴程度。信度指研究的信賴度（Dependability）與一致性（Consistency）。受訪者被訪問時的回答或受測時的分數，若再施測一次或再訪問一次時，其結果應該相同。

2. 舉例：以重測信度／再測信度為例，針對大學生實施婚前性行為的態度研究，研究者使用同樣的測量中，**30%** 的大學生表示同意、**60%** 不同意、**10%** 無意見；在第二次的測量中，亦出現相同的結果，研究者可以說此量表是可信賴的、一致性高的，其信度亦佳。

（二）效度

1. 定義：效度是指研究的準確性，也就是真正測出研究者想要測量的概念或變項的能力。

2. 以預測效度（Predictive Validity）為例，如於國小階段測量 IQ 高的人，若於國中階段在校的學業成績確實較佳，則我們可以說：IQ 測驗具有高度的預測效度。

練功坊

★（　）下列有關信度和效度之敘述，哪一個敘述是不正確？

(A) 一個有效的測量是可信的

(B) 信度指測量工具之穩定性，重複測量可以得到相同的結果之意思

(C) 效度指測量工具之穩定性，重複測量可以得到相同的結果之意思

(D) 效度指測量工具能真正測出我們想要測量之變項

解 析

C。效度是指研究的準確性，也就是真正測出研究者想要測量的概念或變項的能力。

★（　）立基於某個外在標準，作為所要測量之相同變數的另一個指標或測量工具，我們稱之為：

(A) 預測效度（Predictive Validity）

(B) 同時效度（Concurrent Validity）

(C) 效標關聯效度（Criterion-Related Validity）

(D) 內在一致性信度（Internal Consistency Reliability）

解 析

C。「效標」（Criterion）是指：足以顯示所欲測量的概念或變數的指標稱之。在設計問卷時，研究者應該根據主題把適當的「效標」找出來，然後再根據效標，好好的設計相關的題目。一旦每個概念都有其效標時，研究者的研究結果便可與效標比較，若與效標之間的關係密切，則效標效度就高。

一、指標

（一）指標的意涵

指標是把某一個構念或是變項的許多個別量數加總，或是結合起來，以創造出一個單一的分數。

（二）指標的建立步驟

1. 題目的選定

   建立複合性指標目的，是為了測量某個變項，所以，第一步必須選出一些題目，藉以測量某些變項，說明如下：

   > **上榜關鍵** ★★★
   >
   > 指標的建立，包括題目的選定、檢驗實證上的關係、指標的計分、資料的處理、證實指標的效度等五個步驟，請詳讀，申論題考點。

   (1) 表面效度：選擇題目時的第一個判準，要選出其表面效度（face validity）或邏輯上效度（logical validity）的題目。例如：若想測量「政治保守主義」（political conservatism），則所選的每個題目至少就表面上看來，必須指出保守主義（或是其反面意義：自由主義）。研究者可能會選政黨傾向當作其中一個題目；另一種可能是詢問受訪者，支不支持某位眾所周知的保守派公共人物的觀點。而在建立一個有關「宗教信仰虔誠度」的指標時，研究者可能會考慮如：是否上教堂、是否能接受某種宗教理念、禱告次數等的題目，前述的每一項都提供了一些與信仰虔誠度有關的指示。

   (2) 單一面向性：在概念化和測量方法論文獻中，強調指標和量表的建立需謹守單一面向項目（unidimensionality）。亦即，一個複合性的測量，應該只代表概念的某一個面向。因此，反映宗教虔誠度的項目，就不應該出現在有關政治保守主義的測量裡，即便兩者就經驗上而言，有可能相關。

   (3) 廣泛或特定儘管在測量時研究者會要求須緊扣單一面向，但研究者想

測量的這個面向，本身就包含有許多微小差異，研究者就必須採行平衡選取的原則，讓所選的提問能包含信仰虔誠的各種表現方式。而這些題目的本質，最終將會決定變項是以廣泛的方式還是特定的方式測量。例如：「宗教信仰虔誠度」，研究者所提的每個題目—宗教儀式的參與、信念等，都代表了不同類型的信仰虔誠表現。如果研究者只關心宗教中的儀式參與，你就應該特別選定那些可彰顯此類參與活動的題目，如：上教堂、參與聖餐式、懺悔等。 若想以較廣泛的方式測量信仰虔誠度。

(4) 變異量：在選定指標題目時，各題目所能提供的變異（variance）多寡，也須列入考量，再以政治保守度的測量為例，研究者必須注意就所選的題目，估算會有多少比例的受訪者被歸類為保守的人。若研究者在使用該題目後發現，所有人都被劃為保守者，或根本沒有人被劃為保守者—例如：沒有半個人顯示其為極右派人物的贊成者，則研究者所選定的題目，對指標的建構可能毫無用處。

2. 檢驗實證上的關係

指標建立的第二個步驟，就是檢驗題目與題目間是否有實證上的關係（empirical relationships）。若受訪者在某一題目上的回答—例如：一份問卷能幫助我們預測他在其他題目上的回答，則就稱題目間成立實證上的關係。若兩題目在實證上彼此相關，我們就可以合理地推論它們反映了同一個變項，且可納入同一指標中。 說明如下：

(1) 題目間的兩變項關係：所謂的兩變項關係（bivariate relationship），就是指兩個變項之間存在關係。假設研究者想測量人們對美國參與聯合國事務的支持程度。美國對聯合國可能有許多援助方式，研究者可以採取不同的援助方式作為指標，例如第一種指標的問法，可以詢問受訪者：「您認為美國對聯合國的經濟援助：□太多□剛剛好□太少。

(2) 題目間的多變項關係：多變項關係（multivariate relationships），是指同時處理兩個以上的變項。

3. 指標的計分

若研究已為指標選定最適合的題目，下一個步驟就是為每種回答方式設定分數的計算方式，也就是藉由這些題目，建立起單一的複合性指標。在這個階段中，研究者須達成以下兩個基本的決定步驟：

(1) 研究者必須決定所要指定的指標分數範圍。與單一題目相比，指標的最主要優勢在於它在測量變項時，能提供逐級的範圍。如先前的例子

所述，當研究者在測量政治保守主義（political conservatism）時，可以從「非常保守」一直測量到「一點也不保守」(或「非常自由」)。

(2) 對每一個反應類型的配分方式。研究者必須決定，是否要給每個題目同樣比重的配分，或者給予不同的加權比重。除非有迫切的理由需對各題目作不同的加權，否則每一個題目都應該給予相同比重的配分。

4. 遺漏資料的處理

不管研究者採用哪種方式蒐集資料，常必須面對遺漏資料（missing data）的問題。以先前曾提過的報紙政治傾向的內容分析為例，研究者有可能發現某家報紙在所研究的議題上，其社論從未抱持任何立場。在涉及在一段時間內對受試者進行重複測試的實驗設計當中，某些受試者也可能無法參與其中的某些測試。在每次作調查時，也會發現一些受訪者漏答問題（或選擇「不知道」的選項）。遺漏資料在進行分析的這個階段上，都會造成問題，在指標建立過程中遺漏資料這個問題造成很大的麻煩。研究者可以依研究情境，選擇以下的處理遺漏資料的方式加以處理：

(1) 如果相較於整體個案數，遺漏資料僅零星少許，可以考慮直接把它們排除在指標及分析的建立外。在用這種處理方式的主要考量，一是衡量在排除遺漏資料後，剩餘的個案數是否足夠；二是注意把遺漏資料排除後、建立分析用之指標時，是否會產生偏誤樣本。針對後者，研究者可透過比較的方法來檢驗，比較排除與不排除漏資料這兩種情形下，整體個案資料在某些變項上的表現，是否有顯著差異。

(2) 某些時候研究者可以在既有基礎上將遺漏資料作為可用的反應方式。例如，若研究者在問卷上列出一些活動，請受訪者以勾選廠「是」或「否」來表示自己參與過哪幾項，有些受訪者卻只勾選了參加過的題目，其餘題目空白。在此情況下，你可以把留白的題目當作「否」來處理，將遺漏資料當作勾選「否」的方式來計分。

(3) 對遺漏資料的仔細分析可能產生一種對意義的詮釋。例如：若想測量政治上的保守態度，研究者發現那些在 A 問題上沒有回答的受訪者，在其他問題上回答所透露出的政治保守程度，與在 A 問題上回答趨於保守的那群受訪者差不多。再例如：一項測量宗教信仰的研究發現，回答「不知道」某種信仰的人，在其他信仰上的回答，與回答「不相信」該信仰的人一致。研究者在分析遺漏資料時，如果導出了類似這樣的詮釋，就可以依這種詮釋方式來對這些缺失部分加以分析。

5. 證實指標的效度

確認指標的有效性，是依據確認有效性的基本邏輯，假設指標為某變項提供了測量。亦即，指標的積分可為研究者將所觀察的每個個案就該變項加以排序。例如：一個政治保守程度的指標，就能將人們依其相對的保守程度作排序。若該指標的確能成功為所有人排序，則在此指標上屬於政治保守的人，若用其他測量政治傾向的指標（例如問卷上的其他題目）加以測試，也應得到相類似的結果，即偏向相對保守的一方。確認指標有效程度的方式如下：

(1) 題目分析：指標確認的第一步是進行內部驗證的確認，稱之為題目分析（item analysis）進行題目分析，是要檢查研究者所建立的組合性指標與其所含括的題目間關聯的程度如何。

(2) 外部驗證：在某項指標上顯示政治態度保守的人，若使用其他的方式測量（如：一份問卷中的其他題目），也應得到相同的保守傾向。那些在指標積分上顯示為最保守的一群，在其他問題上也應表現得十分保守。同樣的，在指標積分上顯示最不保守的一群，在其他題目上的回答也應是最不保守。的確，就政治保守程度而言，依據指標積分為受訪者所作的排序，應該也能夠有拿來預測出他們在其他有關政治傾向之題目上的排序情況。

(3) 不佳的指標與不佳的效度驗證題目：幾乎每個指標建立者，都會在某個時候碰到無法運用外在題目來證實指標效度的情況。如果內部的題目分析顯示，指標本身與指標中包含的題目之間沒有一致的關係，那麼這個指標可能就有問題。但是如果指標無法有力地預測那些外在用來證實效度的題目，所得的結論就更加模糊不清了。外部驗證若不幸失敗，先別急著斷言研究者拿來驗證效度的題目有問題，研究者首要該做的是重新檢驗指標本身。而方法之一，是檢查效度證實題目與指標內各個題目間的關係。

二、量表

（一）量表的意涵

知 複雜變項的複合或累積測量被稱之為量表（Scales）。量表允許我們以綜合分數代表複雜變數。比起單一問項，它更有可能測出變異。

（二）量表之目的

1. 量表有助於概念化與操作化過程，量表顯示一組指標與某個單一建構之間的符合程度。

2. 量表產生量化測量，並且可能和其他變項一起被用來檢定假設。

■ 量表與指標之區別：

- 量表是個測量工具，研究者用以測量某個建構的強度、方向、層次與強勢，以一個連續體的方式來安排回答值或觀察值。一份量表可以使用單獨一個指標，也可以同時使用數個指標。大多數的量表屬於順序層次的測量。

- 指標是個測量工具，通常是一個多指標分數的簡單總和，做內容效度與趨同效度之用。指標通常是等距層次或等比層次的測量。

上榜關鍵 ★★★★

互斥與窮盡的屬性、單向性是二個非常重要的概念。

（三）量表之建構的原則

1. 互斥與窮盡的屬性

    (1) 互斥屬性（Mutually Exclusive Attributes）的意思是，個人或分析單元必須符合而且只能符合變項的某個屬性。舉例來說，一個測量宗教類型的變項，如果它有基督教與猶太教等屬性，那麼它就不是互斥的。

    (2) 窮盡屬性（Exhaustive Attributes）是指所有的個案都必須符合變項全部屬性中的某一個。

2. 單向性：單向性是指在量表或指數中所有的項目應該搭配得宜，或是測量單獨的一個建構。亦即，單向性是說：如果你要把數筆特定的資料結合成單獨的一個分數或測量工具，所有的這些資訊都應該是測量同樣的一件事物。

三、量表類型

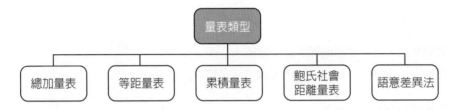

量表類型
總加量表 ｜ 等距量表 ｜ 累積量表 ｜ 鮑氏社會距離量表 ｜ 語意差異法

（一）總加量表／李克特量表（Likert Scale）

1. 總加量表的內容

   (1) 總加量表包含一組陳述，根據受試者回答同意與不同意的程度給予不同的分數，所有項目陳述分數的總和即為受試者的態度量表分數，分數的高低代表同意或不同意的程度。這是社會研究中最常用來測量態度的方法，為 R. A. Likert 於 1932 年所創，所以亦稱為 Likert（李克特）量表。

   (2) 李克特量表也被稱為總加評定（Summated Rating）或總和量表（Additive Scales），因為一個人在量表上的分數是以加總這個人回答的每個答案所具有的分數。

   (3) 李克特量表至少需要兩個類別，像是「同意」與「不同意」。使用兩個選項只能創造一個粗略的測量工具，可以加上像是「非常同意」、「有點同意」、「非常同意」等類別，來增加量表類別的數量。

2. 總加量表的製作過程（步驟、特性）

   (1) 總加量表主要是測量受訪者的「態度」時最容易使用的方法：基本上總加量表是由一組專門調查受訪者態度、意見或看法的一些題目所組成。

   (2) 在這組量表中，每一個題目的份量都是等質的：在二十題的婚姻暴力研究問卷中，詢問「夫妻曾否口角？」的題目，與「夫妻曾否動粗？」的題目，若兩個回答都是「偶而」時，再統計分析，則這兩個答案所得的分數是相同的。

羅森柏格的自尊量表

整體而言，我常覺得我是失敗者：

1. 總是這麼認為　　4. 很少這麼認為
2. 常常這麼認為　　5. 從未這麼認為
3. 有時這麼認為

學生評鑑教學量表

整體來說，我評定這門課的教學品質：

極佳　　　很好　　　普通　　　還可以　　　很差

市場研究漱口水評量表

品牌	完全不喜歡	有點不喜歡	一點不喜歡	一點喜歡	有點喜歡	完全喜歡
X	_____	_____	_____	_____	_____	_____
Y	_____	_____	_____	_____	_____	_____

工作團體督導員評量表

我的督導員	從不	很少	偶爾	時常	總是
讓成員知道他期望他們做些什麼	1	2	3	4	5
友善、和藹可親	1	2	3	4	5
對單位成員都一視同仁	1	2	3	4	5

圖：李克特量表類型範例

(3) 若干題目的總和，可以視為總量表的部分量表：亦即一個總加量表可以劃分成若干分量表。每一部分的分數總和，都可以視為整個量表的分量表。例如：為對組織的向心力、對組織未來的關心、為組織努力的程度與組織目標符合的程度等單元。假設這些單元各有八題，但是「對組織的向心力」這八題的分數可以視為總量表「組織融入」的部分量表。

(4) 總加量表測量的五種等級

A. 五個層次的答案是非常普遍的方式，因為它同時包含了正面、反面、極端與中間等各種狀況。例如：「你對公共場合不准抽菸的規定有何意見？」受訪者就在研究者所預備的五個答案：非常同意、同意、無意見、不同意，與非常不同意中，圈一個作答。

B. 缺點：很多受訪者因為根本沒有仔細思考，或是因為題目太艱深，或問得不具體，以至於受訪者不知從何答起，因此乾脆拿中間的答案（「尚可」／「普通」）或是「沒有意見」來作答。因此使得問卷的鑑別力不足，無法清楚地探討受訪者真正的心態。因此，有的研究者改以四等分或是六等分的方式來詢問，刪除中間模稜兩可的答案，等於是強迫填答者「表態」，這是解決受試者答案趨中的良好方法。

(5) 各個問卷題目（Items）所得的權數（分數）不是由受訪者來決定，而是由研究者主觀判斷來決定：基於研究的假設還必須根據問題的正向或負向來決定分數是多少。調查婚姻關係時，問「夫妻每天都有十分鐘以上的溝通嗎？」回答如果是「天天有」是五分，「經常有」為四分，從來沒有一分，正向或負向的決定是由研究的假設而定。

(6) 分數的計算依研究者主觀判斷其正負性質後，方式雖有不同，但等距的觀念則是一致的：例如：正向的題目可依非常同意、同意、無意見、不同意，與非常不同意等，給予 5，4，3，2，1 的計分；若為負向題，則反過來為 1，2，3，4，5。受試者對不同項目有不同的回答並不重要，重要的是量表／分量表的總分，態度的傾向主要不是看個別問題的得分，而是看量表／分量表的總分。

（二）等距量表／舍史東量表（Thurstone Scale）

1. 等距量表（Equal-Appearing Intervals）又稱為舍史東量表。是根據比較判斷法則，這個法則論及當每個人都做出獨立判斷時，如何測量或比較態度的這個議題。換句話說，它是在每個人做出主觀判斷後，定出或固定某個人的態度相對於它人的位置。

2. 舍史東量表開始於為數眾多的評價陳述句，這些陳述句應該要窮盡，涵蓋所有的層面。每個陳述句都該清楚明確，而且應該只表達單獨的一個意見。

◇ 我認為 X 家乾洗店迅速與準時。
◇ 就我的觀點，X 家乾洗店的店面看起來整潔、有吸引力。
◇ 我不認為 X 家乾洗店在清除衣服上的污垢做得很好。
◇ 我認為 X 家乾洗店清洗大衣的收費合理。
◇ 我認為 X 家乾洗店送回來的衣服都很乾淨，而且燙得很整齊。
◇ 我認為 X 家乾洗店的接送服務不好。

圖：舍史東量表範例

（三）累積量表／古特曼量表（Guttman Scale）

1. 累加（積）量表（Cumulative Scaling）或稱為古特曼量表（Guttman Scale）。它是研究者在蒐集資料之後用來評價資料的方法。研究者可用它來判斷一組指標或測量問項之間是否有關係存在。古特曼量表開始於測量一組指標或問項，這些可以是問卷問項、選票或觀察到某些的特性。古特曼量表測量許多不同的現象（例如：犯罪或藥物使用的類型、社會或組織特性、投票或政治參與、心理異常），這些指標的測量經常以簡單的是與否或存在與不存在的方式進行，使用的指標可以從三個到二十個。研究者之所以會選擇這些問項，是因為研究者認為在這些問項之間有一種邏輯關係存在。然後研究者把這些結果放入古特曼量表中，據以判斷這些問項是否會形成對應於那個關係的某種模式。

2. 舉例來說，三個問項問孩童是否知道自己的年齡、是否知道家裡的電話號碼、是否知道三個當地選出的政治官員。小女孩可能會知道自己的年齡，但是不知道其他兩個問項的答案或者三個都知道或是只知道年齡與電話號碼。事實上，對這個問項而言，答案或回答模式，從什麼都不知道到三個都知道，總共有八種可能的組合。

3. 古特曼量表問項間的邏輯關係是有層級性的。大多數的人或個案不是具有較低層級問題問項所問的知識，就是同意較低層級問項所問的意見。層級較高的個案不但數目少，而且含括階層較低的問項，但是反之不然。換句話說，層級較高的問項是建立在層級較低的問項之上，較低層級的問項是較高層級問項存在的必要條件。

4. 設計這類的問卷時，每一題都是四小題為一組，四小題的題目安排中都有程度以及次序上的考慮。若第一小題是最為開放的，在沒有什麼限制的狀況下都同意，第二題次之，第四題則會最為保守。對某件事同意了第一題時，表示全部四題都會同意。同意了二，代表三、四也同意，以下類推。
研究者想要知道一群八十名高中學生吸毒的模式。你感興趣的是四種主要的毒品：抽菸、喝酒、大麻以及海洛因。這群學生被問到四個分開的題目（以及問卷上的其他問題）他們的答案可以分成五大類：

回答模式	抽菸	喝酒	大麻	海洛因	學生人數
1	否	否	否	否	8
2	是	否	否	否	15
3	是	是	否	否	25
4	是	是	是	否	13
5	是	是	是	是	7
6	否	是	是	是	1
7	否	否	是	是	2
8	否	否	否	是	1
9	否	否	是	否	2
10	否	是	否	否	5
11	否	是	否	是	0
12	否	是	是	否	0
13	是	否	是	否	0
14	是	否	是	是	0
15	是	是	否	是	1
16	是	否	否	是	0
				總計	80

圖：古特曼量表範例

回答模式 1 至 5 構成量表，6 至 16 則不是。

（注意，通常「是」與「否」常分別以符號「＋」與「－」取代）。

（四）鮑氏（波加德）社會距離量表

1. 說明：鮑氏（波加德）社會距離量表（Bogardus Social Distance Scale）是用來測量分隔民族或其他團體的社會距離。它是用來測量一個團體，從而決定這個團體對某個目標或「外團體」所感覺的距離。這種量表的邏輯很簡單，人們回答一系列帶有順序的陳述句，最具威脅性的或有最大距離的陳述句位在一端，最沒有威脅性或社會親密度最高的陳述句則在另一端，這種量表的邏輯是假設會拒絕接觸或會對社會距離感到不舒服的人，將會拒絕社會親密度較高的問項。研究者可以使用鮑氏量表來觀察人們對某個外團體所感覺到的距離，與對另一個團體的距離有何差異。社會距離的測量值可以做為自變項，也可以做為依變項，社會距離量表是個判斷回答者感覺某個社會團體親密程度的便捷方法。

2. 舉例：研究者相信具有某些特性的人會對某個團體有最大的社會距離，假設白人對越南人民的社會距離感與教育程度呈負相關，也就是說，教育程度越低的人所感覺到的距離最大，這時，對越南人民的社會距離是依變項，而教育程度是自變項。

研究者想要發現大學新生對來自兩個不同國家——奈及利亞與德國——的交換學生的社會距離有何不同。她想要看看學生對來自黑人非洲的交換學生有比較大的社會距離，還是對來自歐洲的交換學生有比較大的社會距離。在訪談中，她問到下列問題：

請你給我你最直接的反應——是與否。你個人是否覺得自在，如果有一個來自（某個國家）的交換學生：

1. 到你學校做一個星期的訪客？□是　　□否
2. 在你學校註冊入學，做全職學生？□是　　□否
3. 與你選修相同的數門課程？□是　　□否
4. 在課堂上坐在你的旁邊，和你一起準備考試？□是　　□否
5. 和你住在宿舍的同一層樓隔壁幾間的房間內？□是　　□否
6. 和你一起住在學校宿舍，成為同性室友？□是　　□否
7. 要和你約會的異性朋友？□是　　□否

圖：鮑氏（波加德）社會距離量表範例

3. 量表限制
   (1) 研究者需要為某個外團體與社會背景專門製作回答的類屬。
   (2) 對研究者而言，比較回答者對數個不同團體的感覺不是件很容易的事，除非研究者在相同的時間內完成對所有外團體的社會距離量表。當然，回答者如何答完量表與回答者在特定情境下的實際行為，可能有所不同。

（五）語意差異法

歐思古德（Osgood）的語意差異法，提供測量人們如何感覺某個概念、物體或其他人的一種間接測量工具。這種技術是利用形容詞來測量某些事物的主觀感受，這是透過口頭上的或文字的形容詞來表達他對事物的評價。由於大部分的形容詞都是對立的詞（例如：亮與暗、硬與軟、快與慢），所以使用這些對立形容詞建構出一個評量工具或量表，語意差異能夠掌握與被評鑑事務相結合的含意，也提供了這個含意的間接測量。

請閱讀下列成對的形容詞，然後在空白處圈出你第一印象的感覺。沒有所謂對或錯的答案。

你對離婚的看法如何？

不好的		X								好的
深刻的								X		膚淺的
脆弱的			X							強烈的
公平的								X		不公平的
安靜的									X	吵鬧的
現代的	X									傳統的
簡單的						X				複雜的
快速的		X								緩慢的
骯髒的		X								乾淨的

圖：語意差異的範例

 練功坊

Q 何謂鮑氏社會距離量表（Bogardus Social Distance Scale）？其特性為何？請舉例說明之。

A

（一）基本概念

鮑氏（波加德）社會距離量表是用來測量分隔民族或其他團體的社會距離。研究者用以測量一個團體，從而決定這個團體對某個目標或「外團體」所感覺的距離。

（二）特性說明

這種量表的邏輯很簡單，人們回答一系列帶有順序的陳述句，最具威脅性的或有最大距離的陳述句位在一端，最沒有威脅性或社會親密度最高的陳述句則在另一端，這種量表的邏輯是假設會拒絕接觸或會對社會距離感到不舒服的人，將會拒絕社會親密度較高的問項。研究者可以使用鮑氏量表來觀察人們對某個外團體所感覺到的距離，與對另一個團體的距離有何差異。社會距離的測量值可以做為自變項，也可以做為依變項，社會距離量表是個判斷回答者感覺某個社會團體親密程度的便捷方法。

（三）舉例

研究者相信具有某些特性的人會對某個團體有最大的社會距離，假設白人對越南人民的社會距離感與教育程度呈負相關，也就是說，教育程度越低的人所感覺到的距離最大，這時，對越南人民的社會距離是依變項，而教育程度是自變項。

★（　　）下列關於總加量表（Likert Scale）的敘述，何者錯誤？

(A) 總加量表一定是五等分量表（5-Point Scale）

(B) 總加量表是測受訪者的主觀意見

(C) 一個總加量表可以劃分成若干分量表

(D) 只要兩個受訪者的總加量表總分相同，就表示此二人在此問題的態度傾向相同

解析

A。總加量表可以是三等分、五等分、七等分等量表，並非一定是五點量表。

 練功坊

★（　　）在發展建構量表的過程中，若量表中所有的問題項目均是測量某一個
　　　　特定概念時，我們稱此一特性為：

(A) 周延涵蓋性（Exhaustive）

(B) 單一向度性（Unidimensionality）

(C) 互斥性（Mutually Exclusive）

(D) 嚴謹性

解析 ——————————————————————————————————

B。單向性的意思是指，在量表或指數中所有的項目應該搭配得宜，或是測量單
獨的一個建構。單向性是說：如果你要把數筆特定的資料結合成單獨的一個分
數或測量工具，所有的這些資訊都應該是測量同樣的一件事物。

重點 4 調查研究 ★★★★★★

一、調查研究的本質

(一) 調查研究的內容

內容	說　明
事實	調查受訪者、區域、情境現象或特質，包括：年齡、種族、性別、收入和教育等，這些特質亦即本文所謂的「屬性變項」。
意見	調查受訪者的喜愛、感情或行為意向等，這些意見可以客觀的被測量。
行為	指受訪者的行動，藉著對行為的操作性定義，確定某種「活動」或「現象」就是受訪者的「行為」。

上榜關鍵 ★★

調查研究的用途，請回歸第一章的社會研究之目的併同思考。

(二) 調查研究的用途

用　途	說　明
探索性調查 （Exploratory Survey）	面對所知非常有限的主題（但非個人隱私方面的資料）所做的調查，如：某區域居民的政治傾向如何？對核能電廠的意見如何？對學校老師體罰學生的意見如何等？因為事先都知道「有」這回事，但卻又不知其真實的狀況如何，所以是「探索性」的研究。
描述性研究 （Descriptive Survey）	重視所要探討事情的全貌，所重視的是 What，例如：某區域居民的教育程度如何？不同年齡階層的生理疾病狀況如何？每戶的平均收入情況等，當我們把這些資料（經常是屬性資料）一一調查，並將其統計後的資料一一說明清楚以後，能使讀者愈加了解當地的情況，此為描述性的用途。描述若要愈清楚，則相關變項的統計便必須愈精密。

接下頁

用　途	說　明
解釋性研究（Explanatory Survey）	若我們不僅要描述某些變項，更欲探討變項與變項之間的關係時，我們就是在解釋那些狀況；解釋這些情況時，我們並不是在做實證研究，因為研究者在一開始時，就沒有打算「操弄」這些自變項去做特殊的用途，調查研究者只是在這些可敘述的變項中，試圖去解釋所要探討的問題，此時，研究者也不是定義去證實某些假設，他只是試圖對現象作較仔細的解釋而已。

二、調查研究的意涵

（一）調查研究（Survey Research Method）是以抽樣的方式，探討樣本的狀況與現象（即樣本的屬性），把樣本所得之資料推論到整個樣本。

（二）調查法的研究者抽取許多回答相同問題者的回答，同時測量許多變項，檢定許多的假設，然後從有關過去的行為、經驗與性格等問題中，推論出時間先後的順序，變項之間的關聯性則使用統計技術加以測量。例如：受教育年數或回答者的種族是出現在態度之前。

（三）調查研究者測量代表其他可能原因的變項【亦即控制變項（Control Variables）】，然後用統計分析檢定這些變項的效果，以排除其他可能的解釋。研究者在規劃一項調查時，便思索可能出現的替代解釋，並對這些帶有控制變項的替代解釋加以測量。調查研究又稱為相關研究（Correlational），調查研究使用控制變項以及統計學中的相關分析，這種作法相當近似實驗研究者實際控制時間順序以及其他可能的替代解釋，以求對因果關係的嚴格檢定。

（四）適合調查研究者的主題，最主要是針對研究者希望獲得大量資料，藉由謹慎地取得隨機樣本，由隨機樣本的特性，反映出大量母群體的特質。例如：人口普查、民意調查等。

三、調查研究的類型

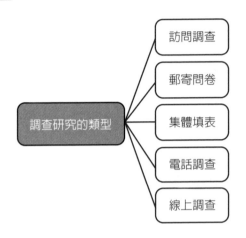

（一）訪問調查／面對面訪問調查

1. 基本概念：訪問員依據訪談大綱，對受訪者面對面的、以口語的方式，去蒐集問卷上所欲蒐集的資料，即為訪問調查。優點：訪問調查回答率高、訪問的品質也較好，因為能使調查者可以較深入的探索受訪者的意見和行為，藉著較好的訪談技巧可以蒐集較深入的資料。但是訪問調查的成敗關鍵是調查者與受訪者之間的關係是否能順利建立，否則訪問調查無法進行。缺點：訪問調查必須按著樣本的名單挨家挨戶的訪問，所以它最大的缺點是成本太高。

2. 訪問調查前的準備
   (1) 要做好訪問調查之前必須做好準備，最好把訪問行程計畫表擬妥，計畫表包括：事先的說明與訓練（尤其是訪問員不只一位時），如何作記錄、基本資料的填寫、遇到狀況又如何處理等問題都必須在事先說明。
   (2) 訪員的表達態度與文詞內容必須講究，要有禮貌以避免被排斥，表達要清楚，使受訪者知道調查者的用意。
   (3) 封閉式的問題在調查時比較容易，訪員的調查結果也不會因此有太多個人偏見或差異，若開放性的問題太多，一定會造成資料整理的困難。

(4) 要注意社會禁忌：不要批判受訪者的某些特殊行為，題目中也應避免太多牽涉個人隱私方面的問題，否則就算有了答案，也不見得正確。

(5) 文字表達的合適性要講究，尤其要考慮到受訪者的程度，對該地區的特殊文化也不可忽略。

(6) 題目的安排不妨加以設計，設法使受訪者覺得有趣，訪問調查當然就比較容易進行。

3. 如何使訪問調查成功

(1) 訪問過程中，調查者應使問卷中所有標準化的問題可以適用到各式各樣的受訪者身上。

(2) 訪員也必須對所要訪問的題目完全掌握，徹底明白訪問的背景（Context）、原則與目標，知道為何要問那種問題。

(3) 訪員與推銷員不同，推銷員的重點是把東西銷出去，訪問則是科學的蒐集事實與真相的過程，所以除了對題目的了解與掌握，訪員更必須遵守問卷的意思，並且準確的依據題目來問，千萬不要自己加油添醋、自作主張，找一些與原問卷不相干的主題來發問。按著題意來訪問受訪者後，記錄時也需忠實，尤其在質性研究中，受訪者的意見或態度沒有類別化的題目來探討時，如何忠實的記錄是很大的考驗。

> **上榜關鍵** ★★★★
> 請特別加強準備。

(4) 訪員偏差（偏誤）發生之情形

　　A. 回答者的錯誤：忘記、尷尬、誤解或是因某人在附近出現而說謊。

　　B. 不是刻意的錯誤與訪員的疏忽：聯絡到不正確的回答者、讀錯問題、漏掉該問的問題、按照錯誤的順序問問題、記錄一個錯誤的答案或是誤解回答者的意思。

　　C. 訪員有意的破壞：有意地更改答案、刪掉問題或用不同措詞來問題、選擇另外的回答者。

　　D. 訪員因為回答者的外貌、生活狀況或是其他的答案，而對回答者的答案產生某種期待，於是影響了答案。

　　E. 訪員未能深入探問或者深入探問不當。

　　F. 由於訪員的外表、語氣、態度、對答案的反應或是在訪談之外所做的評論，影響到回答者的答案。

(5) 成功的訪問員必須具備的五個條件

　　A. 對調查資料都徹底了解。

　　B. 對整個調查都要負責任（投入與委身）（Commitment）。

C. 要多加演練。

D. 把個人特質所造成的影響減到最低程度。

E. 根據常識當機立斷，處理問題。

（二）郵寄問卷

1. 郵寄問卷法（Mailing Questionnaire）是指研究者將問卷郵寄給被抽樣到的填答者，藉由填答者回覆的問卷，去蒐集到所欲蒐集資料的方法，傳統上此法多為一般郵寄（Mail by Post）。

2. 郵寄問卷有省時、省錢、保有受訪者的隱私等優點，但缺點也不少，如：回收率低，經常不到一半，若時機不對或問題不妥，可能連百分之二十都有問題；更嚴重的是受訪者是否了解題意？是否由其本人填寫等研究者不得而知，但當受訪者對題目不甚明瞭或產生誤會時，經常不能完成問卷，就算勉強完成其問卷，結果也是錯誤百出，因此對問卷的指示和說明都較其他方法來得重要。郵寄訪問最好提供附有回郵的信封或告知受訪者，當研究完成後，受訪者將可獲得調查研究的結果，當作回饋。

（三）集體填表

把樣本全部集中在一起，集體予以施測的方法為集體填表法。這種方法因為是集體樣本，可以當場分發問卷，不僅省時、省錢、回收率又高、受訪者又確實為本人是其優點，是最理想的調查方法。集體填表法的內容與個別當面訪談法的內容自有所不同，在訪問的深度上、答案填寫細緻的程度上，集體填表法無法與訪問調查法比較。

（四）電話調查

電話訪問調查法（Telephone Interview，簡稱電訪）是一種用電話作為訪談工具的訪問調查法，不當面訪問受訪者，只用電話作為訪談的工具，是為電話調查法。電話調查法省時、省錢、回答率高、效率也不錯，是工商社會中最常被使用的調查方法。但電話調查所問的問題不能太多（一般都不超過十一、二題），以便能在極短的時間內完成訪問；所問的問題也不能太深入，否則受訪者無從回答；研究者對受訪者的反應也很難探測等，以及無法確定接聽電話的人，是否是研究所需要的樣本，這些都是電話調查的缺點。

1. 目前各民調中心均使用「電腦輔助電話問卷調查／電腦作業電話會談」（Computer Assisted Telephone Interview, CATI）。 CATI 系統可協助訪問者作撥號、戶中取樣、題序隨機出現、選項答案隨機出現以及資料登錄與分析等工作，大幅地提高電訪的準確性與代表性。 知

2. 電訪調查的注意事項

   (1) 要考慮受訪者家中有電話的比率，同時要儘量降低拒訪率，否則抽樣會造成系統偏差。常見的電話抽樣方法：

      A. 向電信公司購買隨機抽樣電話號碼的方式來進行電訪。此法母體涵蓋率最佳，但因為費用高，且民調中心無法建立自己的電話號碼資料庫，因此民調中心並不常用。

      B. 自己建立電話號碼的資料庫來進行施測。又可分為下述三種：

         (A) 用住宅用戶電話號碼進行簡單隨機或系統隨機抽樣。此法僅涵蓋所有住宅用戶電話號碼數的 66%，有嚴重的母體先天涵蓋率不足的問題，因此不建議使用。

         (B) 將上法尾數之一碼、二碼、三碼或四碼代之以隨機亂數後進行隨機抽樣，以增加涵蓋率。

         (C) 隨機撥號法（Random Digit Dialing, RDD）：以隨機方式自臺灣地區三千多個區域碼局碼組合中產生若干個樣本區域碼局碼，再加上後四碼隨機亂數後進行隨機抽樣。亦有根據機率估計各區域碼局碼組合占母體的比例，而後再抽出樣本區域碼局碼，如此可再增加母體涵蓋率。

   (2) 不管用哪一種方式，當施測出來的結果與已知母群體的基本資料有所差異時，都必作加權修正。例如：絕大部分全國性民調成功樣本的教育程度在國中（含）以下所占的比率為三成左右，但實際上母體卻是四成，因此必須作加權修正，否則調查來的結果必與真實狀況有所差異。

   (3) 盡可能訪問到原始的中選樣本的調查結果才會有最好的代表性與推論性。可使用電腦 CATI（Computer Assisted Telephone Interview，電腦輔助電話訪問調查）系統進行電訪。

> **電腦輔助電話問卷調查**
>
> • 電腦輔助電話問卷調查／電腦作業電話會談／電腦輔助電話訪談法（Computer Assisted Telephone Interview，CATI）：訪員戴著接線生使用的耳機麥克風，坐在電腦前，中央電腦隨機的選取一組號碼並且撥號（這樣可以避免電話簿未列號碼的問題），接著，螢幕顯示一段開場白（您好，我是……），接著第一個提問……。除了蒐集資料的好處之外，電腦輔助電話訪談時，還可以自動儲存資料以進行資料分析。事實上，研究者在訪談結束前，就可以著手分析資料，可以預知結果。
>
> • 其他新科技及調查研究法
>   (1) 電腦輔助個人訪談法（Computer-Assisted Personal Interviewing，CAPI）：電腦輔助個人訪談法類似於電腦輔助電話訪談法，但卻用在面對面的訪談中，而非用在電話訪談上。
>   (2) 電腦輔助自填訪談法（Computer-Assisted Self-Interviewing，CASI）：訪員帶著電腦到受訪者家中，受訪者自行念出電腦螢幕上的問項，並輸入他們自己的答案。
>   (3) 電腦化自填式問卷法（Computer Self-Administered Questionnare，CSAQ）：研究者寄給受訪者錄有問卷的布告欄或其他軟體，受訪者啟動軟體，閱讀問項，直接輸入答案，回答完畢後再寄回資料檔即可。
>   (4) 按鍵式資料輸入法（Touchtone Data Entry，TDE）：受訪者撥一通電話到研究機構就可以啟動訪談程序，他會聽到一連串的電腦輔助問項，只要依據指示在電話上的按鍵輸入回答即可。
>   (5) 聲音辨識法（Voice Recognition，VR）：不像按鍵式資料輸入法的電話按鍵輸入，此套系統接受受訪者的語音訪談內容。

（五）線上調查

1. 線上調查是指透過網路以及全球資訊網來進行。有一部分線上調查（Online Surveys）是完全透過電子郵件來完成，其他則是透過網站。

   上榜關鍵 ★★★
   新興考點，基本內涵及優缺點請有基本觀念。

2. 優點
   (1) 能夠快速地且廉價地將該訊息大量地傳送到世界上各個角落的受訪者。
   (2) 所蒐集到的問卷會自動地以電腦處理，能夠免去手動輸入問卷的問題，並且能夠在線上快速地製作出圖表來標示結果。
   (3) 線上調查軟體能夠檢查受訪者是否跳過了一個選項，或以其他因素不正確的填答，進而提示他們在進行下一個步驟前修正任何的遺漏或其他錯誤。

3. 缺點

    (1) 受訪者的代表性。對於社會工作者而言,窮人與老年人,一般來說較年輕人、富裕的人及受過高等教育的人,有較少接觸網路的機會,因此受訪者較少有上網或填答網路問卷的傾向。

    (2) 由於垃圾信件篩選機制的使用率增加,導致線上調查電子郵件容易被標示為垃圾郵件的機率增加,因而造成許多的收件者可能從不曾收到線上問卷,而研究者也無法知道有多少比例的人收到以及沒收到該信件。如果很多人沒有收到,則必然會大大地降低填答率,或許會使結果產生較大的偏差。

    (3) 須注意被抽樣到的填答者是否固定使用此一帳號?因為現代人往往有好幾個e-mail帳號,而常用的卻只有其中一兩個,如果不能確定這點,則樣本的代表性與回收率就會發生問題。

> **榜首提點** 💡
>
> 申論題在指定某幾種調查研究的類型之比較時,除文字的敘述外,請搭配表格呈現,增加解析的清晰度。

四、各項調查研究類型的優點、缺點與適用時機的比較

調查研究的類型	優點	缺點	適用時機
訪問調查／面對面訪問調查	■ 回答率高。 ■ 訪問的品質較好,也較深入(效度好)。 ■ 可觀察非語言行為所透露的訊息。	■ 成本太高。 ■ 調查者與受訪者之間須建立良好的關係。	■ 一般性的問題(不要敏感與禁忌)。 ■ 一定要確定答案為「真」(受訪者本人),例如:身心障礙需求調查、人口調查)。
郵寄問卷	■ 省錢(相較於面訪與電訪)。 ■ 保有受訪者隱私。 ■ 受訪者有充裕的時間填寫。	■ 回收率低。 ■ 不確定受訪者是否了解題意。 ■ 不確定受訪者是否由其本人填寫(所以效度較低)。	■ 敏感性與禁忌性問題(例如:性、所得、政治意向項等)。 ■ 時間壓力較小的時候。 ■ 經費有限。

接下頁

調查研究的類型	優點	缺點	適用時機
集體填表	■ 省時（相較於面訪與郵寄問卷）。 ■ 省錢。 ■ 回收率高。 ■ 受訪者確實為本人。 ■ 現場可立刻回答填答者的任何問題。	■ 施測填答的時間有限（相較於郵寄問卷法）。 ■ 在訪問的深度上、答案填寫的細緻度，集體填表無法與面訪比較。 ■ 有時集體填表的樣本集合不易。	■ 集叢隨機抽樣時（例如：對某校某班全班施測）。 ■ 經費有限時。 ■ 行政單位可配合時。
電話訪問	■ 省時（相較於面訪與郵寄問卷）。 ■ 省錢（相較於面訪）。 ■ 回答率高（相較於郵寄問卷）。 ■ 效率也不錯（相較於郵寄問卷）。 ■ 易於監控、資料品質較好（相較於郵寄問卷與集體填表）。	■ 所問的問題不能太多。 ■ 所問的問題不能太深入。 ■ 研究者對於受訪者的反應很難控制。 ■ 電話調查法無法確定接聽電話的本人，是否是中選樣本本人。 ■ 電訪母體的先天涵蓋率不足。	■ 即時資料，例如：某一事件發生後，總統候選人民調（即時）。
線上問卷	■ 快速、廉價傳送到世界各地各角落的受訪者。 ■ 問卷資料電腦自動處理。 ■ 線上軟體能自動查檢未填答題目。	■ 受訪者的代表性，不利於窮人與老年。 ■ 容易被標示為垃圾郵件，影響題答率。 ■ 同一人有多個e-mail帳號。	■ 受訪對象為經常使用電腦者。 ■ 跨國界的調查。

五、調查訪談的指引原則與程序

（一）外貌（Appearance）和態度（Demeanor）

1. 訪員的穿著打扮，要盡可能的貼近受訪者的打扮。如果訪員打扮太慎重，可能較難獲得貧窮地區的受訪者配合而回答問卷。反之，穿著較差的訪員，較難獲得富有受訪者的回應。

2. 在態度上，訪員應該經常保持愉悅。由於訪員必須深入受訪者的私人生活與態度，因此必須表達真誠的態度來訪談每位受訪者，而不是刺探隱私。一個好的訪員，應該能夠很快的分辨出受訪者的人格特質，知道受訪者想要的自在方式及受訪者喜歡的聊天對象。這麼做有兩個層面，一是如果訪員能表現出受訪者喜好交往的人，訪談自然會成功。二是受訪者要自願花時間並提供私人資訊，他們應該享有研究者和訪員所能提供的最好經驗。

（二）熟悉問卷

1. 如果訪員不熟悉問卷，研究就會有困難，受訪者也會承受不當對待。訪談過程會花費不必要的時間，整個訪談也會令人不愉快，訪員甚至要重複詢問問卷的問項兩三遍。所以，訪員必須要仔細研究，一題題的了解，練習大聲朗讀。

2. 好的訪員應該和演員一樣，能夠讀出劇本或電影中的內容，這些內容，必須要透過自然的對話傳達，但對話也必須要完全依照問卷的意思。訪員必須要熟悉與問卷有關訪談的規格指引，有些問卷有時是不可避免的，但並不完全適合受訪者所處的環境，訪員必須立即決定在該環境下如何詮釋問卷。規格原則就是要針對這類個案提供訪員適當的指引，但訪員必須很熟悉這個規格的組織和內容，才能有效的應用這些規格。

（三）完全依照問卷的問項用語

問卷的用語對於答案的回答是很重要的，稍微改變問項的用語，就可能讓受訪者的回答從「是」變成「否」。一旦訪員改用自己的說法來提問，即使訪員非常謹慎的說出問項，也確認受訪者確實了解到訪員的問項，所獲得的資料仍是會功虧一簣的。

（四）把答案正確地記錄下來

1. 如果問卷採用開放性問題（Open-Ended Questions），意即請受訪者依照自己的方式回答，如此一來，訪員正確記錄所獲得的答案是很重要的。不要簡化、改述或更正其文法的錯誤。這樣的正確度特別重要，因為訪員不會知道答案在處理之前，會如何被編碼。

2. 有時候，受訪者可能無法清楚表達意見，口語上的回答太過模稜兩可而難以詮釋，但訪員可以透過受訪者的手勢或語調，了解受訪者的想法。在這種情形下，訪員仍應詳細記錄下受訪者的口頭回答，並附加記錄現場說明和備註意見。

3. 研究者通常會運用這些備註意見來解釋口語上無法傳達的回答，例如受訪者的回答隱含不確定、憤怒、尷尬，加上口頭的回答才是完整的記錄。

（五）刺探問法／追問問題（Probes）

1. 有時受訪者會答非所問，在開放性問題中，刺探問法（Probes）是常見的誘發回答的方法。例如詢問一個有關交通狀況時，受訪者可能會簡單的說：「很糟。」訪員可以用多個刺探法來獲得更詳細的答案。適時的詢問可以是：「這怎麼說呢？」或「哪方面不同呢？」來加以刺探。

2. 刺探法的目的是為了獲得充足的資訊以供分析，但這類的刺探詢問，一定要保持中立，以不影響受訪者的答案為要。當你預期其中的一個問項可能需要刺探問法來獲得適當的答案時，你可以在問項旁寫下一個以上的刺探問法。這種練習有兩項重要的好處，第一是你有更多時間找出最好的、最中立的刺探問法，第二是所有的訪員都可以在需要時使用相同的刺探問法。刺探問法用語和之前的問卷用語之邏輯性指引是相同的，即使問項本身有偏誤，每一位受訪者都應該用相同的問項來詢問。

（六）合作和控制

1. 訪員訓練課程一開始應該要介紹該研究，即使訪員只是參與研究的資料蒐集階段，如果他們知道研究的目的與研究設計將有助於訪談的進行，而訪員如果不知道研究的來龍去脈，士氣和動機通常比較低落。

2. 訪員訓練課程應該說明「調查訪談的指引原則與程序」。

3. 將注意力帶到問卷的本身，整個訪員團體要一起閱讀問卷，一個問項接著一個問項閱讀，不要只詢問訪員們對問卷第一頁的問項是否有疑問，要大聲的朗讀第一個問項，解釋其目的，並回覆訪員的問題或意見，直到有關第一頁問項的問題和意見都獲得處理，才再看問卷中的下一頁問項。

4. 閱讀這些訪談注意事項，以確定訪員都徹底了解這些事項說明、逐項問項內容及問卷設計理由。

5. 閱讀完整份問卷後，要求每位訪員實際做一、兩次的演練，最好是彼此的訪談演練。對訓練的人而言，這個訪談演練就是真正訪談的一個範本，演練訪問最好盡可能的真實，即使是一個複雜的情境也不要停頓下來，示範先處理、後解釋的原則。假設訪員認為受訪者給的是真實的答案或採取假設性的認定，只要答案是一致的，都和訪員的認定無關。

6. 在訪談演練之後，將你的訪員每兩人分成一組，讓他們互相練習，完成一份問卷訪談後，兩人交換角色再做一次。訪談訓練是對訪員最好的訓練，當訪員互相練習時，你要隨時走動並聽他們的練習情形，這樣你才會知道他們的練習狀況。練習完畢後，每個人再回到大團體裡討論彼此的經過，並提出問題討論。

7. 訓練訪員的最後步驟，應該進行「真實的」（Real）訪談，讓訪員到真實的調查狀況下訪談。可以指派一些人接受他們的訪問，或讓他們自己選擇受訪者，但不要讓訪員從你的樣本裡選擇受訪者訪談。每位訪員完成三到五個真實的訪談後，繳回已完成的問卷給你，看看問卷回答的情形是否有不當之處，並再次接受訪員所提出的任何問題。當你確定所有的訪員都知道各項步驟時，就可以安排真的訪問了，使用你這項研究的樣本來進行訪談。

六、調查研究的步驟

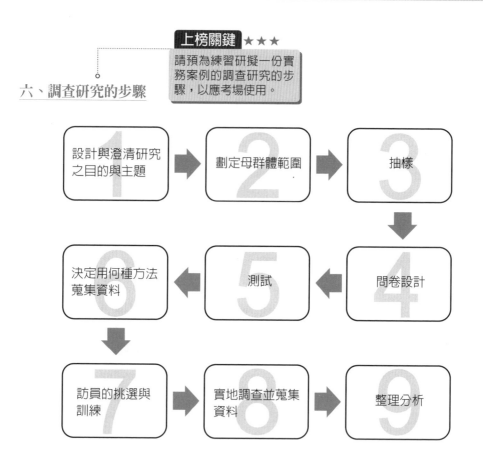

（一）設計與澄清研究之目的與主題

確定了目的與主題後，我們才能決定是否採用調查研究的方法最為有效？是否
有其他較適合的研究方法？經過再三考慮以後，才開始進行調查研究。

（二）劃定母群體範圍

調查研究是靠研究的樣本來推敲母群體的狀況，在確定樣本之前當然要劃定母
群體的範圍，了解其特性；母群體異質性高，所抽的樣本要多，以便使不同的
樣本都包含在研究內。反之若母群體同質性高，則所抽的樣本可酌量減少。

（三）抽樣

抽樣方法依研究目的而異。一般以隨機抽樣最能控制干擾因素，樣本一旦具有
代表性，所得到的答案當然就可以反應母群體。

（四）問卷設計

問卷設計的用途是要讓所研究的自變項或依變項能融入問卷裡。也要考慮到問卷題數的質與量是否能表現出該變項的特質？問卷題目的次序也必須講究，隨著樣本不同的特質與程度，問題的次序也需做調整，而且還要強調整個調查的絕對保密，以免使受訪者有不必要的顧忌。

（五）試測

1. 問卷設計是好、是壞，最客觀的評估者就是受訪者本身，所以問卷設計好以後，一定要經過試測，才可探出問卷是否妥當？也可預估每個問卷花費的時間與費用，並藉試測使訪問者有訪問之經驗。

2. 試測不是前測；試測是設法改進問卷表的一種方法，試測以後，可以計算每個題目的效度，而把不良題目在正式調查之前予以淘汰。前測（Pre-Test）則是實驗方法中，要計算處遇的功能時，事先予以測量，待處遇實施以後，再作後測（Post-Test），如此，比較前後測之間的差距時，就可以看出處遇的功能到底如何。

（六）決定用何種方法蒐集資料

是訪問調查、電話調查、郵寄問卷或是集體施測？這種選擇將關係研究的成果與品質，不可大意。

（七）訪員的挑選與訓練

訓練督導是調查行政體系中極其重要的一環，若訪員的素質高，講習的效果好時，可以使整個研究進行得極其順暢。

（八）實地調查並蒐集資料

這些是調查的行政作業，此時調查人員的調配、突發事件的解決、資料的保管、後勤作業補給，以及調查的安全維護等，都是重點。

（九）整理分析

審查資料是否確實可用，或是必須放棄？過錄（Coding）知是否明確一致，針對不同的變項特質應採用何種統計分析？研究圖表製作的細節考慮等，都需研究者盡心去做。

> **過錄**
>
> 過錄／登錄（Coding）：是指將調查所獲得的資料輸入到
> 電腦的統計軟體準備進行分析的過程。

七、調查研究的誤差

榜首提點

> 除調查研究中的誤差基本觀
> 念要懂外，調查研究中誤差
> 來源的準備務必周延。

（一）誤差（Error）基本概念

誤差所指的是在所得到的值以及「真正的值」（True Value）之間的差異。當調查資料（得到的值）無法正確地反映出在一個母體中的受訪者的真正行為、信念，以及理解時（真正的值），就是發生了誤差。而這些真正的行為、信念、以及理解，才是研究者所試圖要去了解的資訊。

（二）調查研究中的誤差來源

1. 選擇受訪者時的誤差
   (1) 抽樣誤差（Sampling Errors）：例如，使用了非機率的抽樣方法。
   (2) 涵蓋誤差（Coverage Error）：例如，使用了一個較差的抽樣架構，而遺漏了某些群體的人。
   (3) 在抽樣單位的層次上所發生的無回應誤差（Nonresponse Error）：例如一名受訪者拒絕回答。

2. 回答調查問題時的誤差
   (1) 針對特定調查問題的無回應誤差：例如，受訪者跳過或是忽略某些問題。
   (2) 由受訪者所引起的測量誤差：例如，受訪者沒有用心在聽指示。
   (3) 由訪談者所引起的測量誤差：例如，訪談者在念問題或是記錄答案時過於草率。

3. 調查執行的誤差
   (1) 調查後誤差（Postsurvey Errors）：例如，在整理資料時或是把資料轉換為電子格式時犯下一些錯誤。
   (2) 模式效應（Mode Effects）：例如，由於調查方法所產生的差異，像是透過信函、親自訪談，或是透過網路等不同的方法。

(3) 可比較性誤差（Comparability Errors）：例如，在針對同一群受訪者調查相同的議題時，不同的調查組織、國家，或者是調查時間所得到的資料卻不相同。

八、調查在需求評估中的使用

（一）需求評估

為了計畫制定目的，而系統化研究關於母體需求的特徵問題。亦即針對需求所做的研究過程被稱為需求評估，適用於各種以計畫為目的而蒐集的研究方法。

（二）進行評估的方式（技巧）

1. 關鍵訊息提供者（Key Informants）：利用問卷或訪問為主要方式，從被認為對目標母體之問題與需求，以及對目前該母體的服務傳遞上之落差有特殊了解的人，獲得專業意見。被挑選參與調查的關鍵訊息提供者可能包括團體或組織的領導人，他們與目標母體有密切接觸，並對目標母體的問題有特別認識。關鍵訊息提供者可能也包括與目標母體密切工作的社會工作人員。

2. 社區論壇：舉行一個集會讓社區相關成員可以表達意見，並對自身需求自由互動的一種需求評估方法。

3. 接受處遇比例：根據已經使用服務之對象的數量與特徵，對現存統計資料做次級分析，以估計其潛在案主對服務的需求和特徵的一種需求評估方法。

4. 社會指標：利用現存能反映整個母體情況的統計資料之需求評估方法。

5. 社區或目標團體調查：針對目標團體的直接成員進行調查，是最能直接評估目標團體的特徵和所感受到之問題與需求之方式。

 練功坊

Q 面訪過程中，訪員扮演極重要的角色，請說明訪員可能造成的偏誤之情形為何。

A _____

造成訪員偏誤之情形：

（一）回答者的錯誤：忘記、尷尬、誤解，或是因某人在附近出現而說謊。

（二）不是刻意的錯誤與訪員的疏忽：聯絡到不正確的回答者、讀錯問題、漏掉該問的問題、按照錯誤的順序問問題、記錄一個錯誤的答案或是誤解回答者的意思。

（三）訪員有意的破壞：有意地更改答案、刪掉問題或用不同措詞來問問題、選擇另外的回答者。

（四）訪員因為回答者的外貌、生活狀況或是其他的答案，而對回答者的答案產生某種期待，於是影響了答案。

（五）訪員未能深入探問，或者深入探問不當。

（六）由於訪員的外表、語氣、態度、對答案的反應或是在訪談之外所做的評論，影響到回答者的答案。

★（　）下列何種調查研究方法的成本相對較高？

(A) 面訪問卷調查研究法　　　　(B) 電訪問卷調查研究法

(C) 集體填答問卷調查研究法　　(D) 郵寄問卷調查研究法

解析 _____

A。面訪問卷調查研究法是較電訪、集體、郵寄等調查法花費較多的研究法，因訪員需逐一面訪受訪者，增加行政成本之支出。

★（　）社會工作師帶著設計好之「家人互動關係問卷」，分別到某縣的四個老人活動中心，對前來中心活動的老年人進行資料的蒐集，此種集中施測資料蒐集方法最大的缺點在於：

(A) 回收率低　　　　　　　　(B) 作答者可能會相互影響

(C) 耗費時間與經費　　　　　(D) 樣本數不足

解析 _____

B。將樣本全部集中在一起，集體予以施測的方法稱為集體填表法。這種方法因為是集體樣本，可以當場分發問卷，不僅省時、省錢、回收率又高、受訪者又確實為本人是其優點，是最理想的調查方法。但集體填表法在訪問的深度上、答案填寫細緻的程度上，以及作答者可能會相互影響等為其缺點。

重點便利貼

❶ 問卷設計概念衍化過程的考慮因素：周延性、互斥性、同質性。

❷ 結構式問卷又名封閉式問卷，研究者預先設計好各題所有可供回答的答案，讓受試者選擇。多用於量化研究。

❸ 非結構式問卷又名開放式問卷，是指研究者於整份問卷中完全不設定選項來限制受試者的選擇，而讓受試者可以完全自由發揮來作答。多用於質性研究。

❹ 半結構式問卷是一種混合形式的問卷設計，也就是說在整份問卷中同時包括封閉式與開放式的問題。多用於探索性研究。

❺ 問卷問題設計的基本原則：A. 主題原則；B. 簡短清楚原則；C. 避免「雙重問題」原則；D. 避免否定問句原則；E. 禮貌原則。

❻ 問卷題目設計應注意的事項：A. 問題與命題；B. 開放式與封閉式的問題；C. 務必清楚了解問卷的題目與項目；D. 避免一個題目中載有雙重題意；E. 有關題目的背景訊息應該完全提供，使受訪者方便作答；F. 問卷題目之間，彼此應相互聯貫，每個題目都應與主題有關；G. 題目應簡潔扼要；H. 避免負向的題目；I. 避免帶有偏見或情緒化的題目。

❼ 優質問項製作的原則：A. 避免行話、俚語和簡寫；B. 避免模稜兩可、混淆與模糊不清；C. 避免情緒性的言語，以及聲望所產生的偏見；D. 避免雙重負載問題；E. 避免誘導性的問題；F. 避免超過回答者能力的問題；G. 避免錯誤的前提；H. 避免詢問有關未來的意向；I. 避免雙重的否定；J. 避免重疊和不平衡的選項分類。

⑧ 問卷預試乃是指在問卷製作完成後，選擇以符合樣本群之背景資料者作為預試樣本，或是了解此領域的同僚來做施測，以作為修正問卷內容的標準。

⑨ 提高問卷回收率之方法：A. 應注意問卷的外觀；B. 對填寫者有所說明；C. 激起受訪者個人的共鳴；D. 最好得到贊助；E. 給予參與者誘因；F. 一定要強調匿名和保密的維護；G. 回寄的形式必須講究設計；H. 郵寄程序也要注意；I. 追蹤；J. 要設法成為一個好的訪問員。

⑩ 信度：是指一個指標的可信賴程度。

⑪ 重測信度：指用同一測驗，對同一群受試者前後測驗兩次，再根據受試者兩次測驗的分數，計算其相關係數，此係數即為該測量的信度係數。

⑫ 內部一致性信度：測量不同「題」的一致性，類型有折半信度、Cronbach's α 係數。

⑬ 複本信度：亦即同方向信度。

⑭ 增進問卷信度的方法（原則）：A. 清楚地概念化所有建構；B. 增加測量等級；C. 使用多重指標來測量一個變項；D. 進行測試。

⑮ 效度：是指研究的準確性，也就是真正測出研究者想要測量的概念或變項的能力。

⑯ 表面效度：指問卷或測驗在研究者或受試者主觀上覺得有效的程度。

⑰ 內容效度：指的是有系統的檢查測驗內容的適切性，衡量測驗是否涵蓋足夠的項目，以及是否有適當的比例分配等。

⑱ 經驗效度：是指從測量所獲取的資料與實際之情形相當的程度。

⑲ 預測效度：經由問卷或測驗所得到的調查結果若能預測當事者的「未來」，表示該問卷或測驗具有良好的預測效度。

⑳ 建構效度：是指測驗能否測量理論的概念或特質的程度。

㉑ 提升問卷的外在效度之方法：A. 研究目的澄清；B. 敏感問題的減少；C. 避免社會性期待答案的產生；D. 相關問題的處理。

㉒ 提升問卷調查的內在效度的方法：A. 問題要明確；B. 字語要簡單；C. 避免雙載的問法；D. 問題要精簡；E. 避免負向的陳述；F. 受訪者的知識水準要加以考慮；G. 利用試測檢定問卷的好壞。

㉓ 複雜變項的複合或累積測量被稱之為量表（Scales）。

㉔ 總加量表：又稱為 Likert（李克特）量表。包含一組陳述，根據受試者回答同意與不同意的程度給予不同的分數，所有項目陳述分數的總和即為受試者的態度量表分數，分數的高低代表同意或不同意的程度。

㉕ 等距量表：又稱為舍史東量表。是根據比較判斷法則，這個法則論及當每個人都做出獨立判斷時，如何測量或比較態度的這個議題。

㉖ 累加（積）量表：又稱為古特曼量表（Guttman Scale）。是研究者在蒐集資料之後用來評價資料的方法，研究者可用來判斷一組指標或測量問項之間是否有關係存在。

㉗ 鮑氏（波加德）社會距離量表：是用來測量分隔民族或其他團體的社會距離。

㉘ 語意差異法：提供測量人們如何感覺某個概念、物體或其他人的一種間接測量工具。

㉙ 調查研究：是以抽樣的方式，探討樣本的狀況與現象（即樣本的屬性），把樣本所得之資料推論到整個樣本。

㉚ 訪問調查：訪問員依據訪談大綱，對受訪者面對面的、以口語的方式，去蒐集問卷上所欲蒐集的資料。

㉛ 郵寄問卷法：是指研究者將問卷郵寄給被抽樣到的填答者，藉由填答者回覆的問卷，去蒐集到所欲蒐集資料的方法。

㉜ 集體填表：把樣本全部集中在一起，集體予以施測的方法。

㉝ 電話訪問調查法：是一種用電話作為訪談工具的訪問調查法。

㉞ 線上調查：是指透過網路以及全球資訊網來進行。

擬真考場

申論題

在測量中，信度（Reliability）是問卷極為重要的指標：

（一）說明信度的意義。

（二）說明增加信度的方法。

選擇題

（　）1. 考生入學測驗的成績和其入學後的學業表現有高度的關聯性，表示入學測驗
　　　　　具有何種效度？

　　　　　(A) 表面效度　　　　(B) 一致效度　　　　(C) 預測效度　　　　(D) 建構效度

（　）2. 請挑出有關郵寄問卷、電話訪談與面對面訪談的錯誤敘述：

　　　　　(A) 以成本高低排序：面對面訪談＞電話訪談＞郵寄問卷

　　　　　(B) 以速度快慢排序：面對面訪談＞電話訪談＞郵寄問卷

　　　　　(C) 以回答率高低排序：面對面訪談＞電話訪談＞郵寄問卷

　　　　　(D) 以社會期望偏誤高低排序：面對面訪談＞電話訪談＞郵寄問卷

（　）3. 調查研究法是社會科學中最普遍使用的資料蒐集技術，對於問卷的開放式和
　　　　　封閉式問題設計之優缺點，下列敘述何者有誤？

　　　　　(A) 開放式優點：比較及資料分析容易；填答的地方占問卷很大的篇幅

　　　　　(B) 開放式缺點：受試者可能著墨在無關緊要的細節上；調查者需付出大量
　　　　　　　的時間、思索和精力

　　　　　(C) 封閉式優點：調查者容易比較不同受試者的答案；受試者會比較可能回
　　　　　　　答敏感性問題

　　　　　(D) 封閉式缺點：沒有意見或不了解的人也可以作答；強迫受試者作出在現
　　　　　　　實世界可能不會作的選擇

解析

申論題：

（一）信度的意義

信度是指一個指標的可信賴程度。信度是指研究的信賴度（Dependability）與一致性（Consistency）。受訪者被訪問時的回答或受測時的分數，若再施測一次或再訪問一次時，其結果應該相同。

（二）增進問卷信度的方法（原則）

1. 清楚地概念化所有建構：如果是對單獨的一個建構或建構的某個次面向進行測量，那會提高信度。這意味著研究者應努力發展沒有任何模糊不清之處的理論定義。建構應該要有清楚明確的定義，以消除來自其他建構的「雜音（Noise）」（例如令人分心或干擾思考的資訊）。

2. 增加測量等級：測量等級比較高或比較精確的指標，會比測量等級較不精確的指標，可能具有較高的信度，這是因為後者所獲得資訊不詳細之故。

3. 使用多重指標來測量一個變項：對同一個建構，使用兩個（或多個）指標，會比只用一個來得好。多重指標有兩項功能。第一，允許研究者對一個概念定義的內容進行廣泛的測量。某些作者稱這個作法為從概念範疇中抽樣。可以對建構的不同層面進行測量，每個層面都有自己的指標。第二，一個指標（例如：問卷上的一個問項）可能不夠完美，但是數個測量工具就比較不可能犯下同樣（系統）的錯誤。多重指標測量工具會比單獨一個項目的測量工具更為穩定。

4. 進行測試：先行使用前測或測試版的測量工具。在正式使用最終版本進行檢定之前，先就某個測量工具發展出一個或多個草案或測試版進行測試，以提升信度。

選擇題：

1. **C**　預測效度是經由問卷或測驗所得到的調查結果若能預測當事者的「未來」，表示該問卷或測驗具有良好的預測效度。

2. **B**　以速度快慢排序應為：電話訪談＞面對面訪談＞郵寄問卷。

3. A　開放式問卷事後的分類較麻煩，因為各受訪者可能以不同的字眼來表達同樣的意思。

Note.

資料統計與分析

- 本章有許多的統計名詞與統計方法，向來是社工系學生較弱的部分，因此，請詳加用心，紮實準備。

- 統計量數的名詞是本章的最基本部分，如未能對統計量數有清楚的觀念，將會混淆後續的研讀，因此，請仔細了解各量數的基本意義。

- 推論統計涉及統計顯著、顯著水準，乃至所產生的型Ⅰ錯誤與型Ⅱ錯誤，測驗題多以實務案例請考生判讀；解釋名詞則為專有名詞解析；申論題部分，偏重型Ⅰ錯誤與型Ⅱ錯誤的說明，且應搭配本書第二章的變項章節一併研讀，才能建立統整的觀念。

- 資料分析的各種統計方法與差異性考驗，要確實釐清觀念，難度較高，請加強準備。

- 統計顯著、顯著水準二者請建立統整的觀念。

- 型Ⅰ錯誤、型Ⅱ錯誤兩者互有關聯，請運用案例建立清晰觀念。

- 先詳讀虛無假設與對立假設之假設訂定方式，再選取適當的抽樣分配，搭配選擇顯著水準及臨界區，及依研究目的決定係單尾或雙尾考驗，作為統計資料之判讀依據。

- 虛擬變項是指為了統計分析的需要而做變項的統計處理，請明瞭其意涵。

- 卡方、邏輯迴歸、t檢定、單因變異數分析、多元線性迴歸之統計方法選判，涉及自變項與依變項之適用尺度、變項個數，務必完全區辨。

- 百分比表的詳盡模型是三變項的表，不同於雙變項的表，請區辨清楚；詳盡範型的五種模式，請搭配圖表案例詳細研讀，務求觀念清楚。

110 年		111 年				112 年				113年	
2 申	2 測	1 申	1 測	2 申	2 測	1 申	1 測	2 申	2 測	1 申	1 測
	2		4		5		3		4		1

本·章·架·構

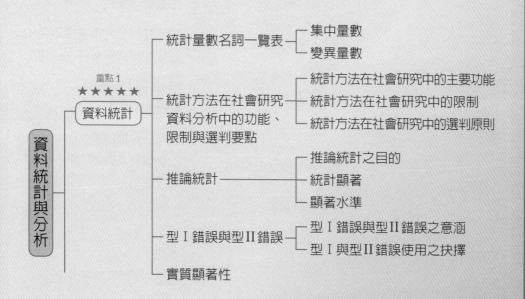

資料統計與分析

重點 1
★★★★★
資料統計

├─ 統計量數名詞一覽表 ─┬─ 集中量數
│   └─ 變異量數
│
├─ 統計方法在社會研究 ─┬─ 統計方法在社會研究中的主要功能
│   資料分析中的功能、 ├─ 統計方法在社會研究中的限制
│   限制與選判要點   └─ 統計方法在社會研究中的選判原則
│
├─ 推論統計 ─┬─ 推論統計之目的
│   ├─ 統計顯著
│   └─ 顯著水準
│
├─ 型 I 錯誤與型 II 錯誤 ─┬─ 型 I 錯誤與型 II 錯誤之意涵
│   └─ 型 I 與型 II 錯誤使用之抉擇
│
└─ 實質顯著性

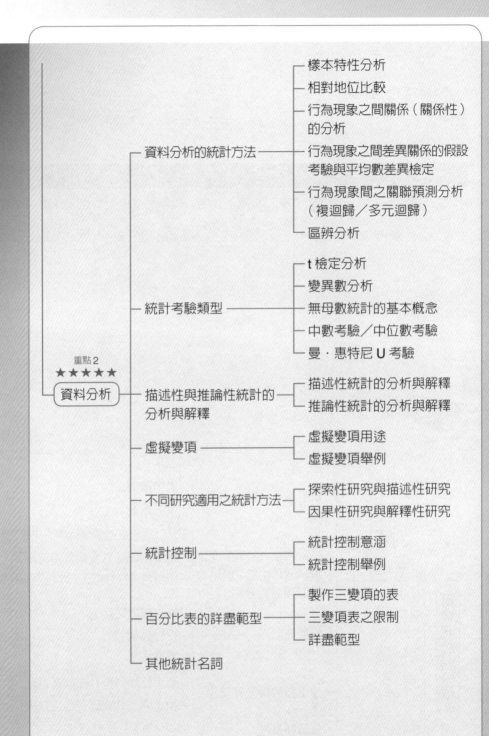

様本特性分析

相對地位比較

行為現象之間關係（關係性）的分析

行為現象之間差異關係的假設考驗與平均數差異檢定

行為現象間之關聯預測分析（複迴歸／多元迴歸）

區辨分析

資料分析的統計方法

t 檢定分析

變異數分析

無母數統計的基本概念

中數考驗／中位數考驗

曼‧惠特尼 U 考驗

統計考驗類型

重點2
★★★★★
資料分析

描述性與推論性統計的分析與解釋

描述性統計的分析與解釋

推論性統計的分析與解釋

虛擬變項

虛擬變項用途

虛擬變項舉例

不同研究適用之統計方法

探索性研究與描述性研究

因果性研究與解釋性研究

統計控制

統計控制意涵

統計控制舉例

百分比表的詳盡範型

製作三變項的表

三變項表之限制

詳盡範型

其他統計名詞

重點 1 資料統計 ★★★★★

上榜關鍵 ★★★

統計量數名詞，常見於解釋名詞及測驗題，請留意。

一、統計量數名詞一覽表

（一）集中量數 知

名詞項目	說明
算數平均數	簡稱「平均數」，統計資料是屬於連續變項時，最宜使用算數平均數的方法來處理。
中位數	簡稱「中數」。中位數是指變數依大小排列順序時，位於排列位置最中間的一個數（如果最中間有兩個數，則取其平均值）。
眾數	代表一個團體的集中情形，眾數是指出現次數最多的數值，或最多人得到的分數。適用於間斷變數。如果有好幾個數出現次數都是最多，則並列為眾數。

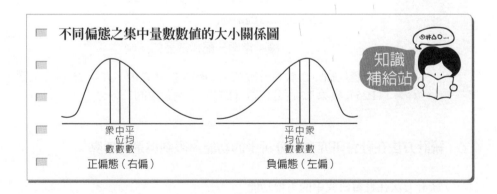

不同偏態之集中量數數值的大小關係圖

知識補給站

眾中平
位均
數數數
正偏態（右偏）

平中眾
均位
數數數
負偏態（左偏）

（二）變異量數

全距	全距是指一組數據中最大值與最小值之差，是最簡單就可計算獲得的變異量數指標，但其缺點則是最不精確。適用於等距變數，而不適用於次序變數。
平均差	**團體之分數愈參差不齊，各分數與其平均數之差便愈大。**所謂平均差便是利用此一特色來表示的一種量數。
標準差	代表樣本之間離散情形的量數。當我們假設資料是一個常態分布時，約有 34% 的樣本資料，會落在平均值以上的一個標準差以內，而另外 34% 會落在一個標準差以內。而幾乎有三分之一的樣本值，會落在一個標準差以外（約有 16% 超過一個標準差以上，約有 16% 低於一個標準差以下）。透過計算標準差的值，我們可以了解資料數值距離平均數有多遠。 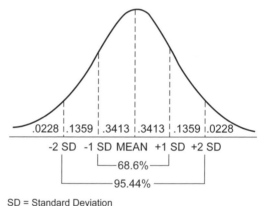 SD = Standard Deviation 圖：常態分配標準差的比例
四分差	四分差是指一組資料分數按大小順序排列之後，其第 25 百分位數（P25）與第 75 百分位數（P75）之間距離的二分之一。

二、統計方法在社會研究資料分析中的功能、限制與選判要點

（一）統計方法在社會研究中的主要功能

1. 描述：僅就所蒐集之統計資料本身作整理分析及討論，並不將其意義推廣至更大範圍者，通常此部分被稱爲描述或敘述統計學。

2. 推論：由樣本資料特質來估母體（群）的特徵分布狀況，稱為推論或推理統計學。

3. 實驗：利用重複性及隨機性，將特定因素以外之其他已知和未知因素的影響性予以處理，以淨化特定因素的影響效果，因而提高分析結果精確度的方法，稱為實驗設計。

（二）統計方法在社會研究中的限制

1. 原始資料須先經過量化（數值化）處理，才能進一步選用適當的統計方法予以分析。

2. 數量資料須透過精確的測量，樣本資料須經由隨機抽樣，並具有足夠的代表性。

3. 每一種統計方法，均有其適用範圍，須就資料特質與條件先行判斷再作選擇。

（三）統計方法在社會研究中的選判原則

1. 變項的測量層次：不同測量層次（類別、順序、等距、等比）變項，須選擇不同的統計測量法來分析變項特質與變項之間的關係。

2. 變項間的關係，係對稱的，亦或為不對稱的：討論變項之間關係的統計測量法，因變項間關係假定的差異（對稱關係：不區分自、依變項，表兩者相互影響；不對稱關係：其一為自變項，另一為依變項，後者受前所影響），而有不同的分析方法。

3. 統計量是否具有消減誤差比例（Proportionate Reduction in Error，簡稱 PRE）的意義：

   (1) PRE 數值的意義：係表示用一個現象（如變項 X）來解釋另一個現象（如變項 Y）時，能夠減除多少比例（通常以百分比例）的誤差。由於社會研究探求現象之間真實關係的目的，就是希望能減少預測或解釋時的錯誤，因此，具有 PRE 意義的統計測量法將為研究者優先採用。

   (2) 公式：

   $$PRE = \frac{E_1 - E_2}{E_1}$$

   (3) 說明

   A. E_1：期望誤差（Expected Errors），為假定不知道 X 的情況下預測 Y 的情況所產生的誤差值。

B. E_2：觀察誤差（Observed Errors），指知道 X 的情況，而依據 X 的數值來預測 Y 的情況所產生的誤差值。

C. 由公式意涵可知，X 與 Y 變項之間的關係愈強，所能減少的預測誤差就愈多，亦即所消減的誤差大小，可以反映出 X、Y 兩變項間關係的強弱程度。

4. 社會研究之目的：可分為探索性（Exploratory）、描述性（Descriptive）、解釋性（Explanatory）與解析性（Analytical）等性質。各類型的研究重點而言，前兩者以描述統計學方法的應用為主，後兩者則偏重於假設檢定之推論統計方法的操作。

> **榜首提點** 💡
>
> 在推論統計的準備上，觀念的建立最為重要，其中統計顯著的意義、顯著水準，必須有非常清楚的觀念，是明星級考點。

三、推論統計

（一）推論統計之目的

1. 推論統計（Inferential Statistics）使用機率理論，進行正式的假設檢定、允許根據樣本資訊推論母群特質，並且檢定所描述的結果是否有可能源自於隨機因素，還是來自於一個真正的關係。

2. 推論統計本諸機率抽樣的原則，這是說研究者經由隨機過程（例如：亂數表）從整個母群體中選取個案。推論統計是種精確的方法，能說明當研究者根據樣本結果推論母群時，可能有的信心程度。

（二）統計顯著

1. 統計顯著的意思是說結果不可能來自於機會因素。它係指出找到一個樣本中有而母體中沒有的關係的機率。

2. 統計顯著只能說明可能的情況。它不能提出絕對肯定的證明。它敘述特定結果是比較可能或比較不可能發生。

（三）顯著水準

1. 研究者經常以水準（例如說，某個檢定達到某個水準的統計顯著）來表達統計顯著，而不是使用某種機率。統計顯著水準（經常用 0.05、0.01 或 0.001）是一種方式，說明結果乃出於機會因素的可能性，亦即，一個不存

在於母群體的關係出現在樣本中的機會。

2. 舉例：如果研究者說結果達 0.05 的顯著水準，這是意味著：

(1) 由機會因素造成類似這種結果，100 次中只有 5 次。

(2) 有百分之九十五的機會，樣本結果不是純粹由機會因素造成，而且能精確地反映母群性質。

(3) 純粹由機會造成這種結果的可能性為 0.05 或百分之五。

(4) 我們有百分之九十五的信心認為結果是出於母群中的真實關係，而不是機會因素造成的。

榜首提點

型 I 錯誤與型 II 錯誤，必須要能深入論述及應用，邏輯觀念必須非常清楚，切勿將型 I 錯誤與型 II 錯誤兩者混淆。

四、型 I 錯誤與型 II 錯誤

（一）型 I 錯誤與型 II 錯誤之意涵

1. 如果統計顯著的邏輯是根據陳述結果是否是由機會因素造成的，那麼為什麼要採用 0.05 的水準呢？這意味著有百分之五的機會，結果是隨機產生的。為什麼不用更確定的標準呢？例如：隨機機會的機率是一千次的一次呢？不論是隨機還是真正關係造成這些結果，這個決策都會給予他們一個比較小的機會。

2. 對於這種思考方式有兩個答案。簡單的答案是採用 0.05 係出於科學社群非正式同意的經驗法則，對結果有百分之九十五的信心是可以接受的解釋社會世界的標準；第二個比較複雜的答案涉及到的是犯型 I 錯誤、還是型 II 錯誤之間的交換。研究者可能犯上的邏輯錯誤有兩種類型。型 I 錯誤發生在當研究者說有關係存在，但是事實上並沒有關係存在的情形，這意味著犯下拒絕虛無假設的錯誤；型 II 錯誤發生在當研究者說關係不存在，但是事實上它存在的情況，這意味著犯下接受虛無假設的錯誤。知

3. 現在把統計顯著與這兩錯誤的概念結合起來。過分小心的研究者訂出一個高的顯著水準，因此很可能會犯下某一類型的錯誤。例如：他可能使用 0.0001 的顯著水準。他把結果全歸諸於機會，除非結果非常罕見到出現了一萬次中的那一次。這種高標準意味著研究者將非常可能犯下說結果是由機會造成的，而事實上並非如此的錯誤。他可能會犯了在確實有因果關係的情形之下，接受虛無假設（型 II 錯誤）。相反的，勇於冒險的研究者設定

一個低的顯著水準，例如：0.10 的結果指出某個關係發生的機會是十次中會中一次。他就很可能會犯下說有某個因果關係存在，但實際上這個結果只是隨機因素（例如：隨機取樣誤差）造成的。研究者很可能犯下拒絕虛無假設（型 I 錯誤）的錯誤。總之，0.05 的顯著水準是折衷型 I 與型 II 錯誤後的結果。

表：型 I 與型 II 錯誤

研究者陳述的情況	現實中的真實情況	
	沒有關係	因果關係
沒有關係	沒有錯誤	型 II 錯誤
因果關係	型 I 錯誤	沒有錯誤

■ 觀念釐清：型 I 與型 II 錯誤之案例

知識補給站

- 陪審團可能會做出錯誤的決定，判決事實上是清白的被告有罪。或是做出另一種錯誤的決定，判決事實上有罪的被告清白無罪。或是做出另一種錯誤的決定，判決事實上有罪的被告清白無罪。陪審團並不想犯下任何一種錯誤，它並不想讓清白者坐牢，也不想讓犯罪者逍遙法外。但是它必須在有限的資料下做出判決。

- 製藥工廠必須做出是否要販賣新藥的決定，藥廠也有可能犯下說這個藥品沒有副作用的錯誤，但是事實上它有使人變瞎的副作用。或者說它可能因不必要的擔心，認為藥品會有嚴重的副作用，而扣著不想上市，但是事實上這個藥品並沒有嚴重的副作用。藥廠不想犯下任何一種錯誤，如果他犯下了的第一種錯誤，藥廠可能得面對訴訟，並且危害到某些人；第二種錯誤不僅阻止藥廠出賣可能具有療效的藥品，也使它無法從中獲利。

（二）型 I 與型 II 錯誤使用之抉擇

1. 每當我們降低顯著水準以避免犯下型 I 誤差，我們則自動增加犯下型 II 誤差的風險。社會科學家傾向接受犯下型 I 誤差的風險大過於接受犯下型 II 誤差的風險，這可能和他們想得到具統計顯著性的結果以及抵銷因此期望而可能產生的偏見有關，故使用 0.05 或較低的顯著水準來避免錯誤支持研

究假設的風險，以呈現出科學謹慎性與客觀性的圖像。

2. 當然，要解決此兩難的一種方式是透過不斷進行重複研究，另一種方式則是增加樣本數，事實上，我們可能會建議以先前結果爲根據，然後使用較大樣本來複製我們的研究，如同我們接下來將看到的，增加樣本大小是一種減低犯下型II誤差風險、但不會增加型I誤差風險的方法。

> **上榜關鍵** ★★★★
>
> 要完全了解實質顯著性之意涵及建立正確觀念並不容易，必須多加研讀幾次，並多思考，才能融會貫通，爲解釋名詞、測驗題的考點。

五、實質顯著性

（一）一個針對關係強度的測量，並不自動代表其亦具有實質顯著性（Substantive Significance）。實質顯著性與臨床顯著性（Clinical Significance）兩者具有相同的意義。不論一個關係可能多強，即不論在相關性的測量中，它與平均效果大小的比較如何，或是其數值有多接近1.0，我們仍然可以詢問，這究竟是個相當重要或是毫無價值的結果。

（二）關係強度和實質顯著性間並不存在必然的一致性，重要的是要理解依變項有多少變異量可以被自變項所解釋，以及該數值相較於先前可比較之研究所解釋的變異總量又是如何，但並非所有研究在實用重要性上都是可以比較的。因此，當我們已經弄清楚一個關係的統計顯著性及相關強度後，我們必須做出一些主觀價值判斷來判定該關係的實質顯著性。

（三）例如：以兒童虐待案例來思考實質顯著性這個概念，假設一個介入會造成35%和65%再犯率的差異，假定此結果達到統計上的顯著，那麼其實質顯著性又如何呢？換句話說，在相關的專業領域中，這樣的結果又有多少實際重要性呢？假設另一個介入在相同標的母群體中發現，不同介入造成20%和80%再犯率的差異，且達到統計上的顯著，若兩種介入在花費、時間等都是相同的，那麼要決定哪一個是具有實質顯著性的結果，將是一個相當簡單的過程，而我們會選擇20%再犯率的介入，因爲這兩個介入除了關係強度，其他條件是相同的，故越強的關係也是越具有實質顯著性的關係。

（四）統計顯著性、關係強度，以及實質顯著性（或臨床顯著性）爲不同的概念，不可與任一個混淆。達統計顯著性的關係不必然代表關係強或是有實質意義，關係強不必然具有實質顯著性，而有些看似關係弱，依變項的變異量僅有很小比例可被解釋，但卻可以有很大的實質（或臨床）顯著性。一個結果的實質（或臨床）顯著性和其實務、理論價值或意義有關，要評估實質顯著性時，則必須

對研究變項或問題的重要性，以及結果對於減輕該問題的已知或未知知識有何補充，做出價值判斷。

六、常見的推論統計誤用和錯誤詮釋

（一）錯誤1：沒有考慮統計檢定力

沒有考慮統計檢定力，這種錯誤可能導致下列一個或多個不幸後果：

1. 研究樣本太小，以至於即使虛無假設爲錯，研究結果達到統計顯著的可能性仍舊太小，根本不值得進行。

2. 樣本太大，遠超出獲得適切顯著水準的統計檢定力所需的樣本大小，平白浪費資源。

3. 沒有採用統計檢定力的資訊來詮釋虛無發現（研究發現未達顯著），因此忽視了第二類型錯誤可能解釋研究假設未獲得支持的機率。

（二）錯誤2：誤認爲無法拒斥虛無假設就等於證明假設爲眞

1. 錯誤的認爲無法拒斥虛無假設就等於證明研究假設是正確的。即使研究結果檢定沒有達到顯著性，也仍有相對低的機率，可能是由巧合或抽樣誤差而導致統計不顯著。特別是在結果落在顯著水準邊緣和低統計檢定力的時候，這方面的問題尤其嚴重。

2. 反之，如果認爲拒絕虛無假設（亦即結果有顯著）就代表研究假設是對的，這也不是正確的詮釋。虛無假設只是統計上的假設，只涉及將巧合視爲一種對立假設，而不是針對測量誤差或研究設計錯誤提出的另類解釋。因此，不要因爲狀似高深的統計分析程式，或是檢定的顯著性和強度，而忽略了統計之外的方法論錯誤或其他偏頗因素。

3. 即使某項關係有達到統計顯著，而且研究方法論相對沒有瑕疵，研究者仍必須記得，辨別統計顯著性和關係強度的不同。然而，在研究者和使用者當中，無法區分這兩者的不同卻是相當普遍的錯誤。統計顯著的關係並不必然是強度的關係；反之，微弱的關係卻有可能在樣本數量夠大之下達到統計顯著。

（三）錯誤 3：混淆實質重要性和統計顯著性或關係強度

研究者和使用者往往無法清楚區分，實質重要性和統計顯著性或關係強度的差別。就實質或實務的觀點來看，統計顯著的關係可能有也可能沒有意義。縱使統計顯著的關係很強，也有可能只是包含沒什麼實質重要意涵的變項。

（四）錯誤 4：執行多次顯著性檢定，膨脹第一類型錯誤的風險

1. 這是現今高科技電腦時代令人十分擔憂的一種錯誤，因為研究者可在電腦鍵盤上按幾個鍵，就輕易完成許多不同的推論統計分析，因此可能在不自覺的情況下，執行了許多雙變項顯著性的檢定，從而膨脹了犯下第一類型錯誤的機率。

2. 例如：假設有研究團隊分別測試 20 個不同的雙變項關係，每次都使用 0.05 的顯著水準，而檢定發現，其中只有一項關係達到統計顯著，他們是否應該拒絕虛無假設？其實研究團隊是不應該拒絕虛無假設的。因為研究者如果跑多次雙變項關係的顯著性檢定，犯下第一類型錯誤的風險就會比 p = 0.05 更高，因為研究者在 0.05 顯著水準下，進行 20 個獨立的檢定，結果發現一次「顯著性」關係，而犯下第一類型錯誤的機率會膨脹，不再是原本的 0.05，跑越多次的雙變項檢定，實際上犯下第一類型錯誤的機率就越高。這 p = 0.05 的水準只適用在跑一次檢定時的情況。這並不表示，研究者絕對不可以在一個研究中檢定超過一種以上的關係，這意思只是提醒研究者，如果希望檢定一種關係以上，就必須正視且處理第一類型錯誤之機率可能膨脹的風險，並可使用其他的統計方法加以修正。

 練功坊

Q 在假設考驗（Hypothesis Testing）中，有可能犯第一型錯誤（Type I Error），也可能犯第二型錯誤（Type II Error），請問何謂第一型錯誤？何謂第二型錯誤？何以在研究中往往只考慮第一型錯誤？

A

(一) 型Ⅰ錯誤與型Ⅱ錯誤之說明

研究者可能犯上的邏輯錯誤有兩種類型。型Ⅰ錯誤發生在當研究者說有關係存在，但是事實上並沒有關係存在的情形，這意味著犯下拒絕虛無假設的錯誤。型Ⅱ錯誤發生在當研究者說關係不存在，但是事實上它存在的情況，這意味著犯下接受虛無假設的錯誤。

(二) 在研究中往往只考慮第一型錯誤之原因

每當我們降低顯著水準以避免犯下型Ⅰ誤差，我們則自動增加犯下型Ⅱ誤差的風險。社會科學家傾向接受犯下型Ⅰ誤差的風險大過於接受犯下型Ⅱ誤差的風險，這可能和他們想得到具統計顯著性的結果，以及抵銷因此期望而可能產生的偏見有關。

★ ( ) 進行研究分析時，研究者必須設定其顯著水準。請問，所謂 .05 之顯著水準表示何者意義？

(A) 有百分之五的機會，計算所得之統計值為抽樣誤差的結果

(B) 只有百分之五的機會，測量的變項為虛無相關

(C) 分析結果可以被接受，因為抽樣誤差只有百分之五

(D) 信心水準是百分之五

解析

A。.05 之顯著水準表示有百分之五的機會，計算所得之統計值為抽樣誤差的結果。

 練 功 坊

★（　　）下列何種情形，採用中位數（Median）要比使用平均數（Mean）適當？

(A) 平均數值很大時

(B) 需要有高效度時

(C) 平均數與眾數相差太大時

(D) 極端分數對於平均數影響太大時

解 析 _____

D。極端分數對於平均數影響太大時，如使用平均數，將會使平均數值失真。

重點 2 資料分析 ★★★★★★

一、資料分析的統計方法

（一）樣本特性分析：次數分配與百分比

1. 目的：將零亂分散的原始資料予以分類
   （組），依照變項屬性（類別）出現的次
   數，做成次數分配及百分比表，以達簡化
   資料、助於理解的目的。

2. 適用時機：描述研究對象（樣本）之各個
   屬性變項特質分布時使用之。

3. 公式

   (1) f（次數）：累積各變項屬性出現的次數。

   (2) p（比例）：$\dfrac{f}{n}$

   　　f：屬性類別出現的次數

   　　n：樣本總數

   (3) PR（百分率）：將比例的基數變大，通常以一百為倍數

   　　PR$= \dfrac{f}{n} \times 100$【即百分率（％）】

> **榜首提點**
>
> 資料的分析涉及不同的統計方法，這部分經常是社工系考生較弱的地方，務必紮實的準備，包括使用之目的、時機，以及變項的類別與資料的分析等，均為金榜考點。

（二）相對地位比較：Z 分數（Z Score）

1. 目的：

   (1) 比較不同群體在某一行為表現上的差異，或者某一特定群體在不同行
   為上表現的優、劣（相較於各行為表現變項的平均狀況）情形，標準
   分數（Standard Score）的運用，可以協助回答上述的問題。

   (2) Z 分數以固定的平均數與標準差為轉換依據，因而為資料比較提供了一
   個既客觀又劃一的基礎，描述與推論統計均可運用。

2. 適用時機：

(1) 欲描述個體（或某類群體）行為表現在某群體（或全體）中所占的相對位置，以看出個體（或某類群體）原始分數在平均狀況之上或之下多少個標準差（Standard Deviation）單位。

(2) 比較不同類別群體（分組）某一行為表現上的相對位置高低（或前後）時使用之。

3. 公式：

$$Z = \frac{X - \bar{X}}{S_x}$$

X＝某一觀察值
$\bar{X}$＝算術平均值（該群體）
S_x＝標準差（該群體）

（三）行為現象之間關係（關係性）的分析

1. 列聯相關（Contingency Coefficient）與卡方顯著性

(1) 目的：列聯係數係分析兩個相互影響變項（對稱關係）間關係強度的方法之一。

(2) 適用時機：

A. 列聯相關係數：

(A) X、Y 兩個變項均為類別性質。

(B) X、Y 兩個變項均包含兩個以上的類別，易言之，至少是 2*2 列聯表以上。

B. 卡方（χ^2）考驗：

(A) X、Y 兩變項均為類別性質，樣本經由隨機抽取。卡方做為一個描述統計，告訴研究者兩個變項關聯的強度；做為一個推論統計值，它告訴研究者發現的關係可能源於機會因素的機率。

列聯表（Contingency Table）：以比率分布的方式來表示變項間關係表格形式。

	女性	男性
贊成平等	80%	60%
不贊成平等	20%	40%
總數	100%	100%

知識補給站

(B) 卡方考驗之類型（依資料的特性與分析目的之不同區分）

類　型	說　明
適合度考驗 （Goodness of Fit Test）	指實際觀察次數分配與某種理論次數分配是否符合之檢定，亦即檢定樣本所代表的母群體分布，是否和一個已知母群體分布相同（例如：臺灣地區車禍的性別分布與一般人口不同）。
獨立性考驗 （Test of Independence）	指自一母群體抽取樣本，而考驗其設計變項 X、Y 間是否互相獨立（無相關）之檢定（例如：臺灣人口其血型和離婚與否之間是否相關）。
百分比同質性考驗 （Test for Homogeneity）	指若干母群體分別抽取隨機樣本，依據各樣本群體之觀察值，以判斷此若干母群體是否為同質之檢定（例如：對北、中、南三區虞犯青少年家庭結構完整性進行調查，以考驗三個地區虞犯青少年來自破碎家庭人數百分比是否相同）。
改變的顯著性考驗 （Test of Significance of "change"）	麥內瑪考驗（McNemar Test）指檢定同一群受試者（研究對象）在同一個變項（行為態度）的前後兩次反應之差異，是否達到顯著意義（例如：60 名村民在觀賞核子能建設成果影片前後，其贊成或反對核四廠興建的態度有無顯著改變化）。

2. 積差相關
 (1) 目的：分析雙項資料之相關性測量，最重要者為皮爾遜（Pearson）的積差相關法。其統計量以 R 表示；R 係數的範圍介於 ±1 之間，包括完全負相關、負相關、零相關、正相關及完全正相關等線性關係程度。
 (2) 適用時機：X、Y 兩項均為等距或等比測量層次時。

（四）行為現象之間差異關係的假設考驗

1. 目的：透過嚴謹的抽樣方法，選取母體中部分個體（樣本）進行研究，並依照假設考驗原理，檢定樣本資料所呈現的特質，是否能在某一個誤差容忍程度之下，推衍論點，以協助研究者了解整個較為普遍、廣泛而可能存在的現象事實（母體），此即是假設考驗的意涵。

2. 假設考驗步驟

建立虛無假設與對立假設，並訂定假設。

選取適當的抽樣分配。

選擇顯著水準及臨界區，並依研究目的決定係單尾或雙尾考驗。

計算檢定統計量。

作決策。

(1) 建立虛無假設（Null Hypothesis）與對立假設（Alternative Hypothesis），並訂定假設。

例如：H_0：$\mu_1 \leq \mu_2$（鄉村生育率低於或等於都市生育率）

H_1：$\mu_1 > \mu_2$（鄉村生育率高於都市生育率）

＊本例為單尾考驗

(2) 選取適當的抽樣分配：

例如：Z 分配、t 分配、X^2 分配、F 分配等。

(3) 選擇顯著水準及臨界區，並依研究目的決定係單尾（One-Tailed）或雙尾考驗（Two-Tailed Test）。

例如：H_0：$\mu_1 \leq \mu_2$（鄉村生育率低於或等於都市生育率）

H_1：$\mu_1 > \mu_2$（鄉村生育率高於都市生育率）

＊本例為單尾考驗

- 選取適當的抽樣分配（Obtaining the Sampling Distribution）。例如：Z 分配、t 分配、X^2 分配、F 分配。

- 抉擇顯著水準及臨界區（Selecting a Significance Level and Critical Region）。經常使用的顯著水準為：

A. $\alpha = 0.05$（以 ＊P<0.05 表示）

B. $\alpha = 0.01$（以 ＊＊P<0.01 表示）

C. $\alpha = 0.001$（以 ＊＊＊P<0.001 表示）

並依研究目的決定單尾（One-Tailed）或雙尾考驗（Two-Tailed Test）。

(4) 計算檢定統計量（Computing the Test Statistic）：根據所選用之統計量（如：Z 值、t 值、X^2 值、F 值等）及樣本資料，計算出統計量之數值。較常使用的顯著水準為：

A. $\alpha = 0.05$（以 ＊P<0.05 表示）

B. $\alpha = 0.01$（以 ＊＊P<0.01 表示）

C. $\alpha = 0.001$（以 ＊＊＊P<0.001 表示）

(5) 作決策：作出檢定結論；在某個顯著水準之下，判斷是否拒絕虛無假設（H_0）。

（五）行為現象間之關聯預測分析（複迴歸／多元迴歸）

1. 複迴歸／多元迴歸（Multiple Regression）基本概念之說明

(1) 複迴歸亦稱為多元迴歸，是一種統計方法，只適用於等距或比率資料，主要的功能是它可以同時控制許多替代解釋與變項。

(2) 複迴歸／多元迴歸分析與相關分析之差別，在於複迴歸／多元迴歸分析為單向不對稱關係（區分變項關係的影響方向），相關分析為雙向的對稱關係（相互影響，不區分影響方向）。

(3) 複迴歸／多元迴歸是主要用於確定數個預測變項與效標變項間的關係，在研究中的應用主要在於預測，且綜合多個變項預測效標變項，其正確性較根據一個變項預測高。例如：智力、動機、學習習慣、自我觀念、社經地位等變項與學業成績之相關。

2. 複迴歸／多元迴歸的結果說明

(1) 結果中有一個稱為 R 平方（R^2）的量數，該值解釋根據自變項的訊息來預測依變項的分數時，所減少的誤差。一個帶有數個自變項的良好模型，可以說明或解釋依變項上極大比率的變異。例如：R^2 等於 0.5 意味著知道自變項與控制變項就可以改善百分之五十預測依變項的精確度，或是說減少一半不知道這些變項時所產生的誤差。

(2) 迴歸結果測量每個變項對依變項的影響方向與大小，並以一個數值表示。例如：研究者藉著控制所有變項間的相互作用，可以觀察出五個自變項或控制變項是如何同時對依變項產生作用。對依變項的影響是靠標準化迴歸係數測量的，代表符號為希臘字母 β，兩個變項的 β 係數就等於相關係數 r，研究者利用 β 迴歸係數來決定控制變項是否具有影響力。

3. 案例

(1) 案例 1：X 與 Y 的雙變項關係係數為 0.75，然後研究者對四個控制變項做統計處理，如果 β 仍維持 0.75，那就是說四個控制變項沒有影響；然而，如 X 與 Y 的 β 值變小了（例如：降低為 0.20），那就意謂著控制變項發揮了作用。

(2) 案例 2：以年齡、收入、教育程度、地區為自變項，依變項是在政治意識型態指標上的分數。多元迴歸的結果顯示收入與做禮拜的次數對依變項有很大的影響，教育與地區的影響次之，而年齡則沒有影響。所有自變項的總應對預測一個人的政治意識型態有百分之八十三的精確度。說明了高收入、經常做禮拜以及住在南部地區與保守意見有正向關聯，而教育程度較高則與自由意見有關聯。收入的影響力超過住在南部地區影響力二倍以上。

表：多元迴歸結果舉例

依變項是政治意識型態指數（高分代表非常自由主義）　　$R^2 = .38$

自變項	標準化回歸係數
地區＝南部	-.19
年齡	.01
收入	-.44
受教育年數	.23
做禮拜的次數	-.39
$R^2 = .38$	

（六）區辨分析

1. 區辨分析（Discriminant Analysis）與複迴歸／多元迴歸類似，應用主要在於預測；不同處在於其效標變項可分成兩個或更多類別（類別變項）。

2. 主要目的：根據某群體過去在預測變項與效標變項間存有的關係，從個人預測變項的資料，預測其未來所屬的類別。

3. 舉例：根據不同的職業興趣預測個人將來從事之職業類別。

> **榜首提點**
>
> 各種統計量類型，為社工系考生較弱的地方，請務必建立清楚的統計應用概念，申論題及解釋名詞重要考點；亦為測驗題考點。

二、統計考驗類型

（一）t 檢定分析（t-test Analysis）

1. 說明：t 檢定是一種相當強韌的統計考驗方法，較常使用於兩個小樣本群平均數差異性檢定，包含獨立樣本與相依樣本兩種特性的分析。t 分配的特質與 Z 分配相當類似，亦呈現平均數為 0、左右對稱之型態，惟其曲線峰度較高狹，曲線兩端距底線較遠。由於樣本數愈大時（通常 N > 120），t 分配趨近於 Z 分配。

2. 適用時機
   (1) 樣本平均數為常態分配，變項測量層次為等距、等比變數（基本假設）。
   (2) 小樣本之平均數差異檢定；單一樣本時，指 N ≤ 30，N = 50；兩個樣本群時，指 $N_1 + N_2 < 120$。
   (3) 當母體之標準差或變異數未知時。

（二）變異數分析（Analysis of Variance，簡稱 ANOVA）

1. 說明：變異數分析為統計學家費雪（Fisher，R. A.）首創，其主要目的乃用於檢定各組樣本所代表之母體平均數間是否不同。一般以變異（離差平方和，SS，Sum of Squares）來表示差異，而變異的來源通常包含兩方面的原因：一為已知原因之變異（如處遇方案），另一則為抽樣誤差及未知原因之變異（或稱為實驗誤差距）。變異數分析（Analysis of Variance，ANOVA）亦稱為 F 統計法。

2. 適用時機

(1) 標準差的平方稱爲變異數。變異數的計算原則是計算每個測量值與平均值之間的差異。

(2) 自變項爲類別或順序變項，依變項爲等距或比率變項之平均數差異顯著性檢定；通常用以檢定自變項類別在三組或三組以上之母體平均數差異性考驗。

(3) 樣本所來自之母體，須符合 ANOVA 基本假設，即各樣本之母體爲：

A. 常態性（Normality），即呈常態分配。

B. 獨立性（Independence）及可加性（Additivity），指變異來源甚爲明確，分割後之各部分互相獨立或不相重疊。

C. 變異數相同（Homogeneity of Variance），當樣本資料經過考驗不合於此項假設時，須應用轉換方法，將其處理爲變異數較接近的情形，再進一步分析之。

（三）無母數統計

1. 無母數統計的基本概念

(1) 無母數統計考驗（Nonparametric Statistical Test）是一種無須特別指出樣本所來自的母群參數之條件的統計考驗法。無母數統計有時也稱爲不受分配限制統計法（Distribution-Free Method）。進行統計分析時，我們可以不必去滿足有關樣本所來自的母群之分配型態的基本假定。

(2) 無母數統計有四個特色：

A. 在諸如 z 考驗、t 考驗和 F 考驗的許多「母數統計法」中，樣本的條件必須合乎一些有關其母群的基本假定，否則統計考驗的結果可能導致不少的錯誤。但在無母數統計考驗法中，雖然有時還有一些基本假定，但其假定遠較母數統計考驗時的基本假定爲少、較不嚴格、而且容易符合要求。這是因爲大部分這種統計法都使用正確概率（Exact Probability），所以可以不管樣本所來自的母群的分配型態爲何。可見，它是一種不受母群分配所限制的統計方法。

B. 變數可以分爲名義變數、次序變數、等距變數和比率變數四種。而無母數統計法便是一種特別適用於名義變數和次序變數資料的統計法。使用這種統計法時，原始資料有時只被化爲正號或負號，有時只被排列爲大小等第，並不像在母數統計法中必須使用其有眞正數

量性質的等距變數或比率變數資料。事實上，在諸如心理學的行為科學中，有很多資料雖然名為等距變數而實際上卻其有次序變數性質。對這種資料而言，使用無母數統計法更為恰當些。

C. 無母數統計考驗的計算過程遠比母數統計法的計算過程更為簡單。由於這一個緣故，研究者可以把較多時間和注意力用在其研究問題的設計方面和資料的蒐集方面，而不須在統計方面花費太多的時間。

D. 無母數統計法特別適用於小樣本的情境。例如，在正式實驗之前所進行的前導研究（Pilot Study），所用的受試者人數較少，或者在有些情形下，我們所研究的問題中發生的事例本來就不多，樣本本來就很小時，均適於使用無母數統計法。

2. 中數考驗／中位數考驗（Median Test）

(1) 適用時機：中數考驗適用於兩個獨立樣本時的次序變數的資料。

(2) 主要目的：在於考驗兩個彼此獨立的樣本是否來自中數相等的母群。換言之，要考驗兩者的集中趨勢是否相同。在中數考驗中，虛無假設為：兩群體方向的中數相等；對立假設為：兩個母群的中數不相等（雙側考驗），或一個母群的中數大於另一個母群的中數（單側考驗）。可見，中數考驗在無母數統計法中的地位，約相當於考驗兩個獨立樣本平均數之差異的 T 考驗在母數統計法中的地位。

3. 曼‧惠特尼 U 考驗（Mann-Whitney U Test）

(1) 適用時機：當 t 考驗的基本假定無法滿足時，如果我們有兩個獨立樣本，而且樣本資料是屬於次序變數時，我們便可以使用曼‧惠特尼 U 考驗。

(2) 主要目的：在研究者發現他的資料不屬於等距變數和比率變數時，或者當他認為他的資料不能符合 t 考驗的基本假定時，U 考驗是代替 t 考驗法來考驗兩個母群差異的好方法。曼‧惠特尼 U 考驗的基本假定是：

A. 兩母群都是連續分配，而且變異程度相同。

B. 兩樣本都是隨機樣本，樣本大小分別為 n1 和 n2。虛無假設為：兩樣本是來自性質相同之母群體；對立假設為：兩樣本是來自性質不同之母群體。可見，U 考驗法也相當於考驗兩個獨立樣本平均數之差異的 t 考驗法。

三、描述性與推論性統計的分析與解釋

（一）描述性統計的分析與解釋

描述性統計分析主要是「描述」樣本的狀態。描述性統計分析可以了解整個樣本的基本資訊，其與母群體之內的組成比例是否相同（例如：男女比例），如此方能判斷用這個樣本得出來的資訊是否可以適當地推論到整個母群體，需不需要用加權的方式來作一些調整。因此描述性統計也往往可以稱為「單變項分析」。

（二）推論性統計的分析與解釋

推論性統計顧名思義就是希望將對樣本狀態所作的研究和所獲得的結論，能進一步推論到整個母群體。在實際應用的層面主要包括假設檢定（Hypothesis Testing）與母數估計（Parameter Estimation）兩大部分。

四、虛擬變項

（一）虛擬變項用途

虛擬變項（Dummy Variable），是指為了統計分析（特別是迴歸）的需要，可將名義變項的不同屬性藉由定義為 1 與 0 的方式，而將名義變項換成等距變項。

（二）虛擬變項舉例

1. 性別變項，可將男性定義為 1、女性定義為 0，或是反過來亦可。如此則這個二分名義變項就可視為連續變項，而可放入迴歸方程式中（註：迴歸方程式中可以將所有自變項與依變項均是二分名義變項轉換成虛擬變項）。

2. 若不是二分名義變項，則可透過建立一組虛擬變項的方式達成之。例如：出生地變項，假定只有三種可能：(1)臺灣北部（含東部）；(2)臺灣中部；(3)臺灣南部（含外島），如此可以建立三個虛擬變項：① D_1：出生於臺灣北部（含東部）得 1 分，其餘 0 分；② D_2：出生於臺灣中部得 1 分，其餘 0 分；

③ D_3：出生於臺灣南部得 1 分，其餘 0 分。如此即可將出生地這個名義變項轉換成連續變項。不過必須注意的是，不是二分名義變項的虛擬變項，不能將所有的虛擬變項放入迴歸方程式中，否則會發生統計累贅（Statistical Redundancy）的問題。

五、不同研究適用之統計方法

（一）探索性研究與描述性研究

資料分析多以描述性統計為主，例如：次數分配、百分比分配、排序（Rank）、交叉分析等最為常見。

（二）因果性研究與解釋性研究

1. 因為研究的目的在於試圖建立或驗證變項之間的因果關係，因此對於自變項與依變項的尺度和所欲使用的統計分析法之間，存在有配對的關係。

2. 四種情況

   (1) 自變項為間斷變項（一個），而依變項亦為間斷變項（一個）：可採用卡方檢定（X^2-test）。研究有無宗教信仰（類別變項，屬間斷變項）與是否會投入志願服務工作（類別變項，屬間斷變項）間有其關聯性，此時就是適合使用卡方檢定的好時機。

   (2) 自變項為連續變項（一個或多個），而依變項為間斷變項（一個）：可採用邏輯迴歸（Logistic Regression）。例如：老人的每月家戶所得會影響其是否住進養老院（類別變項，屬間斷變項），此時就應用邏輯迴歸統計分析方法來檢證。

   (3) 自變項為間斷變項（一個或兩個），而依變項為連續變項（一個）：

   A. 自變項為間斷變項（一個或兩個），而依變項為連續變項（一個），可採用變異數分析（ANOVA）或 t 檢定（t-test）。例如：某社會學家想要了解性別（兩個屬性的類別變項，屬間斷變項，一個）與每月逛街次數（比率變項，屬連續變項）間是否存在顯著相關（亦即：是否會因為性別的不同，而在每月逛街次數上產生顯著差異），因此採用「獨立樣本 t 檢定」（Independent Samples t-test）統計分析方法來加以檢證。

B. 當自變項爲一個時，且該自變項的屬性爲兩類（例如：性別變項包括男與女兩個屬性），則此時可採用 t 檢定統計分析方法。若自變項爲一個，且該自變項的屬性爲兩類以上，則此時通常採用單因子變異數分析（One-Way ANOVA）來檢證自變項與依變項間的關係。例如：啓發、自學與填鴨等三種教學方法（三個屬性的類別變項，屬間斷變項）與學生成績（比率變項，屬連續變項）間存在顯著相關，因此採用單因子變異數分析方法來檢證。當自變項爲兩個時，通常採取二因子變異數分析（Two-Way ANOVA）。

(4) 自變項爲連續變項（一個或多個），而依變項亦爲連續變項（一個）：可採用簡單線性迴歸／多元線性迴歸來加以分析。當自變項爲一個時，可採用簡單線性迴歸分析方法來處理；老人的社會支持（連續變項），生活滿意度（連續變項）間成顯著正相關，且社會支持是因，生活滿意度是果；因此採用簡單線性迴歸分析來檢證。當自變項爲多個時，稱多元線性迴歸分析；除了社會支持會影響生活滿意度外，老人的健康狀況與每月所得也會影響生活滿意度，因此欲檢證此假設是否成立，採用多元線性迴歸分析方法來處理是適當的。

> **榜首提點**
>
> 各種統計方法之自變項與依變項之適用尺度、變項個數，務必完全區辨，是測驗題的明星考點。

表：自變項及依變項的尺度與相對應的統計方法彙整表

自變項尺度與個數	依變項尺度與個數	統計方法
類別（一個）	類別（一個）	卡方
連續（一或多個）	類別（一個）	邏輯迴歸
類別（一或兩個）	連續（一個）	t 檢定或單因子／二因子變異數分析
連續（一或多個）	連續（一個）	簡單線性迴歸／多元線性迴歸

六、統計控制

（一）統計控制意涵

1. 顯示兩變項間有關聯或有關係，並不足以構成說是自變項造成了依變項，除了時間順序與關聯之外，研究者還必須去除其他的替代解釋——那些會使假設關係變成虛假不實的解釋。實驗研究者之所以能辦到，是選擇一種研究設計藉此實際控制對結果會產生作用的其他潛在性替代解釋（例如：威脅內部效度）。

2. 在非實驗研究中，研究者是透過統計方法而對其他的替代解釋進行控制。透過控制變項（Control Variables）來測量可能的替代解釋，然後再用多變項表與統計來檢視控制變項，協助他決定某個雙變項關係是否為假，也能顯示各個自變項對依變項影響的相對大小。

3. 藉著引進第三個變項（有時候或許有第四個或第五個），研究者得以應用多變項分析（多於兩個變項）控制其他的替代解釋。舉例來說，雙變項表顯示身高較高的青少年比身高較短矮者更喜歡棒球。但是存在於身高與對棒球態度之間的這種雙變項關係可能是虛假的，因為青少男比青少女來得高，青少男本來就比青少女喜歡棒球。要檢定這項關係是出於性別，研究者必須要控制性別，換句話說，必須排除性別在統計上的效果。一旦完成這項處理，研究者就可以看出身高與棒球態度的雙變項關係是否仍然存在。研究者控制第三個變項的方法，也可以透過察看雙變項關係是否在控制變項的各類別之中，都持續存在。

4. 統計控制是高等統計技術上的一個關鍵概念。諸如相關係數之類的關聯量數只暗示有某個關係存在。直到研究者把控制變項納入考慮，否則雙變項關係有可能是虛假的。研究者在詮釋雙變項關係時，都會特別謹慎小心，除非他們考慮了控制變項。

5. 引進控制變項之後，研究者接著討論自變項的淨效應（Net Effect）——「純屬」自變項的影響量，或是說除了控制變項的影響量之外的自變項影響量。引進控制變項的方法有二：三變項百分比表與多重回歸分析。

（二）統計控制舉例

例如：研究者把性別控制住之後，身高與棒球態度之間的關係仍然存在，這就意味著高的男生與高的女生都比矮的男生與矮的女生喜歡棒球。換句話說，控制變項並沒有產生影響。若果如此，這個雙變項關係就不是虛假的了。如果在考慮控制變項後，雙變項關係因而減弱或消失，那就意味著高的男生並沒有比矮的男生更喜歡棒球，高的女生也沒有比矮的女生更喜歡棒球。這表示起初假定的雙變項關係是虛假的，同時也指出是第三個變項——性別，而不是身高，才是造成對棒球態度差異的眞正原因。

榜首提點

> 百分比表的詳盡範型是三變項的表，不同於雙變項的表，請區辨清楚；「詳盡範型」的五種不同模式，請搭配圖表案例詳細研讀，務求觀念清楚。

七、百分比表的詳盡範型

（一）製作三變項的表

1. 爲了滿足因果關係所要求的所有條件，研究者需要「控制」或是察看替代解釋是否能夠解釋因果關係。如果替代解釋可以解釋這個關係，那麼雙變項關係就是虛假的。替代解釋被操作成第三變項，通稱爲控制變項，並察看它們是否會影響雙變項關係的方法是利用三變項對控制變項進行統計處理。三變項表稍微有點不同於雙變項表，它們包括多個雙變項表。

2. 一個三變項表針對控制變項的每一個類都有一個自變項與依變項的雙變項表。這些新表稱爲分項表（Partials），分項表的個數則取決於控制變項的類別數。分項表看起來像是雙變項表，但是它們只使用一部分的資料。只有具有控制變項某些特定值的個案才被放進分項表中。因此，將一個雙變項表打散成爲數個分項表，或者將分項表組合成原來的雙變項表都是可能的。

（二）三變項表之限制

1. 如果控制變項有四個以上的類別，那麼就會很難解釋。

2. 控制變項可以是任何一種測量等級，但是等距或比率尺度的控制變項必須先加以分組（亦即轉換爲順序資料），而且個案分組的方式也會影響到對效應的詮釋。

3. 個案的總數是一個限制因素，因爲個案會被分配到分項表中的方格內。在分項表中的方格數等於雙變項關係的方格數與控制變項類別數的乘積。舉例來說，如果控制變項有三個類別，雙變項表有 12 個方格，則分項表就有 3×12=36 個方格。每個方格平均最好有五個個案，因此研究者至少需要5×36=180 個個案。

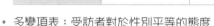

雙變項表 VS. 多變項表圖例

- 雙變項表：受訪者對於性別平等的態度

	女性	男性
贊成平等	80%	60%
不贊成平等	20%	40%
總數	100%	100%

- 多變項表：受訪者對於性別平等的態度

	30 歲以下		30 歲及 30 歲以上	
	女性	男性	女性	男性
贊成	90%	78%	60%	48%
不贊成	10%	22%	40%	52%
總數	100%	100%	100%	100%

（三）詳盡範型

1. 詳盡範型意涵：詳盡範型（Elaboration Paradigm）是一個閱讀三變項百分比表的系統。它描述引進控制變項後，所顯現的模式，是描述比較分項表與原始雙變項表的方式，或是描述考慮控制變項後，原始雙變項關係改變的情況。

2. 詳盡範型的五種模式
   (1) 複製模式（Replication Pattern）：這是出現在分項表複製或重現沒有考慮控制變項時雙變項表中的關係，這意味著控制變項沒有任何影響。
   (2) 特定模式（Specification Pattern）：是發生在當一個分項表出現原始雙變項關係，而另一個分項表沒有重現相同的情況。例如：發現汽車事故與大專學位之間有強烈的負向雙變項關係，在控制性別後，卻發現這種強烈的負向關係只存在於男生身上（即男生的分項表顯示出強烈的負向關係，但女生的方向表則沒有這項關係），稱之為特定模式。

(3) 詮釋模式（Interpretation Pattern）：描述的情況是控制變項介入原先的自變項與依變項之間的關係。例如：檢視宗教出生與墮胎態度之間的關係，政治意識型態為控制變項。研究者推論說宗教出生會影響到當下的政治意識型態與墮胎態度，研究者的理論認為，對某些特殊議題的態度，像是墮胎而言，在邏輯上，宗教出生構成了政治意識型態的原因，而政治意識型態又影響到墮胎的態度。控制變項是幫研究者詮釋這完整關係意義的一個干預變數。

(4) 解釋模式（Explanation Pattern）：看起來和詮釋模式極為近似，兩者之差異在於控制變項出現的時間順序。在這個模式中，控制變項出現在原來雙變項關係中的自變項之前。例如：原始的關係是宗教出生與墮胎態度之間的關係，不過，這回控制變項是性別。性別出現在宗教出生之前，因為一個人的性別在出生時就已經決定了。解釋模式會改變研究者解釋結果的方式，它意味原來的雙變項關係是虛假的。

(5) 禁制變項模式（Suppressor Variablw Pattern）：禁制變項模式出現在雙變項表顯示為獨立關係，但是所有的或某一個分項表卻顯示出有關聯的情況。例如：宗教出生與墮胎態度在雙變項表中為獨立，但是一旦引進「國家地區」這個控制變項，分項表中就出現宗教出生與墮胎態度有關聯的徵象。控制變項是一個抑制變項，因為它把真正的關係給壓下去的，真正的關係出現在分項表之中。

表：詳盡範例摘要

模式名稱	比較分項表與原始雙變項表後看出的模式
複製	分項表與雙變項表中出現相同的關係
特定	共變關係只出現在某個分項表之中
詮釋	雙變項關係在分項表中大為減弱，甚或消失（控制變項形成干預）
解釋	雙變項關係在分項表中大為減弱，甚或消失（控制變項出現在原來的自變項之前）
禁制	沒有雙變項關係，關係只出現在分項表中

表：詳盡模式舉例

複製模式

雙變項表			分項表				
				控制＝低		控制＝高	
	低	高		低	高	低	高
低	85%	15%	低	84%	16%	86%	14%
高	15%	85%	高	16%	84%	14%	86%

特定模式

雙變項表			分項表				
				控制＝低		控制＝高	
	低	高		低	高	低	高
低	85%	15%	低	95%	5%	50%	50%
高	15%	85%	高	5%	95%	50%	50%

詮釋或解釋模式

雙變項表			分項表				
				控制＝低		控制＝高	
	低	高		低	高	低	高
低	85%	15%	低	45%	55%	55%	45%
高	15%	85%	高	55%	45%	45%	55%

禁制模式

雙變項表			分項表				
				控制＝低		控制＝高	
	低	高		低	高	低	高
低	54%	46%	低	84%	16%	14%	86%
高	46%	54%	高	16%	84%	86%	14%

八、其他統計名詞

上榜關鍵 ★★★
屬於解釋名詞類的考點，
請熟記其英文名詞，避免
混淆。

項　目	說　明
雙變項分析（Bivariate Analysis）	同時分析兩個變項以決定其中的實證關係。例如：簡單百分比表格的建立或簡單相關係數的計算。 表：你贊成或反對「男女應該在各方面得到平等地對待？」 |	男性	女性
---	---	---
贊成	63%	75%
不贊成	37%	25%
合計	100%	100%
	（400）	（400）
未回答＝	（12）	（5）	
因素分析（Factor Analysis）	■ 因素分析是一種數學方式的精簡作法，能將眾多的變數濃縮成為較少的幾個精簡變數，所獲得的精簡變數即是因素（Factor）。 ■ 因素分析目的在獲得量表在檢定測驗時的「建構效度、構念效度」（Construct Validity），利用因素分析抽取變項之間的共同因素（Common Factor），以較少的構面（因素）代表原來較複雜的多變項結構。 ■ 因素分析假設個體在變數上之得分，分為兩個部分組成，一是各變數共有的成分，即共同因素（Common Factor）或潛在因素（Latent Factor）；另一個是各變數獨有的成分，即獨特因素（Unique Factor）。共同因素可能是一個、兩個或數個，若每個受測者有 M 個變數分數，由於每個變數均有一個獨特因素，故有 M 個獨特因素，但共同因素的數目 N，通常少於變數的個數（N ≦ M），因素分析就是要抽取出此共同因素或潛在因素。

接下頁

項　目	說　明
巴特利特的球形檢定 （Bartlett's Test of Sphericity）	■ 因素分析的基礎是變項之間的相關性。那麼，判斷這些變項的相關性是否符合因素分析的條件，就可以成為進行因素分析前的判定依據。要判定一組變項是否適合於因素，有二種方式：(1) 巴特利特的球形檢定（Bartlett's test of Sphericity）、(2) 淨相關矩陣判斷法。 ■ Bartlett 的球形檢定（Bartlett's Test of Sphericity），此種統計檢定主要是用來檢定變數間的相關係數是否顯著，巴特利特的球形檢定呈現顯著性，則表示一組變項之間有足夠的相關性，足以作為因素分析萃取共同因素之用；也就是說，其彼此間可能存在一個以上的共同因素。Bartlett 球形檢定若達顯著水準，則應放棄虛無假設（H_0：變項之間的淨相關矩陣不是單元矩陣），表示母群體的相關矩陣間有共同因素存在，因此，適於進行因素分析。
迴歸分析 （Rerression Analysis）	■ 當研究者要分析變項之間關係的強度時，一般要找到一個度量這種關係的指標，就是「相關係數」，這個過程稱為相關分析；但研究者的目的是確定變項之間數量關係的可能形式，並用一個數學模型來表示這種關係的形式，則稱為「迴歸分析」。 ■ 迴歸分析的應用非常廣泛，不但適用於實驗數據，還可以分析未做實驗控制的觀測數據或歷史資料。建立的變項之間關係的數學模型，實際上就等於確定了自變量項與依變項的關係模型，利用這個數學模型，可以從一個變項的變化來預測或估計另一個變項的變化。例如在預測高中分發的考生落點，可以蒐集各高中的入學成績與入學者的國中基測成績，然後求出二者之間的預測公式，即可預測今年某學生國中基測成績，可能分發入學的高中學校。

接下頁

項　目	說　明
路徑分析 （Path Analysis）	■ 路徑分析是一種將變項關係以模型化的方式來進行分析的一種統計技術。 ■ 路徑分析主要的工作是從變項之間共變關係來檢驗研究者所提出的影響、預測或因果關係，企圖推論出因果結論（Causality）。 ■ 與迴歸分析一樣，路徑分析的基礎是變項的線性關聯（或相關），變項間的相關越高，路徑分析的結果會越顯著明確。雖「相關不等於因果關係」，但是在路徑分析中，「相關蘊涵了因果關係」，變項之間可以存在因果關係，透過適當的程序與分析，配合假設考驗，相關可以推導出因果結論。 ■ 路徑分析雖然可以檢驗因果論證的存在，但是對於誰為因、誰為果，卻需要更為嚴謹的檢驗。雖然路徑分析是檢測因果關係的有力工具，但如果把某一個研究的分析結果視為特定變項因果關係的唯一證據，而沒有多方檢驗其真實性，將可能造成偏差的結論。
因素轉軸 （Factor Rotation）	因素轉軸的目的，在於使個別變項在各共同因素上的負荷量易於解釋，故轉軸後，變項在每個因素的負荷量不是變大就是變小，以便於我們判斷變項與共同因素的屬性。轉軸的方式有直交轉軸與斜交轉軸等。

 練功坊

★（　）當我們使用隨機樣本資料，欲檢定離婚人口中「性別」和「再婚與否情況」間是否具有顯著相關，最適合採用下列何種方法？

(A) t 檢定　　　　(B) 無母數檢定　　(C) 母數檢定　　　(D) 卡方檢定

解析

D。卡方考驗適用於 X、Y 兩變項均為類別性質，且樣本經由隨機抽取。

 練功坊

★（　）採用邏輯迴歸（Logistic Regression）統計分析方法時，自變項與依變項
應各屬何種測量尺度？
(A) 自變項為類別尺度、依變項為等距或比率尺度
(B) 自變項為次序尺度、依變項為等距或比率尺度
(C) 自變項為等距或比率尺度、依變項為類別尺度
(D) 自變項為等距或比率尺度、依變項亦為等距或比率尺度

解析

C。自變項為連續變項（一個或多個），而依變項為間斷變項（一個）時，可採
用邏輯迴歸。例如：老人的每月家戶所得會影響其是否住進養老院（類別變項，
屬間斷變項），此時就應用邏輯迴歸統計分析方法來檢證。

★（　）當我們評估兩個變項間之相關性時，可同時控制其他變項之影響的方
法是：
(A) 控制分析法　　　　　　　　(B) 皮爾遜積差相關係數法
(C) 複相關　　　　　　　　　　(D) 多元迴歸

解析

D。多元迴歸亦稱為複迴歸，是一種統計方法，只適用於等距或比率資料，主
要的功能是它可以同時控制許多替代解釋與變項。複迴歸分析與相關分析之差
別，在於複迴歸分析為單向不對稱關係（區分變項關係的影響方向），相關分析
為雙向的對稱關係（相互影響，不區分影響方向）。

★（　）當我們使用隨機樣本資料，欲檢定離婚人口中「性別」和「再婚與否
情況」間是否具有顯著相關，最適合採用下列何種方法？
(A) t 檢定　　　(B) 無母數檢定　　　(C) 母數檢定　　　(D) 卡方檢定

解析

D。 卡方考驗適用於 X、Y 兩變項均為類別性質，且樣本經由隨機抽取。

重點便利貼

① 標準差：代表樣本之間離散情形的量數。

② 推論統計：使用機率理論，進行正式的假設檢定、允許根據樣本資訊推論母群特質，並且檢定所描述的結果是否有可能源自於隨機因素，還是來自於一個真正的關係。

③ 統計顯著：指結果不可能來自於機會因素。它係指出找到一個樣本中有而母體中沒有的關係的機率。

④ 顯著水準：說明結果乃出於機會因素的可能性，亦即，一個不存在於母群體的關係出現在樣本中的機會。

⑤ 型 I 錯誤發生在當研究者說有關係存在，但是事實上並沒有關係存在的情形，這意味著犯下拒絕虛無假設的錯誤；型 II 錯誤發生在當研究者說關係不存在，但是事實上它存在的情況，這意味著犯下接受虛無假設的錯誤。

⑥ Z 分數：比較不同群體在某一行為表現上的差異，或者某一特定群體

⑦ 在不同行為上表現的優、劣（相較於各行為表現變項的平均狀況）情形。

⑧ 卡方考驗：X、Y 兩變項均為類別性質，樣本經由隨機抽取，可告訴研究者兩個變項關聯的強度；做為一個推論統計值，可告訴研究者發現的關係可能源於機會因素的機率。

⑨ 皮爾遜（Pearson）的積差相關法：統計量以 r 表示，r 係數的範圍介於 ±1 之間，包括完全負相關、負相關、零相關、正相關及完全正相關等線性關係程度。適用於 X、Y 兩項均為等距或等比測量層次時。

⑩ 複迴歸（多元迴歸）：適用於等距或比率資料，主要的功能是它可以同時控制許多替代解釋與變項。迴歸結果測量每個變項對依變項的影響方向與大小。

⑪ t 檢定：常使用於兩個小樣本群平均數差異性檢定。適用於樣本平均數為常態分配，變項測量層次為等距、等比變數。

⑫ 變異數分析：用於檢定各組樣本所代表之母體平均數間是否不同。

⑬ 虛擬變項：是指為了統計分析（特別是迴歸）的需要，可將名義變項的不同屬性藉由定義為 1 與 0 的方式，而將名義變項換成等距變項。

⑭ 自變項及依變項的尺度與相對應的統計方法之選判

A. 自變項為間斷變項（一個），而依變項亦為間斷變項（一個）：可採用卡方檢定。

B. 自變項為連續變項（一個或多個），而依變項為間斷變項（一個）：可採用邏輯迴歸。

C. 自變項為間斷變項（一個或兩個），而依變項為連續變項（一個），可採用變異數分析（ANOVA）或 t 檢定（t-test）。

D. 當自變項為一個時，且該自變項的屬性為兩類可採用 t 檢定統計分析方法。若自變項為一個，且該自變項的屬性為兩類以上，採用單因子變異數分析（One-Way ANOVA）。

E. 自變項為連續變項（一個或多個），而依變項亦為連續變項（一個）：採用簡單線性迴歸／多元線性迴歸來加以分析。當自變項為一個時，採用簡單線性迴歸分析。

⑮ 統計控制：研究者是透過統計方法而對其他的替代解釋進行控制。透過控制變項來測量可能的替代解釋，然後再用多變項表與統計來檢視控制變項，協助他決定某個雙變項關係是否為假。

⑯ 三變項的表：針對控制變項的每一個類都有一個自變項與依變項的雙變項表。這些新表稱為分項表，分項表的個數則取決於控制變項的類別數。

⑰ 詳盡範型：是一個閱讀三變項百分比表的系統。它描述引進控制變項後，所顯現的模式。

⑱ 詳盡範型的五種模式：複製模式、特定模式、詮釋模式、解釋模式、禁制變項模式。

  A. 複製模式：這是出現在分項表複製或重現沒有考慮控制變項時雙變項表中的關係，這意味著控制變項沒有任何影響。

  B. 特定模式：是發生在當一個分項表出現原始雙變項關係，而另一個分項表沒有重現相同的情況。

  C. 詮釋模式：描述的情況是控制變項介入原先的自變項與依變項之間的關係。

  D. 解釋模式：看起來和詮釋模式極為近似，兩者之差異在於控制變項出現的時間順序。

  E. 禁制變項模式：出現在雙變項表顯示為獨立關係，但是所有的或某一個分項表卻顯示出有關聯的情況。

⑲ 雙變項分析（Bivariate Analysis）：同時分析兩個變項以決定其中的實證關係。

⑳ 因素分析：目的在獲得量表在檢定測驗時的「建構效度、構念效度」，利用因素分析抽取變項之間的共同因素，以較少的構面（因素）代表原來較複雜的多變項結構。

㉑ 巴特利特的球形檢定：主要是用來檢定變數間的相關係數是否顯著，巴特利特的球形檢定呈現顯著性，則表示一組變項之間有足夠的相關性，足以作為因素分析萃取共同因素之用；也就是說，其彼此間可能存在一個以上的共同因素。

㉒ 迴歸分析：當研究者要分析變項之間關係的強度時，一般要找到一個度量這種關係的指標，就是「相關係數」，這個過程稱為相關分析；但研究者的目的是確定變項之間數量關係的可能形式，並用一個數學模型來表示這種關係的形式，則稱為迴歸分析。

㉓ 路徑分析：主要是從變項之間共變關係來檢驗研究者所提出的影響、預測或因果關係，企圖推論出因果結論。

㉔ 因素轉軸：在於使個別變項在各共同因素上的負荷量易於解釋，故轉軸後，變項在每個因素的負荷量不是變大就是變小，以便於我們判斷變項與共同因素的屬性。

擬真考場

申論題

解釋名詞：

（一）顯著水準（Level of Significance）

（二）虛擬變項（Dummy Variable）

選擇題

(　) 1. 下列何者不是「集中量數」（Measures of Central Tendency）？

(A) 全距（Range）　　　　　　(B) 眾數（Mode）

(C) 中位數（Median）　　　　　(D) 算術平均數（Mean）

(　) 2. 李教授針對某研究假設進行統計顯著度（Statistical Significance）的檢測，發現機率小於 .05（p < .05）。李教授應提出下列何種結論？

(A) 接受虛無假設

(B) 拒絕虛無假設

(C) 研究假設只有小於百分之五的機率是正確的

(D) 此研究結果是出於抽樣誤差

(　) 3. 區辨分析（Discriminant Function Analysis）與多元迴歸分析（Multiple Regression Analysis）最大之相似處在於：

(A) 二者之依變項皆爲類別變項

(B) 二者皆有預測之作用

(C) 二者之自變項皆爲類別變項

(D) 二者均不能使用擬似變項（Dummy Variable）

申論題：

（一）顯著水準（Level of Significance）

研究者經常以水準（例如，某個檢定達到某個水準的統計顯著）來表達統計顯著，而不是使用某種機率。統計顯著水準（經常用 .05、.01 或 .001）是一種方式，說明結果乃出於機會因素的可能性，也就是說，一個不存在於母群體的關係出現在樣本中的機會。

（二）虛擬變項

是指為了統計分析（特別是迴歸）的需要，可將名義變項的不同屬性藉由定義為 1 與 0 的方式，而將名義變項換成等距變項。

選擇題：

1. A 集中量數：算數平均數、中位數、眾數；變異量數：全距、平均差、標準差、四分差。

2. B p < .05，應拒絕虛無假設，接受對立假設。

3. B 區辨分析與複迴歸類似，應用主要在於預測；不同處在於其效標變項可分成兩個或更多類別（類別變項）。

Note.

第六章 | CHAPTER 6
實驗研究

榜·首·導·讀

- 影響研究的外在效度為重要的考點,無論是申論題、解釋名詞、測驗題等均是熱門考點。
- 實驗設計類型分為前實驗設計、真實驗設計、準實驗設計等三大類型,各類型之下又有其他的研究設計,請作完整的準備;並請在準備研究設計時,時時緊扣社會工作實務方案的運用。
- 單案研究為新興重要考點,著重在各類型比較之觀念建立。
- 霍桑效應、雙面障眼法為重要考點,請加強研讀。

關·鍵·焦·點

- 實驗組、控制組為雖看似簡單,但要能在解釋名詞正確說明,須要多加準備;並要有在測驗題正確選答之能力。
- 霍桑效應是當被受試者知道自己成為觀察對象,而改變行為傾向的效應,請了解該效應對實驗之影響。
- 影響研究設計內在效度的因素總共有14項,各項請逐一詳加準備。
- 影響實驗研究外在效度之因素請勿與影響研究設計內在效度之因素混淆。
- 雙面礙眼法實驗是設計來控制「研究者期望」的一種內在效度控制方式,解釋名詞與測驗題金榜考點。
- 真實驗設計類型包括前後控制組的設計、雙組比較僅後測設計、所羅門四組比較設計,請按設計圖示建立觀念及詳記各設計之缺點。
- 準實驗設計之類型包括時間系列、相等時間樣本設計、平衡對抗設計、不對等比較團體設計等從基本設計觀念著手,缺點部分準備不可少。
- 單案研究之基線期與干預期是關鍵觀念,徹底了解其意涵,才能正確判斷各種干預模式。
- 基線期資料發展趨勢的判斷注意事項,該段之內容必須詳細研讀。
- 單案研究設計的類型包括 AB 設計(基本單案設計)、ABAB 設計(抽回和反轉設計)、多重基線設計、多重組合設計。其中,ABAB 設計(抽回和反轉設計)所面臨之缺點,萬不可疏漏。
- 單案研究設計四種類型的優缺點(限制)比較,請詳加研讀比較之表格。

110 年		111 年				112 年				113年	
2申	2測	1申	1測	2申	2測	1申	1測	2申	2測	1申	1測
1	4		3		1	1	3	1	1		2

本·章·架·構

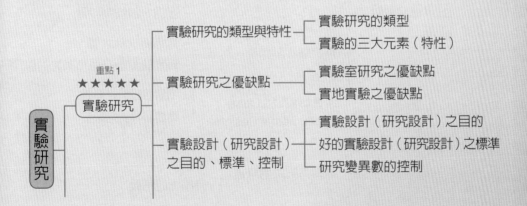

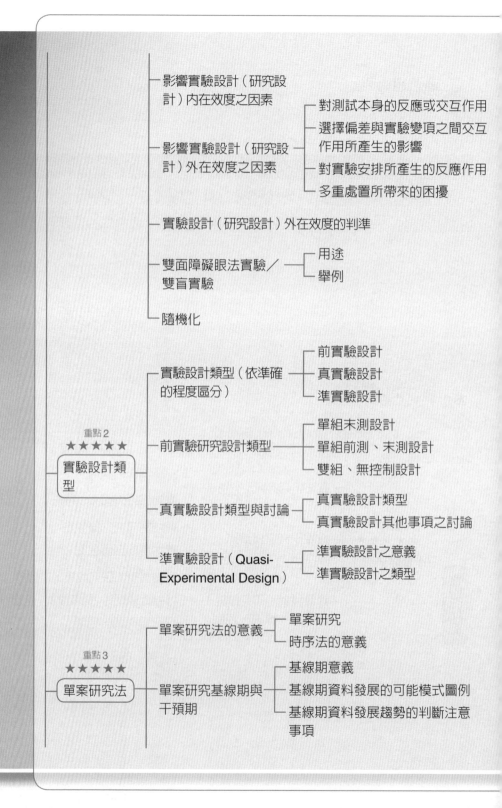

影響實驗設計（研究設計）內在效度之因素

影響實驗設計（研究設計）外在效度之因素
　— 對測試本身的反應或交互作用
　— 選擇偏差與實驗變項之間交互作用所產生的影響
　— 對實驗安排所產生的反應作用
　— 多重處置所帶來的困擾

實驗設計（研究設計）外在效度的判準

雙面障礙眼法實驗／雙盲實驗
　— 用途
　— 舉例

隨機化

實驗設計類型（依準確的程度區分）
　— 前實驗設計
　— 真實驗設計
　— 準實驗設計

重點2
★★★★★
實驗設計類型

前實驗研究設計類型
　— 單組末測設計
　— 單組前測、末測設計
　— 雙組、無控制設計

真實驗設計類型與討論
　— 真實驗設計類型
　— 真實驗設計其他事項之討論

準實驗設計（Quasi-Experimental Design）
　— 準實驗設計之意義
　— 準實驗設計之類型

重點3
★★★★★
單案研究法

單案研究法的意義
　— 單案研究
　— 時序法的意義

單案研究基線期與干預期
　— 基線期意義
　— 基線期資料發展的可能模式圖例
　— 基線期資料發展趨勢的判斷注意事項

- 單案研究蒐集資料的來源與優缺點
  - 單案研究蒐集資料的來源
  - 單案研究的優缺點
- 單案研究設計的類型
  - AB 設計法：基本單案設計
  - ABAB 設計法：抽回和反轉設計
  - 多重基線設計
  - 多重組合設計
- 單案研究設計四種類型的優缺點（限制）比較
- 實驗研究相關名詞

重點 **1** 實驗研究 ⬡⬡⬡⬡⬡

一、實驗研究的類型與特性

（一）實驗研究的類型

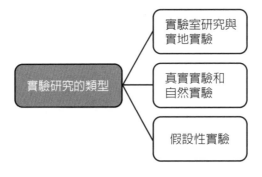

上榜關鍵 ★★
基本定義要懂。

1. 實驗室研究與實地實驗（Laboratory and Field Experiments）
   (1) 實驗室研究：是一切都在實驗室內進行的研究，因為實驗的每一個因素都能被精密的控制、測量，研究有了結果後，我們再設法將研究的結果推展至真實世界中去，這就是實驗室研究。實驗室研究又可稱為真實實驗。
   (2) 實地實驗研究：當研究者無法完全控制某種現象的實際生活情境，無法在實地情境中控制我們所要探討的變項時，只好在真實世界中進行實驗，此則為實地實驗。暴力電影作為自變項，研究其看完電影後的效果與反應（如：攻擊性是否會增加）為依變項，然後把受試者隨機分派到實驗組或控制組 知，比較這兩組在攻擊性上是否會產生差異，此即為實地實驗研究。實地實驗則可分為自然實驗或假設性實驗。

榜首提點

實驗組、控制組為重要觀念,常見於解釋名詞,如要完整的表達,請務必詳加準備。

■ **實驗組、控制組**

■ 在實驗設計時,為了正確衡量實驗變數的效果,常將實驗單位劃分成控制組(Control Group)和實驗組(Experimental Group)兩部分,說明如下:

■ • 實驗組的單位是指接受實驗變數的單位,在接受實驗變數之後,實驗組的相依變數數值可能會有所變動,但這些變動不一定能代表實驗變數的效果,實驗變數以外的許多外在因素也可能使相依變數的數值發生變動。

■ • 控制組的單位是不接受實驗變數的單位,我們只在實驗的過程中觀察並記錄其相依變數數值的變化情形。由於控制組的單位不受實驗變數的影響,因此我們可假定控制組之相依變數數值的任何變動都非來自實驗變數的效果。

2. 眞實實驗和自然實驗(True and Natural Experiments)

(1) 眞實實驗

A. 是實驗者製造一組情境,此情境裡包含著某種自變項的操作,當自變項操作完成後,實驗者再測量它的結果(也就是所謂的依變項),實驗者期待自變項的變化能造成依變項產生差異。

B. 眞實實驗的特性是一個自變項的存在,而此自變項能由實驗者所操縱,其他的操縱因素還包括實驗情境的建立和研究對象於情境中的安排,以便看出實驗自變項對於整個實驗情境所造成的影響,此爲眞實實驗。

(2) 自然實驗

A. 當實驗者無法操縱任何變項或因素時則稱爲自然實驗。實驗的方法是觀察一個情況,我們把這自然的情況當作預測變項(Predictor Variable),把它和另一個情況(稱之爲效標變項)(The Criterion Variable)作相關比較,看這個預測變項對效標變項有何影響力,這種在自然的情況中所作之實驗稱爲自然實驗。

B. 例如：18 種類型的媒體暴力型態，統計在每一種類型的影片在電視播出後，三天之內全美的殺人案數是否有受到影響；不同的影片為預測變項，殺人案數則為此自然實驗的效標變項。

3. 假設性實驗：例如：1983 年時，美國廣播公司（ABC）製播一個影片「那日以後」（The Day After），劇情敘述了核子戰爭對堪薩斯州一個社區的影響。若我們把此影片本身當成一個刺激（自變項），放映給不同的團體在不同的場合觀賞，然後再來觀察此影片是否造成觀賞者對核子態度的改變，此即為假設性實驗。

（二）實驗的三大元素（特性）（Baker 提出）

1. 自變項與依變項：清楚是「什麼」在影響「什麼」？自變項是因，依變項是果，通常實驗研究都會盡可能控制住其他的變項，一次只處理一個自變項與一個依變項之間的關係（因為這樣變項間的因果關係才會明確）。

2. 實驗組與控制組之間的比較：一定要設法使這兩組在實驗之前相同或相等，所以採用的策略包括：隨機化、比對配合，設法使研究者與受試者都不知道誰是實驗組、誰是控制組以及注意志願性樣本所造成的問題和霍桑效應 知 等問題。

霍桑效應（Hawthorne Effect）

霍桑效應就是當被受試者知道自己成為觀察對象，而改變行為傾向的效應，也就是當實驗組之受試者的行為是受到本身參與研究的知覺所影響的，而非受到實驗處理所影響的現象，就被稱為霍桑效應。故在準實驗研究中，若結果非由研究者操弄所造成，而是受試者因為實驗的出現而產生的改變反應，即是霍桑效應。亦即研究進行時各種實驗處理對研究結果都有促進作用，受試者其實是對於新的實驗處理產生正向反應，即行為的改變是由於環境改變，由於實驗者的出現，非是由於實驗操弄所造成，這種假設性效果稱之為「霍桑效應」。

榜首提點

霍桑效應在解釋名詞的出題頻率不勝枚舉，請務必了解其內容。

3. 前測、後測之間的比較

(1) 實驗有「因果」的特質：實驗是要確定時間的優先次序，了解何事發生在先、何事受影響在後，這種斷定因果的前後是實驗的第一個特性。

(2) 實驗對變項（尤其是自變項）有其控制性：必須設計自變項在哪個時候發生？如何發生？強度多少？以便算出其對依變項所產生的作用，所以自變項也好，依變項也好，最好都是在實驗者的掌控之中。

(3) 實驗的隨機分配：使所有的參與者（或事件）有相同機會隸屬於實驗組或控制組，並使他們有相同的機會經驗到自變項的層次。

(4) 自變項與依變項之確定：實驗必須確定最主要的自變項與依變項是什麼，連其重要性的程度也可以分辨出來。因此何者在研究中是自變項？何者為依變項？甚至何者為中介變項？何者為干擾變項等在實驗研究中都需講明，最好也能講明最重要的變項是哪一個，並說出其因由，使讀者因此知道整個實驗研究的方向與目標。

(5) 嚴謹的實驗一次只能完成有兩個變項的實驗：在實驗中，在同時間內只能考慮兩個變項，而將其餘變項加以控制不變。如此一來，我們就可以很清楚的知道變項與變項之間的關係程度究竟在何種地步與狀況。

(6) 分析原始資料與處理不尋常的現象：以便使研究者探查出實驗的結果和未實驗之前所產生的差距，更能計算出變項之間所可能產生的功能性關係。

(7) 測試是否有其直線關係：變項與變項之間有不同的關係，如直線關係或曲線關係等，若能找出這些關係模式，實驗的目標就一目了然。最後，還得實驗剩餘變項。儘管實驗的結果已經發現，最好也能把尚未證實的其餘變項，或一直視之為理所當然的變項再加以實驗，以便能把其結果跟之前所得到的結論相比較。若能因此而形成或發現一個關係模式，那麼實驗的結果就算完成了。

二、實驗研究之優缺點

上榜關鍵 ★★★

實驗室與實地實驗之優缺點，為申論題之考點。

（一）實驗室研究之優缺點

1. 實驗室研究之優點

(1) 能將研究的情境做一有效的控制，可排除許多影響自變項和依變項的外在因素。它可較自由的指定和操作自變項，且在研究者的變項操作性定義上，大部分都有很高的明確性，變項的陳述當然都相當清楚，不像調查研究要測量價值觀或態度時那麼的困難與粗糙。

(2) 實驗室研究一般都有精密的工具可做測量，誤差較少。

(3) 可控制操作和測量的環境，將可能的「污染」條件排除。這些優點都是其他的研究類型所比不上的。

2. 實驗室研究之缺點

(1) 缺乏較有力、較自然的自變項，因為實驗的情境都是為了達到研究目的而被創造出來的，人工控制的程度頗為嚴重，一旦太人工化而不自然時，研究結果就算得到證實，將來在實務上的使用仍然還有一段距離。

(2) 太強調實驗的精確性和對統計的精細程度，卻容易因這種精確性和精細性而與自然事實相差太遠（因為事實本身可能還無法如此簡單明瞭），所以對實驗室的精確和精細統計的偏愛是實驗研究的缺點。

(3) 實驗研究的高度人為情境也是一種缺點（太過人為反而偏離了自然）。

(4) 實驗室實驗的過程因為精密，所以內在效度高；但也因為太精密，日後很難複製，所以其外在效度太低，這些都是實驗室研究的缺點。

（二）實地實驗之優缺點

1. 實地實驗之優點

(1) 實地實驗比實驗室實驗較適合於研究複雜的社會，例如：心理的影響、過程及生活情況的改變等，都較可能用實地實驗的方式來進行。對社會工作的研究而言，實地實驗較能有彈性且能廣泛的應用到各種不同的問題研究，其使用性較實驗室實驗高。

(2) 變項在實地實驗中比實驗室有較強的效能，因為它不是像在實驗室內那麼人工化，而相關的變項也較為自然，不像實驗室實驗中的變項都被研究者自以為是的規劃。因此，實地實驗的效能通常是強且足以貫穿到分散的實驗情境。研究情境愈真實，其變項愈有力。

(3) 實驗情境愈實在，愈能提供推論到其他類似情況的效度，所以實地實驗的外在效度應比實驗室實驗要佳。

2. 實地實驗之缺點

(1) 自變項很難操作，不僅實驗過程中隨時產生的問題很難克服，加上如何隨機分配實驗組和控制組，以便對自變項有效的操作是實地實驗研究很難兼顧的問題。

(2) 較缺乏準確性，一方面由於外在干擾變項太多，如何準確的測量依變項也是難題。所以實地實驗較自然，卻較不嚴謹。

表：實驗室實驗與實地實驗之優缺點比較

類　別	定　義	優　點	缺　點
實驗室實驗	研究者把所要觀察的變項完全控制在實驗室內，實驗進行完畢後，比較實驗組與控制組之間差距的研究方法。	■ 能將研究的情境做一有效的控制（也就是可排除或降低外在的干擾因素）。 ■ 一般都有精密的工具可做測量，誤差較小。 ■ 最大的優點就是內在效度高。	■ 缺乏較有力、較自然的自變項（也就是太人工化）。當研究者太強調實驗的精確性和對統計的精細程度要求，卻往往造成與自然事實相差太遠。 ■ 外在效度偏低。
實地實驗	把實驗的範圍放在實地的情境裡，做實驗處遇的工作。	■ 實地實驗比實驗室實驗的使用性較高（因為較自然）。 ■ 實地實驗的外在效度與可推論性也比實驗室實驗為佳。	■ 自變項在真實的情境中很難操作。 ■ 實地實驗因為外在的干擾變項太多且不易控制，因此準確性較實驗室實驗為低。 ■ 實地實驗的內在效度較實驗室實驗為低。

三、實驗設計（研究設計）之目的、標準、控制

（一）實驗設計（研究設計）之目的

1. 「實驗設計」（Experimental Design）乃是研究者為了解答研究問題，說明如何控制各種變異來源的一種扼要的計畫、架構和策略。是指，為了要達到研究目的所設計的一種研究方法，期使研究能在準確、省時、省力的狀況下順利進行所做之設計。「實驗設計」亦稱為「研究設計」。

2. 實驗設計嘗試要對內部效度之威脅提供最大的控制，它的方法是給予研究者較大的能力去操作並隔離自變項。在社會工作中，實驗設計的使用最常於評估我們的服務或實務方法之效果。實驗的主要要素包含：

(1) 將個體隨機分配置實驗組和控制組。

(2) 向實驗組引進一組自變項，以及向控制組引進另一實驗組可能接受的創新處遇，而控制組所接受的仍是例行服務。

(3) 比較實驗組和控制組在依變項上的變化量。

（二）好的實驗設計（研究設計）之標準

1. 有否回答研究的題目？是否有效的測出假設被接受或排斥？若不能達到這個目標，研究就是文不對題，談不上是一個合格的研究設計。

2. 變異數（Variances）的控制對外加變項或不適當的變項有無控制？

3. 推論性高或低？好的研究設計不是空中樓閣，應該有極大的推論性，亦即這個好的設計可被其他相同的情境來使用。

4. 內在效度與外在效度是否足夠？內在效度指研究的過程是否有瑕疵？造成研究誤差的因素是否業已排除？研究的結果是否正確？外在效度則指研究的環境是否受到干擾？研究的安排有否產生一些無法預測的偏差？致使研究的延伸程度也產生問題？

（三）研究變異數的控制

從調查與統計的觀點來看，研究設計最重要的目標是在研究過程中能控制各種變異數。控制變異數的三種意義，說明如下：

1. 設法擴大實驗變異數：藉著研究設計的規劃，能使接受實驗或處遇的實驗組與沒有接受實驗或處遇的控制組間所產生的差異愈大愈好。讓該造成差異的因素藉著實驗設計都能順利的在研究中呈現出來。為了達到這個目標，研究設計必須設法使處遇產生其效果，使之與沒有處遇有所差異。

2. 設法控制外加的變異數：研究進行中，很多非研究本身所致的變異數也會干擾研究的進行，這些外加的變異數必須設法在研究設計中予以排除。為了達到這個目標，我們要設法減少變項（樣本本身）所帶有實驗以外的附加變異數。

3. 減低誤差變異數：要減低誤差變異數，就必須在研究過程中設法控制情境，使測量時的誤差可以減到最低限度，否則實驗結果便不準確，研究者便無法自信的說是由實驗的結果所致。其次是測量所用的量表也必須有足夠的信度與效度，否則所測量到的結果就算顯著，也可能與實驗無關，這種研究就沒有意義了。

四、影響實驗設計（研究設計）內在效度的因素

項次	因　素	說　明
1	歷史效應	研究過程中，是否發生一些外在的特殊事件左右了受測者的反應。
2	個人的身心成熟	受訪者個人的成熟以及身心變化當然也會對研究造成影響。例如：一個研究調查需要很長一段時日才能完成。
3	熟悉測驗內容（測驗效應）	熟悉測驗內容的人在受測時其結果當然會比不熟悉其內容的人要佳。
4	測量工具有問題（工具效應）	實驗的結果必須藉測量工具來測量，若是測量工具不準確或是被破壞，所測出來的結果當然會使整個研究的準確性降低，研究的內在效度就降低。
5	統計迴歸	調查受訪者對某些事情的意見時，縱使其意見相當極端，但是經由多次的訪問與調查之後，總會有趨中的現象。群體受訪時也經常會互相左右，在統計上稱為迴歸的趨中現象，這種情形當然會影響研究的內在效度。
6	差異選擇（選擇偏差）	■ 選擇偏差是受試者未能形成相等組別所產生的威脅，這個問題之所以發生，是因為設計時沒有做好隨機指派，亦即，實驗組中的受試者帶有影響依變項的特性。 ■ 實驗計畫裡一定要把樣本分成兩組：實驗組與控制組，這兩組最好愈相似愈好，所以才會設法用隨機抽樣或隨機分派的方式，把樣本公平的區分為兩組。這種差異的選擇當然會造成實驗結果的「顯著差異」，但是這種差異是由差異的選擇而來，而不是由實驗的影響而來。

接下頁

項次	因　素	說　明
7	實驗過程中的傷亡問題（參與者損耗）	實驗的過程太過冗長，會使受訪者疲累，回答時因而不耐、煩躁而產生不實填答的現象，或整個研究拖延時日太久，動輒數年，原先參與研究的受訪者可能搬家，或是本身病亡等因素，會使研究的完整性大打折扣。
8	受訪者被選擇參與研究與本身成熟度之間的交互作用	一樣是受訪者，那些人被選擇分配在實驗組，那些人在控制組，這已是研究過程中重要的議題，加上受訪者本身也會成長，這兩者之間所產生的交互作用，對研究的影響也是非同小可。
9	因果的時間次序問題	因果的定義似乎很簡單，在前的就是因、在後的便是果，但社會科學中實際的狀況卻不是那麼單純。面對種種問題，若要追根溯源的話，常有難斷因果關係的困境。
10	實驗、控制兩組之間相互學習的混淆（處理汙染/處置擴散）	■ 處遇汙染/處遇擴散（Diffusin of Treatment）是指因不同組的研究受試者互相溝通、獲知其他受試者受到的處遇而帶來的威脅。 ■ 明明實驗組、控制組各擺一邊，各作各的處遇，問題是，社會科學的實驗與控制兩組絕對不會那麼聽話。他們會互通訊息、互相教導，分享受測時的內容、經驗與心得，如此一來，實驗組與控制組之間的「純度」已經大打折扣，實驗結果也當然不準確了。
11	實驗者的期望	■ 研究者威脅到內在效度，並不是出於別有用心的不道德行為，而是間接地把實驗者的期望告訴了受試者。研究者可能非常相信某個假設，並且間接地把這個假設或想要看到的結果傳遞給受試者。 ■ 例如：研究身障者反應的研究者，深信女性要比男性對身障者來的慈善，藉由目光接觸、談話語調、姿勢，以及其他非語言溝通，研究者不知不覺地鼓勵女性受試者表示她們對身障者有正面感覺；研究者的非語言行為對男性受試者，則傳遞正好相反的訊息。

接下頁

項次	因　素	說　明
12	對控制組所作的補償（犒賞行為）	研究者要對實驗組進行一項較為合理先進的關懷方法，對控制組則完全施予和以前一樣的「待遇」，如此一來，明顯地就是有差別待遇，研究者總會覺得「愧」對控制組，一定也會在不知不覺之間對控制組的成員做或多或少、有形無形的補償，雖然這些補償與對實驗組的處遇仍然不同，但是在這種情況中所形成的實驗差異當然也就不甚準確了。
13	補償性的競爭現象	當研究計畫對實驗組與控制組有差別的處置時，身為控制組的成員可能會有特別的動機與意圖，藉著自己額外的努力，來彌補因為不是屬於實驗組的缺憾，在心態中，與實驗組的人產生「競爭」的行為，如此一來，實驗的本質就產生偏差了。
14	士氣低落	■ 與補償性的競爭相反的現象是控制組的成員「士氣低落」，知道自己很不幸是屬於控制組，可能就是素質較差的一組，既然已經是這一組那還有什麼好爭的，不如就放棄算了。 ■ 「補償性的競爭」是控制組的表現比原先應有的情況要好，「士氣低落」則是控制組的表現比原先應有的要差。而實驗規劃所期待的，則是控制組就把原先的本質不加修改的表現出來而已，顯而易見的，在這種狀況中，實驗不可能準確。

五、影響實驗設計（研究設計）外在效度之因素

（引自王雲東《社會研究方法》）

（一）對測試本身的反應或交互作用

1. 測驗本身的性質會造成受訪者出現一些不屬於調查本身所應產生的反應，而這種反應再與受訪者本身的個人狀況產生交互作用時，調查的結果當然是糾纏不清。

榜首提點

影響研究外在效度之因素，請列為金榜重點準備；「影響研究外在效度之因素」與本書第四章「提升問卷的外在效度的方法」不同，請區辨清楚。

2. 例如：訪問一個剛離婚的暴力受虐女子對美滿婚姻的態度時，該女子對婚姻的態度本來就會有偏於負向的可能，若問卷的題目又偏偏與她前夫的特質有頗多關聯時，這種因對測驗本身的反應加上與研究特質間的交互作用，對研究的外在效度會有不利的影響。

（二）選擇偏差與實驗變項之間交互作用所產生的影響

1. 選擇偏差會造成受訪者的情緒反應、競爭反應，若再加上與實驗變項之間的交互作用，研究的外在效度也就受其影響。

2. 例如：比較不良青少年與功課優異青少年對金錢價值觀的不同時，這種選擇性的比較已經很容易造成問題，而研究的主題是對金錢的不同價值觀，此時，不良青少年的反應若是偏激也不足為奇，因為已經牽涉了太多因為實驗變項與選擇偏差之間的交互作用。因此實驗時，所選擇的對象愈特別時，其外在效度可能就愈差。

（三）對實驗安排所產生的反應作用

實驗安排中把實驗組與控制組放在一起作比較，而且各組都知道彼此是在一個競爭的關係，此時兩組的反應一定頗不尋常，致使研究的結果產生謬誤，彼此只是為誰贏誰輸在計較，而不是實驗效果的好壞，這是所謂的「霍桑效應」。可見實驗安排本身就會影響其外在效度，而且安排愈精密，外在效度愈差。

（四）多重處置所帶來的困擾

有時研究的實驗變項不僅一種，自變項也有很多，不僅各種處置都有其功能，處置與處置更會有交叉作用的效應產生。更有甚者，有些處置單一實施時可能看不出其效應，但是與其他因素混合實施時，卻可能產生無比的效能，這就是研究複雜所在，值得我們注意。處置愈複雜，以後可被引用的可能就愈低，外在效度也因此愈差。

六、實驗設計（研究設計）外在效度的判準

（引自王佳煌等譯、W. Lawrence Neuman 原著《當代社會研究法：質化與量化取向》）

上榜關鍵 ★★★
已有測驗題命題紀錄，請詳加區辨。

（一）母體推論性

此種形式外在效度的關鍵問題，就是我們是否能夠正確地把我們在一項研究中從一組特定的人們身上所得到的發現，推論到所有人們或是個案所形成的母體或者是母群。為了要將研究發現加以推論，我們應該要詳細說明我們打算要推論的母體為何，並且思考提出支持此種推論的證據。

（二）自然推論性（naturalistic generalization）

自然推論性的關鍵問題，就是我們是否能夠正確地把我們在一個人為創造的、受到控制的、像是實驗室一般的背景情境中所得到的發現，推論到「真實生活」的自然背景情境。在進行自然推論時，我們必須考量兩個議題：生活真實性以及實驗反應：

1. 生活真實性（mundane realism）：所處理的問題是一個實驗或情境是否像是真實的世界。例如，你進行了一項關於學習的研究，在研究中你要求參與者記住四個字母的無意義音節。如果你讓參與者們學習真實生活的事實資訊，而不是去學習那些為了實驗而發明的無意義音節的話，這項研究的生活真實性就會比較強烈一些。

2. 實驗反應（reactivity）：是指人們因為意識到自己正在一項研究中，因而刻意做出某種反應。當人們知道某個人正在研究他們時，就有可能在實驗中做出和在真實生活中不同的反應。霍桑效應（Hawthorne effect）就是一種特殊的實驗反應。

（三）理論推論性（theoretical generalization）

理論推論性所處理的問題，是我們是否能夠正確地從我們想要測量的一個抽象理論裡的概念以及關係，推論到在一個特定實驗中的一組量數以及活動的安排。這很有可能是三種推論性當中最困難的一種類型，因為其中包含了數個其他的觀念：實驗真實性、測量效度，以及控制混淆變項（高內在效度）。實驗真實性（experimenta l realism），所指的是實驗處遇或者是背景情境對於人們所造成的衝擊與影響。換句話說，當人們參與了一個實驗，並且真正地被實驗所影響時，就是具有實驗真實性。如果人們不受影響，而且實驗對於他們沒有造成任何衝擊時，實驗的真實性就比較薄弱。

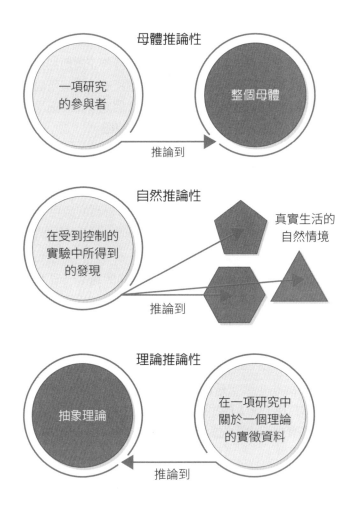

圖：外在效度推論性的三種類型

七、雙面障礙眼法實驗／雙盲實驗

（一）用途

雙面障礙眼法實驗／雙盲實驗（Double-Blind Experiment）是設計來控制「研究者期望」的一種內在效度控制方式。這時與受試者直接接觸的人，並不知道關於假設或處理的細節，這種方法稱為雙面障礙眼法實驗／雙盲實驗，是因為受試者與和他接觸的人雙方都不知實驗的細節。

榜首提點

請將雙面障礙眼法實驗／雙盲實驗列入超級重量級的金榜考點，在解釋名詞最常出現；並請熟記英文名詞，以免中譯名稱不同而混淆。

（二）舉例

研究者想要檢視一種新藥是否有效，研究者使用三種顏色的藥丸—綠色、黃色、粉紅色，然後將新藥放入黃色藥丸內，將舊藥放入粉紅藥丸之內，將安撫劑——看似眞實的假處理（例如：不會產生任何生理作用的糖丸），做成綠色藥丸。發藥丸與紀錄效應的助手並不知道哪種顏色的藥丸包含哪種藥，也由研究者來檢視研究成果。

• 單面障眼法實驗

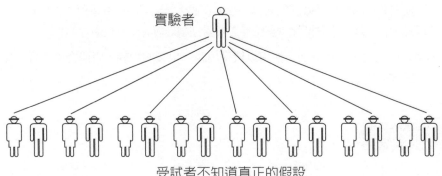

• 雙面障眼法實驗

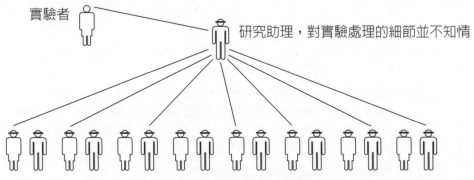

圖：雙面障眼法實驗：單面障眼法與雙面障眼法的範例

八、隨機化

榜首提點

隨機分配與隨機抽樣不同,請區辨清楚,請搭配第 3 章抽樣章節併同研讀。

(一)隨機化(Randomization)或是隨機分配,與隨機抽樣並不相同,儘管它們根據的是相同的邏輯與技巧。
　　被隨機分配的研究參與者很少是從母體中隨機選取的。相反地,他們是自願參與實驗的個體,從而使實驗的可概化性受到限制。不同於與可概化性有關的隨機抽樣,隨機化是增加內部效度的一種手段。它並未試圖保證研究參與者對母體具有代表性,相反地,它試圖減少實驗參與者對控制參與者不具代表性的風險。

(二)隨機化的主要技巧在於必須使用以機率理論為根據的步驟,將研究參與者分配至實驗與控制組。

 練功坊

Q　實驗設計面臨哪些內在效度的問題?請舉二項說明;採用「雙重保密實驗」(Double-Blind Experiment)可以幫助解決哪些內在效度的問題?

A

(一)影響研究設計內在效度的因素(舉二項說明)

　　1. 個人的身心成熟:受訪者個人的成熟以及身心變化當然也會對研究造成影響。例如:一個研究調查需要很長一段時日才能完成。

　　2. 補償性的競爭現象:當研究計畫對實驗組與控制組有差別的處置時,身為控制組的成員可能會有特別的動機與意圖,藉著自己額外的努力,來彌補因為不是屬於實驗組的缺憾,在心態中,與實驗組的人產生「競爭」的行為,如此一來,實驗的本質就產生偏差了。

(二)雙重保密實驗可以幫助解決之內在效度問題

　　雙重保密實驗,亦稱為「雙面障礙眼法實驗/雙盲實驗」,是設計來控制「研究者期望」的一種內在效度控制方式。這時與受試者直接接觸的人,並不知道關於假設或處理的細節,這種方法稱為雙面障礙眼法實驗/雙盲實驗,是因為受試者與和他接觸的人雙方都不知實驗的細節。

練功坊

★（　）在實驗研究情境中，當出現控制組的受試者也接受到某種程度之實驗
　　　刺激的狀況時，它被認爲是一種對實驗內在效度之威脅，又稱之爲：
　　　(A) 霍桑效應　　　(B) 處置擴散　　　(C) 安心丸效應　　　(D) 補償行爲

解析

B。處理汙染／處置擴散（Diffusin of Treatment）是指因不同組的研究受試者
互相溝通、獲知其他受試者受到的處理而帶來的威脅；明明實驗組、控制組各
擺一邊，各作各的處置，問題是，社會科學的實驗與控制兩組絕對不會那麼
聽話。他們會互通訊息、互相教導，分享受測時的內容、經驗與心得，如此一
來，實驗組與控制組之間的「純度」已經大打折扣，實驗結果也當然不準確了。

★（　）社工員以音樂治療的方式，每週帶領機構中的老人活動肢體，以保持
　　　肢體的靈活。方案實施兩年後評估成效，卻發現參與的老人家身體狀
　　　況不進反退。此評估結果：
　　　(A) 顯示方案沒有達到預期效果，應予停辦
　　　(B) 顯示方案產生反效果，應從反向思考新方案
　　　(C) 沒有考慮成熟（Maturation）因素，內在效度不佳
　　　(D) 沒有考慮時間歷程（Passage of Time）因素，外在效度不佳

解析

C。成熟因素是指受訪者個人的成熟以及身心變化當然也會對研究造成影響。參
與的老人家身體狀況會因年齡的增加而逐漸退化。

重點 2 實驗設計類型 ★★★★★

一、實驗設計類型（依準確的程度區分）

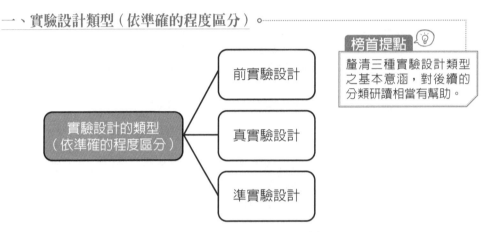

榜首提點

釐清三種實驗設計類型之基本意涵，對後續的分類研讀相當有幫助。

（圖示內容：實驗設計的類型（依準確的程度區分）→ 前實驗設計、真實驗設計、準實驗設計）

（一）前實驗設計（Pre-Experimental Design）

指實驗「設計」無科學的嚴謹性，談不上是個「實驗」，只求方便或限於經費、人力，簡單的研究而已。亦即，指實驗設計無科學的嚴謹性，只具備了實驗研究三大要素中最重要的前兩項「自變項與依變項」以及「實驗組與控制組」之一，因此只是簡單的研究而已。

（二）真實驗設計（True Experimental Design）

意即實驗設計至少完全具備了實驗研究三大要素中最重要的前兩項（「自變項與依變項」以及「經隨機抽樣與隨機分派所形成的實驗組與控制組」），是一種符合科學實驗要求的真正實驗設計。

（三）準實驗設計（Quasi-Experimental Design）

1. 當某些情境不能用真實的實驗方法來控制變異量時，就利用準實驗設計的方法，這種方法雖然不能完全符合實驗設計中的嚴格要求，但是大體已抓住了科學的精神與實驗應有的態度，只是礙於現實，無法把整個實驗的精神完全落實（因為人類行為無法像在實驗室中把各種情況都嚴謹的控制）。

準實驗法中，研究者必須了解有哪些特殊的變項是無法控制的，而對該控制不了的變項特別注意，以便使之更精確。

2. 準實驗設計與「真正」的實驗設計不一樣，主要是因為它們在受試者的指派上並未採用隨機程序。

二、前實驗研究設計類型

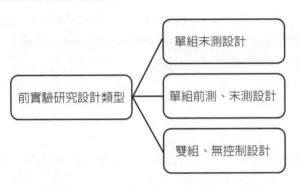

（一）單組末測設計（One-Shot Case Study）

1. 圖示

   X O

2. 說明

   (1) X 代表一種實驗或處遇，O 代表觀察或結果。這種研究之所以只能稱為前實驗設計，是因為沒有另外一組可比較，因此無法肯定 X 的作用，O 的結果可能沒有 X 時也一樣可以產生，所以 O 只是推測的結果而已。

   (2) 缺點：這個方法的缺點是沒有控制組的比較，所以在推論上當然也不科學。彌補的方法是蒐集特別的細節，小心觀察，不然就做好標準化的測驗。

（二）單組前測、末測設計（One-Group Pretest-Posttest Design）

1. 圖示

   O_1 X O_2

2. 說明

   (1) 是在處遇之前先做前測 O_1，然後比較與後測 O_2 之間的差異是否顯著。

   (2) 優點：可以比較 O_1 與 O_2 之不同。

(3) 缺點：O_1 與 O_2 兩者之間的差距，除了 X 這個處遇以外，其他因素不少。例如：測量的問題會使受訪者的敏感度增高，後測當然會比前測要好；其他歷史（History）的因素、成熟（Maturation）的因素，加上統計迴歸（Regression Effect）的問題（後測的分數會有歸回平均數的趨中現象產生），若無控制組與之比較，勢必無法客觀。

（三）雙組、無控制設計（Two-Group, No Control）／小組靜態比較（靜態比較組設計、靜態組間比較）（Static-Group Comparison）／不對等團體單一組後測設計（唯後測非同等群組設計）（posttest-only design with nonequivalent group/posttest-only with nonequivalent group design）

1. 圖示

   X O_1 或　X O_1
   　　O_2　　　　O_2

   (1) 說明：此設計的特質是多了一個組別可以與實驗組來比較，比較的時間可以同時，也可以把時間錯開，一前一後。

   (2) 缺點：與實驗組對照的這一組不一定就是所謂的控制組（姑且稱為比較組），因為這組的形成並不是與實驗組的形成有相同的手續或過程，可以讓我們確定在實驗之前，兩組完全相同。因此，若兩組有所不同，可能是本來就已存在的差異，而不是實驗所造成的。亦即，此設計有兩組、後測與自變項，缺乏隨機分配與前測。設計的缺點在於，兩組間任何後測結果的差異之處，有可能是因為實驗前兩組間原本的差異所導致，而非自變項的導入所致。

三、真實驗設計類型

```
                      ┌─→ 前後控制組的設計
                      │
┌───────────┐         │
│ 真實驗設計類型 │─────────┼─→ 雙組比較僅後側設計
└───────────┘         │
                      │
                      └─→ 所羅門四組比較設計
```

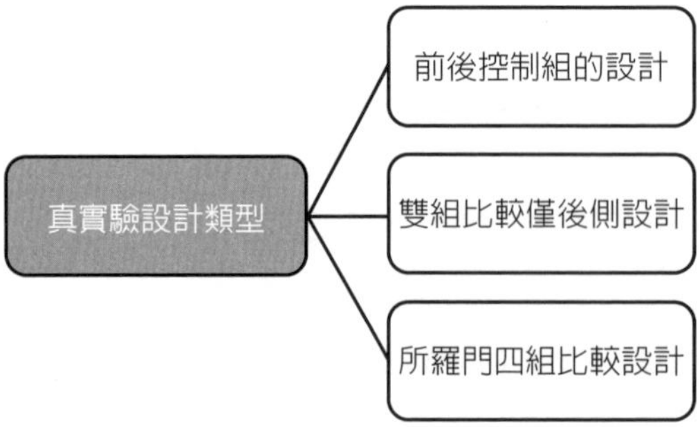

榜首提點

真實驗設計類型的準備方式，必須清楚其實驗設計；另請加強所羅門四組比較設計，經常在解釋名詞出現。另除中譯用詞學界未統一外，且同一種設計類型有多種的稱謂，考生請將各類型相關的稱謂的中英文用詞一併詳記。

（一）真實驗設計類型

1. 前後控制組的設計（Pretest-Posttest Control Group Design）

    (1) 圖示

    R　O₁　X　O₂

    R　O₃　　　O₄

    (2) 說明：此類實驗設計的主要特質是樣本被分派至實驗組或控制組是經由隨機的方法分配，而且觀察比較中，除了有實驗組與控制組的比較外，兩組都還有前後測的比較。因是以隨機分派法將受試者分成兩組，所以這兩組在理論上能力應該是一樣的。在進行實驗時，兩組均接受前測，其目的是要檢測 O₁ 與 O₃ 是否不同，而在實驗處理完時，再進行末測，比較其 O₂ 與 O₄ 之間的差異。

    (3) 優點：可以使「歷史」、「成熟」、「測驗」、「工具」及「迴歸」等五個問題得以克服，因為縱使有這些內在效度的困擾，也因為兩組都面臨到了，所以在比較上可以「扯平」，並不致於造成誤差。也因為是用隨機分派法，所以「選擇」、受試者的「流失」，與「成熟」的「交互作用」相抵消，因此在內在效度上可以說相當完美。

    (4) 缺點：在外在效度的考量上，這種設計因為強調了前測與後測，難免會牽涉到測驗情境的可推論性，所以外在效度多少會受其影響。

    (5) 統計方法：一般最普遍的分析方法是用 t 檢定看前後測分數的比較，加上實驗組、控制組的比較（即 O₁ 比 O₂；O₁ 比 O₃；O₂ 比 O₄），但缺點是所算出來的變異數比原始分數不可靠，本質上實驗組與控制組之平均數有差異時，但在檢定少卻看不出其差異。最嚴謹的資料分析方法是：重複量數二因子變異數分析（Repeated Measures Two-Ways ANOVA），因為它能一方面比較實驗組與控制組的前後分數的差值，同時又能控制住在隨機分派過程中所產生的微變異對依變項的影響力。

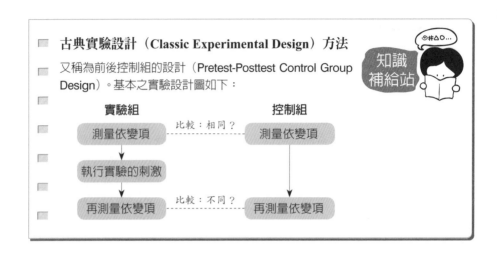

古典實驗設計（Classic Experimental Design）方法

又稱為前後控制組的設計（Pretest-Posttest Control Group Design）。基本之實驗設計圖如下：

實驗組		控制組
測量依變項	比較：相同？	測量依變項
執行實驗的刺激		
再測量依變項	比較：不同？	再測量依變項

知識補給站

2. 雙組比較僅後測設計（雙組唯後測設計）（Posttest Only Control Group Design）／等組後測設計（equivalent comparison groups design）

(1) 圖示

R　X　O_1

R　　　O_2

(2) 說明：適用於或前測可能引起副作用，或不方便行使時使用。

(3) 優點：在具備了基本而重要的實驗元素的前提之下，相對來得簡單、經濟；但要特別注意的是，一定要有良好的隨機抽樣與隨機分派過程。

(4) 缺點：亦即，此種設計與靜態比較設計幾乎完全相同，只有一個例外之處：群組是隨機分派的。此種設計除了沒有前測之外，其餘部分則和古典實驗設計完全相同。隨機分派減少了在施予處遇之前的群組差異，但是在沒有前測的情況下，研究者無法確定實驗開始時所有的群組在依變項方面都是同等的水準。此法控制了處置的主要作用及過程所產生的互動，但並未測量它們到底有多少。

(5) 統計方法：可使用考驗獨立樣本平均數差異的 t 檢定，即可確定其實驗效果是否顯著，但若有三個或以上的實驗處理時，則用 ANOVA 來加以考驗。

3. 所羅門四組比較設計（Solomon Four-Group Design）

(1) 圖示

R　O_1　X　O_2

R　O_3　　O_4

R　　　X　O_5

R　　　　O_6

(2) 說明：所羅門四組設計是將「前後控制組的設計」與「雙組比較僅後測設計」加在一起組合而成。雖說在社會工作頻率中使用頻率不是太高（因為較複雜、費時與花錢），但卻有較高的評價，不僅對於內在效度的考慮相當嚴謹，外在效度的情形也較「前後控制組的設計」為優。

(3) 優點

　A. 主要的特點在於將「有無前測」此一變項納入實驗設計中，將其所造成的變異數部分，從總變異量排除掉，以看出所產生的影響是否顯著。

　B. 因為從 O_6 與其他組的比較，可以算出到底樣本對測驗所累積的反應有多嚴重（如 O_6 優於 O_5；O_5 優於 O_4；O_4 優於 O_2）。藉 O_2 比 O_4；O_5 比 O_6 及 O_3 比 O_5 的分析可以看出處遇（X）的功能，藉 O_6、O_1、O_3 的比較，可以綜合出成熟以及歷史的效應到底有多少。

(4) 缺點：實驗設計較複雜、費時與花錢。

(5) 統計方法：使用「獨立樣本二因子變異數分析」（Independent Samples Two-Way ANOVA）進行，除可考驗「有前測組與無前測組之差異是否達到顯著」，以及「有實驗處理組與無實驗處理組之差異是否達到顯著」外，還可考驗「有無前測與有無實驗處理之交互作用是否達到顯著」。

（二）真實驗設計其他事項之討論

1. 多因子實驗設計（Factorial Design）

(1) 多因子實驗設計是指實驗研究者同時觀察兩個或兩個以上的自變項對一個依變項之影響，而且也考慮了自變項之間交互作用效果的實驗設計。

(2) 舉例：「研究臺灣地區不同教育程度與宗教信仰對婦女生育率之影響」。又如：「不同輔導方式（自變項）以及付費意願各有各的主要影響力（Main Effect），但兩者之間還存有一些交互作用（Interaction Effect），此種交互作用在多因子設計中經常發生。

2. 隔宿分類或階層分類（Nest Classification）

(1) 若進行某一研究，其主題是：「不同管理方式在不同年齡層之感化機構之輔導成效研究」。不同管理方式為自變項 A，不同機構為自變項 B，輔導成效則為依變項 C。

(2) 舉例：若研究過程中，我們對於少年犯罪者機構（B1-B3）都用人性管

理來處理；成人犯罪者（B4-B6）都用人性管理來處理，當作我們的實驗研究，以便作為日後獄政處理的參考，此種研究設計即為隔宿分類設計或階層分類設計。

管理方式 \ 機構	不同管教機構					
	B1	B2	B3	B4　B5		B6
A1　人性管理	7 6 5 8	10 6 7 9	9 10 8 11			
A2　軍事管理				5 9 4 3	9 4 8 7	3 7 5 3

3. 變項中之因子（Levels）

(1) 有限模式：某些實驗變項的因子是有限的，如：人種可分為黃、白、黑、棕、紅等五種；或教育程度分為國小、國中、高中、專科、大學、碩士、博士等，了不起再加上不識字及博士以上。

(2) 固定模式：在各式各樣的輔導模式當中，只選兩個處遇模式（因子），又如在輔導次數中當然可以從 0 至 30 次以上，但是我們只採用三種：5 次以下、5 次至 9 次、10 次以上，此稱為固定模式。

(3) 隨機模式：如大學社會工作系二年級的同學共 85 名，在實習的課程中被安排至不同的機構參觀，共參觀了兒童福利機構四所、家庭婚姻輔導機構三所。從 85 名學生中隨機抽 20 名，四所兒童福利機構中隨機抽兩所，三個家庭婚姻輔導機構中隨機抽兩所來作訪問評估，這種模式可稱為隨機模式。

(4) 混合模式：某因子採固定模式，另一因子採隨機模式，此稱為混合模式。如：自所有國民小學中隨機抽選十所，比較啟發式教學與填鴨式教學所造成的差異（事實上教學方式不僅啟發式與填鴨式二種而已，但是我們只固定為這兩種）。兩種變項的因子採用不同的方式取捨時，稱為混合模式。

4. 從不同的後測時間對實驗結果的測量：採取了一種新的措施，要了解該新措施是否有效，牽涉到在什麼時候來測量，這種「後測」的時間選擇在實驗設計中是重要的因素。

5. 處遇方法（X）的概推性，如何使處遇在執行上有變化：研究者必須控制實驗設計以外的無關變項。若是控制外來的變項有困難，則不妨把 X 放入不同的類組中去實驗，則處遇方法推論的正確性必可提高。

6. 處遇方法的概推性，不斷使處遇更新並與控制組比較：當處遇被證明有效後，對處遇改良的意義是把處遇概念化成幾個變項，並且不斷地修正這些變項，使其更精確，詳細說明實驗處理的過程，另外並發展新的控制組，使自變項對依變項所產生的效果，能夠在許多控制組中被發現。

7. 概推至其他的觀察：若要從一個觀察推論至其他觀察時，應先了解整個研究設計的內在效度是否足夠？應用到其他的環境時會有什麼樣的改變？若內在效度無法克服，就儘量重複測量一些不同情境下的結果，若所要的內容能出現在每一種測量，則推論性就更高。

四、準實驗設計（Quasi-Experimental Design）

（一）準實驗設計之意義

1. 在許多社會工作機構，無法利用隨機化以決定哪些受試者將被指派到哪一種處遇條件中。遇到這樣的情況，可以採取「準實驗設計」方式，其與「真正」的實驗設計是不一的，主要是因為準實驗設計在受試者的指派上並未採取隨機程序。

> **上榜關鍵** ★★
> 相當基礎且重要的觀念，請建立正確觀念。

2. 亦即，「準實驗設計」是一種研究設計，試圖控制會危及內在效度的威脅，進而能做出因果推論；在缺乏隨機指派受試者的作法下，其與真正的實驗有所區隔。

（二）準實驗設計之類型

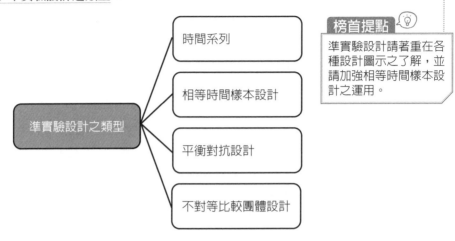

準實驗設計之類型
- 時間系列
- 相等時間樣本設計
- 平衡對抗設計
- 不對等比較團體設計

榜首提點

準實驗設計請著重在各種設計圖示之了解，並請加強相等時間樣本設計之運用。

1. 時間系列（Time Sequential Test）

    (1) 圖示

    O_1　O_2　O_3　O_4　X　O_5　O_6　O_7　O_8

    (2) 說明：適用於縱貫性研究的一種。當研究者無法順利找到控制組時，可將測量的時間拉長，以觀察實驗處遇是否有效，以及所造成的影響是可持久或具週期性。

    (3) 優點：與前實驗設計之「單組前測、末測設計」相比，當然會提供較多、也較具準確性的資料。

    (4) 缺點：時間系列研究法在內在效度上，無法克服「歷史」、「工具」、「施測」的問題。因實驗的時間拉長，所以被外來的干擾變項影響到研究結果的機率也變大；因此研究者要儘量掌握住測量的時間間隔與總實驗時間均不要太長，否則會增加研究的「歷史效應」與「成熟效應」的機率，影響整個研究的內在效度。至於外在效度方面，實驗的研究結果只能推論到重複測驗的族群，為此一設計的限制。

    (5) 統計方法：應將處遇（X）施行前的 O_1、O_2、O_3、O_4 的觀察值建構出一條迴歸線，而後外推到時間 O_5（測量 O_5 的時間點、O_6、O_7、O_8）的觀測預估值，然後用相依樣本 t 檢定去檢視實際的觀察質（O_5、O_6、O_7、O_8）與外推預估值是否有「顯著」差異，即可得知實驗處遇是否有效。

2. 相等時間樣本設計（Equivalent Time Sample Design）
   (1) 圖示

   X_1　X_0　X_1　X_0 ……

   (2) 說明
      A. 對一組受試者抽取兩個相等的時間樣本（Time Sample），在其中一個時間樣本裡，出現實驗變項（X_1），在另一個時間樣本裡，不出現實驗變項（X_0）之實驗設計。
      B. 例如：我們要知道社會工作員與案主諮商時，若有助理在旁邊錄音作記錄會不會影響案主的情緒，甚或減低了案主對被輔導的滿意度。
   (3) 優點：藉著實驗處遇的交互出現而克服許多的可能影響到內在效度的問題，例如：歷史效應、成熟效應、測量效應、工具效應以及統計迴歸等；不過每一階段實驗的結果還是有可能受到之前實驗處理所造成的「殘餘效應」的影響減低其內在效度。
   (4) 缺點
      A. 「對測驗本身的反應或交互作用的效果」以及「對實驗安排所產生的反應作用」（亦即霍桑效應）必須儘量控制，因為這種實驗結果很容易讓受試者知道自己正在接受實驗，因此實驗結果不能推論到沒有這種反應的實際群體上。
      B. 「多重處置所帶來的困擾」是影響外在效度的重要因素。
      C. 取樣時不是隨機方式，則「選擇偏差與實驗的交互作用」會影響外在效度，研究結果只能適用於樣本同質性的對象。
   (5) 統計方法
      A. 可將「有實驗處遇時的平均觀察值」與「沒有實驗處遇時的平均觀察值」作「獨立樣本 t 檢定」，即可確定實驗處遇是否有效果（達到顯著）。
      B. 如果受試者只有 1 人，可重複多次求取平均值（例如：30 次）；若受試者為一組且人數頗多（例如：30 人），則不需要重複進行太多次，但也不能只有 1～2 次，以免造成過大的時間抽樣誤差而影響到研究結果。

3. 平衡對抗設計（Counterbalancing Design）

(1) 圖示

實驗處理（X）\組別	X₁	X₂	X₃	X₄
G₁	t1y	t2y	t3y	t4y
G₂	t3y	t1y	t4y	t2y
G₃	t2y	t4y	t1y	t3y
G₄	t4y	t3y	t2y	t1y

備註：X 處遇；G 組別；t 時間；y 處遇的效果。

(2) 說明：本設計又名輪換實驗設計（Rotation Experiment Design）或拉丁方格設計，這種實驗設計包含三個主要的處遇變項：X（處遇）、G（組別）、T 時間、Y 處遇的效果。研究者利用四組未經隨機分派、維持團體的形式（例如：原來班級）的受試者，每組別在前後四個時機裡，重複接受四種不同的實驗處理，以考驗組別、時間的差異。

(3) 優點：採用拉丁方格的設計，使可能發生的誤差儘量平衡而終能互相抵消，並可比較四種處遇的差異。

(4) 統計方法：進行實驗處理的組別差異、時間差異的顯著水準考驗；並先計算交互作用的總數，把組別和時機的主要效果予以排除，若四組都是在某個實驗處理的效果最強，則研究者更有信心說實驗處理之間有顯著性存在，而且沒有組別和時機的因素混淆在內。

4. 不對等比較團體設計／不對等對照組設計（Nonequivalent Comparison Groups Design）

(1) 圖示

O₁ X O₂
O₃   O₄

(2) 說明

A. 當研究者發現某個既存團體看起來和實驗組相似，因而可以進行比較時，便可以使用不對等比較團體設計。亦即，研究者找到二個看起來相似的既存組別，並在某一組被置入處遇之前與之後，測量它們在依變項上的表現。

294

B. 本法與前後控制組的設計（Pretest-Posttest Control Group Design）是一樣的，只是少了隨機指派的 R。但當受試者非隨機指派時，在術語上就要使用「比較組／對照組」，而非「控制組」。

(3) 優點

A. 可用於無法打破團體份子或無法隨機或配對之團體。

B. 實施前測可了解二組的條件是不是整齊，如果二組的前測分數一致，可以肯定實驗處理所造成的影響。

(4) 缺點

A. 非隨機選取與分派，無關變項無法控制。

B. 研究者很少獲得所有可能之外在變項的證據，那些變項真的有可能解釋兩組在結果上的差異。例如：兩組在前測分數以及各種背景特徵上皆可比較的事實，未必確保他們有相同的改變動機。

(5) 統計方法：非屬隨機分派並有前、後測，屬於相依樣本，以相依樣本 t 檢定進行考驗。

(6) 幫助化解不對等比較設計可比較性的疑慮，以強化不對等對照組設計內在效度的二種方式。

A. 多元前測 Multiple Pretests

多元前測為克服不對等比較團體設計（不對等對照組設計）（nonequivalent comparison groups design）可能涉及的選擇性偏誤，這是因為實驗組可能比控制組有更強的改變動機，因此可能在處遇之前就已經在進行一些改變，因此，多元前測主要是用以強化不對等對照組設計內在效度的方式，以幫助化解不對等比較設計可比較設計疑慮的方式之一。透過多元前測，就是在介入之前的不同時間點進行相同的前測，這樣就可以偵測是否有一組已經在改變，而另一組則沒有。這也可以幫助我們偵測，其中是否有一組發生統計迴歸。在首列的處遇組接受處遇（X），底下一列代表對照組：在每一列中，O_1 和 O_2 代表的是第一次和第二次的前測，而 O_3 代表後測。圖示：

| 處遇組 | O_1 | O_2 | X | O_3 |
| 對照組 | O_1 | O_2 | | O_3 |

B. 交換複製／交換複製研究 Switching Replication

交換複製主要是用於不對等比較團體設計（不對等對照組設計）（nonequivalent comparison groups design），係藉由在第一次後測之後讓對照組接受處遇，來偵測結果顯現的改善狀況是否由於選擇偏誤所導致。如果對照組第二次後測的結果有複製處遇組第一次後測的改善狀況，那就可以減少我們去處遇組第一次後測的改善是由選擇偏誤所致的懷疑。反之，如果對照組第二次後測結果並沒有複製處遇組第一次後測的改善狀況，那麼第一次後測兩組間的差異就可歸因為兩組缺乏可對照比較性的緣故。首列表示的是處遇組，底下一列是對照組；在每一列中，O_1 代表的是前測，O_2 和 O_3 代表後測，X 表示處遇。

圖示：

處遇組	O_1	O_2		O_3
對照組	O_1	O_2	X	O_3

練功坊

Q 請說明所羅門四組設計（Solomon Four Group Design）的內涵及對內在效度的控制狀況。

A

(一) 所羅門四組比較設計之內涵

所羅門四組設計是將「前後控制組的設計」與「雙組比較僅後測設計」與「雙組比較僅後測設計」加在一起組合而成。

R O₁ X O₂

R O₃   O₄

R   X O₅

R   O₆

(二) 對內在效度的控制狀況

所羅門四組設計雖說在社會工作領域中使用頻率不是太高（因為較複雜、費時與花錢），但卻有較高的評價，不僅對於內在效度的考慮相當嚴謹，外在效度的情形也較「前後控制組的設計」為優。

★ (   ) 下列何者不是準實驗設計（Quasi-Experimental Design）？

(A) 時間系列設計（Time Sequential Design）

(B) 相等時間樣本設計（Equivalent Time Sample Design）

(C) 單組前測、末測設計（One Group Pretest-Posttest Design）

(D) 平衡對抗設計（Counter-Balancing Design）

解析

C。

(1) 準實驗設計之類型：時間系列、相等時間樣本設計、平衡對抗設計、不對等比較團體設計。

(2) 前實驗研究設計類型：單組末測設計；單組前測、末測設計；雙組、無控制設計。

練功坊

★（　）實驗設計（Experimental Design）與準實驗設計（Quasi-Experimental Design）二者最主要差異是：

(A) 控制組人數　　　　　　　　(B) 對照組人數
(C) 取樣單位隨機化　　　　　　(D) 實驗組人數

解析

C。準實驗設計與「真正」的實驗設計不一樣，主要是因為它們在受試者的指派上並未採用隨機程序。

重點 *3* 單案研究法 ★★★★★★

一、單案研究法的意義

(一) 單案研究

1. 單案研究亦可稱為單一受試者設計（single-subject designs）、單案設計（single-case designs），或單一系統設計（single-system designs）。

2. 單案研究是應用時序法（Time Series Method）的邏輯，對單一個人或社會單位（例如：家庭、團體、機構、社區或方案等）進行實驗干預，而後將干預所產生的影響結果加以記錄與分析評估。由於單案研究在社會工作領域的應用是起源於臨床的醫療社會工作，因此沒有控制組。此外，在單案研究中，研究的對象一定只有一個。 知

> ■ **單案設計研究**
>
> ■ 相較於其他研究設計最大的不同點在於：樣本數只有一個。不論分析的單位是一個人、一個家庭、一個社區或是一個組
> ■ 織，樣本數都只有一個。因此，單案研究設計的其中一個主要限制，就是它的外在效度是較不可靠的。雖然有些研究者
> ■ 覺得單案研究設計的方式不夠周詳，因為單案研究它只針對特定案例的結果是無法被廣為推論的，但是，針對某個特定
> ■ 個案的單案研究，確實能夠對於社會工作實務有所貢獻。

(二) 時序法的意義

是指將實驗觀測值依時間先後採多重評量點記錄；而也正因為有越多的評量點，所以就能有愈穩定的趨勢可供辨識，也就愈容易推演出自變項與依變項間的因果關係與效力大小（及其週期性）。例如：老人在養老院悶悶不樂，於是社工師與其會談，同時觀察並測量（多次）其與人交談的時間、臉上出現笑容的次數、食量以及睡眠時數等。而後社工師提出處遇計畫並加以執行，在執行過程中社工師又再度（多次）測量上述四指標，了解處遇是否有效果。此一過程即為單案研究在社會工作實務上的一項應用。

二、單案研究基線期與干預期

（一）基線期意義

基線期（Baseline），指干預介入之前的重複評量階段。也就是說，基線期是一種控制階段，在基線期蒐集的資料模式（趨勢）將與干預期（試驗期）所蒐集的資料模式（趨勢）相比較，以確知實驗干預是否有效果。至於什麼時間才是適合由基線期進入到干預期的時間點？端視在基線期的資料模式（趨勢）顯現出一種可以預期和有秩序的情況。

（二）基線期資料發展的可能模式圖例

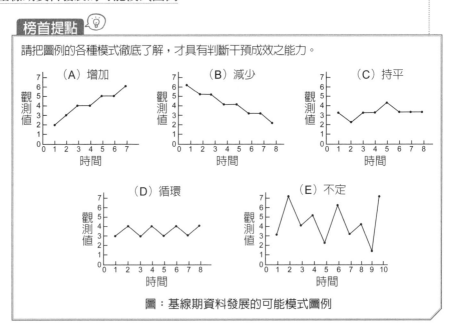

榜首提點

請把圖例的各種模式徹底了解，才具有判斷干預成效之能力。

圖：基線期資料發展的可能模式圖例

（三）基線期資料發展趨勢的判斷注意事項

1. 如果在基線期，趨勢已經顯示「增加」，那麼在干預期中如果資料發展的模式（趨勢）還是「增加」，且增加的幅度與基線期大致相同，則不能推估說是因為實驗干預造成的「增加」（因為可能就算沒有干預、繼續停留在基線期，仍會維持既定的「增加」趨勢）。

榜首提點

在基線期資料的發展趨勢判斷注意事項中，對於判斷的詳細說明，務必清楚，並請搭配圖例研讀。

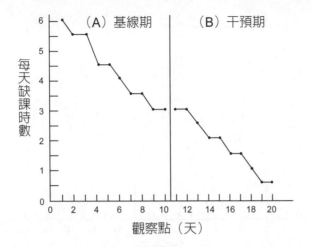

圖：單案研究之設計結果不支持干預之有效性圖例

2. 如果在干預期中資料確實呈現出上升或下降的穩定趨勢，那就表示：雖然在基線期受測對象在被測項目的表現不是很穩定，但實驗干預還是造成受測者在被測項目的上升或下降狀況，也就是說干預應該還是有效的。

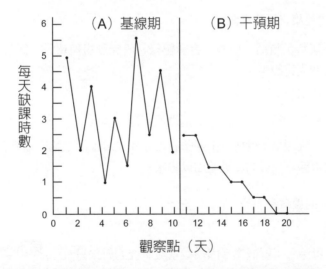

圖：依變項在基線期不穩定但進入到干預期穩定的圖例

3. 如果在干預期中的資料仍然呈現出不穩定的趨勢，那可能就要藉由回溯的基線或稱重建的基線去試圖讓趨勢更明朗化，否則可能就要另尋個案重作實驗。

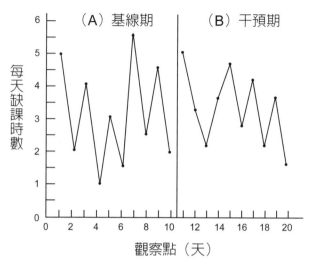

圖：依變項在基線期不穩定而進入干預期還是不穩定的圖例

三、單案研究蒐集資料的來源與優缺點

（一）單案研究蒐集資料的來源

1. 文件資料，包括：信函、會議紀錄、研究計畫與報告、簡報、調查統計資料及個人紀錄等。

2. 訪問或晤談。

3. 非參與直接觀察，例如：透過單面鏡觀察個案。

4. 參與直接觀察，例如：小團體的領導者（Leader）或協同領導者（Co-Leader）可就近觀察成員的反應並加以記錄。

（二）單案研究的優缺點

1. 優點
   (1) 可深入了解個案（因為觀察與研究的對象只有一個），因此相對較有機會提出有效而又具體的處理辦法。
   (2) 蒐集資料的方式較有彈性（可針對此觀察與研究的對象而彈性調整）。

> 榜首提點
>
> 單案研究法的優缺點，請搭配對基線期及發展的可能模式圖例併同準備。

2. 缺點

(1) 資料來源的可信度與客觀性可能有疑問（例如：個人紀錄可能是自傳、日記等，也許是主觀看法而未必反映事實）。

(2) 因單案研究強調深入性，因此可能較費時。

(3) 不易進行有效的推論，也就是外在效度低；而這也正是單案研究最大的缺點與限制。主要原因：

A. 因為樣本數太少，又往往非隨機取樣而來，因此樣本的代表性顯然不足。

B. 與「時間系列設計」的狀況類似，因為重複測量的次數頗多，因此實驗的結果只能推論到重複測驗的族群。

四、單案研究設計的類型

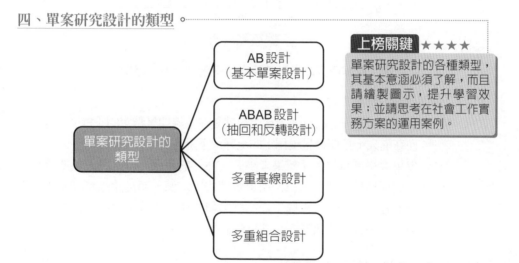

上榜關鍵 ★★★★

單案研究設計的各種類型，其基本意涵必須了解，而且請繪製圖示，提升學習效果；並請思考在社會工作實務方案的運用案例。

單案研究設計的類型
- AB 設計（基本單案設計）
- ABAB 設計（抽回和反轉設計）
- 多重基線設計
- 多重組合設計

（一）AB 設計法：基本單案設計

1. AB 設計法內容與優缺點說明

(1) 內容：AB 設計法是最簡單的單案設計，包括一個基線階段 (A)，和一個干預階段 (B)；也是一個最常被應用在社會工作實務領域的單案研究設計方式。

(2) AB 設計法優點：簡單、可行性高、容易完成與複製。

(3) AB 設計法缺點：因為只有一個基線期，所以沒有比較，因此容易得出錯誤結論（例如：受歷史效應影響）。怎樣的狀況才是有效的干預？可以用目測法（Vision Method）與「效果大小計算法」。

2. 最理想的有效干預圖例

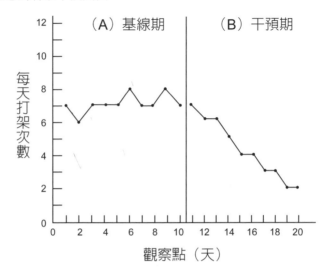

圖：單案研究之設計結果支持干預之有效性圖例

3. 有效干預的檢證方式
   (1) 目測法：最理想的有效干預圖形就是在基線期呈穩定的「持平」趨勢，而在進入干預期後呈現穩定的上升或下降趨勢。
   (2) 效果大小計算法：「效果大小」（ES）的定義，就是將干預期所有數值的平均值，減去基線期所有數值的平均值，而後除以基線期所有數值的標準差即得。根據一般的經驗值，如果「效果大小」的數值大於 0.6，通常就認為實驗干預「應該」是有效的。

（二）ABAB 設計法：抽回和反轉設計

1. ABAB 設計法內容與優缺點說明
   (1) 內容
      A. ABAB 設計是為了改進 AB 設計只有一個基線期的缺點，因此在干預期 (B) 之後再加上第二個基線期 (A) 和第二個干預期 (B)，以期對可能的外在因素所造成的干擾影響能有較好的控制。
      B. 例如：若某社工師對一位在養老院悶悶不樂的老人進行深度訪談，結果在訪談期間，該老人臉上出現笑容的頻率與食量均有明顯增加；不過社工師仍然不能確定是否真是處遇所造成的影響，還是老人的家庭狀況發生什麼變化（例如：出國留學的兒子完成學業，畢業返

國）？因此該社工師決定藉出國考察之名，暫時停止與老人訪談一段時間（例如：兩個月），之後再恢復；觀察老人在停止訪談與爾後再恢復訪談的兩個階段其臉上出現笑容的頻率與食量的情形。

(2) 優點：藉由增加一個基線期 (A) 和干預期 (B)，得從對可能的外在因素所造成的干擾影響能有較好的控制；也就是說，「實驗」的效果比「基本 AB 設計」要來得好。

> **榜首提點**
>
> ABAB 設計法：抽回和反轉設計的缺點備受社工界重視，請特別留意，並詳加準備。

(3) 缺點：

 A. 社會工作倫理的問題。例如：若對於有自殺傾向的案主取消干預，萬一造成案主的危險，甚或生命財產的損失，則是社工實務者絕對不願見到的；此外，取消干預也可能使得案主再度掉回到痛苦的情境，因此可能會遭到案主強烈的抗拒，這些都是很重要的倫理議題，也使得 ABAB 設計在社會工作領域中並不是那麼被常用。

 B. 當干預具備有無法倒轉的影響力之特質時（如前例之社會互動技巧），則可能會造成難以判斷干預是否有效的狀況。

 C. 「霍桑效應」與「多重處置所帶來的困擾」兩項因素會相當程度影響到 ABAB 設計的外在效度，這也使得 ABAB 設計的研究結果在推論與適用性上均受到相當程度的限制。

2. 有效干預圖例

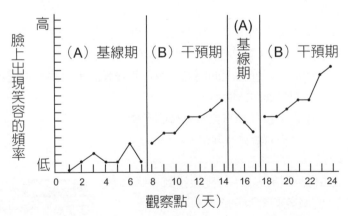

圖：單案研究之設計結果支持干預有效性圖例
（第一階段干預期進入到第二階段基線期之干預結果有成功倒轉）

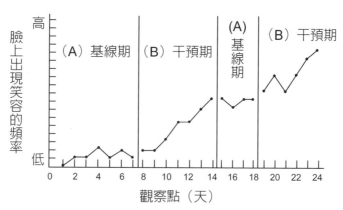

圖：單案研究之設計結果支持干預有效性圖例

（第一階段干預期進入到第二階段基線期之干預結果沒有成功倒轉）

（三）多重基線設計

1. 多重基線設計內容與優缺點說明

    (1) 內容：多重基線設計是為了改進 AB 設計只有一個基線期，因此容易得出錯誤的缺點，不是像 ABAB 設計一樣，在干預期 (B) 之後再加上第二個基線期 (A) 和第二個干預期 (B)；取而代之的，是對兩個或兩個以上的個案在同一個時間點開始進入基線期，而後在不同的時間點進入干預期。

    (2) 優點

        A. 可對可能的外在因素所造成的干擾影響能有較好的控制。

        B. 可對 ABAB 設計的主要缺點有所改進，包括：

            (A) 社會工作倫理的問題（多重基線設計不會讓案主重新回到失望與無助的情境）。

            (B) 當干預具備有無法倒轉的影響力的特質時，可能會使得對干預是否有效無法判定。

    (3) 缺點

        A. 在某些情況下不一定能找到一個以上的個案來參與研究。

        B. 個案的產生往往不是採隨機抽樣，因此樣本本身可能就有很大的不同，因此難以確定研究結果究竟是處遇有效或無效所造成的，或是個案本身特質

> **上榜關鍵** ★★★★
>
> 多重基線設計之缺點，請建立清楚觀念，主要重點為不一定能找到一個以上的個案來參與研究、不是採隨機抽樣，因此樣本本身可能就有很大的不同等重點觀念。

因素不同所導致的。解決之道，還是透過複製的方式；也就是說，如果不同的個案（多重基線設計組）在此種設計方式下均呈現出相同的反應模式（趨勢），就更有信心認為：這是因干預而造成的（並非是個案本身特質因素的不同所導致）。

2. 有效干預圖例

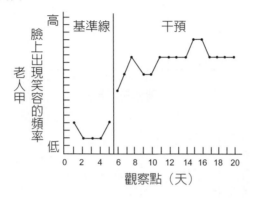

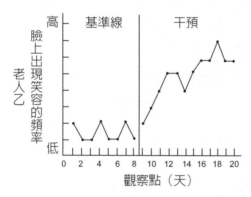

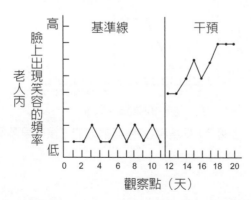

圖：多重基線設計處遇應該有效的干預效果圖例

3. 無效干預圖例

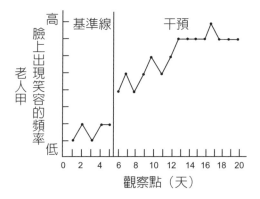

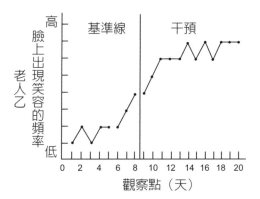

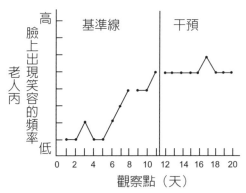

圖：多重基線設計處遇應該無效的干預效果圖例

（四）多重組合設計

1. 多重組合設計內容與優缺點說明

   (1) 內容：ABAB 設計法、多重基線設計等，不論觀測的對象有幾個，抑或是基線期與干預期有幾個階段，相同的是干預的種類都只有一種。如果想要了解在幾種可能的干預方式中，哪一種對案主是最有效的？則我們可以採用「改變增強設計」。這個設計包括相同干預的數個階段，但是在每個不同的階段，干預的數量或是對案主期待表現的水平，其中之一會增加；這個設計的象徵符號是 $AB_1B_2B_3$（依此類推）。

   (2) 優點：多重組合設計之「改變增強設計」可以免於 ABAB 設計在倫理議題上的缺點，也可以避免多種基線設計不一定能找到超過一個以上特質因素相同的個案來參與研究的限制。

> **上榜關鍵** ★★★★
>
> 多重組合設計之缺點，主要以「歷史效應」與「干預具備有無法倒轉的影響力特質」的影響為重點。

   (3) 缺點

      A. 有可能受「歷史效應」與「干預具備有無法倒轉的影響力特質」的影響，而造成干預是否有效則不易辨識。

      B. 不同的干預同時出現是否有交互作用效果？不同的干預是否有不等量的「殘餘」效應？不同干預的加權效果呈現如果順序改變是否結果會有不同？在社會工作領域中，並不鼓勵採取這種研究設計方法。

2. 多重組合設計之「改變增強設計」研究結果圖例

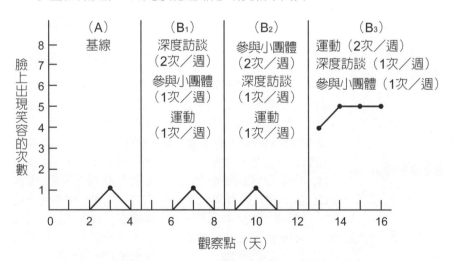

圖：多重組合設計之「改變增強設計」研究結果圖例

五、單案研究設計四種類型的優缺點（限制）比較

類　型	優　點	缺　點（限制）
AB 設計 （基本單案設計）	■ 簡單、可行性高、容易完成。 ■ 易複製。	因為只有一個基線期，所以沒有比較，因此容易得出錯誤結論。
ABAB 設計 （抽回和反轉設計）	藉由增加一個基線期 (A) 和干預期 (B)，使得對可能的外在因素所造成的干擾影響能有較好的控制；也就是說，「實驗」的效果比「基本 AB 設計」要來得好。	■ 社會工作倫理的問題。 ■ 當干預具備有無法倒轉的影響力的特質時，則可能會造成難以判斷干預是否有效的狀況。 ■ 「霍桑效應」與「多重處置所帶來的困擾」兩項因素會相當程度影響到 ABAB 設計的外在效度，這也使得 ABAB 設計的研究結果在推論與適用性上均受到相當程度的限制。
多重基線設計	■ 對可能的外在因素所造成的干擾影響能有較好的控制（類似比較組的作用）。 ■ 能對 ABAB 設計的主要缺點有所改進，包括： (1) 社會工作倫理的問題； (2) 當干預具備有無法倒轉的影響力的特質時，可能會使得對干預是否有效無法判定。	■ 在某種情況下，不一定能找到超過一個以上的個案來參與研究。 ■ 個案的產生往往不是採隨機抽樣，因此樣本本身可能就有很大的不同，因此研究結果難以確定究竟是處遇的有效或無效所造成的，還是個案本身特質因素的不同所導致的。

接下頁

類　型	優　點	缺　點（限制）
多重組合設計	多重組合設計「改變增強設計」可免於 ABAB 設計在倫理上的缺點，也可以避免多重基線設計不一定能找到超過一個以上特質因素相同的個案來參與研究的限制。	■ 可能受「歷史效應」與「干預具備有無法倒轉的影響力特質」的影響，而造成干預是否有效的不易辨識。 ■ 不同的干預同時出現是否有交互作用效果？ ■ 不同的干預是否有不等量的「殘餘」效應？ ■ 不同干預的加權效果呈現如果順序改變是否結果會有不同（例如：$AB_1B_2B_3$ 變成 $AB_2B_1B_3$ 或 $AB_2B_3B_1$）？

上榜關鍵 ★★★
實驗研究相關名詞，請以解釋名詞的方式準備。

六、實驗研究相關名詞

項　目	說　明
實在	實驗實在（Experimental Realism）是某個實驗處理或情境對受試者的影響；它發生在當受試者被帶進實驗、並且確實受到它的影響之時。如果受試者並沒有受到處理的影響，則實驗實在將會很弱，這就是為什麼研究者會盡一切努力來建立真實的情境。
俗世實在	俗世實在（Mundane Realism）問的是：實驗像真實世界嗎？舉例來說，研究學習的研究者讓受試者記住毫無意義的、由四個字母組成的字。如果他讓受試者學習真實生活中使用的事實資訊，而不是為了實驗而創造的字，那麼會有較高的俗世實在。
反應效應	受試者在實驗中可能會做出不同於他們在真實生活中的反應，因為他們知道他們是研究的一部分；這被稱為反應效應（Reactivity）。霍桑效應（Hawthorne Effect）就是一種特殊類型的反應效應。

接下頁

項 目	說 明
想要特質	想要特質（Demand Characteristics）是另一種類型的反應效應。受試者可能會發現關於實驗目的或假設的線索，而且他們可能會為了取悅研究者，而改變他們的表現以符合他們認為研究者想要他們表現的行為（例如：支持假設）。
安撫效應	安撫效應（Placebo Effect），這是指當受試者收到的是安撫劑，卻出現似乎接受到真正處理的反應時所發生的狀況。例如：一個戒菸的實驗中，受試者不是接受藥物處理以降低他們對尼古丁的依賴，就是收到安撫劑，如果接受到安撫劑的受試者也停止吸菸，這意味著參與實驗與接受某種受試者相信會幫助他戒菸的藥物，就能產生這種效果。光是受試者對安撫劑的想法，就會影響到依變項上的變化。

 練功坊

★（　　） 在採 ABAB 單案研究設計的研究中，最主要的倫理難題是：

(A) 很難符合匿名性原則　　　　(B) 很難徵得案主同意參與

(C) 會有傷害案主之虞　　　　　(D) 無法做到保密原則

解析

　C。ABAB 單案研究設計雖具有藉由增加一個基線期 (A) 和干預期 (B)，使得對可能的外在因素所造成的干擾影響能有較好的控制之優點，但常會有社會工作倫理的問題。例如：若對於有自殺傾向的案主取消干預，萬一造成案主的危險，甚或生命財產的損失，則是社工實務者絕對不願見到的；此外，取消干預也可能使得案主再度掉回到痛苦的情境，因此可能會遭到案主強烈的抗拒，這些都是很重要的倫理議題，也使得 ABAB 設計在社會工作領域中並不是那麼被常用。

 練功坊

★（　）李教授針對情緒障礙個案，進行如下的實驗設計模式：

說明：

A 組：O1　　Xab O2

B 組：O1　　Xa　O2

C 組：O1　　Xb　O2

D 組：O1　　　　O2

A 組：同時進行成長團體方案和 SPA 紓壓方案。

B 組：只進行成長團體方案。

C 組：只進行 SPA 紓壓方案。

D 組：未進行任何方案。

請問下列的敘述，何者正確？

(A) A 組是實驗組，B 組、C 組和 D 組是控制組

(B) A 組和 B 組是實驗組，C 組和 D 組是控制組

(C) A 組和 D 組是實驗組，B 組和 C 組是控制組

(D) A 組、B 組和 C 組是實驗組，D 組是控制組

解析 _____

D。D 組是控制組，因為未進行干預；A 組、B 組和 C 組均進行干預，所以是實驗組。

重點便利貼

❶ 實驗研究的類型：A. 實驗室研究與實地實驗；B. 真實實驗和自然實驗；C. 假設性實驗。

❷ 實驗組、控制組：實驗組的單位是指接受實驗變數的單位；控制組的單位是不接受實驗變數的單位。

❸ 霍桑效應：就是當被受試者知道自己成為觀察對象，而改變行為傾向的效應，也就是當實驗組之受試者的行為是受到本身參與研究的知覺所影響，而非受到實驗處理所影響的現象。

❹ 實驗的三大元素：A. 自變項與依變項；B. 實驗組與控制組之間的比較；C. 前測、後測之間的比較。

❺ 實驗設計：研究者為了解答研究問題，說明如何控制各種變異來源的一種扼要的計畫、架構和策略。

❻ 影響研究設計內在效度的因素

A. 歷史效應。

B. 個人的身心成熟。

C. 熟悉測驗內容（測驗效應）。

D. 測量工具有問題（工具效應）。

E. 統計迴歸。

F. 差異選擇（選擇偏差）。

G. 實驗過程中的傷亡問題（參與者損耗）。

H. 受訪者被選擇參與研究與本身成熟度之間的交互作用。

I. 因果的時間次序問題。

J. 實驗、控制兩組之間相互學習的混淆（處理汙染／處置擴散）。

K. 實驗者的期望。

L. 對控制組所作的補償（犒賞行為）。

M. 補償性的競爭現象。

N. 士氣低落。

❼ 影響實驗研究外在效度之因素

A. 對測試本身的反應或交互作用。

B. 選擇偏差與實驗變項之間交互作用所產生的影響。

C. 對實驗安排所產生的反應作用。

D. 多重處置所帶來的困擾。

❽ 雙面障礙眼法實驗／雙盲實驗：是設計來控制「研究者期望」的一種內在效度控制方式。這時與受試者直接接觸的人，並不知道關於假設或處理的細節，受試者與和他接觸的人雙方都不知實驗的細節。

❾ 隨機化（Randomization）或是隨機分配，與隨機抽樣並不相同。

❿ 實驗設計類型（依準確的程度區分）：A. 前實驗設計；B. 真實驗設計；C. 準實驗設計。

⓫ 前實驗研究設計類型：A. 單組末測設計；B. 單組前測、末測設計；C. 雙組、無控制設計。

⓬ 真實驗設計類型：

A. 前後控制組的設計：本設計的主要特質是樣本被分派至實驗組或控制組是經由隨機的方法分配，而且觀察比較中，除了有實驗組與控制組的比較外，兩組都還有前後測的比較。

B. 雙組比較僅後測設計：適用於或前測可能引起副作用，或不方便行使時使用。

C. 所羅門四組設計：是將「前後控制組的設計」與「雙組比較僅後測設計」加在一起組合而成。

⓭ 準實驗設計之類型：時間系列、相等時間樣本設計、平衡對抗設計、不對等比較團體設計。

  A. 時間系列：適用於縱貫性研究的一種。當研究者無法順利找到控制組時，可將測量的時間拉長，以觀察實驗處遇是否有效，以及所造成的影響是可持久或具週期性。

  B. 相等時間樣本設計：對一組受試者抽取兩個相等的時間樣本（Time Sample），在其中一個時間樣本裡，出現實驗變項（X_1），在另一個時間樣本裡，不出現實驗變項（X_0）之實驗設計。

  C. 平衡對抗設計：包含著三個主要的處遇變項：X（處遇）、G（組別）、T 時間、Y 處遇的效果。研究者利用四組未經隨機分派、維持團體的形式（例如：原來班級）的受試者，每組別在前後四個時機裡，重複接受四種不同的實驗處理，以考驗組別、時間的差異。

  D. 不對等比較團體設計：當研究者發現某個既存團體看起來和實驗組相似，因而可以進行比較時，便可以使用不對等比較團體設計。

⓮ 單案研究：是應用時序法的邏輯，對單一個人或社會單位（例如：家庭、團體、機構、社區或方案等）進行實驗干預，而後將干預所產生的影響結果加以記錄與分析評估。

⓯ 基線期：指干預介入之前的重複評量階段。也就是說，基線期是一種控制階段，在基線期蒐集的資料模式（趨勢）將與干預期（試驗期）所蒐集的資料模式（趨勢）相比較，以確知實驗干預是否有效。

⓰ 基線期資料發展趨勢的判斷注意事項：

  A. 如果在基線期，趨勢已經顯示「增加」，那麼在干預期中如果資料發展的模式（趨勢）還是「增加」，且增加的幅度與基線期大致相同，則不能推估說是因為實驗干預造成的「增加」（因為可能就算沒有干預、繼續停留在基線期，仍會維持既定的「增加」趨勢）。

  B. 如果在干預期中資料確實呈現出上升或下降的穩定趨勢，那就表示：雖然在基線期受測對象在被測項目的表現不是

很穩定，但實驗干預還是造成受測者在被測項目的上升或下降狀況，也就是說干預應該還是有效的。

C. 如果在干預期中的資料仍然呈現出不穩定的趨勢，那可能就要藉由回溯的基線或稱重建的基線去試圖讓趨勢更明朗化，否則可能就要另尋個案重作實驗。

⑰ 單案研究設計的類型：

A. AB 設計法（基本單案設計）：是最簡單的單案設計，包括一個基線階段 (A)，和一個干預階段 (B)；也是一個最常被應用在社會工作實務領域的單案研究設計方式。缺點：因為只有一個基線期，所以沒有比較，因此容易得出錯誤結論。

B. ABAB 設計（抽回和反轉設計）：是為了改進 AB 設計只有一個基線期的缺點，因此在干預期 (B) 之後再加上第二個基線期 (A) 和第二個干預期 (B)，以期對可能的外在因素所造成的干擾影響能有較好的控制。缺點：(1) 社會工作倫理的問題；(2) 當干預具備有無法倒轉的影響力的特質時（如前例之社會互動技巧），則可能會造成難以判斷干預是否有效的狀況；(3)「霍桑效應」與「多重處置所帶來的困擾」兩項因素會相當程度影響到 ABAB 設計的外在效度。

C. 多重基線設計：是為了改進 AB 設計只有一個基線期，因此容易得出錯誤的缺點，不是像 ABAB 設計一樣，在干預期 (B) 之後再加上第二個基線期 (A) 和第二個干預期 (B)；取而代之的，是對兩個或兩個以上的個案在同一個時間點開始進入基線期，而後在不同的時間點進入干預期。缺點：(1) 在某些情況下不一定能找到一個以上的個案來參與研究；(2) 個案的產生往往不是採隨機抽樣。

D. 多重組合設計：這個設計包括相同干預的數個階段，但是在每個不同的階段，干預的數量或是對案主期待表現的水平，其中之一會增加；這個設計的象徵符號是 $AB_1B_2B_3$（依此類推）。缺點：有可能受「歷史效應」與「干預具備有無法倒轉的影響力特質」的影響，而造成干預是否有效則不易辨識。

擬真考場

申論題

試述準實驗設計（類實驗設計）（Quasi-Experimental Research Design）的意義及類型，並請舉一準實驗研究設計說明。

選擇題

( ) 1. 下列何者是「單案研究設計」（Single Subject Research Design）在研究倫理上最受到爭議的類型？
(A) AB 設計法　　　　　　　　　(B) ABAB 設計法
(C) 多重基線設計　　　　　　　　(D) 多重組合設計

( ) 2. 為避免社會工作評估過程中，社會工作者的主觀期望有意無意間影響了案主的回答，我們可考慮採用：
(A) 開放實驗設計　　　　　　　　(B) 霍桑實驗設計
(C) 單盲實驗設計　　　　　　　　(D) 雙盲實驗設計

( ) 3. 下列何者是「單案研究設計」（Single Subject Research Design）在實務上最常使用到的類型？
(A) AB 設計法　　　　　　　　　(B) ABAB 設計法
(C) 多重基線設計　　　　　　　　(D) 多重組合設計

解析

申論題：

（一）準實驗設計之意義

1. 在許多社會工作機構，無法利用隨機化以決定哪些受試者將被指派到哪一種處遇條件中。遇到這樣的情況，可以採取「準實驗設計」方式，其與「真正」的實驗設計是不一的，主要是因為準實驗設計在受試者的指派上並未採取隨機程序。

2. 亦即，「準實驗設計」是一種研究設計，試圖控制會危及內在效度的威脅，進而能做出因果推論；在缺乏隨機指派受試者的作法下，其與真正的實驗有所區隔

（二）準實驗設計類型之舉例：以時間系列為例

時間系列（Time Sequential Test）：適用於縱貫性研究的一種。當研究者無法順利找到控制組時，可將測量的時間拉長，以觀察實驗處遇是否有效，以及所造成的影響是可持久或具週期性。

O_1 O_2 O_3 O_4 X O_5 O_6 O_7 O_8

選擇題：

1. B ABAB 設計法的缺點：
   1. 社會工作倫理的問題。
   2. 當干預具備有無法倒轉的影響力的特質時（如前例之社會互動技巧），則可能會造成難以判斷干預是否有效的狀況。
   3. 「霍桑效應」與「多重處置所帶來的困擾」兩項因素會相當程度影響到 ABAB 設計的外在效度。

2. D 雙面障礙眼法實驗／雙盲實驗（Double-Blind Experiment）是設計來控制「研究者期望」的一種內在效度控制方式。這時與受試者直接接觸的人，並不知道關於假設或處理的細節，這種方法稱為雙面障礙眼法實驗／雙盲實驗，是因為受試者與和他接觸的人雙方都不知實驗的細節。

3. A AB 設計法是最簡單的單案設計，包括一個基線階段 (A)，和一個干預階段 (B)；也是一個最常被應用在社會工作實務領域的單案研究設計方式。

第七章 | CHAPTER 7
觀察研究

榜·首·導·讀

- 本章最重要的部分是實地（田野）研究，包括其定義、研究內涵等，延伸至主題相關的觀察與紀錄等，請作統整性的準備。

- 依被觀察者知不知道研究者的身分及彼此之間是否有互動的四項分類，請列為重要準備重點，並請思考在社會工作實務中的運用何者為佳。

關·鍵·焦·點

- 完全參與者、部分參與者、部分觀察者、完全觀察者四項的參與觀察方式，請了解其內涵。

- 實地研究（Field Research），又稱實地觀察研究或田野研究，這是重要的觀念，以免因考題的不同用字而無法區辨題意。

- 實地（田野）研究的效度與信度問題，是金榜的重要考點，請加強準備。

110 年		111 年				112 年				113年	
2 申	2 測	1 申	1 測	2 申	2 測	1 申	1 測	2 申	2 測	1 申	1 測
			1						1		1

本·章·架·構

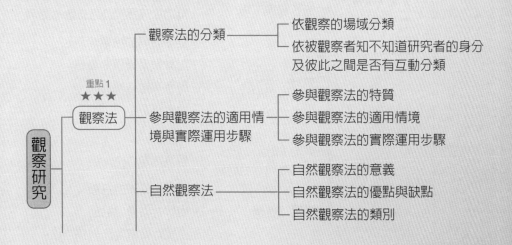

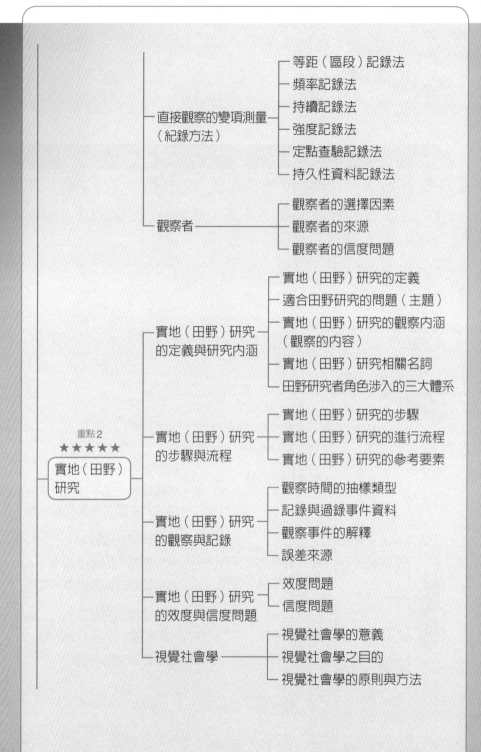

直接觀察的變項測量（紀錄方法）
├─ 等距（區段）記錄法
├─ 頻率記錄法
├─ 持續記錄法
├─ 強度記錄法
├─ 定點查驗記錄法
└─ 持久性資料記錄法

觀察者
├─ 觀察者的選擇因素
├─ 觀察者的來源
└─ 觀察者的信度問題

重點 2
★★★★★
實地（田野）研究

實地（田野）研究的定義與研究內涵
├─ 實地（田野）研究的定義
├─ 適合田野研究的問題（主題）
├─ 實地（田野）研究的觀察內涵（觀察的內容）
├─ 實地（田野）研究相關名詞
└─ 田野研究者角色涉入的三大體系

實地（田野）研究的步驟與流程
├─ 實地（田野）研究的步驟
├─ 實地（田野）研究的進行流程
└─ 實地（田野）研究的參考要素

實地（田野）研究的觀察與記錄
├─ 觀察時間的抽樣類型
├─ 記錄與過錄事件資料
├─ 觀察事件的解釋
└─ 誤差來源

實地（田野）研究的效度與信度問題
├─ 效度問題
└─ 信度問題

視覺社會學
├─ 視覺社會學的意義
├─ 視覺社會學之目的
└─ 視覺社會學的原則與方法

重點 **1** 觀察法 ✦✦✦

一、觀察法的分類

（一）依觀察的場域分類

1. 實驗室觀察：是指研究者在操控良好的情境中，對研究的現象、事或行為，進行操弄與有系統的觀察與記錄。

2. 實地觀察：是強調研究者在自然的情境中，對發生的現象、事件或行為，透過直接的感官知覺與觀察，有系統的歸納整理研究的現象與行為。「實地觀察」又依研究者本身對研究情境的涉入程度與角色分為「參與觀察」和「非參與觀察」。

   (1) 參與觀察（Participant Observation）：是指研究者在研究場域中，對研究的現象或行為透過觀察的方式，來進行相關資料的蒐集與對現象的了解。由於參與觀察法大都是在自然的情境中對研究現象或行為進行觀察，所以研究者不僅能夠對研究現象的文化脈絡有較為具體、清楚的認識，更可以深入了解被研究現象或對象的內在文化及其對行為或現象意義的詮釋。通常，質性研究者對於研究現象之觀察，都是在自然的情境中進行，所以質性研究所指涉的觀察法，通常也都是指「參與觀察法」。

   (2) 非參與觀察法

   A. 是指研究者置身於被觀察的生活世界之外，從旁觀者或局外人（Outsider）的角度與立場來了解現象或行為的意義。

   B. 優點：研究者或觀察者與被觀察現象保持一定距離，這種空間的「絕緣」關係，不僅可以讓研究者對研究對象進行比較客觀的觀察，同時在實際的操作過程也比較容易。

   C. 缺點

   (A) 研究者所觀察的情境，通常都是人為製造出來的，而非自然情境；所以，往往被研究對象知道自己被觀察，於是更容易受到

研究效應或社會讚許的影響而表現和平常不一樣的行為（類似霍桑效應）。

(B) 由於研究者採取非參與式的觀察，所以在觀察過程可能會受到一些情境或條件的限制，導致無法真正深入觀察到發生的現象或事件。

（二）依被觀察者知不知道研究者的身分及彼此之間是否有互動分類（Raymond Gold 提出）。

知 各種參與觀察皆可稱為參與觀察法，只是研究者的浸入程度不同而有不同的名稱。參與觀察法的類型可依被觀察者知不知道研究者的身分及彼此之間是否有互動而區分為四種類型。說明如下：

> **榜首提點**
>
> Raymond Gold 提出，依被觀察者知不知道研究者的身分及彼此之間是否有互動的四項分類，因為中譯名稱相當多元，請先熟記其英文用語以利區辨；四種觀察角色的內涵、優缺點請紮實準備，已多次出現於申論題。

1. 完全參與者（complete participant）

   (1) 所謂完全參與者是指在實地參與觀察時，研究者之觀察者的身分與其他人是一樣的，被觀察的人並不知道觀察者真實的身分，所以觀察者可以自然地和被觀察者互動。例如：研究者是班上的同學。亦即，完全參與者指的是真正參與研究的活動（例如：真正參加抗議示威運動）或假裝參與。無論如何，只要你扮演的是完全參與者，人們眼中的你應是一位參與者，而不是研究者。

   (2) 研究者因隱瞞自己的研究身分，使得資料更具有效度、信度，是因為研究對象如果不知道研究者正在進行研究，會更自然，也會比較誠實。如果研究對象知道有人在研究他們，或許會以各種方式修正自己的行為。但會面臨倫理議題，亦即欺騙研究對象，希望他們會向研究者吐露原本不會向研究者吐露的資訊，是不符合倫理的。另完全參與者可能會影響到正在研究的事物，因為研究者想扮演參與的角色，就必須參與，一旦參與，就會影響正在研究的社會歷程。到頭來，完全參與不論有無行動，都會對觀察的事物產生某種影響，這是完全無法避免的。

2. 參與者一如觀察者／部分參與者（participant-as-observer）

   (1) 研究者可以完全參與整個研究場域或活動過程（但彼此儘量不互動），不過需要對被研究對象表明研究者的身分。亦即，研究者在扮演這個角色時，研究者會完全參與被研究的團體，但也清楚的向他們表示你是在做研究。

(2) 研究對象可能會把注意力放在研究計畫上，而沒有呈現自然的社會過程，所想要研究的過程不再具有代表性，反之，你自己也可能變得過分認同參與者的利益和觀點，開始「變成當地人」，喪失很多科學上應有的超然。

3. 觀察者一如參與者／部分觀察者（observer-as-participant）

(1) 研究者不但表明研究者的身分，同時可以和被研究對象在互動過程不斷互動，而不需要有任何藉口。 亦即，部分觀察者會表明自己是研究者，在社會過程中和參與者互動，但不去假裝自己是參與者。

(2) 研究對象知道自己正在被觀察，而修正自己的行為，影響資料的信度、效度之情形發生。

4. 完全觀察者（complete observer）

(1) 研究者完全從旁觀者的角度與立場觀察被研究的現象或對象。被觀察者不知研究者身分，且彼此間不互動。例如：研究者是坐在教室內的旁聽學生。亦即，研究者觀察社會過程，但不會參與。基於研究者的不干擾做法，研究對象有時甚至不知道自己正在被研究。

(2) 與完全參與者相比，完全觀察者可能比較不會影響到研究對象，也可能比較不會「變成當地人」。但研究者較無法全面理解研究對象，其觀察可能會比較膚淺或短暫。

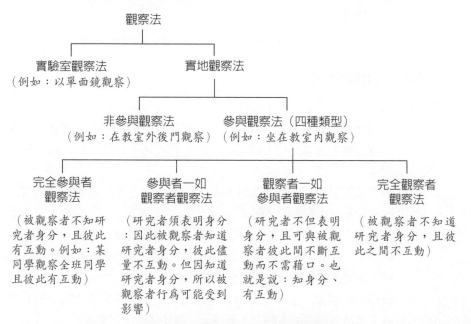

圖：參與觀察的類型分類體系圖

各種參與觀察皆可稱為參與觀察法，只是研究者的浸入程度不同而有不同的名稱。通常，質性研究大都採取「完全參與者」觀察法和「完全觀察者」觀察法兩種方式的觀察法，而究竟要採用哪一種觀察法，要視研究問題、對象與發展的階段而定。

二、參與觀察法的適用情境與實際運用步驟

（一）參與觀察法的特質

1. 以圈內（或局內）人的角色自居，完全融入研究場域，並對研究現象進行密集式的觀察。

2. 研究者主要是以日常生活的情境脈絡作為研究的基礎。

3. 研究者非常重視對觀察現象或行為背後所隱含的意義作解釋和理解。

4. 研究者以開放及彈性的態度，對觀察現象或行為給予重新定義。

5. 研究者是透過直接的、小範圍情境的觀察方式，對研究現象與行動進行有系統的資料蒐集。

6. 研究者是以參與者的角色，進入研究情境，並與研究情境中的研究對象，維繫良好關係。

7. 研究者經由實務累積與意義的詮釋，發展出理論建構的基礎。

（二）參與觀察法的適用情境

1. 適用情境
   (1) 當研究者進入研究場域或情境時，被觀察對象不會因研究者的出現而改變行為，也就是說，研究者可被包容，而不會成為好奇或感興趣的對象。
   (2) 研究者對於研究的現象所知有限，因此研究者可以透過參與觀察法對研究現象產生初步的了解。
   (3) 當真實行為與語言之間有明顯差異時（也就是說，受訪者不一定說真話時）。例如：研究者運用訪談或問卷調查方式，無法了解真實的行為；那麼，就比較適合運用參與觀察法。
   (4) 當研究的現象、事件或行為具有連續性時，參與觀察法的運用有助於研究者從整體脈絡觀點來了解現象、事件或行為之意義。

(5) 當研究的現象並不是日常生活中的尋常現象，或者被視爲是違反社會規範的行爲時（例如：幫派聚會），參與觀察法可說是頗爲適合的研究方式。

2. 不適用情境

(1) 研究的場域是完全秘密的，參與觀察對被觀察者而言是一種禁忌時（甚至陌生人會被視爲是入侵者）。

(2) 研究所需的樣本要非常大量，同時希望建立或驗證變項間的因果關係時，此時其他的研究方法——如調查法或實驗法，可能比參與觀察法更適合。

（三）參與觀察法的實際運用步驟

階段一：觀察前的準備工作
1. 確定觀察的問題
2. 制定觀察計畫
3. 設計觀察題綱

階段二：進行觀察
1. 開放式觀察
2. 逐步聚焦觀察
3. 回應式互動的觀察
4. 選擇觀察內容

階段四：觀察結果的推論

階段三：記錄觀察結果

圖：參與觀察法的實際運用步驟

（引自王雲東，《社會研究法》）

1. 階段一：觀察前的準備工作

(1) 確定觀察的問題

A. 觀察的問題通常與研究問題是不一樣的。「研究問題」（大項）是研究者在這個研究中所要探究與回答的主要問題；而「觀察問題」（細項）則是研究者在確定了「研究問題」之後，決定選擇使用觀察法，同時根據觀察的需要而設計的。所以觀察問題其主要的目的就是爲了要回答研究問題。

B. 例如：某社工師想要了解目前青少年前往網咖活動的主要動機與目的為何？因此訂定在網咖的觀察問題有：

(A) 青少年是否多為自行前往？或是與朋友一同前往？

(B) 青少年在網咖中多半在做些什麼？（例如：打電動與網友線上交談，還是上網查資料或是找人聊天（根本沒上網）？）

(2) 制定觀察計畫：在確定觀察的問題之後，可以進一步制定初步的觀察計畫。一般來說，觀察計畫應包括：

A. 觀察的內容、對象與範圍。

B. 地點。

C. 觀察時刻。

D. 方式、手段。

E. 效度。

F. 倫理道德問題。

(3) 設計觀察題綱：參與觀察之題綱至少應回答下列六個問題：

A. 誰（Who）。

B. 什麼（What）。

C. 何時（When）。

D. 何地（Where）。

E. 如何（How）。

F. 為什麼（Why）。

2. 階段二：進行觀察

(1) 開放式觀察：在觀察的初期，研究者通常採取比較開放的方式與心態，對研究的現場進行全方位的、整體的、感受性的觀察。

(2) 逐步聚焦觀察：當研究者對於觀察場域有一定的認識，並進一步釐清研究的問題之後，便可以開始進行聚焦式的觀察。至於焦點的選擇，往往取決於研究問題、觀察對象及研究情境等因素。

(3) 回應式互動的觀察：所謂「回應式互動」就是對當地人發起的行為做出相對的反應與互動，而不是自己採取主動的行為。在開始逐漸聚焦之後，研究者要更進一步自然地將自己融入於研究場域之中，這可以藉由透過保持謙遜友好的態度、不公開自己與當地人不一致的意見等方式而達成。

(4) 選擇觀察內容：無論是在觀察的早期、中期還是晚期，研究者都需要對觀察內容不斷檢視與選擇，同時還要經常問自己：「我到底打算觀

察什麼？什麼內容對我比較重要？我觀察的內容應該廣泛到什麼程度？應該具體、細微到什麼程度？」

3. 階段三：記錄觀察結果

(1) 質性研究與量化研究最大的不同，就是研究者要盡可能將所有的事情都記錄下來，特別是在觀察的初期，記錄的完整性和豐富性是觀察筆記的一個首要要求。此外，質性研究的觀察記錄，其格式往往不像量化研究那麼統一與固定，而是因人或因研究的具體情境而異。但是研究者必須遵守的原則是：具體、清楚、有條理、便於日後查詢。

(2) 現場觀察筆記分成四個部分：

A. 實地筆記：專門用來記錄觀察者看到和聽到的事實性內容（客觀成分）。實地筆記的紙張應該比較大，在記錄的左邊或者右邊留下大量的空白，以便今後補充記錄、評說、分類和編號。記錄紙的頁面應該分成至少兩大部分，從中間垂直分開，左邊是事實筆記，右邊是研究者個人的思考。

B. 個人筆記：用來記錄觀察者個人在實地觀察的感受和想法（主觀成分）。

C. 方法筆記：記錄觀察者所使用的具體方法及其作用。

D. 理論筆記：用於記錄觀察者對觀察者資料進行的初步理論分析。

4. 階段四：觀察結果的推論：觀察結果的推論可以說是整個研究最後也最重要的一個步驟。其要領就是研究者儘量地客觀，不要將自己的情感因素放進去，同時還應不斷地反思與檢討，如此才可能將真正的「事實」真相與影響因素正確而具體地呈現出來。

三、自然觀察法

（一）自然觀察法的意義

在自然狀況下觀察研究對象即是自然觀察法。

（二）自然觀察法的優點與缺點

1. 優點

(1) 可以掌握情境的全盤現象，因為觀察者就在情境中，可以注意到情境中特殊的氣氛，這個特質絕非其他事後回溯的問卷調查可以比擬。

(2) 自然觀察法因為觀察者就在情境中，能探索正在進行中的行為，自己可以判斷與分析，不必完全仰賴受訪者的資訊。

(3) 因與受訪者建立了良好的關係，也因此可以得到平日不能直接報導或不便報導的資料。

(4) 自然觀察法觀察行為的期間較長，觀察行為的技巧也應用得較多。

2. 缺點

(1) 受訪者若太敏感或太害羞時，觀察者便無法客觀的取得資料。觀察研究最大的難題是許多主題不可能直接觀察得到。

(2) 自然觀察法對可能影響資料的無關變項，無法作有效的控制，因為一講「自然」便是不要干預，不干預時便無法預先把不期待的因素排除，所以難免會有自然產生的無奈現象。

(3) 自然觀察法雖然可以觀察所需要的行為與現象，但是如何把這些資料量化，也頗有困難，所以分析的精密度會受影響。

(4) 自然觀察法也只能採用小樣本的研究，因為樣本一大，不但耗時甚多，所費也不貲。

（三）自然觀察法的類別（以觀察者的參與程度與觀察的結構程度區分）

1. 結構式觀察：若事先就已決定要觀察何物、何事時，可以採用結構式觀察。結構式觀察的範疇可事先安排與訂定。結構式觀察可以事先把記錄詳加準備，可預備一些特定的符號，可規劃觀察的工具，以便觀察能順利進行。

2. 無結構參與之觀察：參與觀察時，一般都是無結構的觀察，因為既然參與，就要以被研究者的作息流程為主，觀察者隨著被觀察者的情境而適應，所以不能有太嚴謹的結構。無結構參與之觀察經常都是文化主位之研究。

3. 無結構、非參與之觀察

(1) 在探索性的研究中則以無結構、非參與之觀察為主。因為所要探討的是一個基本特性尚未清楚、研究者對其主題也較無預定性的假設與前提時所使用的研究方法。

(2) 觀察者與被觀察者之間的關係，可以分為四個層次：完全的觀察者、參與性的觀察者、觀察性的參與者、完全的參與者。無結構非參與之觀察以完全的觀察者、參與性的觀察者為主。

四、直接觀察的變項測量（記錄方法）

等距（區段）記錄法	■ 觀察者在一段被等分為許多區段的特定時間內做持續、直接的觀察，即為等距記錄法。其記錄方式只區分是否發生，若「發生」，則在同一區段中不管發生幾次均視同一次。若「沒有發生」指該區段時間中沒有出現所欲觀察的行為。 ■ 等距記錄法的使用非常昂貴，因為此法複雜且耗時，需訓練有素的記錄者始能為之，係因案主無法自行記錄。而且，除非所觀察的行為很單純，可清楚描述，而且區段很大，否則很難明確採用。然而，由於此法非常嚴謹、精確，當有特殊目的需要非常詳細的資料，且目標行為發生頻率亦很頻繁時，仍可採用之。
頻率記錄法	■ 頻率記錄法與等距記錄法雷同，所不同的是，目標行為每次出現都必須記錄。如上午八時至十一時間，觀察行為出現的頻率共五次。 ■ 當目標行為的發生數為重要測量關鍵時，非常適用頻率記錄法。例如行政者可透過此法來評價有關任務達成之政策修定的效果，如轉介數或單位時間的服務個案數……等。頻率記錄法可由案主自行記錄，只要所觀察之目標行為有明確的次數，加上行為的界定非常清楚時即可。若由案主自行記錄則此法費用就很便宜，否則與等距記錄法一樣昂貴。此法必須在標準化的時空下測量，否則不具意義。
持續記錄法	■ 在一段特定的時間內，直接觀察目標行為，而且記錄每一次發生所持續的時間長度。此法簡易，無須嚴格的職前訓練，案主亦可自行記錄。 ■ 例：在一小時中，發生了三次，第一次持續 3 分鐘，第二次持續 25 分鐘。
強度記錄法	■ 此法對每一次目標行為發生的規模大小、程度作記錄，把所觀察的目標行為區分為一些等級，再根據其發生的次數或嚴重性來制定。 ■ 例如以「兒童的發怒」為目標行為，我們可以把小孩子發怒時所產生的行為依其嚴重程度分為一些等級，如：(1) 小孩哭泣低吟；(2) 小孩高聲尖叫；(3) 小孩亂擲東西、擊傢俱（擊物）；(4) 小孩攻擊別人或以物擊人等四級。

接下頁

定點查驗記錄法	■ 在一特定的時段裡，觀察者依特定的區段時間，去觀察案主是否有出現目標行為，是為定點查驗記錄法。 ■ 在此記錄法中，觀察者的觀察並非持續連貫地進行，而是間斷性的，只有在定點的那個時候才觀察。定點查驗記錄法主要計算其發生率，即：有目標行為出現的定點數除以總定點數。若以一天為一時段，則每天都可以有一個每日發生率，取其平均值即可代表被觀察的對象其目標行為的發生率。
持久性資料記錄法	■ 持久性資料記錄法是指無法直接觀察所能看到的目標行為，但卻可從當時的一些持久性資料來作記錄。持久性記錄中所謂「發生」是指觀察到記錄上目標行為的資料，而不是觀察者所親眼看見的。這類持久性資料，例如：服務使用記錄、老師的記錄或是活動的成果報告等。 ■ 此法的測量是仰仗一些因環境改變不斷持續記錄下來的目標行為，而非觀察目標行為的發生。當時一些目標行為被記錄以後，觀察者只是閱讀這些記錄就得知目標行為確實發生了。

五、觀察者

（一）觀察者的選擇因素

1. 成本花費：包括研究中的人事支出及其所牽涉的各種費用，都會影響成本。

2. 時間長短：包括觀察者花費的時間及研究者設計、提供訓練的時間。

3. 所需資料的種類：不同的研究對同一種情境所探討的角度不同，所需之資料亦有所差異。

4. 實地觀察時所帶來的「臨床」因素：如是否會干擾原始觀察者的效果等。

（二）觀察者的來源

1. 外來觀察者
   (1) 外來觀察者即某方面的專家或受過訓練的觀察者。外來觀察者的優點是他們受過訓練且較有經驗，能從事較精細的資料記錄過程，從所觀察的現象與情境中獲得較複雜的資料。
   (2) 優點：外來觀察者一般都較為客觀、冷靜，不會情緒用事，加上受過訓練，所以資料的信度高。
   (3) 缺點：太昂貴，而且容易干擾案主的生活。此外，受訪者發現有外來觀察者的存在，可能造成目標行為的改變，而有錯誤的結果。

2. 原始觀察者
   (1) 原始觀察者是原來案主生活情境中的一份子。使用原始觀察者主要的考慮因素是可以輕易進入觀察的情境內，在被觀察者毫不知覺的狀況下進行觀察與記錄。
   (2) 在蒐集同樣資料的情況下，運用原始觀察者要比外來觀察者反而耗時更多。而且原始觀察者通常均有自己的工作，觀察記錄是否會妨礙他們的工作，增添其額外負擔的問題也要考慮。

3. 自我觀察者
   (1) 當研究所需的資料是有關案主的主觀想法及感受，因擔心觀察者的行動會干擾、改變案主的目標行為，或目標行為絕對必須排除觀察者的情況之下，自我觀察者就必須實施。
   (2) 但有一些因素必須考慮，因為並不是所有記錄法均可由自我觀察者所採用，如：等距記錄法。而且，資料的信度也須加以注意，因為即使案主很誠實、很合作，依然很難避免干擾，不過有時候我們可以透過其他觀察者來證實自我闡述的內容。

（三）觀察者的信度問題

1. 觀察者本身信度：指一位觀察者在一段時間內對許多目標行為作觀察記錄。
2. 觀察者相互間信度：是透過兩位或以上的觀察者在同一時間、同一對象所作的記錄與測量，信度的評估是否一致性的百分比。

 練功坊

Q 研究者實際參與研究對象的日常生活以進行觀察,請依研究者參與的程度,區分不同的觀察者角色,擇一項說明角色的特性、優點與限制。

A _____

各種參與觀察皆可稱為參與觀察法,只是研究者的浸入程度不同而有不同的名稱。參與觀察法的類型可依被觀察者知不知道研究者的身分及彼此之間是否有互動,而區分為完全參與者、部分參與者、部分觀察者、完全觀察者等四種類型,茲以部分參與者/參與者一如觀察者/參與性的觀察者(Observer-as-Participant)類型為例說明如下:

(一)特色:研究者可以完全參與整個研究場域或活動過程(但彼此儘量不互動),不過需要對被研究對象表明研究者的身分。當然,身分的表明可能影響互動過程,使原貌失真。

(二)優點、缺點(限制):

1. 優點為研究對象知道自己正在被研究符合研究倫理。

2. 缺點是部分參與者的角色是有其研究風險的,即研究對象可能會把注意力多放在研究計畫上,而沒有呈現自然的社會適應過程,所以要研究的過程因此不再具有代表性;反之,研究者可能過分認同參與者的利益觀點,開始變成「當地人」,喪失很多科學上的超然。

★( ) 用來記錄真實的外在行為,並且可以蒐集到無法用言語描寫的資料,同時可以避免掉被研究對象拒絕配合之窘境,但是無法問到研究對象第一手調查意見之研究方法,稱之為:
(A) 觀察法　　　(B) 實驗法　　　(C) 訪談法　　　(D) 紮根研究

解析 _____

A。觀察法強調研究者在自然的情境中,對發生的現象、事件或行為,透過直接的感官知覺與觀察,有系統的歸納整理研究的現象與行為。觀察法又依研究者本身對研究情境的涉入程度與角色分為「參與觀察」和「非參與觀察」。

重點 *2* 實地（田野）研究

一、實地（田野）研究的定義與研究內涵

（一）實地（田野）研究的定義

實地研究（Field Research），又稱實地觀察研究或田野研究，是以研究者為觀察中心，進行資訊蒐集，用攝影機、記錄表格或只依賴研究者的一本筆記；用觀察、晤談或語言互動等技巧，設法融入實地與事件中；用觀察或記錄來蒐集資料的研究方法。簡言之，實地研究是對自然發生的現象、事件直接觀察來蒐集資料的一種研究方法。

（二）適合田野研究的問題（主題）

1. 田野研究一般適用於研究涉及體會、理解或描述某個互動中的人群的情況。當研究問題是：在社會世界中的人們是如何辦到 Y 這件事的呢？或是，X 這個社會世界是怎麼樣的世界呢？田野研究能夠發揮最佳的功效。

2. 當其他方法（像調查法、實驗法）不適用時，例如：研究街頭幫派，就是田野研究的適用時機。

3. 田野研究研究某個場所或環境下的人群，也可以用來研究社區。

4. 田野研究也常被用來研究無組織、不固定在某個地方的社會經驗，透過密集的訪談與觀察，是取得接近那個經驗的管道。例如：自殺配偶的感覺經驗。

5. 田野研究在研究兒童的社會世界、人類的重要生命事件、偏差行為等，都具有特殊的研究價值。

（三）實地（田野）研究的觀察內涵（觀察的內容）

1. 場合：觀察實地的場合及狀況如何。如觀察機構時：是公立機構或私立？裡面員工的組成如何？機構創立的目標如何？互動的模式與特質如何？決策的流程或成員間的溝通模式等，都在觀察之列。

2. 觀察主題：進行實地觀察研究之前，研究員心中總有個譜，到底是要看什麼？看人？或看制度？或看機構運轉的流程？

3. 時間因素的考慮：觀察的深度與事項，應該參考時間的長短來決定。針對某種現象，牽涉到被觀察的「成熟」程度，時間因素的考慮必須特別慎重。

4. 觀察的事項
   (1) 環境。
   (2) 個體及其他成員彼此之間的關係。
   (3) 成員的行為型態、活動項目及進行狀況等。
   (4) 成員間的對話內容等。
   (5) 成員或團體的心理特質狀況。
   (6) 歷史淵源。
   (7) 物理情境，如教室內的設備、兒童遊樂的設施等。

(四）實地（田野）研究相關名詞

項　　目	說　　明
守門人 （Gatekeeper）	是指擁有某種正式或非正式的權威，對他人能否進入田野施加管制的人。
報導人 （Informant）	田野中的報導人（Informant）或關鍵行動者是與田野研究者發展出緊密關係的成員，他會告訴研究者田野上發生的故事與訊息。

(五）田野研究者角色涉入的三大體系

提出學者：姜克	
完全觀察者	研究者藏身於單面鏡之後，或是以一個「不易被看穿的角色」（例如：守衛）出現以便能夠在不被人發覺、不被注意的情況下進行觀察、偷聽。
觀察參與者	從一開始，大家都知道研究者是個明顯的觀察者，他與田野對象的接觸不是相當有限，就是相當正式。
參與觀察者	研究者與田野對象都知道研究的角色，但是研究者不是正牌的成員，而是個親密的朋友。
完全參與者	研究者的舉止與會員無異，分享局內人才知道的秘密資訊，因為研究者的真實身分不為會員所知。

接下頁

提出學者：甘斯	
全然研究者	研究者甚少有私人涉入，是個被動的觀察者，「站在局外」，並不會影響田野環境下發生的事件。
研究身分之參與者	研究者參與，但只有部分涉入、部分採納會員觀點。
全然參與者	進入田野後研究者情感完全投入，直到離開田野後，才變回公正無私的研究者。
提出學者：阿德樂斯夫婦	
邊際會員	研究者保持自我與會員之間的距離；研究者入會的情況也受限於他的信仰、歸屬特質甚或無法輕鬆地參與會員活動。
主動會員	研究者承接起會員的角色並且經歷與會員相同的推論，參與核心活動產生高層次的信賴與接受，但是研究保留研究者的身分，能夠定期地退出田野。
完全會員	研究皈依田野並且「本土化」，但是後來再回到前會員身分，藉著入會，成為平等的，完全投入的會員，研究者經歷和其他人一樣的情緒，必須離開田野，重新定位方能重新變回研究者的角色。

二、實地（田野）研究的步驟與流程

（一）實地（田野）研究的步驟

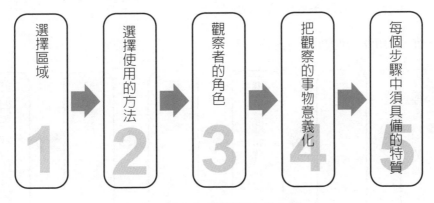

圖：實地（田野）研究的步驟

（引自簡春安、鄒平儀合著，《社會工作研究法》）

1. 選擇區域：實地研究的第一個思考要項是要選哪一個「實地」去研究。區域的選擇必然有其必要性、代表性與真實性。選擇好的區域以後，研究的進行就能事半功倍。

2. 選擇使用的方法：區域決定後，就必須好好擬定所要使用的觀察方法（或決定如何參與觀察的方法）。所要觀察的項目是什麼？如何記錄？進度如何？主要對象是誰？研究小組的任務如何分工？資料如何分析？每一個項目都與所使用的方法有關，而在區域確定後，也應著手把所使用的方法選擇妥當。

3. 觀察者的角色：實地研究最主要的方法與技巧就是觀察。在研究法中，「觀察」與「介入程度」有很密切的關係。觀察時，也必須把測量或記錄的原則定好，否則，所得到的資料則變成偏頗不全，對事實的真相了解沒有幫助，只是徒然增加誤解而已。

4. 把觀察的事物意義化：實地研究最難的一點是如何把所觀察的事物意義化。如何把所觀察的事物意義化不僅牽涉到主觀或客觀的問題，更是研究者對事物了解的背景廣度與深度是否足夠的問題。對事物的本質有足夠的深度了解時，我們才能解釋所見事物的意義；對事物的背景有足夠的寬度了解時，才能指出該事物在整個問題中所代表的含意。實地研究不是對日常生活所見作流水式的報告與整理而已，它是把所觀察的事物賦予新的意義，使讀者能對該事物有耳目一新的認識與了解。

5. 每個步驟中須具備的特質：研究者有完全的洞察力，能看出問題的精髓；有敏銳的感受力，指出問題與現象中存在的特質與意義；有自我了解的能力，使研究時所觀察的事物不過分主觀，也不過度的誇張，而整個研究便能既忠實又有系統的呈現給社會大眾。

（二）實地（田野）研究的進行流程

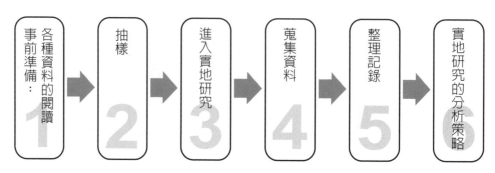

圖：實地（田野）研究的進行流程

（引自簡春安、鄒平儀合著，《社會工作研究法》）

1. 事前準備：各種資料的閱讀
   (1) 先閱讀地區的外部資料。在進行實地研究之前，一定要有足夠的研究背景，研究者必須先把相關的資料研讀妥當，如：類似的區域研究報告，看看別人是如何進行其區域的研究。閱讀與調查對象相關的研究報告時，會使研究者對研究對象的背景先有通盤的了解。
   (2) 內部資訊的取得也不能偏廢。研究者最好能先取得區域內部的觀點，如：透過內部的人的介紹或講解，先了解組織和組織的領導者以及相關的事件，使研究者在極短的時間內，馬上掌握該區域人與事的主軸，使研究能事半功倍，不致在時間與精力上作太多無謂的浪費。

2. 抽樣
   (1) 配額抽樣（Quota Sampling）依某種標準，對所要觀察的事件或訪問的母群體分組，用非隨機的方法抽取樣本，直到額滿為止。
   (2) 滾雪球抽樣（Snowball Sampling），藉著第一個訪問對象的介紹，訪問到第二個合乎調查要求的樣本，如滾雪球一樣，愈來愈多。
   (3) 偏差個案抽樣（Deviant Case Sampling），以特殊的個案為主，藉著對這些特殊個案的了解，來探討問題的原因、過程與結果。

3. 進入實地研究：研究者在研究的區域進行研究之前，應該先決定自己在當地要扮演什麼樣的角色。具備一個完全開放的心胸與非評價的態度，對該地區受訪者所做的任何敘述，都能試著去了解、去接納。研究者最好能將剛開始所扮演「陌生者」的角色，在短暫的時間當中予以轉化為「客人」的角色，甚或是「朋友」角色，因為實地研究的成敗與否，主要取決於研究者與當地居民建立的關係如何。

4. 蒐集資料：進入實地後當然因地、因事制宜，使用不同的工具來蒐集資料。離開研究情境以後，應儘速把所拍、所錄的資料予以文字化，整理實地研究過程中所發生的事件，並將記錄以不同標題分開，以便日後有更系統的分析。

5. 整理記錄：資料整理過程中，記錄中需要留白，以便新資料的加入，也有可能對資料有新的理念與發現。

6. 實地研究的分析策略
   (1) 主要的策略是「尋找模式」，從實地研究時所觀察到的一些事件，查看是否有重複的模式？看看是否能從這些重複的事件中尋找出「模型」，或是「典型」。如果能藉著實地研究的資料尋找其共同點，建立其模型，那將是研究很有價值的收穫。

(2) 不找共同模型而尋找偏差的個案，也是另一種策略；不尋常、不典型或稀少的事件，從研究的角度而言，也頗為重要。

（三）實地（田野）研究的參考要素

1. 實地研究的環境方面：該地是公眾或私人地方？在該地的人群是固定的或是經常不同的？

2. 主題方面：到一個區域作研究時，研究者在內心應該已形成「一般性」或「特定性」的主題。

3. 實地研究的觀察重點依研究本質分為三種
   (1) 行為觀察：專門探討某一環境下的行為表現。
   (2) 情境觀察：指觀察某一特別而自然的情境下，會發生什麼事情。
   (3) 處置效果觀察：觀察人為的處置，在自然的情境中對被觀察者行為的影響程度。

4. 實地研究中的觀察事項
   (1) 環境。
   (2) 人們及彼此之間的關係。
   (3) 被觀察者的行為、行動和活動。
   (4) 受訪者或被觀察者的語言行為。
   (5) 心理狀況。
   (6) 當地環境與文化、過去的歷史。
   (7) 物理環境與狀況等等。隨實地研究的重點與架構而有差異。

三、實地（田野）研究的觀察與記錄

（一）觀察時間的抽樣類型

上榜關鍵 ★★★

> 實地（田野）研究的觀察與記錄，請以解釋名詞的方式準備之；並請特別對「過錄」之意涵加強準備。

1. 連續時間抽樣：指觀察時，對所研究的對象做連續時間的觀察，對所調查的事件從頭到尾做研究，使整個事件的始末都在研究的觀察範疇當中。

2. 定點時間抽樣：對所研究的現象或事件只採定點時間的觀察，如每日早上的六點、八點，與每日下午的四點、六點，四次的時間。

3. 區段時間抽樣：定點時間抽樣所觀察的是某幾個時間定點，區段時間抽樣則指某區段的時間，如每天上午的八點至十點，晚上的八點三十分至十一點三十分，所強調是那兩個鐘頭與三個鐘頭的區段時間。

4. 事件抽樣：事件抽樣以事件發生的始末為主，不受時間長度或時段的影響，這種時間抽樣的主要目的是要研究兩個事件之間的聯繫與相關，所以重點放在對事件是否已經充分了解，而不是時間是否定點，也不是區段的長短。

（二）記錄與過錄事件資料

1. 記錄是將觀察事件的內涵作成長久性的複本格式。事件的本質不同，有的事件可能需要表格式或問卷式的記載，有的事件可能以文章或流水帳式的說明與記錄較佳。知

2. 過錄是將觀察現象予以意義化分類。針對所觀察的事件，我們不能像量化研究一樣，直接把各種現象化為一些號碼就可以，而是把所觀察的現象或事件化為某些類別，各種類別則需分別指明其定義，它必須把該類別中各種可能的狀況涵蓋進去。如「國中生教室內的抗爭行為」，可能包括「警告後仍然故意講話」、「未經允許便在教室內走動」、「與同學有和課程無關的互動及接觸」等等，都是實地研究的過錄。

（三）觀察事件的解釋

對所觀察的事實現象不是直接予以平鋪直敘的描述即可，研究者必須對其事件予以充分的解釋，而解釋的範疇與方向則以研究者的研究前提或假設為依據，好讓研究者藉著解釋，把所看到的現象與事件本身的理論或邏輯假設得以連結起來。

（四）誤差來源

1. 不當的抽樣，使得研究之觀察的時間不當、所觀察的對象不適合，當然也造成所觀察的內容不夠準確。

2. 機遇反應趨勢：所引申的問題，因為不同的觀察者對觀察類別定義不能肯定時、觀察者太過主觀時、所觀察的對象太過複雜時，研究者難免會用自己的解釋來界定類別，而不同的研究者對同一現象的解釋也因此有所不同，如此一來，研究的結果就會因產生機遇的不同（不同的觀察或解釋者加上不同的時段所做的觀察），而有不同的反應趨勢（產生不同的解釋）。

田野筆記的類型：

知識
補給站

• 速記小抄：是簡短的、暫時的記憶觸動，不經意記下
  的字、詞或圖畫。通常研究者會把這些速記小抄併入
  直接觀察的筆記之中，而絕不是他們的替代品。

• 直接觀察筆記：研究者在筆記中記下具體的細節，而
  不是摘要。

• 研究者的推論筆記：研究者把自己的推論記錄附加於
  直接觀察之後，自成一格的獨立部分。

• 分析性的筆記：研究者嘗試賦予田野事件有意義的記
  載，研究者透過建議想法與想法間的關聯、創造假設、
  提出猜測與發展新概念等方式，仔細思考筆記內容。

• 分析性備忘錄：研究者利用這個園地深入闡釋概念，
  經由反覆的閱讀及思索這些備忘錄，研究者修正、甚
  或發展更為複雜的理論。

• 私人筆記：研究者在筆記中保留一個像是日記的部分，
  記錄他個人的生活事件及其感覺。

四、實地（田野）研究的效度與信度問題

（一）效度問題

榜首提點

實地（田野）研究的效
度與信度問題列為重要
準備重點，但與第六章
「影響實驗研究外在效
度之因素」、第四章
「提升問卷的外在效度
的方法」不同，請區辨
清楚。

1. 內在效度方面

   (1) 內在效度主要定義是「研究是否研究到所該
       研究的？」研究者必須注意到研究的歷史事
       件影響、受訪者的逐漸成熟、測驗工具是否
       準確、是否會發生霍桑效應等問題，當這些
       問題一一克服後，其內在效度才能維持。因
       此，若將內在效度定義為研究接近事實，對事實能作正確、合理的詮
       釋時，實地研究的效度無其他研究方法可比，因為實地研究與具體的
       事實有直接的接觸，指出研究區域內真正發生的事件，而且嘗試捕捉
       社會脈絡的真義和本質，所以實地研究是在各類社會研究中最具有效
       度的類型。

   (2) 此外，如果將內在效度定義為變項間因果關係的解釋，則實地研究的
       內在效度弱，因為實地研究著重的不是因果的證明，就算有因果，其
       關係的強弱，並不像別的研究有很仔細的驗算與證明。

2. 外在效度方面（概推性問題）：由於實地研究所研究的事件一般都較自然而固定，因此很難把研究結果概推到其他自然存在的相同情境與事件上，所以難免它的外在效度低。若強調外在效度的「自然本質」，研究者要特別注重發生事件時的自然情境，以便推論到自然而然所發生的事件，則實地研究的外在效度就高，因為實地研究所觀察的事件、情境原本就是自然發生在周遭的事實，所以外推的普遍性程度就很高了。

（二）信度問題

實地研究的信度比較弱，因實地研究傾向對某個情境中、某些事件的分析，其事件最好有其特殊的意義，而不是一些例行的公式或平常無奇的事情，所以，若第二個實地研究者要複製前面實地研究者所作的工作、尋找其相同的答案是相當困難的。

五、視覺社會學

（一）視覺社會學的意義

視覺社會學（Visual Sociology）其實是自然觀察法與影像科技的綜合應用。視覺社會學是一種研究社會行動的方法，透過工具（相機、錄影機），去捕捉社會環境自然中，人們如何與他人傳遞社會的訊息。

（二）視覺社會學之目的

1. 視覺社會學（視覺觀察法）蒐集視覺資料的目的，是藉以呈現社會行動的系統現象，設法找尋模式或探討是否有「典型」排列，藉著視覺資料，研究者更可以達到研究文化的目標。視覺資料也可描述行動者和社會環境中的互動關係。視覺題材不要有過多的文字註解，否則會喪失視覺社會學所要傳遞的訊息。

2. 視覺資料中，好的影片記錄能整合和捕捉視覺敘述文字敘述間的關係，將視覺學家所要表達的意向更加明確的表達出來。

（三）視覺社會學的原則與方法

視覺社會學的兩個主要類型是靜態的相片與動態的記錄影片。在研究的過程中，隨機的拍攝不同地區的照片也是分析時的重要參考。為了減少影片題材在分析時可能造成的偏誤，可由數人一起分析，來研究影片中的種種關係，以增加研究的信度與效度。

 練功坊

Q 田野研究（Field Research）適合用於研究何種主題？

A _____

適合田野研究的問題（主題）：

（一）田野研究一般適用於研究涉及體會、理解或描述某個互動中的人群的那些情況。當研究問題是：在社會世界中的人們是如何辦到 Y 這件事的呢？或是，X 這個社會世界是怎麼樣的世界呢？田野研究能夠發揮最佳的功效。

（二）當其他方法（像調查法、實驗法）不適用時，例如研究街頭幫派，就是田野研究的適用時機。

（三）田野研究研究某個場所或環境下的人群，也可以用來研究社區。

（四）田野研究也常被用來研究無組織、不固定在某個地方的社會經驗，透過密集的訪談與觀察，是取得接近那個經驗的管道。例如：自殺配偶的感覺經驗。

（五）田野研究在研究兒童的社會世界、人類的重要生命事件、偏差行為等，都具有特殊的研究價值。

★（　）有關實地研究（或稱田野研究）特性的敘述中，下列何者不正確？

　　(A) 民族誌研究是一種典型的實地研究

　　(B) 早期的實地研究者往往採自然主義的觀點進入場域

　　(C) 對於陌生文化的場域而言，相對較適合採實地研究方式來進行研究

　　(D) 從事實地研究必須由提出一套有系統的研究假設開始，以引導研究觀察的進行

解析 _____

D。實地研究（Field Research），又稱實地觀察研究，是對自然發生的現象、事件直接觀察來蒐集資料的一種研究方法。實地研究並把觀察的事物意義化，使讀者能對該事物有耳目一新的認識與了解。因此，實地研究的進行步驟，並非由提出一套有系統的研究假設開始。

重點便利貼

❶ 依觀察的場域分類：實驗室觀察、實地觀察。

❷ 實地觀察：是強調研究者在自然的情境中，對發生的現象、事件或行為，透過直接的感官知覺與觀察，有系統的歸納整理研究的現象與行為。「實地觀察」又依研究者本身對研究情境的涉入程度與角色分為「參與觀察」和「非參與觀察」。

❸ 依被觀察者知不知道研究者的身分及彼此之間是否有互動分類（Raymond Gold 提出）：

A. 完全參與者：是指在實地參與觀察時，研究者之觀察者的身分與其他人是一樣的，被觀察的人並不知道觀察者真實的身分，所以觀察者可以自然地和被觀察者互動。

B. 部分參與者：研究者可以完全參與整個研究場域或活動過程（但彼此儘量不互動），不過需要對被研究對象表明研究者的身分。

C. 部分觀察者：研究者不但表明研究者的身分，同時可以和被研究對象在互動過程不斷互動，而不需要有任何藉口。

D. 完全觀察者：研究者完全從旁觀者的角度與立場觀察被研究的現象或對象。被觀察者不知研究者身分，且彼此間不互動。

❹ 實地（田野）研究：又稱實地觀察研究或田野研究，是以研究者為觀察中心，進行資訊蒐集，用攝影機、記錄表格或只依賴研究者的一本筆記；用觀察、晤談或語言互動等技巧，設法融入實地與事件中；用觀察或記錄來蒐集資料的研究方法。

⑤ 適合田野研究的問題（主題）：A. 適用於研究涉及體會、理解或描述某個互動中的人群的情況；B. 當其他方法（像調查法、實驗法）不適用時；C. 研究某個場所或環境下的人群；D. 研究無組織、不固定在某個地方的社會經驗；E. 研究兒童的社會世界、人類的重要生命事件、偏差行為。

⑥ 實地（田野）研究的進行流程：A. 事前準備：各種資料的閱讀；B. 抽樣；C. 進入實地研究；D. 蒐集資料；E. 整理記錄；F. 實地研究的分析策略。

⑦ 過錄是將觀察現象予以意義化分類。針對所觀察的事件，把所觀察的現象或事件化為某些類別，各種類別則需分別指明其定義，它必須把該類別中各種可能的狀況涵蓋進去。

⑧ 實地（田野）研究的效度與信度問題

　　A. 內在效度方面：若將內在效度定義為研究接近事實，對事實能作正確、合理的詮釋時，實地研究的效度無其他研究方法可比；如果將內在效度定義為變項間因果關係的解釋，則實地研究的內在效度弱，因為實地研究著重的不是因果的證明，就算有因果，其關係的強弱，並不像別的研究有很仔細的驗算與證明。

　　B. 外在效度方面（概推性問題）：由於實地研究所研究的事件一般都較自然而固定，因此很難把研究結果概推到其他自然存在的相同情境與事件上，所以難免它的外在效度低；若強調外在效度的「自然本質」，研究者要特別注重發生事件時的自然情境，以便推論到自然而然所發生的事件，則實地研究的外在效度就高。

　　C. 信度問題：實地研究的信度比較弱，因實地研究傾向對某個情境中、某些事件的分析，實地研究者要複製前面實地研究者所作的工作、尋找其相同的答案是相當困難的。

擬真考場

申論題

和其他研究方法相較，試說明質化田野研究（Qualitative Field Research）的優缺點。

選擇題

(　　) 1. 請問田野研究之優點為何？
(A) 可以讓研究者由統計結果獲致有關母體的結論
(B) 研究者可以控制研究的變項
(C) 可研究一連續性之事件
(D) 可以嚴謹的驗證研究假設

(　　) 2. 阿芳服務的對象是單親媽媽，而且她發現她的案主經常伴隨著經濟問題，因此她預定採用「實地研究法」，深入了解單親媽媽的困境。請問「實地研究法」（Field Research）有哪些優點？① 在自然情境下了解 ② 有完整的觀察 ③ 可深入了解細微行為 ④ 適合採取多元變項分析 ⑤ 可以推論到全體單親媽媽
(A) ①②③　　　(B) ②③④　　　(C) ③④⑤　　　(D) ①②⑤

解析

申論題：

（一）田野研究優點

1. 對於研究態度和行為的細微差異，以及檢視長時間的社會研究過程特別有效。這種方法的主要優點在於它所能達到的了解深度。雖然其他研究方法會被評為「膚淺」，但田野研究卻很少受到這方面的批評。

2. 彈性是田野研究的另一項優點。在這個方法中，研究者可以隨時修正研究設計，甚至，研究者可以在任何機會來臨的時候，隨時準備田野調查，但是研究者卻不能輕易地展開其他的調查或實驗。

3. 田野調查相對花費時間較少。其他的社會科學研究方法，可能要求昂貴的設備或者是研究人員，但是田野研究卻可以在一位研究者帶著一本筆記本和一支筆的情況下進行。但這並不是說田野調查絕對花費很少。

（二）田野研究缺點

1. 內在效度方面：如果將內在效度定義為變項間因果關係的解釋，則實地研究的內在效度弱，因為實地研究著重的不是因果的證明，就算有因果，其關係的強弱，並不像別的研究有很仔細的驗算與驗證。

2. 外在效度方面（概推性問題）：由於實地研究所研究的事件一般都較自然而固定，因此很難把研究結果概推到其他自然存在的相同情境與事件上，所以難免它的外在效度低。

3. 信度問題：實地研究的信度比較弱，因實地研究傾向對某個情境中、某些事件的分析，其事件最好有其特殊的意義，而不是一些例行的公式或平常無奇的事情，所以，若第二個實地研究者要複製前面實地研究者所作的工作、尋找其相同的答案是相當困難的。

選擇題：

1. C　田野研究可以就一事件進行連續性且常期的觀察。

2. A　題意④，較適合量化研究，因實地研究的自變項很難操作，不僅實驗過程中隨時產生的問題很難克服，加上難以對自變項有效的操作，故不適合使用多元變項統計方法；而題意⑤，實地研究因有外在效度方面（概

推性）之問題，所以很難把研究結果概推到其他自然存在的相同情境與
事件上，故較難以推論到全體單親媽媽。

第
八
章

CHAPTER 8
質性研究

- 本章首先必須建立的基礎觀念為量化與質化研究取向的比較。
- 紮根理論是常見於申論題的考點，其內容資料繁多，請考生加強準備。
- 焦點團體亦為常見考點，但更著重於實務案例之運用，請考生加強思考案例之運用。

關‧鍵‧焦‧點

- 量化與質性研究方法的比較，分為八個面向的差異比較，是金榜重要的觀念題；連帶地，量化與質化優缺點的比較，亦不可疏漏。
- 紮根理論的意涵、目標以及開放式編碼、主軸式編碼、選擇式編碼之關鍵觀念必須清楚，並將實施程序及貢獻與批評一併統整準備。
- 焦點團體訪談法為金榜級重要考點，除其意義、特色外，請建立具備實施階段（步驟）之實務運用能力。

110 年		111 年				112 年				113 年	
2 申	2 測	1 申	1 測	2 申	2 測	1 申	1 測	2 申	2 測	1 申	1 測
	5	1	3	2	9	8			7	1	7

本·章·架·構

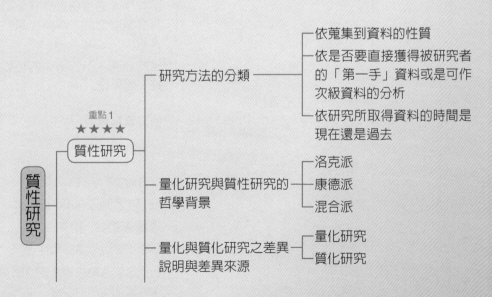

質性研究 ── 質性研究 重點1 ★★★★

研究方法的分類 ── 依蒐集到資料的性質

── 依是否要直接獲得被研究者的「第一手」資料或是可作次級資料的分析

── 依研究所取得資料的時間是現在還是過去

量化研究與質性研究的哲學背景 ── 洛克派

── 康德派

── 混合派

量化與質化研究之差異說明與差異來源 ── 量化研究

── 質化研究

```
                                    ┌─ 量化與質性研究方法的比較
                                    ├─ 量化研究與質性研究的差
                                    │  異比較摘要表
── 量化與質性研究方法的比較 ────────┼─ 量化與質性研究的信度和
                                    │  效度比較
                                    ├─ 量化研究的優缺點
                                    └─ 質性研究的優缺點

── 量化與質性研究法的適用條件 ──────┬─ 量化研究法的適用條件及
   及資料蒐集技巧                   │  資料蒐集技巧
                                    └─ 質性研究法的適用條件及
                                       資料蒐集技巧

── 量化、質性研究法在社會工作
   過程的運用

                                    ┌─ 重點放在事實的本質
                                    ├─ 強調事實的整體性
                                    ├─ 細緻地探討人與人、人與事
                                    │  之間的種種無窮盡的互動、
                                    │  互相影響的關係
── 質性研究法的精神與原則 ──────────┼─ 不忙著概化、不急著探討因果
                                    ├─ 不排斥人的價值觀存在,認
                                    │  為這是必然的,同時也是可
                                    │  貴的
                                    └─ 做結論時,不求事情的絕對
                                       性、因果性

── 質性研究法的信賴度

── 質性資料分析的種類與步驟 ────────┬─ 質性資料類型
                                    └─ 文本資料分析的方法

── 質性資料的分析方法

                                    ┌─ 未曾發生的事件
                                    ├─ 沒有注意到這些事件的族群
                                    ├─ 想要隱藏某些事件的族群
── 負面證據的重要性 ────────────────┼─ 忽略了習以為常的事件
                                    ├─ 研究者先入為主看法的效應
                                    ├─ 下意識地未加以記錄
                                    └─ 有意識的不記錄
```

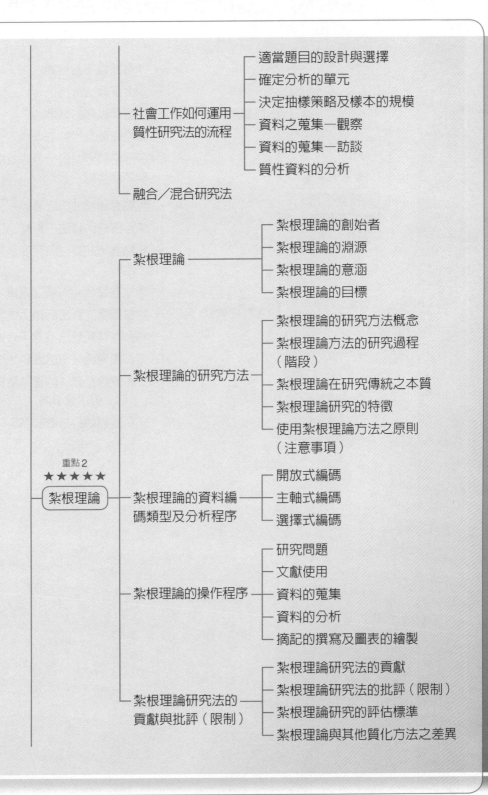

社會工作如何運用 ── 適當題目的設計與選擇
質性研究法的流程 ── 確定分析的單元
 ── 決定抽樣策略及樣本的規模
 ── 資料之蒐集─觀察
 ── 資料的蒐集─訪談
 ── 質性資料的分析

── 融合／混合研究法

紮根理論 ── 紮根理論的創始者
 ── 紮根理論的淵源
 ── 紮根理論的意涵
 ── 紮根理論的目標

紮根理論的研究方法 ── 紮根理論的研究方法概念
 ── 紮根理論方法的研究過程
 （階段）
 ── 紮根理論在研究傳統之本質
 ── 紮根理論研究的特徵
 ── 使用紮根理論方法之原則
 （注意事項）

重點2
★★★★★
紮根理論

紮根理論的資料編 ── 開放式編碼
碼類型及分析程序 ── 主軸式編碼
 ── 選擇式編碼

紮根理論的操作程序 ── 研究問題
 ── 文獻使用
 ── 資料的蒐集
 ── 資料的分析
 ── 摘記的撰寫及圖表的繪製

紮根理論研究法的 ── 紮根理論研究法的貢獻
貢獻與批評（限制） ── 紮根理論研究法的批評（限制）
 ── 紮根理論研究的評估標準
 ── 紮根理論與其他質化方法之差異

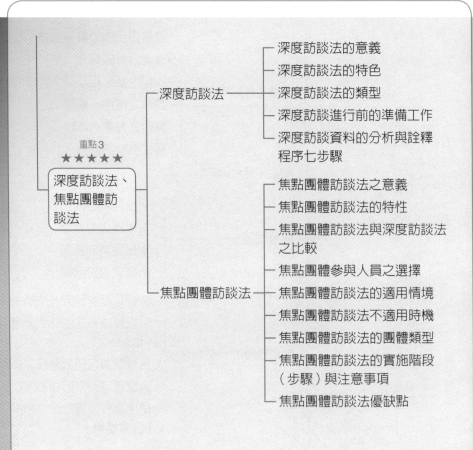

重點3
★ ★ ★ ★ ★

深度訪談法、
焦點團體訪
談法

深度訪談法
- 深度訪談法的意義
- 深度訪談法的特色
- 深度訪談法的類型
- 深度訪談進行前的準備工作
- 深度訪談資料的分析與詮釋
  程序七步驟

焦點團體訪談法
- 焦點團體訪談法之意義
- 焦點團體訪談法的特性
- 焦點團體訪談法與深度訪談法
  之比較
- 焦點團體參與人員之選擇
- 焦點團體訪談法的適用情境
- 焦點團體訪談法不適用時機
- 焦點團體訪談法的團體類型
- 焦點團體訪談法的實施階段
  （步驟）與注意事項
- 焦點團體訪談法優缺點

重點 1 質性研究 ★★★★★

一、研究方法的分類

（一）依蒐集到資料的性質

1. 量化研究（Quantitative Research）
   (1) 量化研究方法（Quantitative Research Method）：強調精確並可概化推論的統計數字發現；量化研究方法試圖產生精確與可概化的研究結果。使用量化方法的研究特色在於，試圖事先公式化所有或至少大部分的研究過程，在蒐集資料時可能嚴格遵守那些過程，以尋求最大客觀性。
   (2) 常見的量化的研究方法有：調查研究法、實驗研究法與單案研究法。
2. 質性研究（Qualitative Research）
   (1) 質性研究方法（Qualitative Research Method）：探索特定人類經驗較深層的意涵，並由此產生理論上較為豐富且不能歸納成數字的觀察。質性研究的特色是研究開始於一個較為富有彈性的計畫，使得研究過程能因為蒐集到的觀察愈多而逐步發展。相較於量化研究企圖將精確且客觀的研究發現概括到一個較大的母體，質性研究則允許主觀性對人類經驗所產生的意義進行較為深層的理解。這並非意味著量化研究完全沒有彈性或質性研究不具備事先計畫的過程，而是兩種研究方法所強調的重點不同，且許多研究其實是結合兩種研究過程同時進行。
   (2) 常見的質性研究方法有：深度訪談法、焦點團體法、行動研究法、參與觀察法與德菲法等。

表：量化研究類型 VS. 質化研究類型概念比較

量化研究類型	質化研究類型
■ 測量客觀的事實	■ 建構社會實相、文化意義
■ 焦點擺在變項	■ 焦點擺在互動的過程、事件
■ 信度是關鍵	■ 關鍵在於貨真價實
■ 價值中立	■ 價值無所不在、而且分外明顯
■ 不受情境脈絡影響	■ 受情境限制
■ 多個個案、受試者	■ 少數個案、受試者
■ 統計分析	■ 主題分析
■ 研究者保持中立	■ 研究者置身其中

（二）依是否要直接獲得被研究者的「第一手」資料或是可作次級資料的分析

1. 反應類研究（Reactive Research）：要直接獲得被研究者的「第一手」資料，往往要「打擾」到被研究者。因此反應類研究的測量方法一般稱為「干擾測量法」。例如：調查研究法、實驗研究法、焦點團體法與德菲法等。

2. 非反應類研究（Non-Reactive Research）：非反應類研究的測量方法一般就稱作「非干擾測量法」（Unobtrusive Measures），例如：次級資料分析法、歷史研究法等。

（三）依研究所取得資料的時間是現在還是過去

1. 當下的研究：多為反應類研究。

2. 事後回溯研究：多為非反應類研究。

二、量化研究與質性研究的哲學背景

洛克派	認爲一切的認知源於外界可見之物，每件事物都有深淺不同的層次，而相同的層次就會有相同的性質與意義。也因此相同性質的各種物質都可以加減演算，要了解複雜的事物時必須先從簡單的事物著手。這種哲學觀念，在心理學上就發展成今天的行爲學派，在研究法上也就是道道地地的量化方面的研究法。這種派別也稱爲外觀派（因爲研究時只看外表可看、可數之事物）；也稱爲經驗派。
康德派	康德學派主張經由認知看萬物，而此認知是與生俱來，非全由環境所塑造，人由認知產生意義，人類生下來不是一張白紙，乃是會選擇、會判斷、會領悟、會自我學習的個體。各種事物沒有抽象的層次之分，最簡單的事情可能有最複雜、最抽象的意義；最複雜的事物卻可能具有極其簡單的涵義而已。此派又可稱爲內省派（因爲重視心理的內在認知），或是德國學派。
混合派	一方面有洛克派的特質，另一方面又有康德派的風味，而符合這種情況的就是弗洛依德的理論。論他的康德本質，弗洛依德確實也是在探討看不見的心靈世界，他分析人的潛意識，人類行爲的種種防衛機轉，研究人的種種自我狀況，我們可以歸諸爲康德學派。論及弗洛依德的洛克特質，弗洛依德強調人的早期經驗對人不可抹滅的影響，他也不斷的提及性、驅力對人的控制性等這種武斷的因果觀，也就是道道地地的洛克學派。由於弗洛依德的學說同時有康德與洛克的學說特質，所以我們可以把弗洛依德的學說稱之爲混合派。

三、量化與質化研究之差異說明與差異來源

（一）量化與質化研究的差異

1. 量化研究
   (1) 研究者始於驗證假設。
   (2) 概念是以清楚明白的變項形式存在。
   (3) 測量工具在進行資料蒐集前，就有系統地被創造出來，並且被標準化了。
   (4) 資料是得自於精確測量的數字型態。
   (5) 理論大多是因果的，而且是演繹的。
   (6) 程序是標準的，而且是可複製的。
   (7) 分析的進行是由統計、圖、表來完成的，再加上顯示結果與假設之關係所做的討論。

2. 質化研究

    (1) 一旦研究者沉浸在資料之中後，便展開捕捉與發掘意義的工作。

    (2) 概念是以主題、宗旨、通則、類型的形式存在。

    (3) 創造出來的測量工具是採就事論事主義，而且常是特屬於個別的情境或研究者。

    (4) 資料是以文字的形式呈現，得自於文獻、觀察、手稿。

    (5) 理論可以是因果、無因果關係的，而且常是歸納的。

    (6) 研究程序是特殊的，而且很少可被複製。

    (7) 分析的進行是藉由從證據中抽取主題或通則，以及把資料整理統整。

（二）質性與量化研究的四項差異來源

1. 第一個差異來源：是來自於資料的本質。軟性資料（soft data）（也就是文字、句子、照片、符號等）主導了質性研究的策略以及蒐集資料的技術，而這些策略與技術都與量化取向所使用的硬性資料（hard data）（也就是以數字形式呈現的資料）大相逕庭。這些差異可能使得量化研究中所使用的研究工具，不適合用在質性研究中，或是與質性研究毫無關聯，反之亦然。

2. 第二個差異來源：是源自於與研究過程中有關的原則，以及關於社會生活的假定。質性研究與量化研究的原則，造成了不同的「研究語言」，而且各自強調的重點也完全不同。在量化研究裡，我們比較依賴實證主義原則，使用一種充滿各種變項與假設的語言，我們強調的重點在於精確地測量各種變項及驗證假設。而在質性研究裡，我們則比較依賴來自於詮釋取向或是批評取向社會科學原則。我們所使用的是一種充滿的「個案與脈絡」，以及文化意義的語言。強調重點在於對特定具體的個案進行詳盡檢視，而這些個案都在社會生活的自然流動之中發生。耐人尋味之處在於，採取質性取向的女性社會研究者的人數，遠高於男性的社會研究者人數。

3. 第三個差異來源：來自於我們在研究中試圖要完成的事物：「良好研究的核心」，不論是量化或質性研究，就是一道謎題和一個想法。在所有的研究中，我們都試圖解決一道謎題或是回答一個問題，但根據我們所使用的研究取向，我們會以不同的方式來解決謎題或回答問題。在量化研究中，我們通常要證明某項關係或假設為真或是為假，因此，我們會把焦點放在許多個案所發現的結果或是效果上面。在考驗一個假設時，可能不僅只有單純地證明該假設為真或是為假的答案，更常見的情況是，此種過程包括去了解某個假設在某些個案或情境裡成立，但在其他個案卻不成立的情況。

而在許多的質性研究中，我們通常會產生新的假設，並且會描述在少數個案裡的因果機制或過程的相關細節。

4. 第四個差異來源：是質性與量化研究兩者各自有涇渭分明的「邏輯」，以及進行研究的路徑。在量化研究中，我們所採取的是具有系統性的邏輯，並依循一種線性的研究路徑。而在質性研究中，邏輯則是形成於持續進行的實務之中，我們所依循的是一種非線性的研究路徑。

四、量化與質性研究方法的比較

（一）量化與質性研究方法的比較

1. 基本假定的差異

   (1) 量化研究者視世界爲一個有秩序、有法則，而且極其穩定的「事實」，這個事實能被完全的知道，也能被正確的測量。量化研究者把個人、組織與社會

> **榜首提點**
>
> 量化與質性研究方法的比較爲金榜準備重點，因爲涉及邏輯等分析，有其一定的基本架構；如未詳加準備，在申論題將難以論述。本部分需要花費較多的時間準備，才能建立完整的分析架構。

   （是他們所要研究的「東西」充分的加以「概念化」、「具體化」或「操作化」，使它們有利於既定架構，而此既定架構就是引導這些研究者去探討眞實世界的主要步驟；量化研究者因此使用設計過的方法來證實或確認他所引用的理論及其變項間的種種關係。換句話說，量化資料蒐集技巧是用來在特定的、操作定義的社會實體內產生客觀的、可觀察的、可靠的及數量化的事實。

   (2) 質性研究者把現實世界看成是一個非常複雜（不是用單一的因素或變項所能解釋的），而且是不斷變化的「社會現象」，此現象是由多層面的意義與想法所組成的動態事實，而且會因爲不同的時空、文化與社會背景，而有不同的意義。質性研究法的重點不在於「求證」某種假設，而是在探索某種意義與現象。質性研究的結果是某種概念或變項的發現，某種意義的探討，而不是研究結果的「概推」。質性研究試圖發現在現象內社會行爲有意義的關係及其影響。

2. 理論背景邏輯上的差異

   (1) 量化研究傾向於邏輯實證論與演繹法，也就是說量化研究者通常是先從概念發展成假設，而後再透過研究設計來驗證假設。

   (2) 質性研究則傾向於現象學與歸納法，質性研究的重點在於新的理念的發展，例如建構出紮根理論，也因此較適合在探索性研究中使用。

3. 目標上的差異
   (1) 量化研究強調解釋、預測以及檢證有關社會事實的因果假設，因此較適用於解釋性研究／因果性研究；量化研究通常是對大範圍的人群、透過隨機抽樣與統計檢定等步驟，去驗證假設是否成立，或是了解母群體的需求，因此也格外重視研究結果的推論（外在效度）。
   (2) 質性研究的目的不在於驗證，而是在於深度探索一個較為複雜的、抽象的內心世界，因此質性研究不強調推論，而強調新觀念的開發與探索內涵、意義的深度掌握。

4. 觀念上的差異
   (1) 量化研究強調「客觀中立」地描述社會事實。
   (2) 質性研究則常透過採用研究系統中參與者的觀點去描述社會事實，也就是說質性研究並不特別強調要避免主觀的成分。

5. 語言形式上的差異
   (1) 量化研究在進行過程中會先將文字、概念等轉化成數字，然後透過對數字的統計處理再轉回文字形式得到結論，因此量化研究的分析工作通常都會在資料蒐集齊全後，才會進行統計分析。
   (2) 質性研究使用被研究者本來使用的文字語言來進行歸納、分析，並呈現研究結果與探討「意義」；質性研究的分析工作通常都是一邊蒐集資料，並同時進行分析。甚至若初步分析結果提供了重要訊息，則後續資料蒐集的方向與重點（例如：訪談大綱）也很可能會隨之調整。

6. 研究方法上的差異
   (1) 量化研究常用調查研究法、實驗研究法與單案研究法等去蒐集資料，希望能檢證兩個變項間是否有差異性、關聯性或因果關係。
   (2) 質性研究則較常使用深度訪談法、焦點團體法、行動研究法、參與觀察法與德菲法等去蒐集資料，同時仰賴參與者細心觀察、深入理解研究結果的意義。

7. 研究資料特質的差異
   (1) 量化研究的資料對於信度與效度的要求較高，同時因為施測方式與測量工具均非常固定，所以研究資料的複製性高，概推性亦高，而這也正是量化研究的特色。
   (2) 質性研究資料的特色是真實、豐富、有深度，不過缺點則是概推性較差。

8. 適用條件的差異
   (1) 量化研究的適用條件

A. 所要研究的環境和文化，事先已有大量的資料時。

B. 容易接近案主，資料的蒐集較爲容易時。

C. 比較容易控制，或稍具有權威背景時（例如：請學校老師配合作全班問卷調查）。

D. 研究的目標是要尋求變項與變項之間的變異、關聯或因果時。

(2) 質性研究的適用條件

A. 進入一個很不熟悉的社會系統時較爲適用。

B. 在一個不具控制和正式權威的情境中，較爲適用。

（二）量化與質性研究的取向

1. 取向基礎觀念

(1) 量化研究者植基於社會科學的實證主義取向。他們可能採用一個技術體制（technocratic）的觀點，應用「重建的邏輯」，並遵循一個線性研究路徑。他們說的是「變項與假設」的語言。量化研究強調精準地測量變項，並考驗有關一般因果解釋的假設。

(2) 相較之下，質性研究者是基於詮釋的或批判的社會科學。他們較常採用超驗的（transcendent）觀點，應用「實務中的邏輯」，並遵循一個非線性的研究路徑。質性的研究者講的是一種「個案或脈絡」的語言。他們強調的是對社會生活中自然流程裡的個案進行深入的檢視，他們經常試著去呈現貼近社會歷史脈絡的眞實詮釋。

2. 重建邏輯以及實務中的邏輯

(1) 社會科學家學習與討論研究的方式，通常會遵循以下兩種邏輯的其中之一：重建的邏輯或實務的邏輯。大部分的研究者會融合兩個邏輯，但其比例則是各不相同。量化研究者應用較多的重建邏輯，而質性研究傾向應用實務中的邏輯。邏輯的差異不在於嚴格或努力的程度。它們所代表的差異是在於所學習與討論社會研究時的明確化、系統化以及標準化的程度。

(2) 重建邏輯意指進行研究的邏輯是高度組織化的，並以一種理想的、正式的、系統化的方式來陳述。它被重新建構成合乎邏輯、前後一致的規則與術語。實務中的邏輯是指研究在實際上是如何執行的邏輯，相較之下，它似乎較爲雜亂，不確定性也較高，而且鎖定在特定個案上，並傾向要在實務中完成一項任務，既定的規則不多，這種邏輯是植基於有經驗的研究學者所共享的判斷標準或規範，有賴於有經驗的研究者在茶餘飯後或研究中所傳承的非正式智慧。

3. 技術體制與超驗觀點

(1) 另一種區分質性與量化研究的方法是夠過「技術體制」（technocratic）與「超驗的」（transcendent）兩種觀點的對照。「技術體制觀點」符合實證主義，而且量化的研究者較常運用它。在這種觀點中，研究者是專家，研究問題通常來自於研究的贊助者（也就是那些提供資金者）。研究的目標是：發現並確認一些有如法律的原則以增加效率。這是一個要滿足官僚體制需求的技術人員的觀點。

(2) 相對而言，「超驗的觀點」更貼近詮釋及批判的取向，在這種觀點裡，研究問題是從被研究者的立足點來提出的，而非局外人的。它的目的是要移除被研究者的錯誤信念，並視人們為有創造力、悲天憫人的生命體，而不只是物體。它經常質疑權力或不公平，並視社會關係為有意義的行動結果，而非人性的法則。它試著幫助人們成長，關照他們的生活，並致力於社會的改變；也就是說，去超越目前的社會情境。

4. 線性與非線性路徑

(1) 研究者在從事研究時會有其遵循的路徑。「路徑」是一連串要做之事情的代稱：該先完成什麼或是研究者要先到哪裡，以及接下來要做什麼或是要到哪裡去——這條路可以是一條修築得很好，而且也有許多研究者走過並做了記號的路，要不然，它也可能是一條通往人跡罕至的未知領域的新路，沒有標記指示前進的方向。

(2) 一般而言，量化研究者所遵循的路徑比質性研究者更為線性。一條線性的研究路徑遵循一套順序固定的步驟——它好比是一道方向清楚的樓梯。那是一套思考與觀察議題的方法——這是一套思考與觀察議題的方法，這是一條直進、狹窄、筆直的路徑。

(3) 質性研究的路徑比較不是那麼線性，往往是反覆循環的。相對於走在直線上，一個非線性的研究路徑所踩踏的連續步驟，有時候會往回走或是到旁邊逛逛後才繼續向前。那是一種更接近螺旋式、非直線式的緩步向前。在每一次循環或反覆中，研究者蒐集到新的資料並獲得新的領悟。

5. 變項與假設的語言、個案與脈絡的語言

(1) 變項與假設的語言：變項是量化研究中的核心概念。簡言之，一個變項就是一個會有變化的概念。量化研究採用了一種有關變項及變項之間關係的語言。量化研究者對自己感興趣的概念重新用「變項的語言」加以定義。注意因果關係的研究者通常從一個結果開始，然後再去尋找它的因。最基本的因果關係只需要自變項與依變項。變項的第三種類別——中介變項，出現在比較複雜的因果關係中。它出現在自變項與

依變項之間，並且是它們之間的環節或調節機制。簡單的理論有一個依變項與自變項，複雜的理論可能包括許多自變項、中介變項與依變項。假設是一種有待檢驗的命題，或是對兩的變項之間關係的嘗試性敘述。假設是一串理論因果鍊中的環節，研究者運用它們來檢定變項間關係的方向與強度。

(2) 個案與脈絡的語言：質性研究者的語言是一種詮釋。研究者在他們的社會脈絡中討論個案並發展出紮根理論，這些理論強調在特定背景追蹤事件的歷程與順序。他們解釋人們是如何在事件上賦予意義，並學習從多元觀點來看待事件，很少聽說質性研究在討論變項或假設。量化研究者試著將社會生活中的各種層面轉化成可以用數字測量的概念，很少有豐富的資料，相較之下，質性研究者認為社會生活的各種層面先天上就是質化的。對他們來說，質性資料是有意義的、沒有缺陷的，研究的當務之急不在於將他們轉化為可以用具體數字表達的變項；相反地，他們關心的事包括：接近其他文化（或次文化）的可能性、行動者對其社會世界解釋的相對性，以及社會學的描述和其行動者對其行動之概念的關聯。

榜首提點 完整準備，建立差異比較實力。

（三）量化研究與質性研究的差異比較摘要表。

項　目	質性研究	量化研究
基本假定	把現實世界看成是一個非常複雜（不是用單一的因素或變項所能解釋的）而且是不斷變化的「社會現象」，此現象是由多層面的意義與想法所組成的動態事實，而且會因為不同的時空、文化與社會背景，而有不同的意義。	視世界為一個有秩序、有法則，而且極其穩定的「事實」（靜態），這個事實能被完全的知道，也能被正確的測量。
理論背景與邏輯	（傾向）現象學與歸納法，著重對未知世界的探索，希望能探求到一切事物的自然原始本質，同時期望能建構出紮根理論。	（傾向）邏輯實證論與演繹法，由既有的概念去發展成假設來檢驗。
目標	探索、開發、意義尋求。	解釋、預測、檢證與推論。
觀念	以參與者的角度為主（局內人），不主觀性。	以外來的觀察者自居（局外人），追求客觀。

接下頁

項　目	質性研究	量化研究
語言形式	用受訪者本來的語言或系統中成員的暗語來探索研究結果的意義。	將概念操作化、試圖以數據來呈現。
研究方法	深度訪談法、焦點團體法、行動研究法、參與觀察法與德菲法等。	調查研究法、實驗研究法與單案研究法等。
研究資料的特質	眞實的、豐富的、有深度的、不易概推的。	強調信度與效度、複製性高、可概推的。
適用條件	■ 進入一個很不熟悉的社會系統時較爲適用。 ■ 在一個不具控制和正式權威的情境中，較爲適用。 ■ 概念與理論都尚未明確建立（或是新概念與新假設在初步建立）時。 ■ 適用於描述複雜的社會現象，而且需要案主的主觀理念與現象陳述時。	■ 所要研究的環境和文化，事先已有大量的資料時。 ■ 容易接近案主，資料的蒐集較爲容易時。 ■ 比較容易控制，或稍具有權威背景時。 ■ 研究的目標是要尋求變項與變項之間的變異、關聯或因果時。

項　目	質性研究	量化研究
典範／派典（paradigm）	建構主義、符號互動論、詮釋學、現象學、批判理論、參與或合作典範。	實證主義、後實證主義。
研究目的問題	■ 描述、探索和解釋之目的，探究描述、過程評鑑、差異和解釋性問題。 ■ 過程和發現導向的研究。 ■ 擴展的研究。	■ 描述、探索、解釋和關聯之目的，探究描述或基準、評鑑、差異、解釋、因果、關聯和預測性問題。 ■ 結果導向的研究。 ■ 重複的研究。
文獻探討的角色與內容	文獻探討旨在幫助研究者找到研究問題，提供新的視框看問題，形成新的思路蒐集和分析資料。了解前人的理論，可以使研究者的觸覺更加敏銳，以及蒐集和分析資料，也可以用來豐富建構中的紮根理論。	文獻探討扮演引導研究架構，以及形成研究問題和假設的角色，根據理論將探討的主題「概念化」和「操作化」，而後蒐集實證資料，以驗證研究假設。

接下頁

項　目	質性研究	量化研究
研究設計	■ 逐步浮現的設計（emergent design），此設計是彈性的，像一個漏斗，是一種互動的過程。 ■ 焦點決定的界線。 ■ 對現象做整體觀照。	■ 預先決定的設計。 ■ 將現象化約成一些變項。
研究情境	自然情境。	控制或標準化的情境。
研究過程	非線性、循環、動態和開放的。	線性和封閉的。
研究參與者取樣方法	立意取樣／目的取樣（purposive sampling），系列地選擇研究參與者。	概率取樣／機率取樣（probability sampling）。
資料蒐集方法和研究工具	■ 質性的研究方法〔包括：半結構或非結構的面對面訪談、焦點團體訪談和遠端訪談、半結構或非結構的觀察、非干擾性測量（分析檔案資料、分析物理線索和簡易觀察）〕。 ■ 使用外顯和默會知識（tacit knowledge，或翻譯為「心照不宣」或「隱含」的知識） ■ 研究者為主要的研究工具，訪談題綱、觀察指引、非干擾性測量資料蒐集指引為輔助的研究工具。	■ 量化的方法（包括：問卷調查訪問調查、結構性觀察、測試）。 ■ 使用外顯知識（explicit knowledge）。 ■ 標準化的工具（包括自行填答的問卷、訪問調查問卷、檢核表、量表、行為觀察記錄工具、測驗）。
研究者扮演的角色	研究者主要扮演學習者的角色。	研究者扮演的角色是客觀中立的。
研究者和研究參與者間的關係	■ 研究者和研究參與者間的關係是不可分離、互動的。 ■ 內在主導的研究（endogenous research），研究參與者扮演主動的角色，通常以「研究參與者」稱之。	■ 研究者和研究參與者間的關係是分立、有距離的。 ■ 外在主導的研究（exogenous research），研究參與者扮演被動的角色，甚至稱呼他們為「研究受試」（subject），或

接下頁

項　目	質性研究	量化研究
	■ 研究參與者主位的研究（emic research），甚至強調研究者和研究參與者之間互為主體性。	「研究樣本」。 ■ 研究參與者客位的研究（etic research）。
資料分析方法	■ 歸納的資料分析（inductive analysis，包括：持續比較法或編輯式分析風格、分析歸納法或範本式分析風格、內容分析或準統計分析風格）。 ■ 描述性的。	■ 演繹的資料分析〔deductive analysis，包括：團體資料的分析（描述統計和推論統計）、單一對象資料的分析（圖示法、目視分析和統計分析）〕。 ■ 量化的、客觀的。
研究品質	■ 研究倫理。 ■ 不同研究者典範和策略之品質至指標略有不同。以建構主義典範為例，提出信賴度（trustworthiness）和確切性（authenticity）。	■ 研究倫理。 ■ 內在效度（internal validity）、外在效度（external validity）、信賴和客觀。
研究報告呈現方式	■ 採個案研究報告，或是形成紮根理論，報告的內容大都呈現質性資料（例如：文字、故事、圖片）。 ■ 具備深厚描述（thick description）、情境脈絡觸覺、獨特的詮釋等特徵。 ■ 以第一或第三人稱的方式寫作。 ■ 協商的結果。	■ 採科學或工具性的報告，報告的內容大都呈現量化資料（例如：數字）和通則描述（nomothetic statement）。 ■ 以第三人稱的方式寫作。
研究成果應用	形成的是持續運作的假設（working hypothesis），只能做暫時性的應用，也就是只能做有情境脈絡限制的摘述。	能將從樣本獲致的研究結果推論運用到母群體和生態環境上，也就是可以做蠻有情境脈絡限制的推論。

（四）**量化與質性研究的信度和效度比較**

表：質性研究與量化研究對「信賴程度」的評估指標間的對應關係

研究取向 / 評估指標	質性研究	量化研究
真實性	可信性（credibility）：指研究者蒐集之資料的真實程度。	內在效度：控制不相關變項可能對研究結果產生影響。
應用性	遷移性／可轉換性（transferability）：研究所蒐集之資料，對於被研究對象的感受與經驗可以有效的轉成文字的描述。	外在效度：研究結果可以推論到外在現實世界的可能性。
一致性	可靠性（dependability）：研究者如何蒐集到可靠的資料，並加以有效的運用。	信度：測量工具測量的結果，可以不斷地被重複測量，且具有一致性，穩定度相當高。
中立性	可確認性（confirmability）：研究的重心在於對研究倫理的重建，同時希望從研究過程獲得值得信賴的資料。	客觀性：研究過程對於研究資料的蒐集，不會因研究者個人主觀價值評斷而扭曲了社會事實的真相。

（五）**量化研究的優缺點**

1. 優點
   (1) 量化研究可以發現事實，透過計量分析的方法觀察社會現象，其可信度更高。
   (2) 量化研究可以驗證假設：社會科學研究主要目的之一是考驗假設，故須將資料予以數量化，再以統計的假設檢定方法加以檢驗。
   (3) 量化研究可以建立定律：假設經過多次驗證程序而得到相同的結果，則定律就可以成立。
   (4) 量化研究可以建構理論：如果某一定律有其他許多相關的定律或概念支持，進而建構完整的概念系統，就可以形成經驗性的理論。

(5) 量化研究能測量許多人對一些有限問題的反應，並促進資料的比較與統計集合，使得研究發現得以簡潔而經濟的呈現。

2. 缺點

(1) 無法得知現象發生的深入因素，對於研究對象經歷些什麼，以及這些經歷對研究對象的意義幫助不大。

(2) 測量工具的信度與效度問題。

（六）質性研究的優缺點

1. 優點

(1) 理解的深度：質性研究特別適用於有關態度和行為的細微差異，以及探究長時間的社會過程。因此，此方法最大的優點在於質性研究容許深度的理解，不像某些量化方法可能被質疑「膚淺」，這項指控常常被提出來和量化研究對照。

(2) 彈性：在質性研究中，可以在任何時候修正原先的研究設計。甚至每當情境出現，總是可以準備好致力於質性研究；但是你並不可能輕易開始一個調查或實驗。

(3) 主觀性：質性研究儘管深入卻總是非常個人化，使用質性技術的研究者會意識到此議題並且費心力處理。不光是個別研究者常常能區辨出自己的偏誤和觀點，科學的社群特質也意謂著他們的同僚會在此方面提供協助。依據研究目的和研究者主客觀的典範，許多質性研究的主觀性特質和其他量化研究相比較時，會同時是優點也是缺點。

(4) 以少數個案的豐富資料，促進我們對研究個案和情境的了解。

(5) 縱貫式研究，可獲得完整的資料，亦即透過探索性研究中提煉各項建構適合的理論，做為未來量化研究的參考資料。

(6) 透過觀察研究可發現非預期中的現象，亦即除表面的因果關係外，可發掘現象背後的意義與價值。

(7) 質化研究可以透過研究了解存在中的事實本質，並且強調事實與過程的整體性，而非經由片面數據的片段分析。

(8) 不論是研究者或受訪者，均不排斥人的主觀與直覺，並且認為研究中的主觀與直覺，是質化研究中一定會產生的，是其研究可貴之處。

(9) 質化研究產生的結論，不同於量化要尋求答案的客觀性與絕對性，只要結論彼此之間是相關的即可，研究結論可因時間、空間之變動而改變並進一步討論。

2. 缺點

(1) 研究倫理爭議：涉及研究對象與隱私或敏感問題的處理較量化研究有爭議。

(2) 研究人員訓練不足：由於質性研究多以觀察及訪談為主，所以訪員的觀察技術的訓練、敏銳與審慎的觀察力極為重要，但不易充分達成人員訓練。

(3) 效度偏低：質性研究容易因觀察者的偏見、觀察者主動參與，易造成角色衝突與情感投入，降低資料效度。

(4) 耗費大量時間與金錢：質性研究因須參與觀察或深度訪談等，所花費之時間、人力均較量化研究為高。

(5) 可概化性：可概化是質性研究的一個問題，會以三個形式出現：

A. 觀察和測量的個人化性質使得該研究者的研究結果，不必然由另一位獨立的研究者來複製。如果某部分觀察是依據特定觀察者，那麼該觀察比較可以用來當作洞見的來源，而非證據或真理。

B. 由於質性研究者對於他們的計畫有完整深入的觀點，因此能有非常廣泛的理解。然正因為非常廣泛，這種理解的可概化性就低於依據嚴謹抽樣和標準化工具的結果。

C. 即使觀察特定主題也會有概化性的問題。觀察團體成員得到第一手的資料，但不能確定他的「代表性」。

(6) 受訪者原先願意接受訪談，之後表達不願意接受訪問。

(7) 受訪者願意接受訪談，但是受訪者無法回答問題，或提供的資料趨於表面，或不願意回答關鍵性問題。

(8) 質化紀錄整理不易：由於觀察或訪談內容冗長，量化不易，經常會有解釋困難及無法完備記錄之情形發生。

五、量化與質性研究法的適用條件及資料蒐集技巧

（一）量化研究法的適用條件及資料蒐集技巧

1. 量化研究法的適用條件

(1) 所要研究的環境和文化，事先已有大量的資料時：在定義上或操作上不會有太大的爭議時，就可用量化研究。因此，在調查的領域曾有相當大的觀念性發展、學說建構和很多檢驗時，量化研究就會比較順利。

(2) 容易接近案主，資料的蒐集較為容易時：研究的主題或對象是社會所

能接受時，量化研究也就比較方便。例如：回答有壓力的因應，每題都用 1，2，3，4，5 的方式來答時，也相當容易。

(3) 比較容易控制或稍具有權威背景時：一些量化的研究，只要透過關係或是得到受訪者的同意時，調查馬上就可以進行。這種對案主的權威、控制或是得到當事者的合作與支持時，量化研究就可以很順利的完成。

(4) 若研究的目標是要尋求變項與變項之間的變異、關聯或因果時，量化研究勢在必行。

2. 量化研究法的蒐集資料方法

(1) 結構式的直接觀察：用系統的觀察守則，對在自然環境中與案主互動時有關的變項作一系統的記錄。

(2) 事後回溯核對表與定量表：核對表包括靜態的描述、個別的事件記錄、標準化的對情境反應，以及行為記錄與特性的指標等。評定量表以等級順序來判斷關於人或環境的特徵。評分（規定等級）的形式可以使我們從複雜的行為現象中蒐集重要的資料。

(3) 問卷：問卷包括核對表、評定量表或一些開放性的項目，以了解當事人的感覺、人格特質、自我陳述的行為、態度、興趣、環境影響變項等等。問卷信度、效度的考慮當然不在話下。

(4) 自我觀察報告：蒐集有關當事者的環境及行為表現的資料，使用紙筆、記數器、計時裝置，甚或電子裝置等來觀察案主的行為。

(5) 設計「狀況」或模擬「情境」：讓當事者以為是在原來的生活環境中經驗一個普通的事件，而且他們不知道自己的行為已經被測量。

(6) 例行的記錄：藉物品或符號有規則的描述正在進行的活動，如：缺席記錄、醫院記錄、入學記錄等。這是一種迅速可得，而且不引人注目的重要資料來源。

(7) 非干擾性測量（Unobtrusive Measures）：運用一些可測量的追蹤方法，如：方案、地區或服務的使用頻率，或用存在的物體、環境或現象（如：一個地區的空瓶數、圍牆的高度或形式）來判斷一些有關的訊息。

(8) 測驗：藉著一些測驗量表，來測知當事者的智力、成就、人格、興趣、態度、知覺反應與價值體系等。

(二) 質性研究法的適用條件及資料蒐集技巧

> **上榜關鍵** ★★★
> 質性研究法的適用條件及資料蒐集技巧，詳加準備，可當申論題之引用素材使用。

1. 質性研究法的主題類型（Patton 的看法）

(1) 自然研究法：研究者不企圖以人力操控

研究情境,對任何於研究中顯現的事務,抱著完全開放的態度。

(2) 歸納分析法:專注於資料的詳盡,分析資料的特性,以發現有關概念的範疇與向度,及其概念間的相互關係。

(3) 完形觀察法:把整個現象解釋為一個複雜的體系,而非部分的總和,把焦點放在各個部分相互依存的關係。

(4) 質的資料:看重詳盡的描述、深度地探究、對個體的個人觀點的切實掌握,以及經驗的直接引述。

(5) 個人的接觸和洞察與發現是研究的重要部分,而且也是了解現象的重要關鍵。

(6) 動力的體系:重視歷程,無論研究的焦點是個體或是整個文化體系,所有的事務都是動態的,隨時在變化的。

(7) 獨特的個案導向:假定每個個案都是特別而且是獨一無二的,對每個個案的個別化細節都需重視,若要作跨個案的分析時,應該取決於個別化的個案本質。

(8) 情境脈絡的敏覺性:必須把發現的結果與當時的社會、歷史,以及情境脈絡取得架構上的聯繫。

(9) 同理的中立:不認為人可以完全客觀,純粹的主觀則會使研究缺少了信度,研究者不提供什麼,不倡導,不進展個人的議程,只是了解,以世界的複雜性來了解世界;研究者的個人經驗和洞察力可以成為相關資料的一部分,然而對可能浮顯的內容採取中立的、非判斷的立場。

(10) 設計的彈性:若對情境了解已有足夠的深度,或是研究的情境有所改變,研究的架構與方向則可加以調整。

2. 質性研究法的適用條件

(1) 進入一個很不熟悉的社會系統時較為適用:當一個研究的主題鮮知時,例如:自殺者的心聲;吸毒者的告白;同性戀者的心酸……等,縱使這些題目有人研究過,但也只是籠統的探討,無法觸及當事者的內心世界。一旦當事者的心路歷程是研究的主要項目時,質性研究就是最好的方法。

(2) 在一個不具控制和正式權威的情境中,較為適用:由於質性研究是要探討當事者的心靈世界,挖掘案主的血淚心酸,了解當事者對事、物、人的意義與目標,這種層次的東西絕對不是光靠膚淺的權威或控制可以讓調查完成,必須要得到當事者的信任,也要靠調查者的細心與敏銳的觀察力,才能做好質性研究的工作。

(3) 當低度的觀念概化和學說建構的背景下，質性法最適合：若是一個研究的主要變項與定義均在模糊不清或仍具神秘性的階段時，我們若是馬上用量化的方法，給予操作性的定義、賦予變項之間的假設關係時，則研究方向一定會有所偏差。此時，必須要先以質性的方法，做探索性的研究，才能提供未來的量化假設中主要變項應該是什麼？假設與推論的方向應該是如何？

(4) 適用於描述複雜的社會現象，需要案主的主觀理念，以及實際參與者客觀印象的表現時：問一個社會地位極高的人爲何要自殺，並不是用我們一般人「客觀」態度就可以了解其全貌，而是需要當事者主觀的意念、他對人生的看法與經驗、他本身的認知過程……等等才能眞正的了解。同樣，我們有理由說，眞正的客觀是由很多人的主觀集合而成的。當實際參與者把所見所聞、所思所言，在毫無阻礙的狀況中陳述出來時，一個客觀的事實才能順利的呈現出來。

(5) 適於定義一個新概念和形成新的假設：研究新的概念，或探討一個極具開創性、突破性的假設時，質性研究是較爲適合的研究方式。

3. 質性研究法的資料蒐集技巧

(1) 非結構式的直接觀察：研究者需以敘述的形式記錄所直接觀察的環境、當事者，以及當事者與情境所發生的互動狀況。觀察記錄通常是在觀察時或觀察一結束馬上記下。其記錄的技巧包括生態的描述、樣本記錄、軼事、實地記錄。

(2) 會談：會談是社會工作技巧中最重要的技巧，它是在一個有目的、有問題導向的談話中，以有效的溝通與說明，獲取所需要的資料。「結構式的會談」，提供標準化的表格，以預先安排的固定項目、開放性的回答格式向案主逐題訪問，以獲取所需要的資料。「非結構式的會談」，以有彈性的、非標準化的格式，頂多提供足夠的結構或引導，使訪問的焦點放在主要的議題上。缺點是在記錄的過程中難免會對受訪者產生影響，記錄的問題也沒有辦法標準化，對重要的細節也難有完美的記載，而且個案若有掩飾與僞裝的行爲時，也會使資料產生偏差。

六、量化、質性研究法在社會工作過程的運用

表：社會工作過程與資料蒐集技巧（Allen-Meares & Lane8-14 提出）

階段（Stages）	主要研究法	資料蒐集技巧
（一）開始的介紹與資格審核	質性	■ 非結構式會談。 ■ 例行的記錄。 ■ 非結構式直接觀察。
（二）評定		
1. 開始的評定	質性與量化	■ 結構式的直接觀察測驗。 ■ 例行的記錄。
2. 問題界定	質性	■ 實地筆記。 ■ 會談。 ■ 生態的描述。
3. 問題說明	量化	■ 評定量表。 ■ 成效記錄。 ■ 強迫測量。
4. 最後的評定	量化	■ 結構式直接觀察。 ■ 結構式會談。
（三）處遇		
1. 因果關係的	量化	
2. 理解的	質性	
（四）評估		
1. 行為的	量化	■ 直接觀察。　■ 自我監督報告。 ■ 模擬。　　　■ 例行的記錄。
2. 內心的	質性	■ 會談

七、質性研究法的精神與原則

（一）重點放在事實的本質：因為質性研究沒有預存的假設與立場，問卷的方式也避免用封閉式的題目，所重視的是當事者真實的感受與其對事物的看法，本質如何，研究的結果就應該如何。

（二）強調事實的整體性：這一點完全符合社會工作的精神，看重一個人的整體性。

因此了解一個人時，不像量化研究，不斷的把研究的主題切割、操作，好讓它能夠在研究者的架構中呈現研究的目的。質性研究是以當事者為主，重視當事者周遭種種的關係，「同時且整體」的去了解當事者對該事、該物、該人、該環境所賦予的意義。

（三）細緻的探討人與人、人與事之間的種種無窮盡的互動、互相影響的關係：人與人之間的互動絕對不會像問卷那樣的單純，那些複雜的、細緻的、錯綜的互動與影響關係應該是質性研究不可忽略的重點。

（四）不忙著概化，不急著探討因果：一些對質性研究不以為然的人，最常見的批評是：樣本少、沒有抽樣，所以不能概化，當然也算不出變項與變項間的因果關係。其實概化與因果根本不是質性研究的重點所在。

（五）不排斥人的價值觀存在，認為這是必然的，同時也是可貴的：質性研究不認為主觀有什麼不好，每一個人都有其特有的價值觀，對事件都有其特殊的看法，質性研究的好處也就是能夠正視這些每個人都有的主觀性、價值判斷、對事物的意見與感受，而且試圖把這些東西加以探討、分析、整理，並且予以抽象化，好讓這些東西可以成為一種變項或概念。

（六）在做結論時，不求事情的絕對性、因果性：認為一切的結論都是相關的，都是可以再加以討論的（Negotiated），所以研究的結論也是暫時性的（Tentativeness），而不是絕對的、必然的。

八、質性研究法的信賴度 ⦿⋯⋯⋯⋯⋯⋯⋯⋯⋯⋯⋯⋯⋯⋯⋯ 上榜關鍵 ★★★
較具難度的冷門考題。

　　Lincoln 和 Guba 於 1985 年，使用「信賴度」來表示一個研究的品質，他們指出信賴度是指一個研究值得讀者信賴的程度。質性研究相信實體是多元而複雜的，並強調研究者和研究參與者間的密切關係，使用不同的指標來評估信賴度，包括：可信性（credibility）、遷移性（transferability）、可靠性（dependability）、可驗證性（confirm ability）。

（一）可信性（credibility）

1. 可信性是指研究者收集資料的真實程度。質性研究關心的是研究者是否充分而適當地呈現研究參與者對實體的多元觀點，與量化研究關心依變項的差異是否可歸因於自變項的操弄（內在效度）是不同的，因此 Lincoln 和 Guba 使用可信性來表示。

2. 提升研究信賴度的方法：

(1) 長期投入（prolonged engagement）：長期投入可以建立信任，發展和建立關係、獲得寬廣和正確的資料，以及避免由於投入時間短、研究者的期待和偏見、研究參與者本身的因素，導致研究資料的扭曲。

(2) 持續觀察（persistent observation）：持續觀察可以讓研究者獲得正確而深入的資料，並且能決定哪些非典型的案例是重要的，以及辨認可能的欺騙狀況。然而，持續觀察宜注意避免過早結束。

(3) 三角驗證（triangulation）：三角驗證可提供我們許多面向的看法，用來交叉檢核資料的可信性。三角驗證可用來加強研究的嚴謹、寬度和深入度。

(4) 同儕探詢：亦稱為同儕檢核（peer examination）、同儕審閱（peer review）。研究者可以向同儕探詢研究內容，以做外部檢核。同儕探詢可以達到的功能，包括：A. 協助研究者做自我和方法的省思，以誠實的面對問題；B. 提供研究者紓解情緒的機會；C. 檢視對研究資料所做的初步解釋是否適當，並且發現另一種解釋；D. 發展或修改研究設計。

(5) 反面和變異案例分析：藉由反面案例的分析，以確認類別是否完整而正確；如為否，則修改類別和分析的架構，以及對研究資料所做的分析解釋；此外，亦可分析變異案例。

(6) 提供充分的參照材料：提供充分的參照材料是指提供能豐富描述情境的材料，以便於分析、解釋和審核資料，並且提供支持研究者所做解釋之片段資料，這些材料包括：錄音和錄影資料、照片和檔案資料等。依據這些材料分析和解釋所得的資料，猶如提供支持研究者資料解釋的生活切片，反映實際生活和研究目的之面貌。

(7) 研究參與者檢核：研究參與者檢核有二個好處，一是讓研究者有機會修改錯誤；二是能刺激研究參與者回想之前受訪時沒有分享之處，並且再多提供資訊。

（二）遷移性（transferability）

1. 遷移性是指研究所收集資料，對被研究對象的感受與經驗可以有效的轉換成文字陳述。量化研究強調做跨時空的推論，即外在效度；而質性研究主張研究結果只能做暫時性，無法跨越時空的運用，只是形成一個工作假設，這種假設是進行式，持續運作的，讀者須根據兩個情境，亦即該研究情境和讀者所要類推的情境相似程度，來決定研究結果的應用性，因此Lincoln 和 Guba 學者使用「遷移性」來表示，研究者的責任是詳盡敘述立

意取樣的方法，及對研究場域和研究結果做深厚描述，讓讀者去評估兩個情境的相似程度，以決定遷移性；所以遷移性並非由研究者，而是由讀者來決定。

2. 提升研究信賴度的方法：研究者使用立意取樣和提供深厚描述讓讀者去評估兩個情境的相似度，以決定遷移性。立意取樣是指研究者詳盡敘述立意取樣的標準和方法，並且說明研究參與者的相關特徵。此外，質性研究認為研究結果不可能跨越時空，每一位研究者都有其特殊性和情境脈絡，其研究結果必須置於他特殊的情境脈絡中去解釋，這是推論者必須掌握的。因此，研究者應藉由深厚描述，來說明整個研究的情境脈絡，而後由讀者做適當的遷移。深厚描述將經驗加以脈絡化，並且包含了深度詮釋所需要的素材，它捕捉了研究參與者在互動中的聲音、感受、行動、動機、意義與情境脈絡，進一步加以描繪出來。由此可知，深厚描述創造了逼真性（versimilitude）和替代的經驗（vicarious experiences），可以讓讀者身歷其境，好像研究者代替讀者把經驗描寫出來。

（三）可靠性（dependability）

1. 可靠性是指研究者如何運用有效的資料收集策略收集到可靠的資料。量化研究強調穩定、一致和可預測性，藉由複製來展示信度；而質性研究認為現象是瞬息萬變的，不太可能複製同樣的結果；因此接受研究工具的不穩定性，如以人為工具可能會疲倦、粗心犯錯等。質性研究強調的是尋求方法來發現和解釋造成不穩定或改變的因素，因此 Lincoln 和 Guba 使用「可靠性」來表示。

2. 提升研究信賴度的方法：Lincoln 和 Guba 提出使用審核（the audit trail）中的可靠性審核（the dependability trail）來評估質性研究的可靠性。可靠性審核主要是在審核研究過程中，設計和方法決定與調整的適當性。因此，研究者必須記錄研究過程中採取的設計和方法、決策理由及調整的過程，讓審核者得以了解研究程序和決策歷程，並檢核其適當性，也可以讓其他研究者未來做後續研究之參考。

（四）可驗證性（confirm ability）

1. 可驗證性是指研究的重心在於從研究過程獲得值得信賴的資料。量化研究強調價值中立，使用標準化的程序希望達到研究對象之間的一致性（inter-subjective agreement），以求客觀。而質性研究摒棄量化研究所謂研究者保持中立的看法，而強調研究者和研究參與者的互動影響，並承認社會、文

化等因素是值得探討的問題之一；因此不再一味堅持研究者的中立，而是強調資料是否爲可驗證的，亦即研究對象內在的一致性（intra-subjective agreement）。

2. 提升研究信賴度的方法：研究者能夠使用可驗證性審核（the conformability audit）來檢核研究結果是否確實紮根於蒐集到的資料，而非研究者本身的想法；同樣地，在進行審核之前研究者須提供審核說明，清楚地告訴審核者的職責和期限，並提供審核者研究結果報告和分類整理過的研究資料（例如：訪談紀錄、觀察紀錄；檔案），以利審核程序的進行。同樣地，在審核結束後，審核者撰寫一份報告。最後，研究者須於報告中說明審核者的人數、背景資料、職責和審核的結果（可附上審核者撰寫的審核報告於附錄）。

九、質性資料分析的種類與步驟

（一）質性資料類型

1. 文本資料：是指研究者透過訪談、觀察或文件檔案，所蒐集到的文字資料或紀錄。

2. 非文本資料：是指研究者透過研究過程，所蒐集到的非文字資料（例如：聲音或影像資料）。社會科學的質性研究者多是以文本資料分析爲主，但同時兼輔以非文本資料作爲參考，來得出研究結論。

（二）文本資料分析的方法

> **上榜關鍵** ★★★★
> 文本資料分析的方法，對於內容分析法務必多加準備，爲重要考點。

1. 內容分析法

   (1) 內容分析的定義：內容分析，是指透過系統化的分類過程，將文本資料逐漸由繁化簡的過程，並賦予簡單統計數字作爲說明依據。內容分析其實在某種程度是融入統計的分析方法（特別是描述統計的次數分配方法）去分析質性的資料，這在社會科學中，以新聞學與大眾傳播相關領域研究中最常使用到。

   (2) 內容分析的步驟

   A. 從文本資料中抽樣：抽樣主要須考量兩個問題：代表性（Representativeness）與樣本大小。

   B. 分類與譯碼：分類與譯碼是內容分析的核心工作，研究者須根據研究的目的來設定分析類目並加以整理歸類。

   C. 分析詮釋經過整理（過錄）的資料並得出結論

(A) 內容分析優點：a.是一種系統化的分析方式；b.研究者可以在電腦輔助之下同時分析大量的資料；c.資料分析的步驟相當成熟。

(B) 內容分析缺點：可能會過度重視資料的次數分析，而忽略了不易以數字形式呈現出來的重要／有意義的資料。

2. 敘述／論述分析法

(1) 敘述／論述分析法的定義：敘述／論述分析，是指研究者從非數字形式的文本資料中透過深入的整理歸納分析，以了解被研究主觀的深層想法及其意義的過程稱之。這也是質性研究分析中最常使用的方法。

(2) 敘述／論述分析的研究步驟

A. 資料蒐集與登錄：指研究者透過深度訪談、焦點團體、參與觀察等質性研究方法所獲得的資料（可能是錄音內容或是觀察筆記內容），加以轉譯登錄成為逐字稿（Interview Transcript）的過程。

B. 資料譯碼：質性資料譯碼是指從零碎的逐字稿內容中歸納整理出有意義的單位（Meaning Unit），同時反覆檢核、修正，讓主題與概念漸漸呈現出來。研究者並根據分析大綱，將每位被研究者所陳述的內容其與分析大綱相關者勾勒出來，並將性質相同的部分整合成同一主題。

C. 結構化類別：將不同主題中的資料予以歸類後，找出資料分析主題，賦予定義，並依內容與屬性予以概念化，並可引述受訪者的話作為補充。

D. 抽象化與引證：將分類的共同特性抽象化，並舉出經驗世界中具有代表性的實例，以研究對象的經驗與感受之語言表達方式作資料分析呈現；亦可透過長期融入文本資料和經驗中的來回檢視，並經由不斷地反省思考，而形成融入／結晶式的報導與詮釋，並根據相關理論與文獻中的概念，試圖對研究結果所發現的現象作說明。

上榜關鍵 ★★
測驗題考點。

十、質性資料的分析方法

質性資料的分析方法	說　明
連續逼近法	這個方法涉及反覆重頭、遵循相同的步驟，朝向最後分析邁進。隨著時間的流逝或是經過一再重複之後，研究者從資料中模模糊糊的概念與具體的細節，逐步進入使用數條通則的詳盡分析。

接下頁

質性資料的 分析方法	說　明
彰顯法	使用經驗證據來彰顯或支撐一個理論。藉由彰顯法，研究者把理論應用到某個具體的歷史情境或社會狀況，或是根據先前的理論來組織資料。事先存在的理論提供一些空的盒子，研究者察看是否可以蒐集證據來填滿這些空盒子，盒中的證據不是證實、就是拒絕理論，研究者視之爲詮釋社會世界的有用設計。理論展現的形式可以是一般模型或是一連串的步驟。
分析性比較	■ 這個方法不同於彰顯法的地方，是研究者下手的不是一個由等待填滿細節的空盒子所構成的完整模型，相反地，他要從既有的理論或歸納中發展出關於規則或模式關係的概念，然後研究者把焦點集中在數個規律上，對具有替代性的解釋進行對照比較，然後找出不受限於某個特定情境（時間、地點、群體）的律則。他並不要找出放諸四海皆準的法則，只是適用於某個社會脈絡下的律則。 ■ 分析性比較類型 (1) 取同法：取同法使研究者的注意力集中在個案間的共同性。研究者建立起所有的個案都具有某個共同的結果，然後設法找出共同的原因，雖然個案之間其他的特徵上可能有所不同。 (2) 取異法：研究者可以單獨使用取異法，也可以結合取同法一併使用。取異法通常比較有力，也算是對取同法的一種「重複應用」。
主題分析法	■ 把文化情境的基本單位界定爲一個主題，也就是一個進行組織資料的觀念或概念，系統建立在主題分析上，然後把若干主題組成類別更爲廣闊的議題，以便對文化場景或社會情境提出整體性的解釋。 ■ 主題有三個部分：一個主概念或片語、語意關係，以及數個從屬概念。主概念是簡單的主題名稱；從屬概念是主題之下的次類型或部分；語意關係說明從屬概念在邏輯上何以與主題相符。舉例來說，在法院情境中證人這個主題下，主概念是「證人」，兩個次類型或從屬概念是「被告證人」與「專家證人」。語意關係是「屬於某個種類」。因此，專家證人或被告證人是證人的一個種類。

十一、負面證據的重要性

（一）未曾發生的事件：根據過去的經驗使研究者預期某些事件會發生，但實際上卻沒有發生。

（二）沒有注意到這些事件的族群：有些活動或事件是不會被情境中當事人，或撰寫二手資料研究者注意到。

（三）想要隱藏某些事件的族群：人們可能誤植某些事件來保護自己或他人。

（四）忽略了習以為常的事件：每天例行性的事件定出了期望、養成了一股理所當然的態度。

（五）研究者先入為主看法的效應：研究者必須小心不要讓自己受到先前的理論架構或預設立場所蒙蔽。

（六）下意識地未加以記錄：某些事件在研究者看來似乎並不重要，也沒有記錄的價值。然而，如果對細緻的觀察詳加記錄，以批判的角度重新閱讀筆記內容、尋找負面的個案可能會發現被忽略掉的事件。

（七）有意識的不記錄：研究者可能省略情境或事件的某些層面以保護該情境下的個人或親戚。

> **上榜關鍵** ★★★
> 請準備一個實務案例，就進行社會工作如何運用質性研究法為案例預為準備。

十二、社會工作如何運用質性研究法的流程

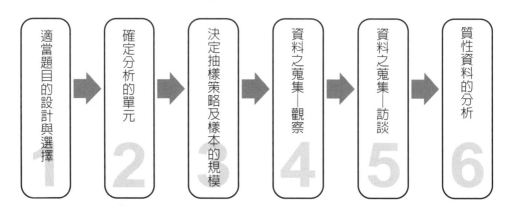

1. 適當題目的設計與選擇 →
2. 確定分析的單元 →
3. 決定抽樣策略及樣本的規模 →
4. 資料之蒐集—觀察 →
5. 資料之蒐集—訪談 →
6. 質性資料的分析

（一）適當題目的設計與選擇

質性研究主要在探索問題的深度或是意義。所以一般應該是較為特殊，連基本的定義、變項都還未被仔細定義的題目較佳。

（二）確定分析的單元

分析單元可以是個人、團體、方案項目、整個方案或是組織、社區、關鍵事件等，視研究題目與研究目標而定。從社會工作的角度來看，質性研究大體以研究個人或作方案評估研究為主，當然組織、社區或事件等也可以是我們研究的範圍。

（三）決定抽樣策略及樣本的規模

1. 決定抽樣的策略

上榜關鍵 ★

重要觀念。

(1) 質性研究主要針對少量的樣本作集中深入的分析與探討，有時甚至只研究一個個案而已。所以在質性研究中的抽樣方法，大大有別於量化研究中的或然率隨機抽樣法，質性研究的抽樣策略是採立意抽樣法（Purposeful Sampling）。

(2) 立意抽樣之邏輯和效力，在於選擇資訊豐富之個案（Information-Rich Cases）作深度的研究，因為這些個案含有大量對研究目的相當重要的訊息與內容。亦即，質化研究所抽的樣本，必須以能提供「深度」的資料為標準，並傾向從以往的經驗和理論的角度出發來選擇樣本。由於質化研究者重視動態過程之特質，故在抽樣上亦須具備「彈性化」和「隨研究發展而演變的特質」，即下一個樣本可能會視已進行的狀況和需要而定，以避免重複的現象。

上榜關鍵 ★★★★

各類型觀念必須完全釐清，申論題及測驗題考點。

(3) 質性研究抽樣策略之類型

項次	類型	說明
1	深度抽樣	深度抽樣之樣本是由對研究現象表現出充分（但不極端）興趣，而且資訊豐富的個案所構成的。極端或異常個案是由於其過分特殊而歪曲了研究現象的呈現。深度抽樣則是尋求可以典型或充分的代表研究對象之個案。在一般發現式研究（Heuristic Study）中經常會使用深度抽樣法，以找到最有代表性的個案。
2	最大變異抽樣	此抽樣法的主要目的，在於抓住並描述大量參加人員或方案變化的中心論題和重大結果，藉著小數額的樣本就能夠看出如何的產生大的變異數，這種大量變異中呈現的任何共同性均有其特殊的意義和價值。

接下頁

項次	類型	說明
3	同質性樣本	與最大變異數的主旨不同，研究者不找最大的變異性樣本，而是選擇一些同質性樣本，使能夠對這特殊的組群做深入的研究。例如受虐女性的質性研究中，研究者可以把研究的焦點放在高教育水準的受虐女性（不妨把這些樣本當做焦點團體），經過開放性的訪談後，其分析必可成為研究受虐女性時的重要資料。
4	典型個案抽樣	若研究的重點是探討一較鮮為人知的現象與問題時，以該問題的典型個案為研究的對象，是很有效的研究方式。當然何謂「典型」爭論性頗大，必要時可以從調查資料，或人口分析後的平均資料來做決定。
5	分層立意抽樣	若在使用典型個案抽樣時，研究者取一些包括高於平均、等於平均，以及低於平均的個案時，即為分層立意的抽樣。其目的是要掌握主要的變異，而非找出其共同的特徵。分層立意抽樣與分層隨機抽樣不同，主要是樣本小得很，所以不可以用來做概括性的類推，也不具統計上的代表性。
6	關鍵個案抽樣	指對整個事物產生關鍵影響的人物，針對這些人在所研究的現象發生時的行為、意見或態度，這些人即為關鍵性個案。
7	雪球或鏈式抽樣	研究者根據研究主題，向有關人員詢問：「誰對這事了解最多？」或「我應該找誰談？」透過向許多人詢問應該再向誰請教，來增加擁有豐富資訊的個案，雪球也因此愈滾愈大。
8	效標抽樣	先訂定該研究或現象的標準（Criterion），再研究符合這些標準的個案。例如：研究「施虐父母的輔導方案失敗之個案研究」，標準若訂為曾參加八個禮拜輔導經驗而無成效之施虐父母，則研究時當然必須以合乎這些條件者為主。
9	理論性或操作性（建構）抽樣	■ 效標抽樣較具正式的基礎研究形式便是理論性或操作性建構抽樣。研究者根據重要理論建構之潛在表徵及代表性，從其事件、生活片斷、時間週期或人物中來抽樣，此為理論性（建構）抽樣。 知 ■ 把研究的現實事例加以操作化的定義，而對這些事例進行研究，則為操作性建構抽樣。

接下頁

項次	類型	說明
10	驗證性與否證性個案	若某種概念或理論業已經過驗證,一段時間後,若要再度檢驗或證實是否有其他的形式,或該理論可否包含其他的涵意時,研究者可採新的資料或個案來驗證該理論的效度。而這種階段的驗證,從質性研究的角度來看,若有合於理論的驗證性資料,可增加原有理論的廣度、深度和信度;或有不合原來理論的資料,也應看重,因為這些資料可以做為研究者反向解釋之來源,並使原來理論的範圍更加明確。
11	機會抽樣	研究者在實地工作中,往往需要做及時的抽樣決定,以充分利用資源,並且能掌握時機,所以可能一些即時性或是新形式的抽樣方法,也可能臨時被使用,以充分抓住「意外」。機會抽樣可以利用事件發生時的一切機會進行。
12	立意隨機抽樣	質性研究常常選擇小量樣本做深度的研究,這並不意味著質性研究就不能用隨機抽樣的方法,若能適時的使用,更可增加研究的信度。因此研究者若把所要做的個案資訊系統化,然後設計選擇所要研究個案之隨機抽樣程序,即為立意隨機抽樣。
13	抽樣具有政治重要性的個案	這是關鍵個案抽樣方法的另一種,但以選擇具政治敏感之場合或分析單元為主。例如:美國的水門案件牽涉了總統尼克森的去職;所以有關這類政治事件的研究在質性研究中相當的重要。
14	便利性抽樣	這是純粹以便利性為主的抽樣方法,只要迅速便利就可以取而用之,這是最不盡人意、最沒有辦法,卻是最常見的辦法。許多質性研究者常以為反正研究的樣本太小,不必考慮到樣本的代表性,也不必講究的推論性,所以就以這種垂手可得,而且不用什麼花費的「便利性抽樣」,其實,質性研究仍然要考慮到所研究問題的特性,選擇最適當的樣本來研究,才能使研究得到最豐富的結果。

接下頁

項次	類型	說明
15	**異例抽樣**（Deviant Case Sampling）／**極端個案抽樣**（extreme case sampling）	研究者使用異例抽樣，也稱爲極端個案抽樣，是要找出和主要模式大異其趣的個案，或者和其他個案主要特質迥然不同的個案。這種抽樣和立意抽樣類似，是由研究者使用各種技術，找出具有特定性質的個案。異例抽樣跟立意抽樣不同之處，它的目標是找出一群非比尋常的、大異其趣的，或與眾不同的個案，而這些個案並不代表整個母體。異例之所以挑選出來，是因爲它們非比尋常，也因爲研究者希望多了解社會生活，這就要考量一般模式之外的個案。例如：研究者想要研究高中退學生，假定先前的研究指出，大多數退學生的家庭是低收入戶，是單親家庭或不穩定的家庭，四處搬家，而且是少數種族。家庭環境是父母與／或兄弟姐妹教育程度較低，或者他們本身就是退學生。此外，退學生經常參與非法行爲，退學前有犯罪紀錄。使用異例抽樣的研究者，就會尋找多數沒有非法活動紀錄的退學生，尋找父母雙全、所得中上、居家穩定、家庭教育良好的退學生。
16	**按序抽樣**（Sequential Sampling）	按序抽樣類似立意抽樣，只有一點不同。研究者使用立意抽樣，是想盡可能找到最多相關的個案，直到時間、資金，或者她的精力耗盡爲止。其原理是抽出每個可能的個案，研究者使用按序抽樣，則是繼續蒐集個案，直到新的資訊量或個案的差異性充足爲止。其原理是蒐集個案，一直到飽和點。用經濟的術語來說，資訊要蒐集到邊際效用，或額外個案的增量利益持穩或大幅下降爲止，它要求研究者持續評估所有蒐集到的個案，例如：研究者尋找 60 位 70 歲 以上，並且十年以上沒有配偶的寡婦，並計畫做深度訪談。此時再找另外 20 位生活經驗、社會背景、世界觀與前 60 位大同小異的寡婦，可能並不必要，但這要看研究者的 目的而定。

理論性抽樣（Theoretical Sampling）

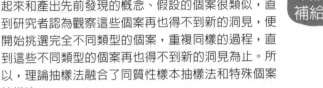

- 理論性抽樣之抽樣始於挑選新的個案，這些新個案看起來和產出先前發現的概念、假設的個案很類似，直到研究者認為觀察這些個案再也得不到新的洞見，便開始挑選完全不同類型的個案，重複同樣的過程，直到這些不同類型的個案再也得不到新的洞見為止。所以，理論抽樣法融合了同質性樣本抽樣法和特殊個案抽樣法。

- 亦即，理論性抽樣是指研究者在資料蒐集與分析之後，根據其所歸納出來的理論性概念，來決定下一個訪談對象，重視的是資料的豐富性而非在於數量的多寡。採用理論性取樣，可使概念的理論性特質愈完整，概念與概念之間的理論性關聯愈清楚。

- 故理論性抽樣是指研究者在資料蒐集與分析之後，根據其所歸納出來的理論性概念，來決定下一個訪談對象，重視的是資料的豐富性而非在於數量的多寡。是一種以已經被證明或形成中的理論所具之相關聯的概念為基礎，所做的抽樣，在發展理論的過程中，研究者同時進行資料蒐集與分析，並決定接著蒐集哪些資料以及從何處下手。採用理論性取樣，可使概念的理論性特質愈完整，概念與概念之間的理論性關聯愈清楚。

2. 決定樣本的大小

　(1) 到底質性研究需要多少樣本？沒有人可以給予答案。樣本的規模與研究者想要知道些什麼，為什麼要知道這些，如何使用這些結果，以及現有的研究資源有多少有關。

　(2) 對於樣本的大小，Lincon & Cuba 的建議值得研究者深思：「以『多餘』為分界點⋯⋯，在立意取樣中，樣本之大小由資訊因素所決定。如果研究的目的在獲取更多的資訊，抽樣只有在新的樣本已無更多的資訊時方可停止。因此，『多餘』為其樣本的標準」。亦即，質性研究的取樣應該取到再多的樣本也不能供給新的資訊時才停止。

（四）資料之蒐集—觀察

1. 量化研究以傳統的假設驗證及演繹的邏輯為主，主要包括量化的資料、實驗或準實驗設計以及統計分析等。質性研究中，一個加強研究設計的重要方法是藉助於「三角測定法」（Triangulation），意指在研究相同的現象或方案時使用多種方法。

表：三角測定法類型

類　型	說　明
資料三角測定法 （Data Triangulation）	在研究中利用不同的資料來源。
研究者三角測定法 （Investigator Triangulation）	使用不同的研究人員與訪談人員。
理論三角測定法 （Theory Triangulation）	使用多種觀點取向去詮釋一組資料。
方法論三角測定法 （Methodological Triangulation）	以多種方法去研究一個問題或方案。研究者若在質性研究中，持有三角測定的「研究態度」，一定可以使研究結果更加豐富，這也才是眞正的「客觀」。

2. 觀察的訓練：質性研究中若要做好觀察的任務，必須先把觀察能力好好加以訓練，這些訓練包括：如何作出描述性的敘述；如何作好實地記錄；如何區分細節與瑣事；在資料繁複時，如何在不受後者的影響下，做好前者的記錄；此外，還要學習使用精確的方法去證實觀察。

3. 觀察的準備：所謂準備包括：思想、身體、知識和心理的幾個方面。思想準備指如何在觀察過程中集中注意力，因爲觀察需要全心投入。觀察者需要足夠的知識，否則他無法做好深度的觀察；當然觀察者的心理必須成熟，否則觀察的過程必然會產生不必要的障礙。

4. 觀察的內容：質性研究中，有經驗的觀察者常採用「敏感性概念」（Sensitizing Concepts）來引導觀察的進行。所謂「敏感性概念」是根據研究主題的基本架構，強調某些事件、活動或行爲的重要性。例如：研究雛妓問題時，其敏感性概念可能是：父母親關係、童年經驗、挫折處理、感情及性經驗以及同儕影響程度等。

5. 資料來源

   (1) 案主所處的自然環境：若研究對象是機構，則對該機構的服務自然環境作觀察；若研究的對象是「雛妓的家庭環境」，觀察時，就以該案主

　　的家庭自然環境為主。

(2) 人文與社會環境：社會環境的觀察中，研究者尋找人們將自己組織成團體或次級團體的方法。有關互動的方式、頻率、溝通的型態及導向以及這些不同模式間的種種進展與變化。

(3) 方案實施的過程和正式活動：若研究的主題是用質性的方法評估一個方案，則方案如何進行？有哪些活動？參與者在方案中各作哪些事……等問題，研究者都應該有所交代。

(4) 非正式的互動和計畫外的活動：所觀察的對象，在方案外或計畫外的活動，對質性研究者而言亦相當重要。例如：兒童虐待的家庭訪談，與當事者（父親）訪談時，他與配偶之間的眼神傳遞，幼兒在旁時的神情都不應忽略。

(5) 方案或案主的本土語言：研究者在觀察時，所做的記錄應該精確的包括案主或參與者所用的本土語言，以便使讀者能體會當事者在其固有的文化或次文化中的風格和意義。

(6) 行為語言的了解：對互動的掌握，社會工作者早就知道溝通的複雜與奧妙，行為語言更是重要的溝通項目，舉凡該受訪者的表情、情緒狀況、穿著、語氣、姿勢，甚或講話的內容格調等都是行為語言中的重要訊息，可供研究者的參考。

(7) 非干擾性的指標：從案主的家庭擺設可以知道該人的格調與嗜好；在觀察時，這些非干擾性的指標都是重要的資料。

(8) 方案文件：文件與記錄對有心人而言都可以成為重要的資訊來源，若研究者能夠對這些文件細加考察、嚴以推敲，也可從中獲得重要的內容。

6. 觀察資料的記錄：質性研究過程中，最令研究者傷神的是記錄的謄寫。而質性研究能否成功最重要的關鍵卻是記錄是否足夠研究者去分析。觀察記錄，一般稱為<u>田野筆記（Field Notes）</u>，是觀察者的存在依據，如果觀察者沒有做觀察記錄，就別想做質性分析，既然進了實地場合，研究者更要把情況作一敘述。

> **上榜關鍵** ★★
>
> 田野筆記（Field Notes）
> 以解釋名詞準備。

（五）資料的蒐集－訪談

　　質性研究最重要的資源就是訪談。質性研究的訪談是去發現存在於受訪者心中的是什麼，儘量去接近受訪者的觀點與取向，而不是將事件放進受訪者的心中，不斷設法要他對某事表示意見或看法。質性的訪談的目的是設法從受訪者的口中找到一些研究者無法直接觀察到的事與看法。

上榜關鍵 ★★
質性訪談的類型請以解釋名詞準備。

1. 質性訪談的類型

類　　型	說　　明
非正式會話式訪談	■ 這是訪談中最開放的模式。研究者在訪談之前並沒有任何預先決定的問題主題或文字資料，訪問時的問題都是由立即的情境脈絡中，在自然進行中臨時起意的問題。 ■ 缺點：這種訪談極能配合個人和環境的氣氛，但是研究者必須以不同的問題，從不同的受訪者蒐集不同的資訊，因此在分析會談資料時，非常難以系統性或綜合性的分析。
導引式訪談	■ 研究者把訪談所要涵蓋的主題，事先以綱要的方式預備妥當，在實際訪談時，依當時的情境決定問題的次序及詳細的字句。這種方式有助於研究者的系統性整理，整個訪問的結果當然也顯得較有邏輯性，況且這種方式的訪談仍然能維持訪談時的會話性，也能適合當時的情境。 ■ 缺點：如一切都按研究者所規劃的主題來進行訪談時，一些重要且突出的議題可能沒有機會在這種預先準備好的主題中出現，畢竟這是依研究者的方式與程序所規劃出來的訪談，而不是受訪者的觀點所發展出來的（話又說回來，受訪者不只一個人時，我們也無法規劃一個屬於眾受訪者心靈世界的導引式訪談大綱）。
標準化開放式訪談	■ 研究者事前就把訪問的問題內容、字組與順序作好規劃。所有的受訪者都按標準化的字句與順序來回答，當然這些問題仍然都是以開放式的方式來設計。用這種方式所得到的資料當然很容易作相互的比較，因為每一個受訪者都被問同樣的問題（連問題的次序也一樣）。可以預想的是每一個受訪者的回答資料都是完整的，研究者在訪問結束後，也應該很容易對這些資料作組織和分析。 ■ 缺點：用這種方式對較特殊的個體所具的彈性極小，標準化的字句與次序當然也極可能限制了受訪者的回覆的自然性與關聯性。

2. 訪談的內容 ⚬┄┄┄┄┄┄┄┄┄┄┄┄┄┄┄┄┄┄┄┄┄

   (1) 詢問受訪者的經驗與行為：有關所要詢問的問題，受訪者到底做過了什麼。例如：對同性戀者詢及「你與伴侶之間性生活狀況如何？」；對虐待兒童的當事者問及「你如何處罰你的小孩，當他們不乖時？」

   (2) 意見與價值：以了解受訪者的認知和詮釋歷程為目標，當然也要了解他們的理性與決策。通常的詢問模式是：「你對那件事有何看法？」「你認為怎樣？你相信了什麼？」

   (3) 感受性的資料：感受是人對周遭所發生之事或發生於他們身上之事的一種自然情緒反應，當然也包括對他本身經驗或想法的情緒反應。感受性資料所牽涉到的字句如：焦慮、忿怒、激動、快樂、害怕、威脅、有信心……等。

   (4) 知識性問題：探討受訪者所擁有的事實資訊，即是他所知道的事。如：對虐待兒童的當事者問「你知道兒童福利法這個法律嗎？」對自殺未遂者問及「食道灼傷對日後生活的影響你事前清楚嗎？」

   (5) 感官問題：有關受訪者所看到、聽到、觸摸到、品嘗到和聞到的事項。如：詢問案主對機構的第一印象時，「就你印象所及，當初你一進這個機構時，所看到或聽到的第一印象是什麼？」

   (6) 其他資料：視研究的主題而定。通常當事者的背景及其特徵資料若能提供時，將有助於讀者對研究結果的了解，所以如受訪者的年齡、教育程度、職業、宗教信仰等都應在訪問時，一併完成這些資料的蒐集。

3. 訪問的次序安排：以訪談內容的時間架構來訪問受訪者。每一種問題都以「過去、現在、未來」為緯，則在整個訪問的過程中一定會有很豐富的結果。例如：「你先前並不知道兒童福利與權益保障法的存在，所以你的管教方式無形中惹了一些麻煩，而現在你已經知道了，請問這對你日後的子女管教會產生什麼樣的影響？」

4. 避免二分法的訪談方式：既然質性研究是要探討受訪者的內在心靈世界，以及他對問題的意見、感受所產生的意義，要達到這些訪談目標並不是易事。「是或否」「贊成或不贊成」的答案根本不是質性研究所想探討的內容。二分法的訪談方式將使質性研究走入死胡同裡。若能以這種開放性的方式來問，所得到的資料在分析時，一定相當的實用。

5. 其他可供參考的技巧與應注意的事項

   (1) 訪問員應該保持立場的中立：即要與受訪者保持共融的關係，但是不管受訪者回答的內容如何，也不管這些答案如何的違背情理，或多麼的不合邏輯，研究者都必須保持中立（Neutrality）的態度。「共融」是面對受訪者時的立場，「中立」則是面對此受訪者所說的內容的立場。

   (2) 使用範例於問題中：如「最近兩個男同性戀者結婚的新聞鬧得很大，你對他們有何看法？你將來會不會也這樣做？」

   (3) 角色扮演和模擬問題：為了使受訪者容易回答問題，在問題敘述中用角色扮演或模擬的方式來設計也是一途。如：「假使你在公園裡邂逅一個讓你心儀的同性，你會用什麼方法去接近他」。

   (4) 前言陳述、轉移形式和直接宣告形式：為了使整個訪問的過程流暢，也因之使受訪者更容易回答研究者所要詢問的問題，一些說明（宣告）可以使用。

表：前言陳述、轉移形式、直接宣告形式之說明

項　目	說　明
前言陳述	指在開始訪問之前，先讓受訪者知道要被問的是什麼。如：「現在我們要針對吸毒的原因作個了解……。」
轉移形式	在宣告一個段落主題已完成，而新的主題要開始，如：「我們已經討論過吸毒的原因，現在能不能請你告訴我在吸毒時以及吸毒後的感受？」
直接宣告形式	乃是簡單的陳述句，告訴受訪者接下來要問的是什麼，目的是軟化問題本身的尖銳性或魯莽性，也使受訪者不致覺得像被審問一般。如：「下面所要問的問題可能會使你覺得尷尬，但對研究卻有很大的助益，能否請你盡力的回答？謝謝。」

   (5) 探查和追蹤問題：若要深化受訪者對問題的反應，增加資料的豐富性，也幫助受訪者如何去回答，探查的技巧不妨考慮。探查是會話式的，以自然的語氣提出，一般包括：Who, Where, What, When, How 等五大問題（就是少了 "Why"，因為「為什麼」會造成審問的氣氛）。

   (6) 增強與回饋：研究者有義務要讓受訪者覺得接受訪問是值得的、有意義的，否則何苦向一個陌生人把自己心靈的世界敞開？所以研究者應該感謝、支持，甚至是讚賞受訪者的表現和付出，並且使他們覺得被尊重，覺得受訪對社會也是一種貢獻。

(7) 維持訪談的控制性：當案主答非所問時，不知如何答覆而在不相關的內容浪費時間時，研究者就必須在維持關係、尊重受訪者的前提下，控制訪談進度與方向，維持訪談的控制性。

6. 訪談所應注意的倫理問題

(1) 承諾與互惠：整個研究的前提是不是對受訪者有益？否則有何資格要求他們接受訪談？研究員為了得到受訪者的配合，有沒有承諾了什麼條件？若有，有無能力實現這個承諾？

(2) 風險考量：整個研究的進行有無牽涉到法律問題？會不會連累到其他的方案？有無受到其他同仁或上級行政主管的排斥？有無政治上的敏感性？

(3) 保密：質性研究資料所牽涉到的保密性問題，可能比一般人所能預料的還要嚴重，因為質性研究的個案不多，受訪者的身分很容易被「找出」，加上質性研究的主題通常較為「特殊」，內容也都較有「深度」，一旦身分被認出，所影響的範圍與程度當然也就較為嚴重，社工同仁不可不察。

(4) 資料的取用與所有權：誰將取用這些資料，資料的所有權屬誰。研究生如果是獲得論文獎助金而完成的論文，一旦論文有出版的機會時，出版的權利屬當初獎助的單位或研究生本人？

(5) 其他：如訪談者的心理健康的考慮以及研究進行過程中遇到問題時，研究者的上級單位是誰，所能負的責任又到何種地步？隨著質性研究中所牽涉問題的種類與性質，應該都有不同程度的考量。

（六）質性資料的分析 知

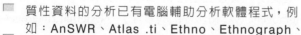

質性資料的分析已有電腦輔助分析軟體程式，例如：AnSWR、Atlas .ti、Ethno、Ethnograph、HyperResearch、HyperTranscribe、MAXqda、NVivo、ODA Miner、Qualrus、TAMS。

知識補給站

1. 研究目的再確認：資料的分析因不同的研究目的而有不同的重點。研究者在分析資料之前應再確認研究目的是什麼？所以在有關分析的程序、步驟、問題以及限制等都應詳細的交代。

2. 分析之前的資料準備：分析時，有兩種策略：單個案分析或跨個案分析。若是單個案分析，則卡片的製作以個案的確認爲主，一般的質性研究偏向於跨個案分析，則資料的準備應以題目爲主，按題目把卡片分類。

3. 每張卡片的「特質分析」：跨個案的分析，把同一主題每個個案的回答集中起來，先讀每一卡的特質，再進行歸納。

4. 集合主要的特質作歸納性分析

   (1) 在同一個主題中，每個個案都會呈現出一些不同的特質，但並不是每個特質都需要詳細的探討，不妨作個簡單的統計，看看哪個特質是較常出現，我們再予以分析。當然若有「非常特別的特質」，就是次數不多，理論上又有其關聯時，我們也可以予以分析。集合主要特質與每張卡片的個別分析最大的差異是，在集合主要特質的時候，研究者有義務要帶出一些「概念」或「模式」，必要的時候，把「架構」也能做出來。

   (2) 質性分析者很重要的任務是發現或創造組型，或是形成主題與範疇，這是一個創造性的過程。研究者必須注意：

      A. 類型彼此之間有無互斥性，既然每個類型的名稱不同，其操作性的定義及其涵蓋的範圍自有其本身的界線。

      B. 類型的總合是否有其周延性，既然要解釋一個現象，最好在這個類型中果眞能解釋各種狀況，否則不僅解釋力不夠，說服力也會有問題。

      C. 各類型所用的字句是否同一層級，所涵蓋的範圍是否大致相等，否則便不具類型定義上的美感。

   (3) 研究者應該從資料中「反覆出現的規律性」開始。一旦出現這些規律性，表示可以形成某種範疇下的組型。研究者看到這些因著某種規則性而形成的組型後，就可以用兩種標準來判斷其範圍：「內部同質性」（Internal Homogeneity）和「外部異質性」（External Heterogeneity）。內部同質性所著重的是——這些資料是否大致上具有一致性也能有意義的吻合；外部異質性所著重的是——不同範疇之間的差別具有多大的鮮明性或清晰性。其實這兩個概念就是上段所謂的概念「互斥性」而已。

5. 印證出特質、組型、概念、架構的證據：當組型、概念或架構出現時，研究者應提出有力的研究證據說服讀者贊同這個組型。

6. 第二變項甚至第三變項的考慮：若是特質的呈現與某個變項可能有關，例如：夫妻婚姻美滿中有「時間上的不可控制性」的人，若是在簡單的次數分配上呈現出偏向於某種年齡層時，那就應該把年齡的變項特別提出來，再次予以分析。必要的時候，當然可以做第三變項的考慮，表示思考的層次愈加的提高，在理念上的發展也愈加的深入。

7. 整體性（組型或架構）的建構：質性研究不只是針對某個變項做深度的研究而已，更重要的是，整個研究報告到後來時，必須以整體的觀念來呈現。

十三、質性研究法的可信賴度

上榜關鍵 ★★
測驗題細微考點，質性研究法可信賴度包括哪三項嚴重威脅，必須知悉及詳讀。

（一）Deborah Padgett 在《質性研究與社會工作》書中，討論了質性研究法嚴謹度的評鑑，她承認質性方法論的學者對於嚴謹度的評鑑標準存在分歧，但她也提到評鑑質性研究法嚴謹度的關鍵議題在於「可信賴度」（trustworthiness）。Padgen 指出可信賴度面對三項嚴重威脅：反應性、研究者偏誤和受訪者偏誤。

（二）當研究者出現在研究現場，就已經扭曲了情境的自然性，因而也扭曲了被觀察的事務，便出現反應性（reactivity）問題。研究者偏誤（researcher biases）會扭曲他們覺察到的事物或他們對觀察做的選擇；而受訪者偏誤（respondent biases）指的是人們需要表現得符合社會期望的傾向。

十四、融合／混合研究法（**Mixed Methods Research**）

上榜關鍵 ★★
基礎觀念，必須要懂。

（一）定義：指的是在一研究中，使用了兩種以上的量化及（或）質性資料蒐集與分析的方法，但其中一個方法比較重要。資料蒐集可以同時或循序進行，在研究過程中要留意不同性質資料的整合。

（二）使用目的：使用質性及量化兩種方法融合／混合方法之目的，主要是因為每個研究途徑有其潛在弱點，聯合使用時可以互補，各自的特點更能彰顯。

（三）優點

1. 對其他研究途徑不能回答的研究問題提供答案。

2. 結果互相佐證，推論根據愈強。

3. 對社會現象有更豐富完整的了解。

4. 提供多元、不同的解釋，改進研究方法，提供新的研究方向。

（四）缺點

1. 時間、心力、經濟成本都比較高。

2. 必須學習質性及量化研究，但一般課程很少強調此點。

3. 理論基礎仍有待爭論。

（五）使用時注意事項：使用融合／混合方法時，必須遵循質性或量化方法的特性，研究問題、抽樣策略、推論等都必須依照各方法的要求。

 練功坊

Q 社會工作領域運用質性研究法時，如何決定抽樣策略及樣本的大小規模？

A

（一）決定抽樣的策略

質性研究的抽樣策略是採立意抽樣法（Purposeful Sampling）。立意抽樣之邏輯和效力，在於選擇資訊豐富之個案（Information-Rich Cases）作深度的研究，因為這些個案含有大量對研究目的相當重要的訊息與內容。亦即，質化研究所抽的樣本，必須以能提供「深度」的資料為標準，並傾向從以往的經驗和理論的角度出發來選擇樣本。由於質化研究者重視動態過程之特質，故在抽樣上亦須具備「彈性化」和「隨研究發展而演變的特質」，即下一個樣本可能會視已進行的狀況和需要而定，以避免重複的現象。

（二）決定樣本的大小

1. 到底質性研究需要多少樣本？沒有人可以給予答案。樣本的規模與研究者想要知道什麼，為什麼要知道這些，如何使用這些結果，以及現有的研究資源有多少有關。

2. 對於樣本的大小，Lincon & Cuba 的建議值得研究者深思：「以『多餘』為分界點……。在立意取樣中，樣本之大小由資訊因素所決定。如果研究的目的在獲取更多的資訊，抽樣只有在新的樣本已無更多的資訊時方可停止。因此，『多餘』為其樣本的標準」。亦即，質性研究的取樣應該取到再多的樣本也不能供給新的資訊時才停止。

 練功坊

★ （　） 質化研究的主觀性高，客觀性不足，爲了增加研究的嚴謹度，請問可
　　　　 以採用下列何種方法？
　　　　 (A) 統計推論方法　　　　　　　(B) 三角檢測法
　　　　 (C) 檔案管理法　　　　　　　　(D) 社會指標法

解 析

B。三角測量法／多元測量法：是指運用很多種不同的方法（亦即不同的資料來
源）去蒐集同一個研究問題所需的資料，以減少系統誤差。

重點 2 紮根理論

一、紮根理論

榜首提點

紮根理論請列為金榜重量級
考點，本理論的意涵、目標
與其他理論的淵源，請務必
建立清楚概念。

（一）紮根理論的創始者

1. 紮根理論是由 Barney Glaser 和 Anselm Strauss 這兩位社會學家最早發展出來的，亦有翻譯成「有根基理論」。

2. 紮根理論的意義在最初 1967 年所出版的《紮根理論的發現》一書中，對於紮根理論的定義是如何從資料中發展理論，而這就稱之爲紮根理論。亦即，紮根理論強調在社會研究中經由系統化的施行與分析以獲得理論。其次，Strauss 在 1987 年所出版的書中對於紮根理論的定義是，紮根理論方法論的出現在質化資料上是朝向發展一個理論，無需要委託任何特別形式的資料，研究的管道。

（二）紮根理論的淵源

1. 符號互動論

   (1) 符號互動理論中有幾點觀點影響了紮根理論，分別是：一是行動者有自我，這個自我對外界事物予以指認，賦予意義；再基於此一意義有所行動。二是行動者與他人互動過程中，不斷賦予外界事物以意義，作爲下一步行動的基礎。三是意義來自個人所存在的大社會。四是社會現象是不斷萌生的。

   (2) 紮根理論對理論的定位與技巧上的方法

      A. 建構理論的研究工作本身是一個過程。因爲社會現象不斷萌生，理論是暫時的，被不斷修正，而研究本身具有機動性，有研究者事先不知的新現象出現。

      B. 因爲社會現象不斷萌生，所謂的變數也在一直不斷的彼此影響中，所以紮根理論不是去了解一個所謂單一的因果關係的社會現象。因此理論要反應這種複雜性，此種複雜性表現在紮根理論的二個方面，其一是紮根理論應含有許多概念與概念間的關係。這些概念尤其核

心概念，也就是紮根理論是具有高度的分析性與歧異性。其二是在
建構理論過程中雖不可避免地將資料縮減、整理與刪除，但紮根理
論本身除了應有抽象理論性探討外，仍有詳細的描述性資料，反應
複雜的社會現象。三是由於行動與互動的意義與基礎源生自社會情
境，所以，紮根理論如同一般質化方法，是主張研究者進入社會情
境裡研究。四是對社會現象而言，紮根理論不止要反應社會結構與
行動間的聯繫，也要捕捉這其間的詮釋過程。

2. 實用主義

(1) 紮根法可以視為一種應用實用主義到社會現象的研究過程。

(2) 紮根理論中的「開放式編碼」（Open Coding）就是把所觀察或訪問的
資料以逐字、逐行分解；撰寫、整理備忘錄及寫作時，則是一種綜合
回歸的工作。

(3) 是在實用主義影響下，研究者研究題目的來源是日常生活，而不是理
論的檢證或完全來自理論引導下的假設驗證，所以紮根法有顯著的實
用性格。

(4) 理論被視為永遠是一種暫時性的，可以用來
修正前一個紮根理論。

(5) 理論被視為是一種功用性的工具。

> **榜首提點** 💡
> 紮根理論的意涵，務必
> 完全了解。

（三）紮根理論的意涵

1. 紮根理論（Grounded Theory），亦稱為「有根基的理論」，是「一個使用一
組有系統的程序，而發展出關於某個現象以歸納方法得出理論的一種質化
研究方法」。紮根理論是建構於一個忠於證據的理論，它也是發現新理論的
方法。靠這個方法，研究者帶著一個學習相同處的心態來比較不相近的現
象。研究者視微觀層次的事件為某個較為鉅觀解釋的基礎。紮根理論與比
較實證的理論，共享數個共同的目標，它尋求可與證據相合的理論、精確
與嚴謹的理論，以及能夠複製與通則化的理論，紮根理論研究取向藉由社
會制度的比較，來尋求同通則性。

2. Strauss 對紮根理論的定義是：紮根理論方法論的出現，在質化資料上是朝
向發展一個理論，無需委託任何特別資料的研究管道。紮根理論並非是一
個特別的方法與技能，它是進行質化分析的一種方式，它包含了一些區分
的特徵，例如理論性抽樣（Theoretical Sampling）；某種方法論的引導，例
如持續的比較及使用一編碼典範（Coding Paradigm），確立一概念化發展。

3. 紮根理論的目的在建立理論，應用一系列的「方法」（Method）來蒐集與分析資料，觀察與訪談是常用來蒐集資料的方法，而 Strauss 和 Corbin 認為分析資料的程序包括開放式編碼（Open Coding）、主軸式編碼（Axial Coding）和選擇式編碼（Selective Coding）等過程。

（四）紮根理論的目標

上榜關鍵 ★
測驗題考點。

1. 紮根理論的目標非常明確即是為了建立理論。因為這是基於一種信念，即立基於社會實體的資料中所建立的理論，是一種有力的工具，可以用以理解外在世界，並發展可對此外在世界稍做控制的行動策略。

2. 紮根理論的目的是鼓勵研究者去使用智慧並創造發展理論，根據他們的調查研究領域，並且建議使用紮根理論的方法，去發展與發現理論的價值，不同於考驗的方法。

二、紮根理論的研究方法

（一）紮根理論的研究方法概念

紮根理論形成或發現一個理論，乃是運用分析、比較的方法。紮根理論是從資料開始進而建立理論，並且經由歸納與演繹的循環，二者交替運行，直到把所蒐集到的龐大原始資料縮減、轉化、抽象化成為概念以致形成理論。也就是將發現理論與驗證理論的工作同時來進行。所以紮根理論研究方法的概念著重在於結合歸納與演繹，並持續的使用比較與分析的方法。

（二）紮根理論方法的研究過程（階段）

上榜關鍵 ★
測驗題考點。

紮根理論方法運用了持續比較法，其包含四個階段：

1. 「比較各事件在各類屬中的適合性」。一旦從某個個案的分析中發展出一個概念，研究者應該檢視此概念是否適用於其他個案。

2. 「將不同類屬與其特質做整合」。研究者在此階段開始注意概念間的關聯性。

3. 「萃取理論精髓」。當概念間的關聯模式逐漸清楚後，研究者可以捨棄一些最終與問題探索無關的概念。隨著類屬數目的減少，理論觀點也變得更精粹。

4. 「撰寫理論」。最後，研究者必須將其研究內容付諸文字與他人分享，並接受研究社群的檢驗，如此有助於研究者對該議題的深化、修正與增進。

（三）紮根理論在研究傳統之本質

1. 在研究傳統之本質上，量化研究者在其完成理論化、發展假設、製作變項的測量工具之後，便開始蒐集資料。相較之下，質性研究者從一個研究問題出發，理論則是在資料蒐集的過程中發展出來的。這種比較歸納的方式意味著，理論是從資料建構的或根植於資料的；其次，概念化與操作化是和資料蒐集與初步資料分析一併進行的。亦即紮根理論（Grounded Theory）是一種包羅萬象的質性研究方法，可以和大部分別種形式的質性研究法合在一起使用。

2. 紮根理論是一種始於觀察和尋找模式、主題或共同範疇的歸納式質性方法。雖然研究者可能依據先前理論或研究而帶著某些先入為主的觀念或期待來使用紮根理論，但其分析並非是為了證實或否定某個特定假設而建立的。基於同一個理由，紮根理論方法的開放性能夠比較自由地發現某些預期之外的規律性（或歧異性），而這可能是使用預定理論或假設所無法預料到的。

> **上榜關鍵** ★
> 始於觀察，為測驗題考點。

3. 雖然紮根理論重視歸納過程，但也可以透過持續比較（Constant Comparisons）來結合演繹過程。當研究者從自己的歸納觀察中發現模式，他們可以依據這些模式來建立概念和可行假設；接著他們找出更多個案、進行更多觀察和依據之前觀察建立的概念和假設互相比較。

（四）紮根理論研究的特徵

1. 紮根理論研究為建立理論，提供一個如何發展概念的程序，以免研究者受到既有的理論架構所約束，而能以一個較具創意、立基於現實資料的方式發展概念。

> **上榜關鍵** ★★★
> 紮根理論的特徵，為基本的概念，請紮實準備。

2. 紮根理論研究乃以現實的資料挑戰既有的理論，以歸納為主的方式，憑藉現實的資料，逐漸建立概念，而由此建立的理論能達致理論與資料間的契合，使微觀與鉅觀間達成聯繫。

3. 就紮根理論研究的程序與策略中之資料性質而言，具有下列特徵：微觀的、發展中的、脈絡中的、紮根的、社會互動的，是隱約、曖昧、非正式、私下領域互動活動過程中的資料。

4. 就紮根理論研究的策略而言，它是由當事人的眼光蒐集資料，此資料是藉由研究者與被研究者之間不斷地互動，蒐集在發展中、變化中、富有意義之過程的、脈絡式的資料。此外，從資料中蒐集而建立的「見實編碼」（in vivo coding），更是以當事人的說詞為信，是更能反映由當事人眼光出發的概念建構。

5. 研究策略的彈性使得被研究者有機會提供回饋，使研究能切合現實狀況與被研究者的需要，俾使研究者能妥善的利用任何資料。

6. 紮根理論研究主張由日常生活經驗中孕育研究，也將研究回饋於日常生活問題的解決中，換言之，正如質化研究方法要求研究者深入了解之後也能幡然更新（Transform），對所研究之現象有著觀點上的改變。

（五）使用紮根理論方法之原則（注意事項）

研究者使用紮根理論研究方法時，在資料探索蒐集、分析整合時，要特別注意的事項包括科學的邏輯、編碼典範、互動地思考等三項原則。說明如下：

1. 運用科學的邏輯

   (1) 運用科學的邏輯即歸納、演繹與假設驗證，而這三個步驟在紮根理論研究中，被周而復始地不斷運用進行著。在研究的過程之中，研究者須充分的利用他的理論觸覺，在實際的社會情境中蒐集有發展潛力並且是重要的素質，藉由不斷的比較，歸納所蒐集到的資料，並把握住其中相同且主要的特質，當這些相同的特質可從相當多的案例中得到支持時，研究者便可賦予它們一個名字，稱之為「範疇」，此時，研究者所進行的工作就是把龐大的資料縮減，將之抽象化成概念，奠定建立理論的第一步。但此時所建立的概念仍屬暫時性質，因為這些概念仍須得到以後更多案例的支持，才能成為建立理論的單位。

   (2) 在資料的蒐集過程中，若同質性的資料（類似的現象）一再的出現，且已達相當多的程度，那麼研究者此時便可宣稱此一概念（範疇）間的關係已達「理論性飽和」的階段，此時便可停止蒐集的動作。若有少數反例出現的情況，研究者可將之收編為理論建構中的「修飾作用」（Qualification），為理論添加其變異性；但若否定的例子太多，那麼之前建立的概念便要放棄，而若兩種類型的例子等量相當的話，則研究者就須分開處理這兩個概念（當研究者所蒐集資料更為豐富時，其更具「理論觸覺」 知 之時，或許能發展出能含攝這兩個原為對立概念的一個更抽象的概念）。

(3) 在這樣的思考、研究的脈絡之下，所運用的乃是一種「想像的比較」的策略，此策略有助於研究者發現研究現象中的特質，並建立當中的假設。

2. 編碼典範

(1) 編碼典範是一種刺激思考的策略，包含：事件之所以產生的情況（Condition）、結果（Consequences）、處理措施（Coping Mechanisms）與過程（Processes）等四部分。研究者仍用「想像的比較」的方式來思考，這可以幫助研究者進行「理論性的抽樣」，蒐集完備的資料並賦予秩序。

(2) 編碼典範所作的「想像的比較」，有以下兩個功能：

A. 使現有案例所屬的情況、結果、處理措施與過程的特徵明顯化。

B. 使不同案例間的情況成為有待了解的對象，且從中思考其與現象間有關的假設，看看在不同的狀況下，是否有不同的結果、處理措施與過程。

3. 「互動地」思考：在不斷比較的原則之下，研究者除了要進行同一分析層次的比較思考外，也要在研究中呈現出社會現象之間的互動關係，思考在社會結構層次上屬微觀與宏觀不同層次間的互動情況，外在環境與現象間相互作用的關係；並且紮根理論將社會現象視為一個發展中、變遷中的現象，因此，研究者藉案例在時間過程中的發展情況，體察到社會現象的變異性，而採集到「過程」方面的資料，比較在不同時間點之下的差異狀況。

▦ 理論觸覺

理論觸覺指的是研究者本身的一種人格特質，一種能察覺到資料中意義精妙之處，有能力去賦予資料意義，能了解、區分相關與不相關的事物並有洞察力，是研究者在面對資料時所展現出來的一種概念化能力，理論觸覺能幫助我們發展出紮根的、濃密的、統合良好的理論。

三、紮根理論的資料編碼類型及分析程序 。·······

（一）開放式編碼（Open Coding）

1. 開放式編碼的意涵

    (1) 開放式編碼就是藉著仔細檢驗而為現象取名字或加以分類的分析工作。經過這個基礎步驟，我們才能將資料分解為一個個的單位，仔細檢視，比較其間的異同，並提出問題；經過此一步驟，我們才能針對研究者或別人的假設，提出質疑、探索，並進一步導出新發現。

    (2) 在紮根理論中，開放式編碼是所有編碼形式的基礎，因此，經由深度訪談、參與觀察等方式蒐集到資料後，便可以針對原始資料進行開放式編碼。開放式編碼是利用問問題和比較分析來發展概念的。

2. 開放式編碼實施程序

    (1) 定義現象：在紮根理論中，概念是分析的基本單位，因此在分析工作裡，研究者的第一要務就是把資料轉化成概念，也就是將資料概念化（Conceptualizing）。即把觀察到的現象、訪問稿或是文件中的句子、段落，都加以分解成每一個獨立的事故、念頭或事件，再賦予一個可以代表它們所涉指現象的名字。這個步驟可以用問問題來達成。

    (2) 發覺範疇：在研究過程中會有十幾個或甚至上百個概念，因此研究者得把相似的概念歸類在一起，成為範疇（Categories）。當我們把蒐集到的概念分類成為一區區不同內涵的類別，就稱為範疇化（Categorizing）。此時區分的類別是暫時性的，可能為進一步的研究有新的發現而加以修改。

    (3) 為範疇命名：在發覺出範疇之後，研究者必須要給範疇一個概念性的名字。為範疇取名字有三種方式：

    A. 研究者自創：通常這個名字與其代表的資料在邏輯上是相關的，可以令人一看到這個名字，就聯想到它所描繪的概念。不過，範疇的名字在抽象的層次上，總要比它所涉指的概念要高一些才行。

B. 引用學術文獻裡已有的名字：用這個概念有個好處，因為它們本身
都蘊含極豐富的分析意義，而且很有可能都是已經發展得近乎完整
的概念，不但自己研究有了可用的概念，還可能對極為重要的概念
發展做出貢獻。但其缺失為別人讀到此概念時以為你想表達的也是
約定俗成的意思，此外約定俗成的概念也會把研究進路封死。

C. 「見實」編碼（"In Vivo" Codes）：見實編碼指的是被研究者無意中
所用到的一些極為傳神的詞彙，也就是由被訪問或被觀察者口中所
說出來的名詞。

(4) 發展範疇的性質與面向：要開發一個範疇，首先要開發它的性質，再
從性質中區分出面向。性質是一個範疇的諸多特質或特徵，面向則代
表一個性質在一個連續系統上所有的不同位置。開放式編碼不但幫助
我們發現範疇，也協助研究者確認這些範疇的性質與面向。

表：範疇、性質、面向的案例

範疇	性質	面向（對每一次案例而言）
觀察	頻率	經常——從未
	程度	多——少
	密集度	高——低
	持續時間	久——短暫

(5) 決定分析單位：研究者可以依研究的需要，決定逐字、逐行、逐段或
整篇資料來作為分析的最小單位。因為資料的性質、研究進行到的階
段等因素會使研究者做不同的決定。

(6) 撰寫編碼筆記：研究初期所找到的一些概念、想法、假設等，都可以
寫在你的譯碼筆記中（一種摘記）。編碼筆記（Code Notes）要用何種
方式來撰寫，可以依研究者自己的喜好與習慣來決定。

（二）主軸式編碼（Axial Coding）

1. 主軸式編碼的意涵：在做完開放式編碼之後，研究者藉一種編碼典範（藉
所分析之現象的條件、脈絡、行動／互動的策略與結果），聯繫範疇與其
副範疇，而把資料做重新的整合，好好發展主要範疇，即是「主軸式編
碼」。而副範疇所指的就是所觀察之現象的「條件、脈絡、行動／互動的策
略與結果」，也就是與現象相關聯的部分。

2. 主軸式編碼實施程序

(1) 藉典範連結並發展範疇：仍以問問題和作比較的方式進行，這和開放式編碼所使用的技巧很相似，只是步驟上更爲複雜，在此編碼的過程中，以下四種分析性的工作是要同時進行的：

A. 藉陳述副範疇與現象間的關係本質，構想範疇與副範疇之間的假設性關係。

B. 看看實際資料是否支持以上這種假設性的關係。

C. 繼續不斷地尋找範疇與副範疇的性質，以及從實際的案例中找尋它們在各別的面向上的定位。

D. 比較不同的案例在其所屬之範疇與副範疇的面向上的歧異性。

(2) 藉性質及面向的位置進一步開發範疇與副範疇：研究者除了在原先的範疇與副範疇之間關係的假設上尋求資料的驗證之外，研究者也應想想，是否還有其他有關範疇的其他性質和面向還未被發掘。

(3) 以資料驗證假設：這就是上述所說的，以實際資料檢證範疇與副範疇之間關係的假設，而在資料蒐集的過程之中，研究者或許會發現一些反例和否證，可使研究者對現象的多元性的有所了解，如此，所建構出來的理論將更爲稠密，也更富變化。而這樣的譯碼過程，也就是運用了歸納和演繹兩種思維方式替換地進行思考。

(4) 在面向層次上連結範疇：研究者在現象中會發現，指涉現象性質的事件、事故，會在某些面向位置上出現，而呈現出一種趨勢型態（Pattern），而在此階段，研究者就可特別留意這些型態並分析比較之，則所得的資料將有助於下一階段的選擇式編碼的進行。

（三）選擇式編碼（Selective Coding）

1. 選擇式編碼的意涵

(1) 在研究者不斷浸淫於資料中，進行理論性思考、譯碼，以及書寫摘記的過程中，慢慢地就會發現核心範疇（Core Categories），選擇式編碼的工作就在於發展核心範疇。核心範疇是指其他所有的範疇都能以之爲中心，而結合在一起，Glaser 指出，核心範疇必須具有「中央性」，也就是與最多範疇和特徵相關；要不斷發生在資料中，成爲一個穩定的模式，它和其他很多範疇可以很容易地、很快地、有意義地有所連結。

(2) 亦即在範疇中，其抽象層次也有高低之分，而在不斷地比較之後，逐漸將命名的抽象層次提高，使它成為一個包含性高的、抽象度高的名詞；這樣的命名就成為一個核心範疇，也就是紮根理論的核心概念。

2. 選擇式編碼的實施程序：進行選擇式編碼時有五個步驟，包括闡明故事線、藉編碼典範連接核心範疇和副範疇、藉面向的層次把各個範疇連接起來、用資料驗證上述範疇的關係、繼續開發範疇等五個步驟。而這五個步驟並不是依順序直線式次序的運行，在真正分析資料時，不一定能分得清楚，反而是來來回回的情形比較多。

(1) 闡明故事線：故事線即是概念化後的故事，也就是把原先描述性的敘述，抽離至概念性的敘述。研究者從其所面對的現象中萃取出一個核心範疇來。而由繁雜的資料中要決定一條故事線並不容易，此時研究者仍須利用「不斷比較」和「問問題」這兩個基本策略，來找出故事線的線索。亦即，從主軸式編碼中所獲得的範疇中，找出一個可以代表它們核心概念之更為抽象的命名，核心範疇可以是名詞、形容詞＋動名詞、動名詞＋名詞，但要注意的是，此一核心範疇的命名要能匹配它所代表的故事。

(2) 藉編碼典範連接核心範疇和副範疇：在建立核心範疇之後，接下來便要把目前已成為「副範疇」的其他範疇連結在一起，而聯繫核心範疇與其副範疇的方式，也是藉由「編碼典範」（條件、脈絡、策略、結果）來進行處理，研究者必須界定哪一範疇所指是譯碼典範中的那一個，將它們之間的關係作一適當的排列，分析出當中的秩序來（此秩序成為故事的分析性版本），以便能恰如其分地反應故事的情節，而故事本身敘述的邏輯性及前後次序，也是研究者能否把故事當中所蘊含的範疇，以一個清晰的面貌排列出來的重要關鍵。

(3) 藉面向的層次把各個範疇連接起來：此一步驟即是要找出各範疇之性質與面向間重複出現之關係（也就是「型態」），而這在前述主軸式編碼的階段，研究者已經注意到一些型態的存在了，而在選擇式編碼的階段，更要把當中的關係進一步的釐清和精緻化。研究者在找出這些「型態」之後，並且依此聚集資料，如此一來理論才會有確切性（Specificity）。也就是說，研究者所成就出來的理論是要能說出，在哪些條件之下，哪些事情會發生。在找出各個型態之後，研究者即

可依各範疇所座落在面向上的位置，按已發掘到的型態，將它們歸類、凝聚起來，當然此時仍是透過比較和問問題，並舉出假設的策略爲之。如此一來，即可得出一個理論的雛形。

(4) 用資料驗證上述範疇的關係

　A. 完成了理論的雛形之後，接下來研究者必須再以蒐集來的資料來驗證這個理論。首先，研究者要把理論用圖示或文字陳述的方式記錄在摘記上，然後將範疇在不同條件脈絡下的不同關係情形也一一闡明清楚後，再以實際上的資料套進去看看是否吻合。要驗證的包括範疇間的關係是存在的，以及這些關係在不同的脈絡情況下，在範疇的面向層次上會有不同的表現等層次。

　B. 範疇間關係的陳述，研究者所用的是一件件個案（Case）來驗證其陳述是否與個案資料在大方向上是相吻合的，否則，研究者便得繼續修正此一陳述，直到其與資料達到一個大體上相配的結果。

(5) 繼續開發範疇

　A. 此處所要進行的就是範疇的填補工作（Filling in Categories），在研究者已形成經驗證過的理論之後（此理論已將各種條件融入其中，且發展了過程（Processes），而具備了解釋力），研究者可以再回到當初建構好的範疇之中，做些填補的工作，使所形成的理論更具備概念上的稠密性和準確性。也就是說，在理論中若某些範疇之面向尚未被好好開發（沒有資料佐證）時，研究者應再回到田野中針對理論的漏隙，蒐集資料。

　B. 開放式編碼、主軸式編碼、選擇式編碼等三種編碼形式雖看似有優先順序，但事實上，它們是環環相扣的，選擇式編碼的形成，通常是伴隨著主軸式編碼而來，因選擇式編碼主要是確認故事線、發展脈絡型態，針對各個不同的脈絡類型發展理論，此種種目標的線索，我們可從開放式編碼或主軸式編碼中見其端倪，因此，通常是在主軸式編碼成形後，研究者便可經由文獻既有之結果或本身編碼過程中的體會，理出選擇式編碼。

四、紮根理論的操作程序

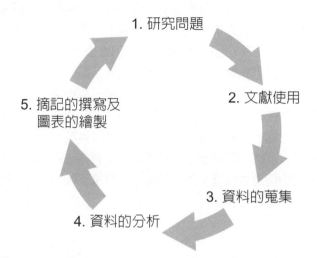

（一）研究問題

1. 研究問題的來源
   (1) 由別人建議或指派的研究問題：研究問題的來源之一便是去詢問某一研究領域專家的建議。以這種方式尋求研究問題方法的優點在於研究者比較有可能參與一項重要且行得通的研究計畫；但缺點則是有可能發生所研究的問題與自身的興趣不符的問題。
   (2) 專業文獻的刺激：專業文獻可以對研究工作形成一種刺激，有時，這些文獻會指向一些尚未開拓的領域或建議；有時，我們可藉由文獻資料間彼此不一致的衝突矛盾與曖昧不明處來提示我們可做個研究或可消弭當中的不確定性或問題。
   (3) 來自個人與專業上的經驗：來自個人與專業上的經驗往往是研究問題的來源。例如一個離過婚的人，由於自身的經歷或許會令他思考別人是如何走過這一段的；或者，有人在其專業的領域或工作場域中遇到了無法解決的難題時，就可能會考慮作個研究來解決這些難題。

2. 提出研究題目
   (1) 紮根理論研究的問題要能確認所要研究之現象，題目中透露了研究者特別要了解哪些現象，而紮根理論研究法所研究的題目通常是有關現象的行動（Action）和過程（Process），而在一開始，研究者通常會提出一個範圍比較大的題目，不過在研究進行的過程中，隨著概念的逐

漸形成以及現象與現象間關係的顯示，判定當中何為有關或無關的資料，此時研究題目便會逐漸的窄化而有了焦點。而研究題目也不宜太過開放，以致似乎什麼都要網羅進去，但也不宜太過狹隘，以致把許多可能的發現，因被題目的格局所限而遭到排除。

(2) 研究題目是一個引子，它引導研究者立即去到事件的發生地，觀察人們的行為、事件的發生，進而去閱讀一些相關的文字資料或對一些關鍵人物進行訪問，因此，研究題目除了幫助研究者能順利的著手進行研究之外，也能維持著整個研究計畫的焦點所在，當研究者可能迷失於龐大多樣的資料當下，研究題目能將其注意力拉回，再次釐清所要研究的問題是什麼；而後跟隨著資料蒐集後的分析，題目便會逐漸的澄清、確定下來。

（二）文獻使用

文獻可分為技術性文獻（Technical Literature）與非技術性文獻（Nontechnical Literature），這兩種不同性質的文獻在紮根理論中分別扮演著不同、但卻很重要的角色。說明如下：

1. 技術性文獻：技術性文獻是符合專業和各學術領域寫法的研究報告及理論和哲學性的文章，研究者可以用之為背景資料，與紮根理論研究的發現做比較。其功用有提升我們的理論觸覺、作為二手資料的來源、刺激我們提問題、幫助我們設計理論性抽樣、做輔助性的佐證。

2. 非技術性文獻：非技術性文獻包括：私人信函、日記、傳記、政府公報、機構所出的報告、報紙和錄音帶等，其作用是作為原始資料或是補充訪問的資料。在一般以訪問或觀察為資料主體的作品裡，這些非技術性資料可以用來輔助主體資料。但如果以非技術性文獻為主要資料來源，要注意的是非技術性文獻是較不易查證的，因此我們還要利用其他資料，如：訪談及觀察來做輔助，來辨別資料的真偽。

（三）資料的蒐集（Data Collection）

1. 資料來源：紮根理論研究中，主要的資料蒐集技術為訪談或參與觀察，因此資料的來源可以是訪談、參與觀察或是田野觀察所得到的資料。除此之外，圖書館的檔案資料、出版的文件（傳記、政府公報、報紙）或未出版的文件（信件或日記），都可以作為資料的來源。質化研究取向的資料形式可分為「硬資料」和「軟資料」。知

■ 質化研究取向的資料形式

知識
補給站

* 資料可分為「硬資料」和「軟資料」。所謂「硬」、「軟」，並非因應其性質來界定，而是其存在形式。說明如下：

  (1) 軟資料並無連續性，最多僅有順序性。順序資料（Ordinal Data）指以一個衡量值高於下一個衡量值的順序排列，例如：五點量表。以電話訪問、舉辦焦點團體、寄發問卷調查、參與觀察、田野研究等方式所得到結果稱為軟資料（Soft Data）。

  (2) 硬資料：相對於軟資料，而為一種可連續量測評估衡量資料，則稱為硬資料（Hard Data），如高度、重量、數量或速度。

* 紮根理論採用蒐集資料之方式為「質化研究」取向，在研究過程所蒐集的資料，是屬於人、地和會談等軟性（Soft）資料，且這些資料有豐富描述（Thick Description），因此所取得的研究資料，並無法具有連續評估衡量的資料特性，故不可稱之為「硬資料」，而應屬於「軟資料」。

---

2. 資料的抽樣：理論性抽樣（Theoretical Sampling）

   (1) Struass 與 Corbin 認為不論資料來源是觀察、訪問或文件，都可以使用「理論性抽樣」來完成資料的蒐集。所謂「理論性抽樣」，指的是以「已經證實與形成中的理論具有相關的概念」為基礎而做的抽樣，也就是說，抽樣的對象要能夠顯現出與理論相關性的事件與事例。採用理論性抽樣，可以使概念間的理論性特質越完整，概念間的理論性關聯越清楚。

   (2) 根據編碼類型不同的抽樣的程序

      A. 開放式編碼裡的抽樣開放性抽樣（Opening Sampling）：開放式編碼的目的，就是在研究的現象中發現範疇並給予名字，並進而找出它的性質與面向，此階段的抽樣是開放性的。開放性抽樣的特色是開放而不做任何明確的抽樣，可以是碰運氣的、系統的，或是立意抽樣以及現場的即興抽樣。

      B. 主軸式編碼裡的抽樣關係及歧異性抽樣（Relational & Variational Sampling）：主軸式編碼的目的，是把開放性抽樣及譯碼所發現的範疇及其副範疇更明確的聯合到一起，並在其間尋找變異過程的證據。此階段的關係及歧異性抽樣，可以是有系統或特意安排下的抽樣，抽樣的目的是想擴大在面向層次上發現到的差異。

      C. 選擇式編碼裡的抽樣區別性抽樣（Discriminate Sampling）：選擇式編碼的目標在於把資料裡的範疇，依面向層次統合成一個理論，因

此抽樣是有方向且明確的區別性抽樣，精心選擇所要抽樣的人及事，以便驗證、補強未發展成熟的範疇或是範疇間的關係。此階段重點在於驗證。

3. 資料蒐集的「理論性飽和（Theoretical Saturation）」
   (1) 抽樣達理論性飽和的重要性
       A. 至於抽樣來蒐集資料要到何時才停止呢？就紮根理論研究來說，抽樣的工作要一直做到範疇裡的資料達到「理論性飽和」為止。就紮根理論而言，理論性的飽和是極端重要的，不然我們的理論便不會完備。
       B. 值得注意的是，資料的蒐集不只是開始於系統的觀察或訪問，而是研究者在日常生活中即培養出對研究題目的觸覺，在日常生活中就已非正式的注意、比較與思考，亦即提升「增進理論觸覺的技巧」。
   (2) 抽樣達到理論性飽和的要件
       A. 關於某一個範疇，再也沒有新的或有關的資料出現。
       B. 資料裡的範疇已發展得十分豐厚，在典範上的各部分都能緊密的連結，有過程和變異性。
       C. 範疇間的關係都能妥當的建立，並且驗證屬實。

增進理論觸覺的作法（Struass 與 Corbin 提出）

- 問問題：藉由問問題來刺激思考找出可能的範疇、性質與面向。
- 利用字眼、片語、句子來問問題，不一定要用整段文字來問問題。
- 經由比較作更多分析：
  (1) 丟銅板技術（The Flip-Flop Technique）：極端的反例來刺激思考。
  (2) 對兩個或以上的現象作系統的比較。
  (3) 極遠比較（Far-Out Comparisons）：與研究領域中極遠的例子來做比較。
- 搖紅旗（Waving the Red Flag）：當我們看到「一直是」、「每個人都知道是那回事」、「沒討論的必要」這種視任何事為理所當然的詞語時，得要趕緊在心裡面搖紅旗以作為警示。因為大家承襲相同的文化傳統，會有相同的盲點，一旦不再質疑，很可能就關上了了解真相的窗。

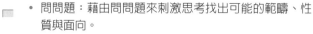

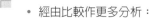

（四）資料的分析

並非所有的質性研究都用固定的資料譯碼系統，但在紮根理論研究中，Strauss 與 Corbin 對資料編碼（Coding）發展了一組分析程序來協助研究者建立理論。紮根理論中的譯碼是指把蒐集到的資料打散、加以概念化（Conceptualized），再以新的方式將資料重新放在一起的操作化的過程。這一組程序是由「開放式編碼」（Open Coding）、「主軸式編碼」（Axial Coding）、「選擇式編碼」（Selecting Coding）所組成，而這三種分析程序之間的界線是人為的，為了使紮根理論研究能達到其目標，分析過程中就必須不斷保持創造性、嚴謹、持續性、理論觸覺（Theoretical Sensitivity）四者之間的平衡。

（五）摘記的撰寫及圖表的繪製

1. 紮根理論研究中所提到的「摘記與圖表」 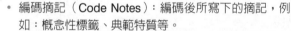，指的是「含有分析結果的書寫形式」。譯碼可以視為分解資料，寫摘記則是開始綜合。

2. 「摘記」（Memos）（亦稱為「備忘錄」）：指的是我們對資料抽象思考後的文字紀錄。摘記的內容有研究者對所蒐集到資料的回應，研究者對資料的理論性了解、解釋，研究者對下一步應該採取的思路過程，以及研究中各階段的研究設計，這些都是摘記的內容。而「圖表」和摘記不同的是，圖表（Diagrams）是把分析後資料裡面概念間的關係用一種視覺的形式、圖形來加以呈現。

「摘記與圖表」之類型

- 編碼摘記（Code Notes）：編碼後所寫下的摘記，例如：概念性標籤、典範特質等。

- 理論性摘記（Theoretical Notes）：建構理論時寫的理論性摘記，具有激發理論觸覺功能及濃縮理論思考成果的功能。是研究者經過歸納與演繹思考後，對資料中可能蒙發的範疇、性質、面向彼此間的關係、岐異性、過程的思考成果。

- 操作性摘記（Operational Notes）：思考研究程序時寫的摘記。用來提醒研究者下一步該做怎樣的抽樣、該問的問題、可做的比較及後續追蹤的方向所用的文件。

- 邏輯圖表（Logic Diagrams）：以視覺方式呈現研究者思考範疇間關係演進的圖表，可以幫助研究者確認範疇間相互關係。

- 統合性圖表（Integrative Diagrams）：用視覺方式呈獻研究者的分析思考。統合性圖表的形式不拘泥於譯碼的架構，而是開放性的，能夠刺激更多的想像思考空間。在研究告一段落時，圖表可以交代理論中複雜的關係。

五、紮根理論研究法的貢獻與批評（限制）

（一）紮根理論研究法的貢獻

1. 它啓示學者如果要知道社會世界如何眞正運作，應該離開學院一陣子到實際的世界裡去。

2. 它強調根植於現實社會世界的理論對任何學科的發展都大有助益。

3. 它認爲社會世界裡事件的發生、進行以及我們的經驗，都是在不斷地萌生中。

4. 它主張住在此一社會世界裡的人實際地締造了這個世界。

5. 它強調學者研究此一社會世界時，要注重變遷與過程、社會生活的多樣性與複雜性以及條件、意義與行動間的彼此關係。

（二）紮根理論研究法的批評（限制）

1. Hammersley 指出，在實地工作時，研究者每天須面對大量的新資料，很難立即著手整理以建構下一階段的理論；在研究情境的壓力下，通常只允許研究者發展「概念」，很難眞正達到一種「理論的地步」。

2. Turner 更嚴苛的指出，紮根理論的方法長期以來，只被當作一包裝工具，方便人們用以宣稱「質化分析」來進行個人各取所需的雜亂研究。

3. Pandit 指出使用紮根理論研究方法建立紮根理論會遇到的問題：
   (1) 紮根理論通常耗費較長的時間。
   (2) 因爲紮根理論缺乏對問題的陳述，所以會有很長一段時間處於模糊及不確定階段。
   (3) 資料蒐集常常不完整。
   (4) 資料蒐集耗費昂貴。
   (5) 紮根理論研究方法技術較爲艱深，需要有經驗的研究者才能建構較完整的理論。

（三）紮根理論研究的評估標準

1. 從研究過程中來評估
   (1) 準則一：如何選擇起初的樣本？用什麼作基礎？
   (2) 準則二：研究過程中出現了哪些重要的範疇？

(3) 準則三：哪些事件、事故、行動……等（作爲指標），作爲指涉一些重要範疇的基礎？

(4) 準則四：理論性抽樣的基礎是哪些範疇？也就是在研究過程中所形成的理論，如何引導部分資料蒐集？做完理論性抽樣之後，如何引導部分資料蒐集？以及這些範疇的代表性如何？

(5) 準則五：哪些假設攸關概念間（也就是範疇間）的關係？這些假設建構及驗證的基礎何在？

(6) 準則六：有無假設與實際狀況並不符合的例子出現？如何解釋？這種異例會不會影響假設？

(7) 準則七：核心範疇是如何並爲什麼被選上的？在此項選擇是突然的抑止或漸近的？難或易？是在怎樣的基礎上做成最後的分析決定？

2. 從研究結果的經驗性基礎

(1) 標準一：概念是萌生出來的嗎？

(2) 標準二：概念間彼此有系統性關聯嗎？

(3) 標準三：在紮根理論研究的作品中，是否有許多概念間的連結？範疇是否妥善地發展？概念聯繫與範疇是否已達到概念上的稠密？

(4) 標準四：理論裡含涉許多歧異性嗎？

(5) 標準五：會影響所研究現象的大環境條件，是否納入紮根理論作品的解釋裡？

(6) 標準六：有無將過程列入考慮？

(7) 標準七：理論發現顯著嗎？顯著到什麼程度？

（四）紮根理論與其他質化方法之差異

1. 紮根理論主張研究者在詮釋角色上的責任，他不只是報導或描述被研究主體的觀點，且要具有理論的分析性。

2. 紮根理論強調植基於現實資料的蒐集與分析之持續的互動，而達成的理論。資料之蒐集分析及理論處於相互影響的關係，研究並非由一理論開始，再驗證，而是由一研究的現象領域開始，理論再緩慢形成。

3. 強調概念的豐富性（Conceptual Density）。

4. 「不斷的比較」這個策略也使得紮根理論更具效力與影響力。

 練功坊

Q 何謂紮根理論（Ground Theory）？請說明其意涵。

A _____

紮根理論的意涵：

（一）紮根理論（Grounded Theory）是「一個使用一組有系統的程序，而發展出關於某個現象的以歸納方法得出理論的一種質化研究方法」。紮根理論是建構於一個忠於證據的理論，它也是發現新理論的方法。靠這個方法，研究者帶著一個學習相同處的心態來比較不相近的現象。研究者視微觀層次的事件為某個較為鉅觀解釋的基礎。紮根理論與比較實證的理論，共享數個共同的目標，它尋求可與證據相合的理論、精確與嚴謹的理論，以及能夠複製與通則化的理論，紮根理論研究取向藉由社會制度的比較，來尋求同通則性。

（二）紮根理論的目的在建立理論，應用一系列的「方法」（Method）來蒐集與分析資料，觀察與訪談是常用來蒐集資料的方法，而 Strauss 和 Corbin 認為分析資料的程序包括開放式編碼（Open Coding）、主軸式編碼（Axial Coding）和主題編碼（Selective Coding）等過程。

★（　）質性資料的編碼程序通常是：
　　　(A) 開放式編碼→主軸式編碼→選擇式編碼
　　　(B) 選擇式編碼→開放式編碼→主軸式編碼
　　　(C) 主軸式編碼→選擇式編碼→開放式編碼
　　　(D) 開放式編碼→選擇式編碼→主軸式編碼

解析 _____

A。質性資料的編碼程序通常為開放式編碼→主軸式編碼→選擇式編碼。

★（　）紮根理論（Grounded Theory）始於：
　　　(A) 觀察　　　　(B) 模式　　　　(C) 理論　　　　(D) 假設

解析 _____

A。紮根理論受符號互動論的影響，始於觀察，其應用一系列的「方法」（Method）來蒐集與分析資料，觀察與訪談是常用來蒐集資料的方法。

重點 *3* 深度訪談法、焦點團體訪談法

一、深度訪談法

（一）深度訪談法的意義

1. 「訪談」是針對特定的目的（主要目的為蒐集資料）所進行的面對面、口語與非口語的溝通模式。質性研究的訪談是一種有目的談話過程，研究者透過訪談，可進一步了解受訪者對問題的認知、看法、感受和意見。

2. 質性研究的訪談與助人專業的會談之區別，質性訪談只著重在蒐集資料，不作處遇，因此特別強調傾聽，而助人專業的會談，目的則在於協助案主解決問題與困難，除了傾聽，有時還要給予案主明確的建議等。

（二）深度訪談法的特色

1. 是有目的雙向交流（談話）過程。

2. 研究者與受訪者之間是一種平等的互動關係：質性研究的訪談工作大多是在一種自然情境中進行，同時與受訪者的關係是建立在一種平等的基礎上。

3. 進行的方式是有彈性的：質性研究的訪談工作非常重視彈性原則，強調研究者在整個訪談過程中，必須根據訪談的實際狀況，對訪談的問題、形式或地點做彈性調整。

4. 研究者需要積極地傾聽：當研究者透過訪談方式來進行資料蒐集的過程，「聽」就比「說」來得更為重要。傾聽不只是聽受訪者說了什麼，更重要的是使研究者（訪問者）能夠積極地融入受訪者的經驗中，感同身受同理受訪者的感覺。

（三）深度訪談法的類型

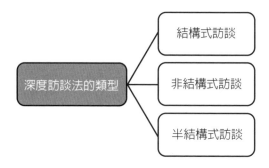

深度訪談法的類型
- 結構式訪談
- 非結構式訪談
- 半結構式訪談

1. 結構式訪談
   (1) 「結構式訪談」（Structured Interview）又稱為「標準化訪談」（Standardized Interview）、「封閉式訪談」（Closed Interview）或「正式訪談」（Formal Interview）。
   (2) 結構式訪談是指研究者在訪談過程中，運用一系列預先設定好的結構式問題（順序亦不能改），進行資料蒐集的工作。
   (3) 優點：不同受訪者所接受到的問題大體上都是相同的，因此可以降低可能的偏誤。
   (4) 缺點：缺乏彈性，因此對於某些受訪者的狀況可能不易深入。

2. 非結構式訪談
   (1) 「非結構式訪談」（Unstructured Interviews）又稱為「非標準化訪談」（Un-Standardized Interviews）、「開放式訪談」（Open Interviews）與「非正式訪談」（Informal Interview）。
   (2) 非結構式訪談是指研究者在進行訪談的過程中，毋需預先設計一套標準化的訪談大綱作為訪談的引導指南，而是隨著受訪者的談話內容，自然而深入地與受訪者溝通對談。
   (3) 會選擇採用非結構式訪談的時機，通常是因為研究者對於受訪者的一些基本資料、關心的問題與思考問題的方式，仍掌握不清，因此採用非結構式訪談作為一種初步蒐集資料的方法（類似探索性研究），爾後再結合其他研究方法，俾更進一步深入了解與受訪者相關的行為、事件、現象與其背後的意義。

3. 半結構式訪談
   (1) 「半結構式訪談」（Semi-Structured Interviews）又稱為「半標準化訪談」（Semi-Standardized Interviews）或「引導式訪談」（Guided Interviews）。

(2) 半結構式訪談是介於結構式與非結構式訪談之間的一種資料蒐集方式，研究者在訪談進行之前，必須根據研究的問題與目的，設計訪談的大綱，作爲訪談的指引方針。

（四）深度訪談進行前的準備工作

1. 決定訪談的類型與對象
   (1) 質性研究的受訪對象通常都是由立意取樣（Purposive Sampling）的方式來獲得。不過即便是採用立意取樣而非隨機取樣，可是取樣的原則仍是強調樣本的代表性與可獲得資料的豐富性，因此對母群體基本資料的掌握就顯得非常重要。
   (2) 此外，若要滿足資料的豐富性原則，則要儘量選取合乎取樣比例條件且口才與表達能力較佳者，如此才能在有限的時間與取樣對象中，獲得最豐富且滿足研究需求和目的資訊。

2. 確定訪談的時間和地點：訪談的時間和地點應該以受訪者的方便爲主。因爲這樣作一方面可以表示對受訪者的尊重，而另一方面也是爲了使受訪者在自己選擇的時間和地點裡可以感到輕鬆、自在，而能夠放開心胸、暢所欲言。

3. 發展訪談大綱
   (1) 訪談大綱的設計是深度訪談過程中非常重要的一環，因爲透過訪談大綱所建構的問題，就是研究者欲蒐集受訪者資料的工具；因此訪談大綱設計的良好與否，直接關係到研究目的是否能達成。
   (2) 發展訪談大綱的步驟
      A. 從文獻回顧與實務經驗中，逐步發展出訪談的範疇。
      B. 根據訪談範疇，逐步發展出訪談的問題系列。
      C. 當訪談的問題大致確定之後，研究者必須進一步思考訪談問題的次序、內容、句型、用詞與語氣等問題。
         (A) 研究者必須依據受訪者的社會文化背景、教育程度，甚至年齡等因素，作爲建構與修改問題的依據。訪談過程中提問題的順序很明顯的會影響到資料蒐集的結果。一般來說，溫和的或沒有威脅性的問題都會被安排在訪問之初。
         (B) 訪談問題的內容要儘量簡短與直接，對於問句的用詞或語氣應儘量和緩，以降低可能引起受訪者防衛或敵意的結果。
         (C) 到達訪談場所之前，研究者更需要再一次檢查訪談所需的設備。

（五）深度訪談資料的分析與詮釋程序七步驟（Kvale 提出）

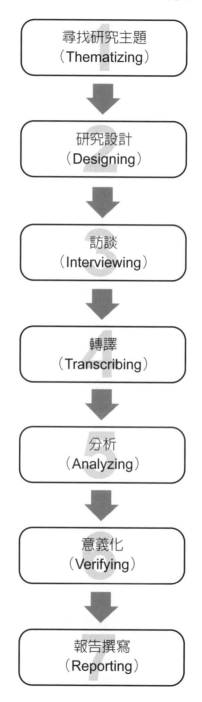

尋找研究主題
（Thematizing）

研究設計
（Designing）

訪談
（Interviewing）

轉譯
（Transcribing）

分析
（Analyzing）

意義化
（Verifying）

報告撰寫
（Reporting）

二、焦點團體訪談法

（一）焦點團體訪談法之意義

把研究對象帶進研究室裡，進行團體性的觀察和訪談的方法之一就是「焦點團體訪談法」（Focusing Group Interviewing Method）又稱為「焦點團體法」（Focusing Group Method）或「焦點訪談法」（Focused Interview Method）。焦點團體是以結構、半結構或非結構式的訪談為基礎，讓訪談者可以有系統地同時訪談好幾個人。

（二）焦點團體訪談法的特性

1. 焦點團體訪談法的團體是由非正式的團體成員所組成的；一般來說，成員間都具有相當高的同質性（因為如此方能在有限的時間內分享彼此經驗與看法並達成共識）。

2. 在團體中，主持人（不一定是研究者本人）的角色主要是要求並引導參與團體的成員，針對預先設定的議題，表達其個人的觀點與意見，而從團體互動過程中，激盪出團體成員的主觀經驗與看法。

3. 通常焦點團體訪談法的團體，都是由八到十二人不等的成員組合而成，進行約一至二小時的互動式討論。

4. 基本上，焦點團體訪談法在團體中所討論的內容，不容易產生量化的資訊；此外，因為不同團體成員會激盪出不一樣的「火花」，因此即便是同一個人針對同樣的議題，當他身處不同團體時，也有可能表達出不同的意見或看法，因此焦點團體訪談法的研究結果，其外在效度就受到很大的限制。

（三）焦點團體訪談法與深度訪談法之比較

1. 深度訪談法是研究者運用訪談的技巧，與一位受訪者，透過面對面的方式來進行訪談工作；而焦點團體訪談法卻是研究者運用訪談的技巧，同時與數位團體成員，透過團體的互動過程，來達到資料蒐集的目的。

2. 相同點：都是運用訪談的技巧來蒐集資料（包括語言與非語言的資料）；而相異點：焦點團體訪談法可以在短時間之內，針對焦點議題，蒐集到大量（相較於深度訪談法）的資料，在效率上是優於深度訪談法的，這是焦點團

體訪談法的優點所在。可是焦點團體成員之間的互動與討論情境，和自然情境之間的差距甚大，加以討論方向是由研究者來設計和操控，以及不同團體成員間會激盪出不一樣的意見內容，都使得焦點團體訪談法的研究結果呈現出一定程度的不確定性與低外在效度，這些都是焦點團體訪談法的缺點。

（四）焦點團體參與人員之選擇

1. 焦點團體的參與者不可能透過機率抽樣技術挑選出來，他們大多是依據討論主題立意抽樣出來的。

2. 舉例：如果有一個社區要討論對於社區內機構所提供的新方案的滿意度，像是社區機構提供兒童老人日間托育照顧服務，那一定得找有用過此項服務就是家裡有老人和小孩且願意參加，也使用過，並且願意分享討論此項新方案的居民。

（五）焦點團體訪談法的適用情境

焦點團體訪談法適用時機是：當研究者想透過團體互動與討論的過程來了解團體成員對某一現象或議題的看法時適用。

（六）焦點團體訪談法不適用時機

1. 當團體成員之間有明顯的意見衝突時，研究者不可以將焦點團體訪談法視為解決團體成員之間衝突的手段，或作為改變團體成員態度之策略。

2. 當研究的議題較為敏感或是會涉及到個人的隱私時，研究者更不可以運用焦點團體訪談法，作為討論個人隱私或敏感議題之策略。

3. 當研究議題的討論可能超出參與成員的實際生活經驗時，參與者根本無法透過團體的互動過程提供充分的資訊，當然也就不適合運用焦點團體訪談法。

（七）焦點團體訪談法的團體類型

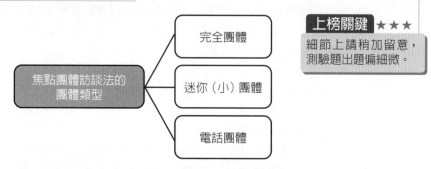

1. 完全團體：完全團體由8到12位不等的成員組成。每一次焦點團體約持續60到120分鐘。

2. 迷你（小）團體：迷你團體與完全團體最大的差異在於：迷你團體的成員數僅有4到6人左右（優點是成員有充分的時間表達意見）。

3. 電話團體：電話團體是指焦點團體訪談法的進行，不是透過面對面的方式，而是透過電話來達到溝通的目的。

（八）焦點團體訪談法的實施階段（步驟）與注意事項

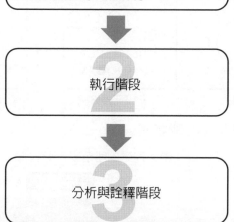

1. 準備階段

   (1) 形成清楚明確的研究問題，並據以發展出焦點團體訪談大綱：焦點團體的訪談大綱也是焦點團體進行的引子與潤滑劑，而其設計的原則與深度訪談的訪談大綱亦相同。

   (2) 找尋適當的主持人：由於焦點團體主持人的素質，關係著資料蒐集的品質與研究成效，所以在實施焦點團體之前，必須找尋適當的主持人，並有紀錄及助理人員。

   (3) 篩選團體的參與成員

      A. 選擇同質性、相容性與互補性（資料的豐富性）高的成員加入。

      B. 考量「涵蓋層面」、「經費」與「時間」等等因素，來決定團體參與成員的數目與數量。一個團體的人數通常會設定在4至12人之間；至於團體的數量則需考量團體成員在個人背景和問題角度的同質性大小，一般以3至8個為原則。

      C. 如果討論的議題只適合在熟人當中表達（私密性較高），則團體成員應全部以熟人來參與，否則仍應以不相識者為佳。此外，儘量不要混合熟人與陌生人在同一個團體中，如此會形成小圈圈，訪談進行會更為複雜。

   (4) 決定團體的次數與時間長度：次數的多寡並無一定準則，如果研究者是以焦點團體訪談為研究的唯一資料蒐集方式，至少須進行4至5次的焦點團體訪談才能達到資料飽和。至於團體進行的時間長度，還是以1至2小時為佳。

   (5) 安排團體討論的情境

      A. 選擇輕鬆舒適的團體進行地點。

      B. 座位安排：座位安排的考量重點是讓團體成員能夠透過面對面的方式進行溝通討論。

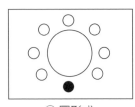
① 圓形式

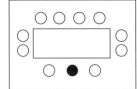
② 長條式

③ 半圓式／U型／ㄇ型（內排不坐人）

●：團體主持人 ○：團體成員

圖：理想的座位安排形式。

上榜關鍵 ★★★
請把理想的座位安排形式記熟，測驗有出題紀錄；相對應為不理想的座位安排形式。

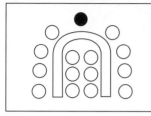
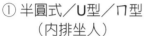
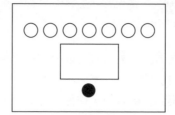
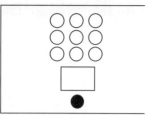

① 半圓式／U型／ㄇ型　　② 一字排開式　　　　③ 課堂式
　　（內排坐人）

●：團體主持人　　○：團體成員

圖：不理想的座位安排形式

　　C. 準備錄音／錄影設備：錄音設備的安置應盡量避免對參與者造成干擾，
　　　 且應進一步徵求參與成員的同意後，才可以進行錄音／錄影的工作。

2. 執行階段
　　(1) 焦點團體進行的過程中，主持人首要任務就是建立團體參與者彼此間
　　　　的互信與對主持人的信賴關係。在步驟上，主持人應先向所有參與者
　　　　說明研究的目的為何、參與者名單如何產生、團體討論所蒐集到的資
　　　　料將如何運用，以及絕對會遵守保密原則等。接下來就要請成員作簡
　　　　單的自我介紹，或是由主持人來介紹成員，這一步驟的重點是使參與
　　　　者彼此都能相互認識。
　　(2) 主持人在團體討論與互動過程中，應先由輕鬆簡單的話題開始，再導
　　　　入較為困難的問題。同時必須透過不斷地鼓勵，激勵參與者針對議題
　　　　討論與回應，特別是對於可能受到壓抑而較少發言的成員。至於若討
　　　　論過程出現一些術語，則主持人應先加以界定，使得參與者的討論都
　　　　有共同的知識基礎。
　　(3) 若團體成員反問主持人問題，如果只是在澄清研究的目的，主持人可
　　　　直接回答；但如果這些問題是一種避免表達自身感受的轉移注意力策
　　　　略，則主持人應運用技巧，例如：重述、澄清受訪者的感受，或反問
　　　　其他成員，以引導討論。

3. 分析與詮釋階段：焦點團體訪談法與其他質性研究之資料分析方法大同小
　　異，也就是說可以作摘要式（Summary）分析與系統登錄後進行內容分析
　　（Content Analysis）。分析的步驟通常是先詳細檢視一兩個團體的轉錄資
　　料，同時參考訪談大綱，然後據此發展出假設和分類架構。

（九）焦點團體訪談法優缺點

1. 優點
    (1) 可以透過參與者的互動，獲得較眞切的資料。
    (2) 所獲得的資料易於了解，不必再經詮釋。
    (3) 可以快速蒐集到相關資料，並做立即處理。
    (4) 具有彈性，可以反覆探詢想要獲得的資訊。

2. 缺點
    (1) 代表性較受限制，外在效度較差。
    (2) 較難作因果推論，內在效度也不好。
    (3) 易受某一操控型的參與者引導偏向某一種答案。
    (4) 由於是開放性問題，因此有時很難詮釋參與者的答案。

 練功坊

Q 請說明質性研究方法中常用的焦點團體（Focus Group）適用之研究情境與組成方式。

A _____

(一) 焦點團體之適用情境：「焦點團體訪談法」（Focusing Group Interviewing Method）又稱為「焦點團體法」（Focusing Group Method）或「焦點訪談法」（Focused Interview Method）。焦點團體訪談法的適用情境是：當研究者想透過團體互動與討論的過程，來了解團體成員對某一現象、議題的看法時適用。

(二) 焦點團體之組成方式：焦點團體訪談法的團體是由非正式的團體成員所組成的，成員間都具有相當高的同質性（因為如此方能在有限的時間內分享彼此經驗與看法並達成共識）；在團體中，主持人的角色主要是要求並引導參與團體的成員，針對預先設定的議題，表達其個人的觀點與意見，而從團體互動過程中，激盪出團體成員的主觀經驗與看法。通常焦點團體訪談法的團體，都是由8到12人不等的成員組合而成，進行約1至2小時的互動式討論。

★（ ） 爲了想要了解社區居民對於社會工作機構在社區中所推出之新的服務方案的反應，焦點團體法是常被採用的方法。請問，下列何者並非焦點團體法的特性：
(A) 它是有效了解社區需求或社區居民反應之一種迅速而低成本的方法
(B) 爲了邀請具有代表性的成員參加焦點團體，研究者通常採取隨機抽樣法決定邀請對象
(C) 焦點團體法的資料蒐集過程富於彈性
(D) 焦點團體中的團體動力，往往可幫助研究者蒐集到未預想到的資料

解析 _____

B。焦點團體的成員係採用立意選樣的方式進行邀請。

重點便利貼

❶ 常見的質性研究方法有：深度訪談法、焦點團體法、行動研究法、參與觀察法與德菲法等。

❷ 量化與質性研究方法的差異比較面向：A. 基本假定的差異；B. 理論背景邏輯上的差異；C. 目標上的差異；D. 觀念上的差異；E. 語言形式上的差異；F. 研究方法上的差異；G. 研究資料特質的差異 ；H. 適用條件的差異。

❸ 質性研究法的適用條件：A. 進入一個很不熟悉的社會系統時較為適用；B. 在一個不具控制和正式權威的情境中，較為適用；C. 當低度的觀念概化和學說建構的背景下，質性法最適合；D. 適用於描述複雜的社會現象，需要案主的主觀理念，以及實際參與者客觀印象的表現時；E. 適於定義一個新概念和形成新的假設。

❹ 質性研究法的資料蒐集技巧：非結構式的直接觀察、會談。

❺ 質化資料的分析方法：連續逼近法、彰顯法、分析性比較。

❻ 紮根理論（Grounded Theory），亦稱為「有根基的理論」，是「一個使用一組有系統的程序，而發展出關於某個現象以歸納方法得出理論的一種質化研究方法」。

❼ 紮根理論是建構於一個忠於證據的理論，它也是發現新理論的方法。靠這個方法，研究者帶著一個學習相同處的心態來比較不相近的現象。

❽ Strauss 對紮根理論的定義是：紮根理論方法論的出現，在質化資料上是朝向發展一個理論，無需要委託任何特別的資料及研究的管道。

❾ 理論觸覺：理論觸覺指的是研究者本身的一種人格特質，一種能察覺到資料中意義精妙之處，有能力去賦予資料意義，能了解、區分相關與不相關的事物並有洞察力，是研究者在面對資料時所展現出來的一種概念化能力，理論觸覺能幫助我們發展出紮根的、濃密的、統合良好的理論。

❿ 開放式編碼：藉著仔細檢驗而為現象取名字或加以分類的分析工作。經過這個基礎步驟，我們才能將資料分解為一個個的單位，仔細檢視，比較其間的異同，並提出問題；經過此一步驟，我們才能針對研究者或別人的假設，提出質疑、探索，並進一步導出新發現。

⓫ 開放式編碼：是所有譯碼形式的基礎，因此，經由深度訪談、參與觀察等方式蒐集到資料後，便可以針對原始資料進行開放式編碼。開放式編碼是利用問問題和比較分析來發展概念的。

⓬ 主軸式編碼：在做完開放式編碼之後，研究者藉一種譯碼典範（藉所分析之現象的條件、脈絡、行動／互動的策略與結果），聯繫範疇與其副範疇，而把資料做重新的整合，好好發展主要範疇，即是「主軸式編碼」。副範疇所指的就是所觀察之現象的「條件、脈絡、行動／互動的策略與結果」，也就是與現象相關聯的部分。

⓭ 選擇式編碼：在研究者不斷浸淫於資料中，進行理論性思考、譯碼，以及書寫摘記的過程中，慢慢地就會發現核心範疇（Core Categories），選擇式編碼的工作就在於發展核心範疇。

⓮ 選擇式編碼的實施程序：A. 闡明故事線；B. 藉譯碼典範連接核心範疇和副範疇；C. 藉面向的層次把各個範疇連接起來；D. 用資料驗證上述範疇的關係；E. 繼續開發範疇等五個步驟。

⓯ 深度訪談法特色：是有目的雙向交流（談話）過程；研究者與受訪者之間是一種平等的互動關係；進行的方式是有彈性的；研究者需要積極地傾聽。

⑯ 深度訪談法的類型：結構式訪談、非結構式訪談、半結構式訪談。

⑰ 結構式訪談：是指研究者在訪談過程中，運用一系列預先設定好的結構式問題（順序亦不能改），進行資料蒐集的工作。

⑱ 非結構式訪談：是指研究者在進行訪談的過程中，毋需預先設計一套標準化的訪談大綱作為訪談的引導指南，而是隨著受訪者的談話內容，自然而深入地與受訪者溝通對談。

⑲ 半結構式訪談：是介於結構式與非結構式訪談之間的一種資料蒐集方式，研究者在訪談進行之前，必須根據研究的問題與目的，設計訪談的大綱，作為訪談的指引方針。

⑳ 焦點團體訪談法：把研究對象帶進研究室裡，進行團體性的觀察和訪談的方法。

㉑ 焦點團體是以結構、半結構或非結構式的訪談為基礎，讓訪談者可以有系統地同時訪談好幾個人。

㉒ 焦點團體訪談法的特性：團體是由非正式的團體成員所組成的；針對預先設定的議題，激盪出團體成員的主觀經驗與看法；8 到 12 人不等的成員組合而成，進行約 1 至 2 小時的互動式討論；焦點團體訪談法在團體中所討論的內容，不容易產生量化的資訊。

㉓ 焦點團體訪談法的類型：完全團體、迷你（小）團體、電話團體。

㉔ 理想的座位安排形式：圓形式、長條式、半圓式／∪型／冂型（內排不坐人）。

㉕ 不理想的座位安排形式：一字排開式、.課堂式、半圓式／∪型／冂型（內排坐人）。

擬真考場

申論題

請說明質性研究的優缺點。

選擇題

(　　) 1. 下列何種策略無法提高質性研究的嚴謹度？
　　　　(A) 延長涉入　　　　　　　　(B) 三角檢測
　　　　(C) 負面個案分析　　　　　　(D) 使用單一的編碼人員

(　　) 2. 質性研究的資料分析非常複雜，因為大家所採取的分析方法各有不同。但是最終的研究結果仍需自己完成，下列何者不是質性資料處理的方法？
　　　　(A) 操作化（Operationalization）　　(B) 編碼（Coding）
　　　　(C) 撰寫備忘錄（Memo）　　　　　　(D) 概念圖記（Concept Mapping）

(　　) 3. 就質性資料編碼過程而言，下列敘述何者不正確？
　　　　(A) 質性資料編碼過程，必須先確定一標準化的分析單位以便進行編碼
　　　　(B) 質性資料編碼的原則，要講究一致性
　　　　(C) 質性資料編碼，就是將個別片段資料加以分類或歸類，並使之能便於快速檢索
　　　　(D) 質性資料編碼過程，適合編碼的文本單位，會隨文本的不同而有所不同

解析

申論題：

質性研究的優缺點

（一）優點：

1. 理解的深度：質性研究特別適用於有關態度和行為的細微差異，以及探究長時間的社會過程。因此，此方法最大的優點在於質性研究容許深度的理解，不像某些量化方法可能被質疑「膚淺」，這項指控常常被提出來和量化研究對照。

2. 彈性：在質性研究中，可以在任何時候修正原先的研究設計。甚至每當情境出現，總是可以準備好致力於質性研究；但是你並不可能輕易開始一個調查或實驗。

3. 主觀性：質性研究儘管深入卻總是非常個人化，使用質性技術的研究者會意識到此議題並且費心力處理。不光是個別研究者常常能區辨出自己的偏誤和觀點，科學的社群特質也意謂著他們的同僚會在此方面提供協助。依據研究目的和研究者主客觀的典範，許多質性研究的主觀性特質和其他量化研究相比較時，會同時是優點也是缺點。

4. 以少數個案的豐富資料，促進我們對研究個案和情境的了解。

5. 縱貫式研究，可獲得完整的資料，亦即透過可由探索性研究中提煉各項建構適合的理論，做為未來量化研究的參考資料。

6. 透過觀察研究可發現非預期中的現象，亦即除表面的因果關係外，可發掘現象背後的意義與價值。

7. 質化研究可以透過研究了解存在中的事實本質，並且強調事實與過程的整體性，而非經由片面數據的片段分析。

8. 不論是研究者或受訪者，均不排斥人的主觀與直覺，並且認為研究中的主觀與直覺，是質化研究中一定會產生的，是其研究可貴之處。

9. 質化研究產生的結論，不同於量化要尋求答案的客觀性與絕對性，只要結論彼此之間是相關的即可，研究結論可因時間、空間之變動而改變並進一步討論。

（二）缺點：

1. 研究倫理爭議：涉及研究對象與隱私或敏感問題的處理較量化研究有爭議。

2. 研究人員訓練不足：由於質性研究多以觀察及訪談為主，所以訪員的觀察技術的訓練、敏銳與審慎的觀察力極為重要，但不易充分達成人員訓練。

3. 效度偏低：質性研究容易因觀察者的偏見、觀察者主動參與，易造成角色衝突與情感投入，降低資料效度

4. 耗費大量時間與金錢：質性研究因須參與觀察或深度訪談等，所花費之時間、人力均較量化研究為高。

5. 可概化性：可概化是質性研究的一個問題，會以三個形式出現：

   (1) 觀察和測量的個人化性質使得該研究者的研究結果，不必然由另一位獨立的研究者來複製。如果某部分觀察是依據特定觀察者，那麼該觀察比較可以用來當作洞見的來源，而非證據或真理。

   (2) 由於質性研究者對於他們的計畫有完整深入的觀點，因此能有非常廣泛的理解。然正因為非常廣泛，這種理解的可概化性就低於依據嚴謹抽樣和標準化工具的結果。

   (3) 即使觀察特定主題也會有概化性的問題。觀察團體成員得到第一手的資料，但不能確定他的「代表性」。

6. 受訪者原先願意接受訪談，之後表達不願意接受訪問。

7. 受訪者願意接受訪談，但是受訪者無法回答問題，或提供的資料趨於表面，或不願意回答關鍵性問題。

8. 質化紀錄整理不易：由於觀察或訪談內容冗長，量化不易，經常會有解釋困難及無法完備記錄之情形發生。

選擇題：

1. D 　使用單一的編碼人員容易因編碼人員的個人偏誤，致對研究效度造成影響；可採用多位編碼人員進行，但紮根理論研究方法技術較為艱深，需要有經驗的研究者才能建構較完整的理論。

2. A 把抽象的定義予以實體化，使之可以用測量的方式來衡量此概念時，即謂操作化，是量化研究的方式。

3. A 質性資料編碼過程，並無法事先確定一標準化的分析單位以便進行編碼，而係從零碎的逐字稿內容中，歸納整理出有意義的單位，同時反覆檢核、修正，讓主題與概念漸漸呈現出來，才逐步建立標準化分析單位。

Note.

第九章 CHAPTER 9
其他研究方法

命·題·趨·勢

110 年		111 年				112 年				113 年	
2申	2測	1申	1測	2申	2測	1申	1測	2申	2測	1申	1測
	5		6		5		3		4		3

本·章·架·構

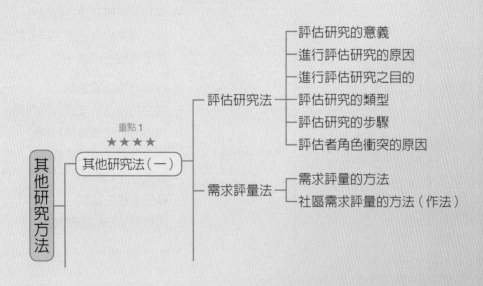

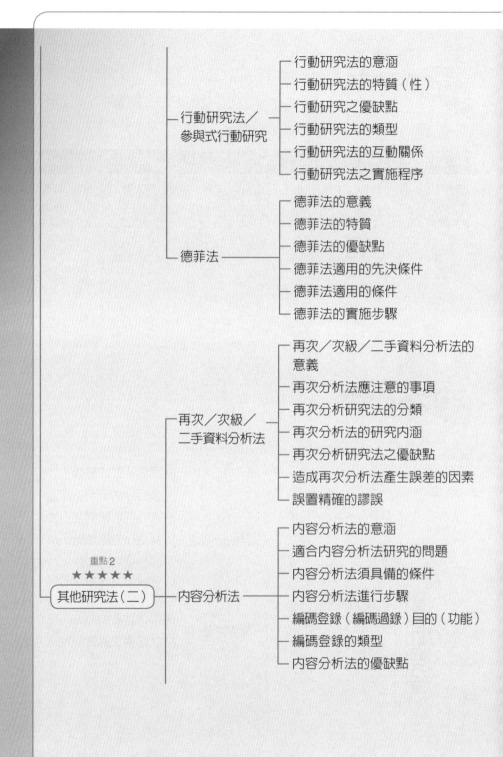

行動研究法／
參與式行動研究
- 行動研究法的意涵
- 行動研究法的特質（性）
- 行動研究之優缺點
- 行動研究法的類型
- 行動研究法的互動關係
- 行動研究法之實施程序

德菲法
- 德菲法的意義
- 德菲法的特質
- 德菲法的優缺點
- 德菲法適用的先決條件
- 德菲法適用的條件
- 德菲法的實施步驟

再次／次級／
二手資料分析法
- 再次／次級／二手資料分析法的意義
- 再次分析法應注意的事項
- 再次分析研究法的分類
- 再次分析法的研究內涵
- 再次分析研究法之優缺點
- 造成再次分析法產生誤差的因素
- 誤置精確的謬誤

重點2
★★★★★
其他研究法（二）

內容分析法
- 內容分析法的意涵
- 適合內容分析法研究的問題
- 內容分析法須具備的條件
- 內容分析法進行步驟
- 編碼登錄（編碼過錄）目的（功能）
- 編碼登錄的類型
- 內容分析法的優缺點

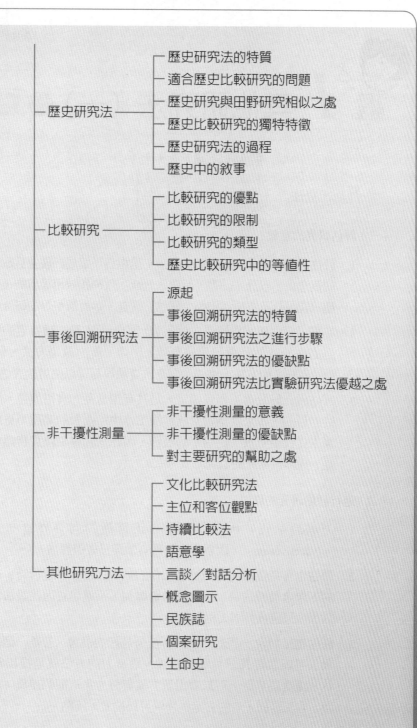

歴史研究法 ── 歴史研究法的特質
　　　　　── 適合歴史比較研究的問題
　　　　　── 歴史研究與田野研究相似之處
　　　　　── 歴史比較研究的獨特特徵
　　　　　── 歴史研究法的過程
　　　　　── 歴史中的敘事

比較研究 ── 比較研究的優點
　　　　　── 比較研究的限制
　　　　　── 比較研究的類型
　　　　　── 歴史比較研究中的等值性

事後回溯研究法 ── 源起
　　　　　　　── 事後回溯研究法的特質
　　　　　　　── 事後回溯研究法之進行步驟
　　　　　　　── 事後回溯研究法的優缺點
　　　　　　　── 事後回溯研究法比實驗研究法優越之處

非干擾性測量 ── 非干擾性測量的意義
　　　　　　── 非干擾性測量的優缺點
　　　　　　── 對主要研究的幫助之處

其他研究方法 ── 文化比較研究法
　　　　　　── 主位和客位觀點
　　　　　　── 持續比較法
　　　　　　── 語意學
　　　　　　── 言談／對話分析
　　　　　　── 概念圖示
　　　　　　── 民族誌
　　　　　　── 個案研究
　　　　　　── 生命史

重點 其他研究法（一）

一、評估研究法

上榜關鍵 ★★★★
評估研究的意涵，以及其目的，為必須建立的重要觀念。

（一）評估研究的意義

1. 評估研究（Evaluation Research），是指為了達成評鑑並且改進人群服務方案的概念化、設計、計畫、行政、效能、效率和效用等目的，而綜合採用的各種研究設計及方法（例如：實驗、調查、參與觀察等的研究類型稱之）。

2. 亦即，評估研究指的是一個研究目的，而不是一種特定的研究方法。這個目的在於評估社會干預的影響。例如，新的教學方式、假釋條件的創新等。有許多的方法，例如：調查、實驗等都可以使用於評估研究中。

3. 評估研究於社會工作者而言，是具有相當高的實用價值，因為社會工作研究的目的，本來就是希望能解決工作中所面對的問題，更進一步期望能對案主提供更有效、更適切的服務，因此在社會工作實務領域中，評估研究是一種非常常見的研究方式。

（二）進行評估研究的原因

1. 方案評估後，執行者可以名正言順的向外界宣布方案的有效性（Effectiveness），因為方案是否有效業已經過評估。

2. 評估也可以促使同仁們提高工作的效率，當任務進行時，若當事者知道他的工作會被評估時，固然壓力會增加，不過也會因此設法增進本身的工作效率，以免會與別人相形見絀。

3. 評估也是展現一個新方案與新技術最好的機會。若是一個新案要提出，在眾人可能質疑甚或挑戰的時候，最有力的方法就是提出新方案的成果評估，讓質疑者馬上可以看出新方案與舊方案之間的差異，若評估的過程嚴謹、方法客觀，新的方案很快就可以被眾人接納。

上榜關鍵 ★★★
請思考有哪些試題適合這些研究。

（三）進行評估研究之目的。

1. 基礎性研究：是爲了知識而追求知識的研究，旨在理解世界是如何運作的，想知道這種現象的實質所在。

2. 應用性研究：研究目的在於幫助人們了解問題的實質，以增進掌握自己所處環境之知識。

3. 總結性評估研究：主要是對方案、政策之有效性或成果做一全面性的評斷，以證明其理念本身是否確實有效，因而可以用來類推到其他狀況的可能性。總結性評估研究所追尋的是在某特定範圍或條件狀況下的類推。

4. 形成性評估研究：把焦點集中於特定的情境脈絡中，其目的在改進某一特定之方案、政策、人員或成果，研究主旨在「形成」其研究對象，其目的在於改進其研究情境內之效果。形成性評估研究是爲了特定對象人員，在其特定時間內所進行的特定活動，以尋求改進其行動效益的途徑。

5. 行動研究：行動研究是讓方案或組織的人員研究自己的問題，並設法去解決，因此，如何形成某種「行動」的研究目的，很明確的成爲評估過程中很重要的一部分。與形成性評估一樣，行動研究主要是研究特定時間中的特定方案，其結論一般不超越其特定環境之外。

（四）評估研究的類型。

（引自王雲東，《社會研究方法》）

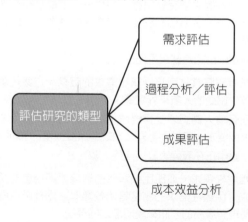

榜首提點

評估研究的四種類型，除以申論題形式準備外，各要點的內容，請同時加強測驗題的準備，尤其是 Bradshaw 的需求四分類的區辨。

1. 需求評估：研究的目標是以服務對象需求的種類或／且需求量爲重點時，此時的研究則爲需求評估研究。知 Bradshaw 的需求四分類包括規範需求（Normative Need）、感覺需求（Felt Need）、表現需求（Expressive Need）與

比較需求（Comparative Need）。學者均認為規範需求與感覺需求是需求分類或需求評估中最重要的兩種類型，分別代表著需求的客觀與主觀兩種成分。

Bradshaw 的需求四分類

需求類型	說明
1. 規範性需求（Normative Need）	■ 即專家學者所界定的需求，係依據現有之資料作為規劃之基礎。從類似的社區調查報告或專業人士的意見，均可用來研判標地的人口群為何，且一般是透過以比率（Ratio）的方式與現有資料之間做對照比較來表達需求的程度。如果實際的比率低於特定標準，就可以據以認定需求的存在。 ■ 例如：某社區可能需要的醫院或養護中心之床位數量（常以每千人需要幾床表示）。 ■ 優點：能使方案規劃者以較客觀的方式建立標的人口群。 ■ 限制：知識、技術、價值觀的改變，需求的程度也會隨之改變。
2. 感覺性需求（Perceived Need）	■ 即標的人口群透過想像與感受覺知的需求。人們透過想像和感受來覺知自己有何種需求。若以客觀標準而論，生活品質較高的人，可能比生活貧困的人會有更多的需求。因此，方案規劃者必須對服務對象的處境具有敏感度，同樣重要的是，也必須考慮以其他的需求觀點來詮釋此現象。 ■ 限制：感受性需求沒有絕對唯一的標準（不像規範性需求有一定的標準），亦即判別感受性需求的標準會有因人而異的現象。 ■ 例如：社區中自認為健康不佳的人數。
3. 表達性需求（Expressed Need）	■ 即有需求者實際嘗試或接受滿足需求的服務。方案規劃者以實際尋求協助的人數來界定需求。 ■ 優點：它著重人們將感受實際轉化成行動的情況，而未滿足的需求或要求，自然而然就成為規劃所要改變的標的。 ■ 例如：社區中正在等候家庭諮商的人數。
4. 比較性需求（Relative Need）	■ 亦稱為相對性需求。亦即比較類似的情境與服務差距所存在的需求。比較性需求的測量是比較類似之兩社區或兩地理區域間現有服務的差距來說明需求的存在。 ■ 其分析必須同時考慮人口組成及社會問題形成方面的差異，不同於規範性需求的測量，最後提供的是一套絕對判定需求的標準，比較性需求關注的是對等性、公正性的議題。 ■ 例如：與乙社區相較，甲社區中已安置於庇護所的遊民比例。

2. 過程分析／評估：「過程分析／評估」（Process Evaluation）是指：「檢查並測量自變項進行的每個步驟與細節，是如何的造成相關因素的變化。」

3. 成果評估
   (1) 成果評估，又名成效評估或效果評估（Outcome Evaluation）。研究者／方案執行者可以很明確地了解到這個方案究竟有沒有效，以及是否達到原來預定的方案目標。
   (2) 好的成果評估具備的元素
      A. 適切的研究設計或研究規劃：成果評估最理想的研究設計方式是眞實設計，因爲透過實驗組與對照組（控制組）在同時間卻不同方案情境的安排下，可以準確地了解兩組之間的差異確實是不同方案安排所造成的，這樣作法所得到的結論也應會有最佳的內在效度。
      B. 具備良好信效度的測量工具（問卷或量表）：評估研究是一種取向而不是單一的研究方法；因此不管最後決定採用哪一（幾）種方法來作評估，良好信效度的測量工具都是不可或缺的。
      C. 觀察仔細且具備良好分析能力的研究者：工作者於每單元結束之後的檢討會討論個別案主情形，並配合相關資料了解參加團體之婦女的需求是否被滿足。而藉由以上這些多種資料來源、信效度兼備的質性與量化資料，對於本方案是否達成預期目標自然就可得到明確的答案了。
   (3) 缺點：對量化資料的分析與判斷方面，似乎不宜完全採用干預前與干預後之差異是否達到「顯著」的觀點來評斷是否確實達成預期目標，需要用經驗值或複製才能確認。評估的研究對象往往不是用隨機取樣的方式獲得，加上在考量專業倫理的前提下，若被評估對象有拒答的狀況，則研究者在樣本減少或流失的情況下，將益發顯得研究結果的解釋與推論受到限制。

4. 成本效益分析
   (1) 成本效益分析／效率評估（Efficiency Evaluation）主要是從方案的社會淨效益（Social Net Benefit，也就是社會總效益減去社會總成本）觀點來看方案實施是否值得（針對已完成的方案），或預估究竟要採用哪一個備選方案（針對尚未實施的方案）。
   (2) 成本效益分析與成果評估不同，成本效益分析是要同時考量投入與產出，而成果評估只要看方案是否達成了預期目標，至於付出了多少「代價」，則不在考慮之列。

(3) 缺點

　　A. 對於若干非貨幣化的效益，不易將其量化或貨幣化（價格化），以至於無法列入淨效益的計算當中。

　　B. 成本效益分析往往無法採用真實驗設計的方式（現實客觀因素的限制），以至於往往缺乏比較組，同時研究對象也不易採隨機抽樣，因此研究結果的解釋與推論都有其限制（外在效度仍有改進空間）。

（五）評估研究的步驟

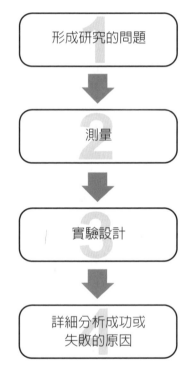

1. 形成研究的問題：評估性研究為某案已進行一段時間，為觀其效果，以便決定日後是否繼續進行，評估性研究的「問題敘述」便在這個環境中形成。

2. 測量

　(1) 確定所要測量的結果是什麼：必須先確定評估如何去測量？要測量什麼？一旦測量的重點有所不同，整個測量的對策也會有所差異。

　(2) 測量實驗的整個背景：測量不只是測量依變項的變化狀況，更應考慮到實驗的內在及外在背景，因為這些背景因素也會影響依變項。

　(3) 把干預（處遇）定義清楚：若是把樣本分成實驗組與控制組兩種，對實驗組施予干預後，將其結果和控制組的結果做比較，就算實驗組優

於控制組，是什麼因素造成這種差異更需研究者明察。說不定不是干預的效果，而是干預過程中的某種人為因素。

(4) 把其他的變項清楚交待：把干預的策略定義清楚，其他可能造成樣本改變的因素，也必須做好分析與說明。

3. 實驗設計：評估研究也可以界定為實驗研究。但是實驗研究可以分成很多類型，真實驗設計（True Experimental Design）、準實驗設計（Quasi-Experiment）兩大類。

4. 詳細分析成功或失敗的原因：評估研究的主要目標固然是對方案的執行做個總結，確定方案是否要繼續或是中止。更重要的是要找出為什麼成功以及為什麼失敗的確實原因。

（六）評估者角色衝突的原因

1. 每個人的觀點與價值系統都會有絕大的差異。因此，方案評估者應該有足夠的溝通技巧了解看法。評估者在立足點上應當站穩，應知道所為何，因此應該有說服別人的能力，更必須有接納別人看法的雅量。

2. 討論機構工作的質與量孰輕孰重時，千萬不要有眾人必須一致的企圖與動機，一牽涉到機構的質量問題，研究者彼此都會有看法不同的現象產生，彼此多了解是必要的，改變別人則大可不必。

3. 評估一完成，面對受評估者的失望或對評估結果的不可置信，要有相當的雅量去接納，了解什麼是必須堅持的，也知道什麼是無奈的。

榜首提點

需求評量的方法（作法）雖較偏向專技社工師的「社會工作管理」考科內容，但高普特考並無「社會工作管理」考科，所以在研究法命題，已有前例，請考生紮實準備，如再次於本考科出題，也無須訝異，因考生已有充足的準備。

二、需求評量法

（一）需求評量的方法

（引自高迪理譯，《服務方案之設計與管理》）

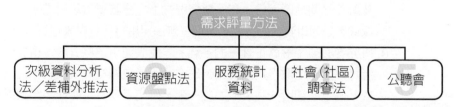

需求評量方法
- 次級資料分析法／差補外推法
- 資源盤點法
- 服務統計資料
- 社會（社區）調查法
- 公聽會

1. 次級資料分析法／差補外推法（Secondary Data Analysis）

  (1) 以現有的研究或統計資料進行推估：又稱爲次級資料分析。適用於規範性需求評量。

  (2) 資料來源包括：

    A. 官方定期調查資料：主計處、各主管機關的統計數據。

    B. 研究資料：學術研究資料、官方委託研究資料。

    C. 現有調查或研究資料推估：對於各類問題的發生率、普及率進行定期性的調查及統計，及運用現有資料推算預定標的對象（Target）之需求。

  (3) 使用此法推估需求時，需注意由於現有調查資料並不一定是針對標的區域或對象，因此使用現有資料推估時，必須考慮標的區域或對象與現有資料的差異性。例如：使用加權處理不同人口群之比率。

  (4) 使用此法推估需求時，需注意明確了解現有資料各變項及數據的操作性定義。例如：「失能」定義：檢測老人實際擁有的能力、詢問老人能否做些什麼事、沒有對錯，依照對於標的對象最具意義的定義來推估。

  (5) 優點

    A. 次級分析成本較爲低廉。

    B. 允許研究者橫跨不同的團體、國家或時間進行比較。

    C. 允許研究者提出一些原本的研究者所沒有考慮到的議題。例如：像是利用青少年的健康調查資料來研究宗教信仰等，以舊資料來回答新問題。

  (6) 限制

    A. 次級資料或者是現存的統計數據皆可能並不適合所研究的問題。在進行研究之前，研究者必須考量到資料中的單位（例如：人們或者是組織的類型等）、蒐集資料的時間與地點、使用的抽樣方法，以及在像是人口普查之類的資料中所涵蓋的特定議題或者是主題。例如：研究者要檢視美國境內存在於拉丁美洲人以及白人之間的種族緊張關係，但手上僅有的次級資料卻只包含了太平洋西北部地區以及新英格蘭地區而已。在此種情況之下，應該要重新考慮所研究問題或者是運用資料的方式，否則就無法運用這些資料來進行研究。

    B. 研究者必須了解真正實質的主題，才能去使用這些資料。由於研究者可以輕易地取得這些資料，研究者可能會擁有許多資料，但是對於某個主題卻所知甚少。如此一來，研究者就有可能作出錯誤的假

定，或是對結果作出錯誤的詮釋。在使用任何資料之前，研究者都應該先去研究實質主題的細節。例如：如果研究者使用關於德國的中學畢業率的資料，但是研究者卻不太了解德國的中學教育系統以及該系統中特殊的學術以及職業的雙軌制，並且假定德國的教育體制和美國的教育體制是完全一樣的，那麼研究者就有可能在詮釋結果時犯下嚴重的錯誤。

C. 以過度詳盡的方式來引用統計數據，給別人一種具有科學嚴謹性的印象，而此種情況有可能會導致具體性錯置的謬誤（fallacy of misplaced concreteness）。當某個人引用了過度詳盡的統計數，並且使細節「超載」（overloading），以給人一種具有精確性的錯誤印象時，就是發生了具體性錯置的謬誤。例如，根據現存的統計數據，澳洲的人口數是 19,169,083，但是，比較好的說法是說澳洲的人口略多於 1,900 萬。在西元 2000 的綜合社會調查進行次級分析之後。研究者可能計算出離婚人口的比率是 15.65495%，但是，比較好的作法是報告離婚人口大約占了 15.7%。

2. 資源盤點法（Resources Inventory）

(1) 盤點標的區域內對於某類人口群所提供的現有資源藉以確認需求的程度：先確認高危險群人口，再確認服務提供的狀況。適用於規範性需求評量。

(2) 可使用表格方式進行盤點，需要發展出分類方式，列出盤點的指標，例如：服務功能或目的、資格條件、服務最大容量、目前服務量。

(3) 可對服務提供者進行調查，也可以對其他有相關經驗且熟悉服務的人（Key Informants）蒐集資料（降低「領土保護」現象及增加合作協調機制）。

(4) 優點：衡量現有服務體系是否達到預定服務量、可檢視服務重疊現象、可拓展現有服務量或發展新服務項目。

(5) 缺點：需要建立一套標準化的盤點工具、對於潛在人口群需求未必能呈現。

3. 服務統計資料（Statistical Analysis of Utilization Data）

(1) 以機構的服務資料作為需求評量的根據。適用於表達性需求評量。資料來源包括機構每月的工作統計報表、機構年報等。

(2) 資料內容

A. Who（接受服務的對象），包括服務使用者的特性，例如：年齡、

性別、教育程度、收入、婚姻狀況。

B. What（得到何種服務）：服務類型、服務數量。

C. From Whom（誰提供服務）：服務人員人數、個案負荷量。

D. At What Cost（服務成本）：服務經費、提供服務的其他資源。

(3) 優點

　　A. 資料取得容易（注意資料保密議題），是一種低調（Low-Profile）的資料蒐集方法，也就是不干擾服務對象的資料蒐集方法。

　　B. 可以提供需求長期趨勢分析：例如：服務人口群特性的變化、服務需求的變化。

　　C. 個案負荷量的消長趨勢，有助於方案的改善及拓展。

(4) 缺點：無法反映問題的普及狀況或未滿足的需求。

4. 社會（社區）調查法（Social ／ Community Household Survey）

(1) 直接對於標的區域內的居民進行調查，是最強而有力的需求評量方法。適用於感受性需求評量。

(2) 優點：學過社會研究法者均可執行、調查工作可視為提高居民參與的過程可以建立社區基礎線（Baseline）資料。

(3) 缺點：時間與成本過高：調查方法的信效度控制，以及可能引發居民對於服務的過度期待。

5. 公聽會（Public Hearing ／ Community Forums）

(1) 邀請居民參加公開的會議，提出與需求有關的建議，例如：里民大會。適用於感受性需求評量。

(2) 優點：符合民主決策過程、時間與成本較低、互動性高，可澄清相關概念、發揮腦力激盪效果，發展出更多意見。

(3) 缺點

　　A. 出席者代表性問題：根據過去經驗，出席者通常不見得是有需求者，反而是積極主動性高的團體，或熟知遊說策略的團體。

　　B. 事前須投注資源，廣邀居民參與。

　　C. 與會人數多及發言踴躍，不等同完整、全面需求的呈現。

(4) 替代方法

　　A. 名義團體技術（Nominal Group Technique，簡稱 NGT）：每個人均提出想法，全部列出，一直進行至沒有新想法出現（也稱腦力激盪），並對所有想法進行澄清、刪除、合併、增加，然後每個人分別選出幾個優先順序，將所有人的排序合併排列，決定最後的優先順序。

B. 德菲法（Delphi Technique）：以問卷寄發給每個人，回收整理合併所有意見後，將整理合併後的意見，作成第二次問卷，再寄發給每個人，再回收整理第二次問卷意見，重複上述過程，至意見統整沒有新意見為止。

C. 焦點團體（Focus Group）：6 至 8 人參與結構式討論，目的不是達成共識，而是界定出需求，可整理出共通性需求及個別性需求。

（二）社區需求評量的方法（作法）

（引自林萬億，《當代社會工作－理論與方法》）

描繪社區問題或需求稱為需求評量（Needs Assessment），社區問題或需求資料蒐集完整後，可用圖示法將之製成圖表，例如犯罪斑點圖、人口成長趨勢圖、社會資源分布圖等，以利閱讀。社區需求評量的方法如下：

1. 訪問（Interview）

透過面對面或電話來了解當事人對社區問題或需求的看法，可以採結構式或非結構式的訪談。前者是正式的聊談，後者是有綱要的訪談，甚至是標準化的開放式訪談，端視訪談綱要精密到什麼程度，後者幾乎是沒有選項的問卷。

2. 問卷調查（Survey）

採用問卷作為蒐集資料的工具以了解社會現象或需求。方式有三種，一種是自填問卷，二是訪談問卷，三是電話調查。

3. 實地觀察（Field Observation）

分為參與觀察與非參與觀察，前者又依參與程度可分為完全參與、參與兼觀察、觀察兼參與；後者純粹是觀察者。如果你是社區成員，就很難純粹只進行觀察；反之，如果你是外人，也很難完全參與。而社區組織工作者大概都是觀察與參與並兼。

4. 次級資料（Secondary Data）

又稱二手資料，亦即非由你本人蒐集到的統計資料。通常就既有的統計資料檔中去摘取所須資料來再分析。

> ## 5. 社會指標（Social Indicators）
>
> 是指將各種既存的統計資料，選取足以呈現社會整體現象的項目，編製成長期累積的表格與圖形，以利比較時期變動的一種統計報告。通常用來完整呈現社會現象的指標統計，包括：人口與家庭、所得與分配、勞動、治安與公安、教育、文化、衛生、福利、環保等。常見的社會指標有生活素質指標、社會福利指標。

> ## 6. 服務統計（Service Statistics）
>
> 是指各公共服務機構所蒐集到的資料，如：社會福利的個案統計、學校的輔導紀錄統計等，也可以看出社區的問題所在。

> ## 7. 會議（Meeting）
>
> 開會未嘗不是一個蒐集社區意見的技術，例如：社區委員會、里民大會、公聽會、學校的親師座談等，都是社區中常見的會議。更專業的會議方式是名目團體技術，是一種理念蒐集、解決問題與集體判斷的結構性集會技術。名目團體技術是邀請20~30位參與者，代表不同觀點來參加決策。

三、行動研究法／參與式行動研究

> **榜首提點**
> 行動研究法的意涵、特性、優缺點，已是歷屆試題熱門的考點，請紮實準備。

（一）行動研究法的意涵

1. 行動研究法，又稱為參與式行動研究（Participatory Action Research），由社會心理學家 Kurt Lewin 所提出。在質性研究方法中的特色是有其社會行動目的。使用這種方法，研究者會充當被研究者的資源，通常是弱勢團體，讓他們有機會為自己的利益採取有效行動。這些弱勢參與者會界定自己的問題，界定想要補救的方法，以及帶頭設計能幫助他們完成自己目標的研究。

2. 「行動研究」是一種由下而上的研究方式，強調以實務工作者的需求與立場出發，對實務工作者本身所處的工作情境與內涵進行反省與批判，並結合相關的過程與步驟，找出解決或改變實務工作的困境與問題解決方案或行動策略。

3. 亦即，行動研究的目標，不只是在對研究的現象與行為進行詮釋而已，同時也要達到對研究現象進行改變或改革的目標。就實踐行動的層次而言，行動研究其實是包含了規劃（研究）、行動與發現（評估）等，不斷循環的過程。行動研究是一種取向（類似評估研究也是一種取向），例如「臺北市獨居老人長期照護服務經驗之省思——一個個案研究的報告」，使用檔案研究法、焦點團體法、深度訪談法、個案研討會，以及實地參與觀察法等多種研究方法蒐集資料。

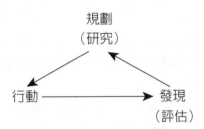

圖：行動研究之循環過程

（二）行動研究法的特質（特性）

1. 以實務問題導向並強調實際問題的立即解決方法：所指的實際問題，通常是特殊的問題，而非概括性的問題。特別是從實務工作者的觀點，想要了解方案實施之後的優缺點，並提出具體改進策略，同時希望相關部門能立刻付諸實行。也就是說，不是只討論學術、理念或是大概的方向，而是很具體地、從實務工作者的觀點，針對某個方案實施的狀況來加以分析探討，同時希望即知即行，劍及履及。

2. 重視實務工作者的民主參與

   (1) 行動研究法強調實務工作者協同參與研究過程之重要性，因為行動研究法主張任何理論知識的生產必須與實踐行動結合才有意義；同時也可以使得從事研究者與運用研究者為同一人；而這種協同參與研究的過程必須是建立在一種民主參與及平等合作的原則之上。也就是說，無論是研究者或實務工作者，所有的參與成員都是一種夥伴、平等的關係中，共同參與整個研究過程；而這樣也就正可以達到「意識覺醒」與「充權」兩種作用。

   (2) 實務工作者參與研究過程，依參與程度的不同，可區分為三種模式
      A. 合作模式（Partnership Model）：專家（研究者）與實務工作者一起合作，共同進行研究。研究問題與具體行動方案，由專家與實務工作者一起商議訂出。

B. 支持模式（Supportive Model）：研究的動力來自實務工作者，他們自己提出並選擇研究的問題，同時也自己決定行動的方案；專家在此只是諮詢的角色。

C. 獨立模式（Independent Model）：實務工作者獨立進行研究，不需要專家的指導與諮詢。

3. 研究場域是實務工作的場域：既然行動研究法是實務工作者對工作現況的反省與批判，並期望透過研究行動策略的運用，找到有效解決的策略；因此，行動研究法的進行，必須是在實務工作場域進行，從做中想與做中學。

4. 研究結果的適用性受到相當的限制：行動研究法往往是根據特定對象的特定問題發展出研究策略，所以研究結果通常只能適用在該情境，無法進一步推論到其他情境。

5. 具有批判與建構的雙重功能：行動研究法鼓勵實務工作者能夠不斷從實務工作發現問題，並透過對現況的反省與批判過程尋找出有效的問題解決策略與方法，所以它不只是具有對現況的批判功能而已，也具有提升實務工作品質與效能的功能；換句話說，行動研究法同時兼顧了批判與建構雙重功能。

（三）行動研究之優缺點

1. 優點
   (1) 研究在針對工作情境的問題，結果可以立即應用。
   (2) 研究者與實際工作者結合，利於問題之解決。
   (3) 研究過程中的立即回饋與發展性有利活動的發展。
   (4) 可促使參與研究的工作者獲得專業成長。
   (5) 適用於活動中各種實際情境中問題之解決。
   (6) 對參與研究的工作者研究能力的要求不高。

2. 缺點（限制）
   (1) 品質不高：取樣不具代表性、資料處理簡易、無法控制變項以及人員能力有限，造成效度不高。
   (2) 參與者在研究與實務工作者等角色調和上易生困擾。
   (3) 協調困難：易受專家的左右或受上級、同事的阻撓而無法獲得真實的資料，影響研究品質。
   (4) 研究的自行應驗作用：行動研究以實際問題之解決為導向，而研究者又是實際工作者，因此是否能正確的診斷問題而進行研究不無疑問。

此外，在研究過程中大都就技術方面作考量，反省和批判的機會不多，所以可能會產生研究的自行應驗作用，而得到不正確的研究結果。

（四）行動研究法的類型

1. 行動研究法的類型（Hart & Bond 提出）

   (1) 實驗型態：所謂實驗型態（Experiment Type）的行動研究主要是以科學方法來探討社會問題，由研究過程來引導實務改變，此種型態被視為是一種理性的活動，是可被規劃與控制的。例如：「托兒所英語教學實驗之行動研究」，希望藉由研究者與被研究者的共同參與研究，了解到新教法對於問題的解決與現況的改變是否確有助益。

上榜關鍵 ★★★

行動研究法的類型，歷屆試題曾有以申論題的形式出題，雖非經常命題，但仍請列為基本準備題款，以備不時之需。

   (2) 組織型態：組織型態（Organization Type）強調將行動研究應用在組織的問題解決方面，希望透過共同確定問題、找出可能的原因並進而找出可行的改變措施等方式，達到建立研究者與參與者之間的合作夥伴關係、對組織工作人員的充權，以及迅速有效解決問題的目的。例如：「發展臺北市兒童及少年性剝削防治工作模式之行動研究」，以行動研究法，從服務提供者（工作人員）與服務使用者（不幸少女）的觀點，來了解建構適當的防治工作模式之可能，提供組織（臺北市政府）具體可行的解決或改善建議。

   (3) 專業型態：專業型態（Professional Type）著重於實務機構為了反應新專業的抱負，或進一步促進與其他專業相同之地位，所以透過行動研究作為發展實務之基礎。例如：「病患權益倡導的參與式行動研究：以罕見疾病基金會為例」，就是一個實務機構（罕見疾病基金會）希望藉由行動研究的方式，提升罕見疾病這一個專業領域被民眾認識、了解與支持的機會與比率。

   (4) 充權型態：充權型態（Empowering Type）行動研究的形式與社區發展的方式緊密結合，主要是以為社會弱勢群體爭取權益為訴求，其目標除了結合理論與實務解決問題之外，同時也在協助參與者透過問題確認、共識形成，而達到合作階段。例如：「臺北市獨居長者照顧服務經驗之反思──一個行動研究的報告」，研究成果呈現出：對行動者（實務工作者）的充權效果，而這是展現在：

A. 行動者有高度的被重視性。

B. 行動者有能力爲案主提供更好的服務。

C. 行動者的工作是有意義的，同時是受到支持的。

（五）行動研究法的互動關係

四種類型是相互獨立，但卻不一定都是獨立存在。研究者往往隨著行動研究發展階段不同，可以從某一種類型轉移到另一種類型，所以類型與類型之間，就彷彿螺旋般不斷循環。

圖：行動研究之類型與互動關係

（六）行動研究法之實施程序

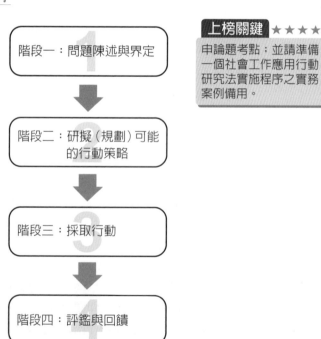

上榜關鍵 ★ ★ ★ ★

申論題考點；並請準備一個社會工作應用行動研究法實施程序之實務案例備用。

1. 階段一：問題陳述與界定：因為實務工作者是第一線的工作人員，因此對於案主或方案實施的問題與困難所在，會有最清楚的了解。因此在這第一階段，實務工作者要儘量將所有可能面對到的問題陳述出來，而由研究者將其明確化與具體化，經由互相的討論與商議後，釐清研究的目的與問題並陳述出來。

2. 階段二：研擬（規劃）可能的行動策略：針對第一階段所擬定的研究目的與問題，訂出具體可行的行動策略（含實務步驟），當然也包括尋找可能的合作夥伴（資源），同時在實施上要保留一定程度的彈性。

3. 階段三：採取行動：結合相關之資源與人力，開始實施問題解決的行動策略，並發展出具體、有效的評鑑方式，對行動策略的實施成效進行監控。

4. 階段四：評鑑與回饋：最後一個步驟是對行動研究的結果進行反省與評鑑，同時回饋到之前的規劃階段。這是協助實務工作者了解行動策略對於實務工作所產生的具體影響，同時也作為其調整未來工作方式，以達成更高服務效能的參考。

榜首提點

> 德菲法的準備方向，以申論題優先，包括意義、特質、優缺點、實施步驟；另請納入解釋名詞準備之。

四、德菲法

（一）德菲法的意義

1. 德菲法（Delphi Method／Delphi Techniques）是一種「不需要電腦輔助，但是可以透過問卷的方式，對多位專家進行意見蒐集的過程。在初始階段，每個成員針對討論的議題提供個人意見，這些意見經由不斷反覆的修改、澄清、整合與摘要過程，再以匿名方式回饋給參與成員，開始進入德菲法的第二輪階段。透過第二輪的意見回應與蒐集過程，不斷讓回饋更具體、更聚焦。這種過程必須反覆不斷進行，直到成員之間的意見趨於一致，再無需要改變或修正之處為止」。

2. 德菲法是一種介於質性研究與量化研究之間的研究方法。因為它所採用的蒐集資料方法是作問卷調查，同時它會運用到統計方法來協助研究的進行，可說是頗為類似量化的研究。不過由於問卷的問題多為開放式的（非結構式的），因此在作資料的分析與整理時，又大多是針對文字資料在作處理，因此又類似於質性研究。不過總括來說，由於實質上在處理的資料還是以文字（質性）為主，因此還是將德菲法歸類為質性的研究方法。

（二）德菲法的特質

匿名性（Anonymity）與一致性（Consensus）是德菲法的特質。德菲法主要是適用於有爭議的議題，同時希望透過專家的匿名討論與溝通，而能達成共識或意見趨於一致；因此德菲法的施測對象主要是針對所探討議題領域的專家，而這也就成為德菲法的一項特色。

（三）德菲法的優缺點

1. 優點：
   (1) 匿名性高。
   (2) 可同時獲得多重意見。
   (3) 避免重要成員對全體決策之影響。
   (4) 避免浪費時間或精力在不重要或分歧的討論上。
   (5) 避免個人的判斷被群體壓力所扭轉（從眾效應）或造成參與成員發生現場衝突。
   (6) 避免長篇大論的意見。
   (7) 避免成員持續對自己先前論點作辯護（例如：愛面子等心理因素的影響）。
   (8) 節省時間、金錢（相較於邀請所有成員齊聚一堂開會），並可克服地理上及交通上的不便，而使參與者數額增大。

2. 缺點：德菲法在方法與概念架構較不嚴謹，例如：德菲法在停止／繼續蒐集意見的關鍵點要如何判定，以及選擇受訪者（專家）之準據為何？

（四）德菲法適用的先決條件

1. 有足夠的時間，經由至少兩輪的問卷調查，約需至少三十天的時間。

2. 參與者要具有文字表達的能力，他們必須看得懂問卷，且能針對問卷用文字書寫來回答問題（如果是專家則無此問題）。

3. 要具有高度的參與動機，因為如果沒有動機，便可能敷衍了事或乾脆不填答問卷（這是最重要的考慮因素）。

（五）德菲法適用的條件

1. 準據1：研究的問題不需要用精細的分析技術去仔細研究，而是著重於如何集合一群人（特別是專家）的主觀判斷。

2. 準據2：代表成員不曾有順暢溝通的經驗，或是代表成員因為不同專業或經驗的考量，不容易建立彼此之間的共識。

3. 準據3：由於研究的時間與經費的限制，使得成員無法透過面對面的團體討論。

4. 準據4：參與的成員過多，不適合透過面對面的討論會議來蒐集相關資料。

5. 準據5：參與成員之間的意見經常是分歧的，或是因為政治對立的關係，使得團體溝通方式必須運用匿名方式，以避免利害關係或權威因素的影響。

6. 準據6：必須確保成員的異質性，讓每個成員有平等機會參與並表達意見，避免權威者的影響或干擾。

（六）德菲法的實施步驟

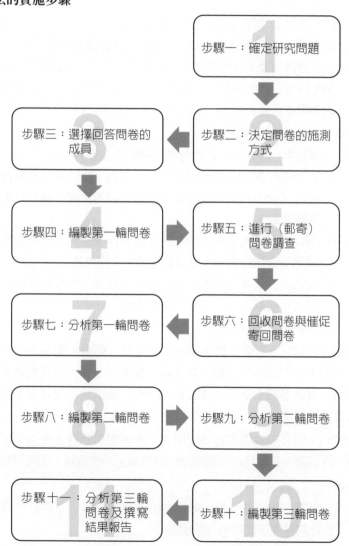

1. 步驟一：確定研究問題：這是適用於所有研究方法的第一個步驟。

2. 步驟二：決定問卷的施測方式。問卷施測方式的最主要考慮因素就是匿名性，其他則有時間、空間與經費。因此可能的施測方式包括郵寄方式、集體散發填答的方式、個別遞送方式。

3. 步驟三：選擇回答問卷的成員
   (1) 研究者在選擇樣本時，應該考慮下列四個因素：
      A. 關心研究問題且有積極意願參與。
      B. 對研究問題有足夠的認識和知識。
      C. 在調查期間能完成回答問卷的工作。
      D. 對德菲法蒐集資料的方式具有信心並認為具有價值。
   (2) 至於應該由多少人參與此項回答問卷的工作，的確沒有一致的結論。如果是同質性高的團體，大約十五人至三十人便已足夠。如果是異質性高的團體或包括多種不同性質的團體，則參與成員也有可能超過百人。

4. 步驟四：編製第一輪問卷
   (1) 德菲法與一般問卷調查稍有不同的地方在於：
      A. 介紹函的撰寫應盡可能私人化（例如：直接稱某某教授，而不要稱先生／女士），以拉近與受訪者之間的距離，並藉以提高其信任感與回收率。
      B. 第一次問卷大都採用開放式問題，作答說明必須配合舉例，同時要避免引誘性的例子，而應該保持中立的角色。
      C. 受訪者的基本資料常引起作答者的疑慮，因此除非研究需要，否則應盡可能減少，以免匿名性受到挑戰。
   (2) 信中應說明截止日期。

5. 步驟五：進行（郵寄）問卷調查：在進行（郵寄）問卷調查前，研究者可以採用不同的策略先告知受訪者以便提高回收率；這些策略包括：問卷寄發前打電話通知受訪者，或以私人函件、明信片事先通知。此外，回郵信封應貼足郵票。

6. 步驟六：回收問卷與催促寄回問卷：約在寄出問卷十天後，可以清點回收數，直到截止日期為止，若還未回收到滿意的件數時，便應辦理催覆工作。

7. 步驟七
   (1) 分析第一輪問卷：第一輪問卷的彙整與分析，主要是作為第二輪問卷設計的基礎，此時的分析重點為：

A. 評分結果的分析。

B. 對於意見的分析。

(2) 此外問卷的分析應由工作小組成員集體爲之，不宜由單獨一人進行分析，以避免個人主觀意見造成對研究結果的影響。

8. 步驟八：編製第二輪問卷

(1) 根據第一輪問卷分析的結果，將所有受訪者一致的意見再次送給各別受訪者作確認；至於對分歧的意見，則由受訪者再次評估後作答，以便讓每一位受訪者了解到不同專家看法的異同之處。

(2) 第二輪問卷的格式通常需包括三部分：中間的欄位是整理自第一輪問卷的分析結果，並將其轉化爲語意完整的項目或問題。右邊的欄位是要求受訪者對此項目分別作同意、不同意或質疑的填答欄。左邊的欄位則供受訪者評量這些意見的優先次序或重要性。至於評量的方式，有些採用評定次序法（Order-Ranking），即以一、二、三依次評定之；有些則採用量表評分法（Scaling-Rating），即依五點（或四點／六點）量表，對每個項目評定其優先或重要程度。

9. 步驟九：分析第二輪問卷：原則與步驟均同第一輪問卷之分析。

10. 步驟十：編製第三輪問卷：通常，德菲法可進行多次的問卷調查，直到受訪者對所有的議題都有了共識，也未再增列新的項目時，此時就可以進入最後一次的問卷調查了。這裡所謂的第三輪問卷，並非眞正的第三輪問卷，事實上是指最後一輪問卷的意思。

11. 步驟十一：分析第三輪問卷及撰寫結果報告：第三輪問卷的分析亦與第二輪同，只不過最後要將研究結果整理並呈現出來。

 練功坊

Q 何謂需求評估？需求有哪些類型並舉例說明之。

A

（一）需求評估之意涵

研究的目標是以服務對象需求的種類或／且需求量為重點時，此時的研究則為需求評估研究。

（二）需求評估之類型

Bradshaw 將需求分為規範性需求（Normative Need）、感覺性需求（Felt Need）、表現性需求（Expressive Need）與比較性需求（Comparative Need）等四類，說明如下：

1. 規範性需求：即專家學者所界定的需求，係依據現有之資料作為規劃之基礎。從類似的社區調查報告或專業人士的意見，均可用來研判標地的人口群為何，且一般是透過以比率（Ratio）的方式與現有資料之間做對照比較來表達需求的程度。如果實際的比率低於特定標準，就可以據以認定需求的存在。例如某社區可能需要的醫院或養護中心之床位數量（常以每千人需要幾床表示）。

2. 感覺性需求：即標的人口群透過想像與感受覺知的需求。人們透過想像和感受來覺知自己有何種需求。若以客觀標準而論，生活品質較高的人，可能比生活貧困的人會有更多的需求。因此，方案規劃者必須對服務對象的處境具有敏感度，同樣重要的是，也必須考慮以其他的需求觀點來詮釋此現象。例如在社區中自認為健康不佳的人數。

3. 表達性需求：即有需求者實際嘗試或接受滿足需求的服務。方案規劃者以實際尋求協助的人數來界定需求。例如社區中正在等候家庭諮商的人數。

4. 比較性需求：亦稱為相對性需求。亦即比較類似的情境與服務差距所存在的需求。比較性需求的測量是比較類似之兩社區或兩地理區域間現有服務的差距來說明需求的存在。例如與乙社區相較，甲社區中已安置於庇護所的遊民比例。

 練功坊

★（　）在各種社區需求評量所使用的方法當中，若我們是用了社區調查法，
則我們所測量到的需求類型較偏重何種需求？

(A) 感受性需求　　　　　　　(B) 規範性需求

(C) 表達性需求　　　　　　　(D) 相對性需求

解析

A。社區或目標團體調查是針對目標團體的直接成員進行調查，是最能直接評估
目標團體的特徵和所感受到之問題與需求之方式，而此即屬於感覺性需求，亦
即標的人口群透過想像與感受覺知的需求。

★（　）關於德菲法（Delphi Method），下列敘述何者錯誤？

(A) 因要面對其他眾多團體成員，參與成員表達的意見難免受到他人的
影響

(B) 是介於質性研究與量化研究之間的研究方法

(C) 可用 t 檢定了解同一回答者在不同次的回答之差異

(D) 避免浪費時間或精力在不重要或分歧的討論上

解析

A。德菲法（Delphi Method／Delphi Techniques）是一種不需要電腦輔助，但
是可以透過問卷的方式，對多位專家進行意見蒐集的過程，故選項 (A) 所述要面
對其他眾多團體成員有誤。

重點 **2** 其他研究法（二）

榜首提點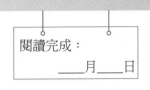

再次／次級分析法是重要的考點，經常在歷屆試題中出現，意義、分類、優缺點、容易產生誤差的因素、誤置精確的謬誤均是準備重點。

一、再次／次級／二手資料分析法

（一）再次／次級／二手資料分析法的意義

1. 再次／次級／二手分析法（Secondary Analysis）亦稱為差補外推法，是「對某現存已有的資料作更進一步的分析，以呈現新的結論或解釋的一種研究方法」。換句話說，再次分析法是一種研究方法，藉由別人所蒐集的資料，把適合我們研究的原始資料再拿來做分析。亦即，用不同於過去報告的方式，對已存在的資料再作分析，所呈現的說明、解釋、結論或新增的知識，即為再次／次級分析法。

2. 因為對於資料之分析處理，有時並不一定都需要由研究者向被研究者直接獲取「第一手」的資料（Primary Data）才能做分析。如果研究者想要研究的題目已經由其他單位或個人蒐集到信效度良好的資料可供分析和回答的話，則研究者就沒有必要一定要靠自己去蒐集這些資料。因此，使用現有的資料作更進一步的分析，以呈現出新的結論或解釋的一種研究方法，就稱為「再次／次級資料分析法」。

（二）再次分析法應注意的事項

1. 與原來的研究者有不同的重點和不同的研究問題時才可以進行再次研究法，否則只是抄襲、利用別人的作品而已，此乃大忌，必須避免。

2. 針對相同的資料做分析時，應用不同的方法與技術來分析，否則就變成在查核或重複別人的資料而已。

3. 研究者應集中注意力去思考有關理論性的目標或原先研究替代性的議題，甚至於蒐集有關新資料以作較仔細的比較，如此才可能對實務界及理論界有較具體的貢獻。

4. 在進行再次分析法之前最好與原作者聯繫，一方面徵詢其同意，也可以因此得到更好的協助，也可能避免未來不必要的誤會與爭執。

（三）再次分析研究法的分類

1. 以歸納和演繹過程分類
   (1) 歸納式的再次分析法：若是利用累積觀察的過程去探討研究的問題時，則可稱為歸納式的再次分析法。例如：研究精神分裂症病患的復發率是不是與其家庭成員的情緒性反應有關時，做相關性的研究，歸納出觀察的結果，來確定兩者之間的相關，此為歸納式的再次分析法。
   (2) 演繹式的再次分析：以演繹法來做再次分析，驗證某個假設能否成立。如研究「大哥哥、大姐姐方案」，若第一次研究的案主對志工（大哥哥、大姐姐）的態度會影響他們彼此關係的長短，而研究者根據這些資料做再次分析的研究時，則可用演繹法去研究是否相同性別的志工對案主會產生社會心理功能之影響。此研究由上次研究的論點演繹而來，可稱為演繹式的再次分析。

2. 以研究設計分類
   (1) 探索性再次分析研究：研究的範圍較大，有最多的機會去觀察和解釋。例如：可由現存的資料去檢查不同變項之間的可能關係。這種過程不是去驗證假設，而是從很多的自變項中去決定可能是哪一個自變項與依變項有關，或哪個自變項對依變項有較大的關聯。這種研究並不是真的在驗證某種假設，只是從再次分析中，看是否能「蒐集」有關的假設，以便更清楚地探索事情的真相而已。
   (2) 描述性再次分析研究：是用來描述同一時間內的單一變項，或設法把一個變項分成二個變項，但都只限於描述特性，而不是做「蒐集」假設或「驗證」假設的工作。把一些資料串連做更清楚的解釋，這種再次分析則為描述性再次分析法。
   (3) 解釋性再次分析研究：以證明假設為重要的任務，可由既存資料中對假設關係做簡單的分析，也可設法控制某些以前的研究所沒有控制的其他干擾變項來看看研究的假設及其變項與變項的關係會有什麼樣的變化，則為解釋性再次分析（亦即把事情的來龍去脈，藉著再次分析的研究，解釋得比以前更清楚）。

（四）再次分析法的研究內涵

1. 題目的選擇：若要用再次分析法做研究，在題目的選擇上就應該具有足夠的企圖心，最好是頗為特別的或是範圍較寬廣的，否則很難吸引別人的注意。

2. 尋找現存可用的資料：利用電腦尋找適當的學術機構或政府單位，一方面資料較完整，另一方面也比較容易在其他的領域上發揮。

3. 重新創造資料：再次分析不是重複以前的步驟與資料，研究者首先必須應用舊有資料去創新資料，也根據所欲探討的主題，從舊資料中特別細心尋找所需要的資料。

4. 分析資料與比較結果：再次分析是否作得好，主要功力就在它的資料分析，讓研究者與讀者都能因為再次分析的新發現而對事實有更進一步的了解。

（五）再次分析研究法之優缺點

1. 優點
   (1) 相對於初級研究，二手資料分析的研究花費較少。
   (2) 二手資料分析便於進行跨團體、跨國、跨時間的比較，以及研究的複製。
   (3) 透過二手資料分析，使研究者能夠進行一些原作者未曾想過的問題。

2. 缺點（限制、容易產生的問題）
   (1) 信度問題：所謂信度問題是指當一個機構在使用再次分析時，以前所謂有信度的資料在若干年後再次使用時，它的作用不如以前的狀況，如此一來便產生標準信度方面的問題。
   (2) 效度問題：信度不足，效度當然就會出問題。然而，在測量當中，有時即使有信度，也不一定有效度。測量工具的一致性是效度的必要條件，但非充分條件。使用再次分析法之前，要注意過去的那些資料是我們現在仍然要用的？是否有把握能得到真實反應的資料？
   (3) 遺漏的資料：再次分析時，對於這些遺漏的資料常會束手無策，解釋上也很脆弱，不容易克服。
   (4) 檔案記載不充適：很多時候，研究者可能沒辦法確認次級分析的資料當初採用的蒐集和處理程序，也沒辦法評估其品質。例如：研究者可能無從取得相關資訊，說明訪查員的訓練是否充足、資料蒐集過程是否有引入偏誤，或是資料的編碼是否有謹慎處理。

(5) 可行性的議題：相較於自行蒐集研究資料，次級分析雖然費用通常比較低，但研究者也不應該低估，這種研究方法有時候也可能頗為耗費時間。例如：有些資料數量相當龐大，如果研究者還不習慣處理那麼多變項或多階段的資料蒐集，可能會難以招架。

（六）造成再次分析法產生誤差的因素

1. 以前研究的工作員對研究不配合，排斥研究而隨便記錄的資料，這種資料再分析也沒有用。

2. 不同的資料供應者對事件會有不同的定義與解釋，但是再次分析時，先前提供矛盾信息的人，現在大多不知其蹤，他們所做不同的解釋或分類，再次分析的研究者會永遠找不到頭緒，當然因此會影響再次分析的準確性。

3. 資料供應者個人的喜好及社會價值觀之影響會產生誤差，這些誤差在再次分析時，絲毫沒有彌補的餘地。

4. 以前的資訊可能是合適的，但在再次分析時可能定義上已有改變，分析起來與第一次分析的定義可能不一致：以前的資訊可能是可信的，但現在對不同事情，可能也會有不同的解釋。不同機構或不同方案對同一名詞、現象，採用不同的操作性定義。

（七）誤置精確的謬誤

不會因為原始資料是由政府機關或其他來源所蒐集的，現成的統計資料與次級資料就不會有任何問題，研究者必須關心資料的信度與效度問題，誤置精確的謬誤（Fallacy of Misplaced Concreteness）是常見的錯誤。這種謬誤出現在大量而詳盡地引用統計數字以及相關的細節，而未求證這筆資料蒐集的方式是否保證可以這樣應用，以至於讓人產生一種資料相當精密的錯誤印象。例如：為了加深觀眾對他掌握特殊細節的能力的印象，政治家當他應該說南非人口大約是三千六百萬時，他可能會說南非有三千六百零七萬五千八百十一的人口。

二、內容分析法

（一）內容分析法的意涵

1. 所有既有可用的紀錄並非都是別人所蒐集的資料。例如：另外的形式可能包括書籍、雜誌、

榜首提點

內容分析法的出題頻率相當高，其意涵、適合處理的問題、進行的步驟、優缺點等均是重點，並請舉例說明；編碼登錄／過錄之目的／功能亦請納入加強準備範圍。

期刊、報紙、電視節目、廣告、從事直接服務之社會工作人員在他們個案紀錄中所做的過程筆記等。一般來說，從這些所取得的資料在屬性上都是質性資料，分析這種資料的方法被稱爲內容分析法（Content Analysis）。

2. 內容分析法可以是量化或質性的技術。作爲質性的技術時，它就是一種要從傳播事務中找出模式與意義的方法；作爲量化技術時，它就涉及將質性資料轉化爲量化資料。例如：從計算某類社會工作教師或學校的社會工作課程大綱中，出現幾次與少數族群有關的字彙，以觀察他們是否比其他人更專注少數族群；或者，將社區組織會議中各類議題被提及的次數製成數據表，紀錄中所反映的公民參與量，與某類議題在紀錄中出現的頻率關係。

（二）適合內容分析法研究的問題

1. 內容分析法有助於處理數量相當龐雜的文案，研究者可能想要用抽樣或多個編碼登錄者來測量數量多的文案，例如：歷年的報紙、論文。

2. 內容分析法有助於研究那些發生在「千里之外」的主題，例如：內容分析法可以用在研究歷史文獻、過世人物的作品或是不友善國家的廣播。

3. 內容分析法能夠揭露隨意觀察文案時很難發掘的訊息，不論是文案的撰寫者，還是文案的閱讀者，可能都不盡然知道文案中所涉及的所有主題、偏差、甚至是角色。例如：學前圖書畫的作者或許沒有意識到他以傳統的性別刻板印象來刻畫小男孩與小女孩，但是經過內容分析之後，顯示極高的性別刻板印象。

（三）內容分析法須具備的條件

1. 必須具充分的客觀性：在分析的過程中，每一個步驟都應有明確的規則與流程作依據。所要研究的內容，設計出客觀的類別，以便可以把資料「翻」成號碼（Coding），就可以使研究者排除本身的主觀性，而作客觀的解釋。

2. 必須系統化：把資料歸類爲某種類別或賦予號碼時，是納入（Inclusion）或排除（Exclusion），必須根據所規劃的原則。

3. 必須通則化或定律化：內容分析法得到的結論最好與理論相關，或能形成某些通則，使與其他理論有所關聯。

4. 量化的敘述：所謂量化的敘述不是指把所要觀察的資料，藉著次數分配來說明某種特質，而是指用函數分析的概念，把某種現象的特質，用數據的方式來說明與另外一個變項之間的相關，或對其他現象所造成的影響。

（四）內容分析法進行步驟

1. 選擇適當的主題：該主題必須是可以用內容分析的方法來從事研究者。

2. 從資料中抽樣：當然抽樣的先決條件是要使樣本具有「代表性」，所以隨機的原則必須考慮。

3. 從內容當中，去發現資料的意義：內容分析法既然是要從資料中，去探討資料所攜帶的訊息，訊息的來源總是必須考究，不妨用演繹的方法去考驗他的研究假設，而有一組資料要去解說時，歸納的方法也是一途。

4. 設計出「過錄」（Coding）的系統與原則：過錄基本上就是把資料轉化為數字的過程。例如：性別有男有女。研究者可以把男的定義為「1」；女的定義為「2」。

5. 分析這些經過整理（過錄）的資料：資料既然經過整理，就可以藉此計算其次數、類別或其他特質，研究者便可以用表格或圖形的方式，把資料的「意義」表現出來。

（五）編碼登錄（編碼過錄）目的（功能）

編碼登錄（過錄）系統是用來辨識文件內容的次數、方向、強度與版面等四項特性。說明如下表：

項目	說明
次數	次數單純是指某件事物發生與否的計算，與如果有發生的話，那麼是多常發生。
方向	方向是指內容中訊息在一個連續體中的方向（例如：正面或負面的、支持或反對）。
強度	強度是指訊息以某個方向表現的力量、力道。例如：健忘這個特性可以是輕微的（例如：出門忘了帶鑰匙，要花些時間才想起某位多年不見友人的名字），或是比較嚴重（例如：連自己叫什麼名字都記不得，連自己的小孩都不認得）。
篇幅	研究者可以記錄下某篇文案訊息的大小或篇幅的數量、卷數。書面文案的篇幅可以透過字數、句子、段落或一頁上的篇幅等方式加以計算。錄影帶或錄音帶之類的文案則可以播放時間的長度來加以測量。

（六）編碼登錄的類型

編碼登錄的類型 → 顯性編碼登錄

編碼登錄的類型 → 隱性編碼登錄

上榜關鍵 ★★

編碼登錄的類型以解釋名詞與測驗題方式準備之；考生必須具有判斷顯性、隱性編碼登錄之能力。

1. 顯性編碼登錄
   (1) 編碼登錄一篇文案中看得見的、表面的內容，稱為顯性編碼登錄（Manifest Coding）。例如：研究者計算某個成語或單字（例如：紅色）在一書面文案中出現的次數或者某個特定的動作（接吻）是否出現在一張相片或錄影帶的場景中。
   (2) 顯性編碼登錄具有高度的信度，因為要編碼登錄的成語或單字不是有就是沒有。可惜，顯性編碼登錄並不考慮出現的單字或成語在文句中的含意。相同的字可能因上下文而具有不同的意義。對於那些具有多種含意的單字便限制了顯性編碼登錄的測量效度。

2. 隱性編碼登錄
   (1) 使用隱性編碼登錄〔也稱為語意分析（Semantic Analysis）〕的研究者尋找文案中潛藏的、隱含的意義。例如：研究者閱讀一段文章之後，決定該文是否帶有色情還是浪漫的表現。研究者的編碼登錄系統的是一般性的規則，藉此之助研究者詮釋文案內容的含意，決定文案中出現的主題與心情。
   (2) 隱性編碼和顯性編碼登錄起來，較不具有信度，因其仰賴編碼登錄者對於語言與社會意義所掌有的知識。練習、實地操作、製作編碼登錄規則書面化都有助於信度的改善，但是想要前後連貫地確認主題、心情仍有其困難。然而，隱性編碼登錄的效度超過顯性編碼登錄，因為人與人之間的意義溝通在很多情況下是以隱性的方式表現，端視溝通時的前後文義，而不是靠特定的文字。
   (3) 研究者可以同時使用顯性與隱性編碼登錄。如果兩個方法得到的結果呈現高度的一致性，那麼最後發現的結果便獲得強大的支持，如果兩種方法得到的結果並不吻合，那麼研究者可能需要重新檢視所使用的操作型定義與理論定義。

（七）內容分析法的優缺點

1. 優點

    (1) 省錢、省時：例如：一位大學生可以單獨進行內容分析，但卻可能無法從事調查，內容分析法不需要一大群研究人員，不需要特殊裝備，只要能取得被加以編碼的資料就可以進行類分析。

    (2) 容易更正錯誤：在內容分析中，要重做一部分的研究，通常比其他研究方法更容易，研究者只需要將資料的某個部分重新編碼就可以了，而不必重複整個研究。

    (3) 適合研究長期發生的過程：例如：可以聚焦於 1850 至 1860 年小說中對於少數族群的意象，檢視從 1850 年至今的轉變。

    (4) 不介入：內容分析極少影響被研究主體，因爲書籍已經寫成，個案紀錄已經做好等，所以內容分析法不會對它們造成影響。

2. 缺點

    (1) 只限於檢視已被記錄的傳播事物：內容分析法研究的傳播事物，可以是口頭的、書面的或圖像的，但它們一定要以某種可被分析的方式加以記錄。

    (2) 效度：爲了增加內容分析法的效度，研究者必須注意所研究的內容是否「適合」以內容分析法進行研究。

    (3) 信度：若是研究者把過錄（Coding）的標準與規則訂好，使任何人看到同樣的資料都可以有同樣的歸類時，其研究的信度就可增強；若研究的內容中，有不少模稜兩可的資料，使資料的歸類或分析的方向產生不定感時，其研究的信度必然降低。

三、歷史研究法

（一）歷史研究法的特質

1. 它是批評性檢定（Critically Examining）的過程：社會工作必須從研究的角度來分析過去所存在的記錄。社會工作專業在面對種種資料與文獻時，應比一般人更具備批評性的檢定功夫。

2. 非干擾性測量的研究態度：歷史研究的方法就靠著分析過去所留下的文件、物質及記憶，在這種過程中，也爲了能把歷史過程與現今的狀況作比

> **上榜關鍵** ★★
> 請將歷史研究法的特質、適合研究的問題與獨特特徵，以及與田野研究相似之處納入申論題的準備範圍。

較，研究者必須注意以非干擾性測量（Unobtrusive Measures）原則來測量現今可測量與比較的資料。

3. 從過程中隱示其具有的意義：不僅是研究過去的東西，而是隱示一些「方法」與傳承，因此知道其過程演化中所具有的意義。

（二）適合歷史比較研究的問題

1. 歷史比較研究適用於探究諸如某個特殊結果（例如：內戰），是那些社會因素共同促成的這類問題。也適用於比較整個社會體系以了解不同社會之間，那些是共同特性，那些是獨特之處以及長期的社會變遷問題。歷史比較研究者可以應用某個理論於特殊的個案，以彰顯該理論的用處。研究者說明或顯示不同社會因素或團體之間的關聯性。研究者比較不同文化或歷史脈絡下相同的社會過程與概念。

2. 舉例：如果法國權力高度集中、政治極端不滿，相反的，在美國權力集中的程度與政治不滿的情緒皆低，研究者可以嘗試建立關於權力集中與政治不滿上的因果關係。一個國家內部歷年來發生在權力集中與政治不滿的變化，可以證明因果關係的存在。

（三）歷史研究與田野研究相似之處

1. 歷史比較研究與田野研究兩者都承認，研究者的觀點是研究無可避免的一部分。兩種類型的研究都涉及詮釋，因而把詮釋者所在的時空與世界觀帶進研究之中。

2. 歷史比較研究與田野研究兩者都檢驗相當多樣性的資料。從事這兩類研究的研究者都埋首於資料之中，以尋求對事件與人物的同理了悟。這兩種研究都努力捕捉主觀的感受，並記錄下日常活動如何揭示重要的社會意義。

3. 田野與歷史比較研究者都經常使用紮根／有根基的理論（Grounded Theory）。這類理論通常在資料蒐集的過程當中浮現。這兩種研究都不是從固定的假設出發，然後進行檢視資料。相反的，它們都是經由與資料對話，進而發展出理論與概念並提出修正，然後再應用理論來組織證據。

4. 田野與歷史比較研究都涉及到某種類型的翻譯。研究者的意義體系通常不同於被研究者的意義體系，但研究者努力洞察與理解他們的觀點。一旦掌握住被研究者的生活、語言與觀點，研究者把這些資料「轉譯」給閱讀報告的人士。

5. 田野與歷史比較研究者焦點擺在行動、過程與順序，並且視時間與過程為基本要素。這兩種研究都說，人們是透過經年累月的行動來建構一種社會實相的感受。

6. 田野與歷史比較研究中，通則與理論相當有限。根據選擇性的事實與有限的問題，歷史與跨文化的知識經常不是不完整，就是充滿了但書。不會為了找出固定的法則，而演繹命題或是驗證假設。同樣的，複製也不切實際，因為研究者各有各的獨特觀點、各自蒐集獨特的一組證據。因此取而代之的是，研究者提出可靠的解釋與有限的通則。

表：研究取向的比較摘要：質化與量化的區別

主題	歷史比較研究與田野研究	量化研究
研究者的觀點	屬於研究過程整體的部分	由研究過程中排除
接近資料	沈浸在許多細節當中尋求了悟	精確地操作化變項
理論與資料	基礎理論、概念與資料間的對話	演繹理論 vs. 實證資料
提出發現	傳譯某個意義系統	驗證假設
行動／結構	人們重建構意義，但仍在結構內	社會力量塑造了行為
法則／通則化	有限的通則化，取決於環境	發現放諸四海皆準、不被環境影響的法則

（四）歷史比較研究的獨特特徵

1. 歷史比較研究的證據通常是有限的與間接的。研究通常是不可能直接觀察或親自參與。歷史的證據特別依賴過去所殘存下來的資料，這通常是以文獻的形式存在（例如：信件與報紙）。研究者被限制在尚未被毀損、殘留下來的某個線索、記錄或其他證據。

2. 研究者所重建的過去歷史或另一個文化，極易受到扭曲。較之於被研究者，歷史比較研究者通常更清楚他研究的那段時期之前所發生的事件、他研究地點以外的其他地方所發生的事件，以及他研究那段時期之後所發生的事件。

3. 歷史比較研究者承認人們有學習、做決定和就其所學到的教訓改變事物發展路徑的能力。

4. 歷史比較研究者想要找出是否不同的行動路徑，都被涉入者認為值得採信。

5. 歷史比較研究者採取一種比較機動性的，而不是決定論式的因果取向。歷史比較研究者經常使用的是組合性的解釋。有點類似化學反應，在特定的情境下（溫度、壓力），把數個元素（化學藥品、氧氣）摻在一起所產生結果（爆炸）。這不同於線性因果關係。

6. 歷史比較研究的焦點集中在整個個案，並且就複雜整體與個案間的個別變項進行比較。研究者接觸整體時的取向，就好像整體由數個不同的層次所構成的。研究者不但要抓住表面外觀，還要揭露普遍隱藏性的結構、看不見的機制或因果過程。歷史比較研究者整合微觀（小規模、面對面的互動）與鉅觀（大規模的社會結構）。

7. 歷史比較研究的具有從某個特定的脈絡轉換成一般性的比較，或從一般性的比較轉換到某個特定脈絡的能力。

（五）歷史研究法的過程

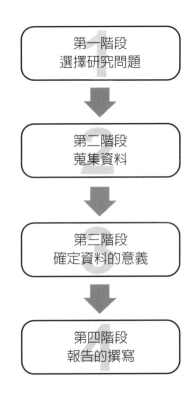

第一階段
選擇研究問題
1

第二階段
蒐集資料
2

第三階段
確定資料的意義
3

第四階段
報告的撰寫
4

1. 第一階段：選擇研究問題：採用歷史研究法而在選擇研究問題時，當然應該採取與社會工作有關的主題。

2. 第二階段：蒐集資料

　(1) 雖然過去所留下的事件可能不完全，也可能都是片斷的，但研究者要有技巧選擇特別有用的部分，處理這些不完全的資料，使之能達到研究的目標。

　(2) 資料的類型

　　A. 出版的刊物。

　　B. 未出版的刊物。

　　C. 口頭敘述的歷史。

　　D. 私人文件。

　　E. 社會福利機構出版和未出版文件，像年報、簡介、紀錄等。

　　F. 報紙。

　　G. 縮影片。

　　H. 參考書目。

　　I. 政府文件或聽證會的報告。

　(3) 資料的選擇：原始資料提供事件目睹者或最初報告者的資訊，「次級資料」則是指分析原始資料後的資料。

　(4) 有關資料的一些特別問題：有些資料可能是因為系統的選擇，只根據某一觀點，因此容易產生系統的偏差。

　(5) 資料不完整：歷史研究法由於與當時現象的產生已隔一段時日，就算能蒐集到資料，也常會不甚完整。由於時空的間隔，歷史研究法必須恪守「有幾分證據就說多少話」的原則。

3. 第三階段：確定資料的意義

　(1) 描述過去的歷史事實時，一定要做整體的解釋，而要了解事實的整體性時，我們必須先了解人類行為的命題，從這些命題中，研究者才可以更加確定資料本身所擁有的意義，更有系統的解釋人類行為。

　(2) 研究的命題要清楚，告知讀者研究是在什麼命題下進行歷史的研究，也因此，對何種現象就有何種的論點與解釋，這種過程在歷史研究法中頗為重要。

4. 第四階段：報告的撰寫。歷史研究法報告的主要目標是藉著研究方法的描述來闡述過去的歷史所代表的意義。因此，歷史研究報告的組織必須詳細解釋研究的方法及其使用的過程，當然要對研究問題提出答案。

（六）歷史中的敘事

1. 歷史中的敘事之意涵：許多歷史學家以傳統敘事體的形式寫作，而其成果可做爲歷史比較研究者的一項次級資料來源。

2. 敘事體的特徵
   (1) 它述說一個故事或傳說，內帶有一個劇情以及數個情節、分水嶺與高潮。
   (2) 它遵循一個編年的秩序與事件出現的先後順序。
   (3) 它把焦點擺在特定的個人身上，而不在結構或抽象的概念上。
   (4) 它基本上是特殊的與描述性的，不是分析性的與一般性的。
   (5) 它以一種獨特的、無可預測的與偶發的方式呈現事件。

3. 敘事體的優點
   (1) 就閱讀而言，它是多彩多姿的、活潑有趣的並具有娛樂性的。
   (2) 對於不同的時代，它給予的是整體的生活感受，所以閱讀者有身臨其境的感覺。
   (3) 它傳遞的是過去歷史中的人物之主觀經驗現實的方式，並且幫助讀者對過去的人物產生情感上的認同。
   (4) 它混合以社會現實的許多層面來包裹個人與特定的事件。

4. 敘事體的缺點
   (1) 它隱藏住因果理論與概念，或是使其顯得模糊不清。
   (2) 它使用華麗的辭藻、日常的語言與常識邏輯進行說服的工作，因而受制於語意扭曲以及各種修辭學技巧上的邏輯謬誤。
   (3) 它易於忽略常態或平常的狀況，而注重獨特、則戲劇性、卓越的與不尋常的現象。
   (4) 它很少是根據先前的知識，並且不太費心創造普遍性的知識。
   (5) 它傾向於是個明顯的個人主義，誇張某些特定人物的角色及其自動自發塑造事件的能力。

四、比較研究

（一）比較研究的優點

1. 比較觀點暴露研究設計的缺失，進而有助於研究者改善研究的品質。比較研究的焦點擺在單位之間的異同，以及「比較是理解與洞察的核心」。比較法幫助研究者辨識出跨單位間共通的社會生活面向（例如：文化），反對

被限制在單一單位之中。所有的研究者都想要進行某種程度的通則化。實證主義研究者致力於找出跨社會都適用的通則或社會行為模式。

2. 比較取向可改善測量與概念化的品質。進行橫跨數個社會單位或背景的研究者所發展現的概念，較不可能只適用於某個特殊的文化與社會環境。除非研究者同時在把一個概念適用到不同的文化或社會環境，否則要看穿隱藏著的偏誤、假定與價值，都不是件易事。

3. 比較研究引出新問題並且激發出理論建構的新方法是其主要的長處。

（二）比較研究的限制

1. 與非比較研究相比，它比較困難、成本比較高，而且也更加消耗時間。能夠蒐集到的資料類型以及等值性的問題也是常見的問題。

2. 個案的數目較少及比較研究者很少會用到隨機抽樣。

3. 比較研究者只能夠應用理論、做有限的通則化，而無法檢定理論。儘管歷史比較研究具有使用組合理論，把個案當整體的能力，但是要做到嚴謹的理論檢定或實驗研究，可以說是絕無僅有。舉例來說，對經濟不景氣的效果感興趣的研究者無法使某一組的國家遭遇，而使其他組的國家不遭遇經濟不景氣。相反的，研究者要等到不景氣發生之後，才能觀察這個國家或單位其他的特性。

（三）比較研究的類型

比較研究的類型	說明
個案比較研究 （Case Study Comparative Research）	主要焦點是在比較特定的社會或文化單位，而不在於建立廣泛的通則。
文化脈絡研究 （Cultural-Context Research）	研究者使用研究代表不同類型社會或單位的個案。
跨國研究 （Cross-National Research）	國家是分析的單位，研究者跨國測量一組共同的變項。研究者並未提及國家的名字，但研究者測量跨國的變異，把國家的獨特特徵轉換成變項。
多國研究 （Transnational Research）	是一種比較研究的類型，在這類比較研究中，研究者使用多國單位（例如：全球的某個地區像是第三世界），進而以這些不同集團的國家為研究單位，研究他們之間的關係。

（四）歷史比較研究中的等值性 ....

1. 等值性的重要：對所有的研究而言，等值性都是極為關鍵的議題。它是跨越不同情境脈絡進行比較的一個議題，或是說一個活在某個特定時期與文化的研究者是否能夠正確地閱讀、了解，或概念化那些活在與他完全不同歷史時代或文化之背景下的民眾所有的一切相關資料的問題。等值性可分為語彙等值、脈絡等值、概念等值、測量等值等類型。

> **上榜關鍵** ★★
> 歷史比較研究中的等值性等相關名詞，請以解釋名詞及測驗題形式準備。

> **上榜關鍵** ★★★
> 歷史比較研究中的等值性等相關名詞，請以解釋名詞及測驗題形式準備。

2. 等值性的類型 ....

等值性的類型	說明
語彙等值	語彙等值是指字或詞的正確翻譯，或是找到與另一個字指同一件事的字。這在兩個語言之間是最清楚不過的事了。比較研究者常使用反向翻譯來取得語彙等值。反向翻譯時，一個詞或問題從一個語言翻譯成另一個語言，然後反過來再譯一次。例如：把一個詞從英語翻譯成韓文，再從韓文翻譯回英文。
脈絡等值	脈絡等值是指在不同的社會或歷史脈絡下，正確地使用脈絡術語或概念的狀況。那是種想要在特定脈絡下求得等值的企圖心。
概念等值	能夠跨越不同的文化或歷史時代使用相同概念的能力，是概念等值。
測量等值	測量等值意指在不同的背景下測量同一個概念。如果研究者發展出適用於不同情境脈絡的概念，問題依舊是：在不同的情境脈絡下，測量相同的概念需要用不同的測量工具嗎？在不同的文化脈絡下，可能需要用到不同的指標。

五、事後回溯研究法

（一）源起

1. 在事情發生後，以調查研究的方式，著手分析原因的研究方法則稱爲事後回溯研究法。

2. 事後回溯研究又稱解釋觀察研究（Explanatory Observational Studies）或原因性比較研究（Causal Comparative Research），因爲須藉著各種觀察，提出各種解釋（或是先提出各種解釋，然後從各種觀察找出原因），把種種原因與答案相互比較時，較合理的因素便逐一出現。簡而言之，它是以回溯的方式，探究變項（原因）間可能的關係或效應的研究。

（二）事後回溯研究法的特質

1. 事後回溯研究法雖然是用既有資料研究，它仍然是具有系統性、實證性的探討法，因爲它對已發生的事實，提出一套系統去觀察、去解釋，以期找尋可能的客觀答案。

2. 事後回溯研究法所要探討的自變項若不是既成之事實，便是根本無法操弄、無法控制自變項。事後回溯研究法中，變項與變項之間的關係經常不能直接測知，必須從自變項與依變項之間的共同變異數來加以推論。

（三）事後回溯研究法之進行步驟

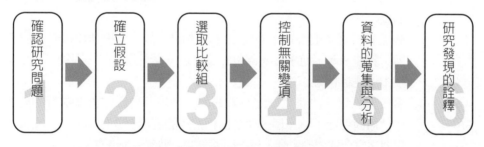

1. 確認研究問題：事後回溯研究法的研究問題是以業已形成的問題爲主，因此才有其必要以事後回溯的方式探討形成問題的原因。

2. 確立假設：有了研究主題，必須根據理論確立假設，事後回溯研究法在假設與立論方面需要特別的強調。因爲問題既已產生，在推敲是什麼因素造成這類問題時，不同的假設會導致不同的研究方向。

3. 選取比較組：最好仍有一個比較組可以與實驗組作比較，否則統計上的顯

著差異說不定只是偶然因素所造成的，種種研究過程中所面臨的內在效度問題，若沒有比較組的對照時，研究結果堪慮。

4. 控制無關變項：一般所採用的方法有配對法，使實驗組與比較組之間的差異可以確定是由實驗的項目而來。或次級組，或藉著共變數分析，來確定造成問題的各個自變項的功能與相互左右的共變數，也可以排除研究所不需要的雜質。

5. 資料的蒐集與分析：事後回溯研究法的資料分析方法與其他研究方法並無太大的區別，其實分析方法是否妥當取決於是什麼樣性質的資料，以及我們要什麼性質的答案而定。

6. 研究發現的詮釋：事後回溯研究法是問題發生以後，探討其問題原因的合理化過程，研究者仍應抱持著審慎的態度去解釋，使整個事件的說明言之成理。

（四）事後回溯研究法的優缺點

1. 優點
   (1) 事後回溯研究法最大的優點是研究經費節省，因為問題畢竟已經產生，研究者只是做「合理的推測」。
   (2) 可以看出時間系列上問題的長期發展。

2. 缺點（限制）
   (1) 擁有資料者不一定合作，資料也不一定就確實，當今所用的工具和以前所用的工具與測量單位不同，當然一定會產生偏差，不符研究的要求。
   (2) 缺乏對自變項的控制。如何證實其中的一種或多種理由較具有影響力，實非易事，而事後回溯研究法在這方面更為有限，因為它對變項根本無控制的能力。
   (3) 事後回溯研究法難以確定有關的因素，是否均已包含在進行的研究中，原因可能不只一個，而是由相當多的因素交互作用而成，交叉作用對事實所造成的影響，事後回溯研究一點辦法也沒有。
   (4) 導致現象的原因不一定必然是多元的，可能在某些情況是由某個原因促成，而在另一個情況亦可能是由另一個原因促成，此「單純」所造成的「複雜性」，也必須考慮。
   (5) 如能發現兩個變項之間的關係，但要決定何者是因、何者是果時，常可能與另外未被觀察或認定的因素有關。若是事後回溯研究並未把這種可能列入研究規劃並設法予以控制時，研究的準確性就會受影響。

（五）事後回溯研究法比實驗研究法優越之處

1. 當變項無法選擇或操弄時。當研究者必須直接研究某一問題的因果關係，但卻不能選擇、控制或操縱所需之變項時，他就可以使用事後回溯研究法。

2. 當所有受控制的變項流於不切實際或高度的人為化，以致妨礙諸變項間的正常交互作用，用實驗研究法也無法找到確實客觀的答案時，事後回溯研究法或許是個彌補的方法。

3. 當實驗控制研究的目標不切實際、成本過高，或基於倫理道德的考慮，不應該也不能夠使用實驗研究法時，就可使用事後回溯研究法。

4. 事後回溯研究法也可獲得關於某些現象之性質的有用資料，如在什麼條件之下、什麼因素，以什麼順序與模式，跟隨什麼因素發生，雖然這答案並不是透過嚴格的實驗而來，但是經過細緻的事後回溯研究方法，把過程儘量設法予以控制時，也可以得到很有價值的答案。

六、非干擾性測量

（一）非干擾性測量的意義

> **上榜關鍵** ★★★
> 請將非干擾性測量的意義及優缺點做基礎的準備。

1. 非干擾性測量（Unobrusive Measures）是指：「在調查訪問的前或後，研究者在不干擾受訪者，也不需受訪者填問卷表的狀況下，藉著對其他事務的觀察或測量，使得到的資料可以佐證或增強調查研究時所得到的結論，此為非干擾性測量。要特別注意的是，非干擾性測量不能取代訪問調查研究，非干擾性測量的結果只是供訪問調查佐證或參考而已。

2. 非干擾性測量的型態包括物理線索、檔案與公文、觀察等三種。非干擾性測量的主要型態是以物理線索的研究為主。

3. 要避免觀察的干擾，有一種最好的方法就是使用既存資料。所謂的既存資料（a vailable data），並不只限於統計資料的彙編，還包括許多其他類型的文件資料。例如：機構的個案紀錄、實務工作者的程序筆記、報紙及電視新聞的報導評論、董事會的會議紀錄、機構的備忘錄和年度報告、書籍或專業期刊文章、社會福利相關的法律觀點或立法、各級政府的行政法規等，皆屬此類資料來源。

4. 運用現存資料有三個主要優點：非干擾性、簡便節省（資料蒐集相較於其他方法省錢、省時）、可以研究過去發生的現象。分析現存紀錄的資料方法，分別爲：內容分析、次級分析、歷史比較分析。

（二）非干擾性測量的優缺點

1. 優點
   (1) 不必干擾受訪者，不必看受訪者臉色。
   (2) 測量結果沒有人爲的僞裝與不必要的影響。
   (3) 不會造成實驗研究中的受訪者成熟、歷史或測驗等影響研究內在效度的危機。
2. 缺點：當考慮到研究必須具備的信度或效度時，非干擾性測量有其無法克服的缺陷和困難。

（三）對主要研究的幫助之處

1. 把非干擾性測量當作補充性資料來源而非主要性的研究時，那麼非干擾性測量對原來研究的幫助甚大，因它可以增加原來研究的信度與效度。
2. 從效度來說，研究有內在效度與外在效度，同時也因相關證物的蒐集，若又能在別的地方找到同樣的證據時，則原來研究的外在效度，當然也因此可以大大的提高。

七、其他研究方法

（一）文化比較研究法

1. 文化比較研究法意義：針對某種主題，選兩個或兩個以上的文化或行爲特質，作爲研究變項，以分析其相關性的研究方法即爲文化比較研究法。
2. 文化比較研究法的特質
   (1) 文化比較研究法不受限於單一的文化，它在不同文化中，尋求一種類似的實驗，以探索某種行爲、態度的客觀原因，此種研究法可補其他研究方法的不足，在考慮的層面上「宏觀」得多。
   (2) 文化比較研究法在抽樣上牽涉到文化人類學的專業，進行此研究時，應細加研讀其專業的抽樣習性與特質。

(3) 如何界定標準、相等的文化單位作為比較的標準，可能有不同的定義與方法，否則，在截然不同的文化背景中，硬要對某件行為或事物作比較，所得到的結果爭議性大，應用性也會受限。

(4) 對所觀察、比較的事物如何量化與評分更是研究的重點，因為文化變項在不同社會中意義不同，份量自有差異。

（二）主位和客位觀點

主位觀點（Emic Perspective）需要試著接納被研究文化中其成員共同分享的信念、態度和其他重要看法；使用此觀點，研究者試著取得關於研究參與者的局內人理解（Insider Understanding）。反之，客位觀點（Etic Perspective）允許研究者像局外人一樣維持自己的客觀性，提出被觀察文化的成員本身不會發現的問題。

（三）持續比較法

一種從質性資料中歸納出模式特徵的方法。研究者歸納出模式特徵後，從中發展出概念與假設，再蒐集其他個案資料，以檢驗先前發展的概念與假設。被納入觀察的新個案是經由理論抽樣而來，這些新個案與先前發展的概念與假設之間具有一定的相似性。一旦從這些高相似性的個案中沒有發現新的概念特徵，再選擇其他類型個案。如此重複上述發展概念的過程，直到研究者相信，再增加新的個案也不會有新的類屬或發現出現為止。

（四）語意學

一種關於符號與意義的科學，通常見於內容分析法，檢視人們對於特定符號及其意義認知的一致性。

（五）言談／對話分析

言談／對話分析（Conversation Analysis, CA）是對人的談話做仔細的觀察，以從中找出社會生活裡隱含的結構。（David Silverman）整合專家學者的主張後，提出言談分析的三個基本特徵：

> **上榜關鍵** ★★
> 言談／對話分析的準備，以解釋名詞準備，回答務必完整。

1. 言談是社會建構的活動，如同其他的社會結構，言談具備特定的規則，例如：雙方的交談是輪流的，一次一個人說話。電話交談時，由接電話者先說話。

2. 言談必須在情境脈絡中進行理解。在不同的情境脈絡下，相同的話語可能代表不同的意義。

3. 言談分析通常需要非常精確地記錄下談話內容，以了解談話的結構和意義。不只談話的內容要完整記錄，各種用語、語氣詞、停頓，乃至於說錯的話都要注意。

（六）概念圖示

質性資料的處理過程不僅限於文本，還包括圖示，有時將概念間的關聯性以圖表的方式呈現，將更為清晰明瞭，這樣的過程稱為概念圖示（Concept Mapping）。有些研究者將研究裡的主要概念整理簡化在一頁紙內，也有些研究者將其想法記錄在多頁紙或黑板、電腦等各種可供記錄的媒介。

（七）民族誌

民族誌（Ethnography），又稱為人種誌。是注重在自然情境中觀察的一種質性研究形式，民族誌重視

> **上榜關鍵** ★★
> 民族誌，又稱為人種誌，請詳記。

的是仔細且精確地描述人們在特殊文化中的生活方式，以及他們解釋事物意義的方式。民俗誌學者認為這種研究方法最能掌握研究情境的多元性和豐富性。

（八）個案研究

1. 個案研究的意涵

   (1) 個案研究（Case study）是針對單一的個人、家庭、團體、社區或社會，以個殊式的方式進行檢視；描述為其主要目標，但

   > **上榜關鍵** ★★
   > 個案研究與社會工作的個案工作不同，請區辨清楚。

   也接受嘗試性的解釋。相關的案例包括：針對一個案主系統和其介入方法進行深入描述；描述一個街頭幫派的日常生活和習慣；分析一個社會福利機構的組織動力及其影響該組織的社會服務輸送；描述一個草根社區組織的誕生與經驗。

   (2) 雖然，一般認為個案研究法是一種質性研究的方法，但觀察方式並非個案研究的特色，個案研究法的獨特在於其研究關注只有一個特定的個案（或多案研究中的多個個案）。詳盡的運用有關該個案的各式各樣的證據，甚至包括量化研究法所蒐集的證據。證據的來源有現存的文件、觀察紀錄、訪談資料，也有經由調查該個案有關的人物、操縱某變項而取得的資料。個案研究法也可以針對一名特定的案主進行介入

方法的單案評鑑，作為個案研究的一部分。

(3) 此外，個案研究法雖然是針對一個特定的個案進行個殊式的理解，但個案研究結果也可以進一步發展為更普遍、更律則式的理論基礎。個案研究法的邏輯焦點並不是在統計上得以推論到其他個案上（或稱為外在效度），個案研究法的焦點是建立研究發現和特定理論間的連結，其作法是透過個案研究法所蒐集到的證據來源價值和理論相關。個案研究法無意測試理論，因為只有一個個案，但反覆驗證的過程中，相同結果的累積，和重複進行單案評估或團體實驗，一樣都是測試理論的有效方法。

(4) 研究者之所以選用個案研究法，是因為找得到似乎有深入調查價值的特殊個案。社會工作者之所以有興趣運用個案研究法，是因為所研究的個案通常是社會工作處置的個人、團體或家庭單位。

2. 個案研究的目的
   (1) 找出問題發生的原因。
   (2) 提出解決問題的方法。
   (3) 提供預防措施。
   (4) 提升組織機構的績效。
   (5) 提供具體的實例。
   (6) 協助個案發展潛能。
   (7) 提供假設的來源。

3. 個案研究的特徵
   (1) 個案研究應屬於縱貫式的研究途徑，揭示某段期間的發展現象。
   (2) 個案研究是一種研究策略，或是一種研究途徑的設計，而非具體的研究方法。
   (3) 個案研究往往傾向將個案視為「有生命的」，藉此觀察其延續與變遷。

4. 個案研究法的類型
   (1) 以個人作為研究對象：在進行以個人為個案的研究時，往往將個人視為一個完整的整體，且強調在個人的社會脈絡／社會情境中，對其行為加以解讀。
   (2) 以事件作為研究對象：「事件」也是個案研究常見的個案類型；利用個案研究途徑來剖析事件時，研究者通常將特別突出此事件中「決策人物」與其「歷史情境」或「社會脈絡」之間的互動。
   (3) 以組織作為研究對象：針對組織的個案研究，往往傾向利用田野的方

式參與組織之中，身歷其境的去掌握、理解組織的整體特性。

5. 對個案研究法之討論

    (1) 對個案研究的誤解

        A. 認為個案研究無法排除「有選擇性」的問題。

        B. 認為個案研究無法建構適當的理論。

        C. 認為個案研究必須耗費極長的時間方能有所成就。

    (2) 「啟發式的」理論建構，是透過研究類似的個案，可以幫助研究者了解另外一些個案，研究某些個案在某些情境下的反應，有助研究者推知另外一些個案在類似情境下的反應。

    (3) 「推論式的」理論建構，是透過個案的研究設計，利用理論形式的命題，做出同量化研究一樣嚴謹的概化推論。

（九）生命史

「生命史」（Life History），或稱生命故事（Life Story），是一種重視質性訪談的方法。使用這種方法時，研究者會問開放性的問題來發掘研究參與者如何理解他們生活中的重大事件和意義。

練功坊

Q　何謂二手資料分析（Secondary Analysis）？其優點及限制爲何？

A

（一）二手資料分析

　　二手資料分析，又稱為「再次／次級分析法」（Secondary Analysis），是「對某現存已有的資料作更進一步的分析，以呈現新的結論或解釋的一種研究方法」。換句話說，二手分析法是一種研究方法，藉由別人所蒐集的資料，把適合我們研究的原始資料再拿來做分析。亦即，用不同於過去報告的方式，對已存在的資料再作分析，所呈現的說明、解釋、結論或新增的知識，即為二手／次級分析法。

（二）二手資料分析研究法的優點

1. 相對於初級研究，二手資料分析的研究花費較少。

2. 二手資料分析便於進行跨團體、跨國、跨時間的比較，以及研究的複製。

3. 透過二手資料分析，使研究者能夠進行一些原作者未曾想過的問題。

（三）二手資料分析研究法的缺點（容易產生的問題）

1. 信度問題：所謂信度問題是指：當一個機構在使用二手分析時，以前所謂有信度的資料，在若干年後二手使用時，它的作用不如以前的狀況，如此一來便產生標準信度方面的問題。

2. 效度問題：信度不足，效度當然就會出問題。然而，在測量當中，有時即使有信度，也不一定有效度。測量工具的一致性是效度的必要條件，但非充分條件。使用二手分析法之前，要注意過去的哪些資料是我們現在仍然要用的？是否有把握能得到真實反應的資料？

3. 遺漏的資料：二手分析時，對於這些遺漏的資料常會束手無策，解釋上也很脆弱，不容易克服。

 練功坊

★（　）相較其他研究方法，下列有關內容分析的敘述，何者錯誤？

(A) 費錢、耗時是它的缺點

(B) 不介入、容易更正錯誤是它的優點

(C) 它可以是量化的，也可以是質化的技術

(D) 它可以應用在對社會工作個案紀錄的分析上

解析

A。內容分析法的優點之一是省錢、省時。例如：一位大學生可以單獨進行內容分析，但卻可能無法從事調查，內容分析法不需要一大群研究人員，不需要特殊裝備，只要能取得被加以編碼的資料就可以進行類分析。

★（　）社工員以寄養兒童的個案資料進行分析，以了解近幾年來寄養原因的變化。此研究採用的方法為：

(A) 實驗研究法（Experimental Method）

(B) 歷史比較分析法（Historical Comparative Method）

(C) 非干擾性研究法（Unobtrusive Method）

(D) 個案研究法（Case-Study Method）

解析

C。非干擾性測量（Unobrusive Measures）是指：「在調查訪問的前或後，研究者在不干擾受訪者，也不需受訪者填問卷表的狀況下，藉著對其他事務的觀察或測量，使得到的資料可以佐證或增強調查研究時所得到的結論」，此為非干擾性測量；非干擾性測量的型態包括物理線索、檔案與公文、觀察等三種。

重點便利貼

❶ 評估研究：是指為了達成評鑑並且改進人群服務方案的概念化、設計、計畫、行政、效能、效率和效用等目的，而綜合採用的各種研究設計及方法（例如：實驗、調查、參與觀察等的研究類型稱之），亦即，評估研究是一種取向而不是單一的研究方法。

❷ 評估研究的類型：需求評估、過程分析／評估、成果評估、成本效益分析。

❸ 需求評估：是以服務對象需求的種類或／且需求量為評估重點。Bradshaw 的需求四分類包括規範需求、感覺需求、表現需求與比較需求。

❹ 過程分析／評估：是指檢查並測量自變項進行的每個步驟與細節，是如何的造成相關因素的變化。

❺ 成果評估又稱為成效評估或效果評估（Outcome Evaluation）。研究者／方案執行者可以很明確地了解到這個方案究竟有沒有效，以及是否達到原來預定的方案目標。

❻ 成本效益分析／效率評估（Efficiency Evaluation）：主要是從方案的社會淨效益（Social Net Benefit，也就是社會總效益減去社會總成本）觀點來看方案實施是否值得（針對已完成的方案），或預估究竟要採用哪一個備選方案（針對尚未實施的方案）。

❼ 需求評量方法：次級資料分析法／差補外推法、資源盤點法、服務統計資料、社會（社區）調查法、公聽會。

❽ 社區需求評量的方法（作法）：訪問、問卷調查、實地觀察、次級資料、社會指標、服務統計、會議。

⑨ 行動研究法：又稱為參與式行動研究（Participatory Action Research），使用這種方法，研究者會充當被研究者的資源，通常是弱勢團體，讓他們有機會為自己的利益採取有效行動。這些弱勢參與者會界定自己的問題，界定想要補救的方法，以及帶頭設計能幫助他們完成自己目標的研究。

⑩ 行動研究法的類型（Hart & Bond 提出）：實驗型態、組織型態、專業型態、充權型態。

⑪ 德菲法是一種「不需要電腦輔助，但是可以透過問卷的方式，對多位專家進行意見蒐集的過程。德菲法是一種介於質性研究與量化研究之間的研究方法。

⑫ 再次／次級／二手分析法／差補外推法：是「對某現存已有的資料作更進一步的分析，以呈現新的結論或解釋的一種研究方法」。

⑬ 誤置精確的謬誤：這種謬誤出現在大量而詳盡地引用統計數字以及相關的細節，而未求證這筆資料蒐集的方式是否保證可以這樣應用，以至於讓人產生一種資料相當精密的錯誤印象。

⑭ 內容分析法：包括書籍、雜誌、期刊、報紙、電視節目、廣告、從事直接服務之社會工作人員在他們個案紀錄中所做的過程筆記等，從這些所取得的資料在屬性上都是質性資料，分析這種資料的方法被稱為內容分析法。

⑮ 編碼登錄（過錄）系統是用來辨識文件內容的次數、方向、強度與版面等四項特性。

⑯ 編碼登錄一篇文案中看得見的、表面的內容，稱為顯性編碼登錄；使用隱性編碼登錄的研究者尋找文案中潛藏的、隱含的意義。

⑰ 歷史研究法的特質：它是批評性檢定的過程、非干擾性測量的研究態度、從過程中隱示其具有的意義。

⑱ 歷史比較研究中的等值性，可分為語彙等值、脈絡等值、概念等值、測量等值等類型。

⑲ 事後回溯研究又稱解釋觀察研究或原因性比較研究，因為須藉著各種觀察，提出各種解釋（或是先提出各種解釋，然後從各種觀察找出原因），把種種原因與答案相互比較時，較合理的因素便逐一出現。簡而言之，它是以回溯的方式，探究變項（原因）間可能的關係或效應的研究。

⑳ 非干擾性測量：是指「在調查訪問的前或後，研究者在不干擾受訪者，也不需受訪者填問卷表的狀況下，藉著對其他事務的觀察或測量，使得到的資料可以佐證或增強調查研究時所得到的結論」。

㉑ 文化比較研究法：針對某種主題，選兩個或兩個以上的文化或行為特質，作為研究變項，以分析其相關性的研究方法即為文化比較研究法。

㉒ 主位觀點需要試著接納被研究文化中其成員共同分享的信念、態度和其他重要看法；使用此觀點，研究者試著取得關於研究參與者的局內人理解。反之，客位觀點允許研究者像局外人一樣維持自己的客觀性，提出被觀察文化的成員本身不會發現的問題。

㉓ 言談／對話分析：是對人的談話做仔細的觀察，以從中找出社會生活裡隱含的結構。

㉔ 民族誌：又稱為人種誌。是注重在自然情境中觀察的一種質性研究形式，民族誌重視的是仔細且精確地描述人們在特殊文化中的生活方式，以及他們解釋事物意義的方式。

㉕ 個案研究：個案研究是針對單一個人、家庭、團體、組織、社區、社會或現象的檢視；個案研究是指採用多種方法蒐集有效的完整資料，對單一的個案或社會單位作縝密而且深入研究的一種研究方法。

㉖ 生命史：或稱生命故事，是一種重視質性訪談的方法。使用這種方法時，研究者會問開放性的問題來發掘研究參與者如何理解他們生活中的重大事件和意義。

擬真考場

申論題

何謂評估研究（Evaluation Research）？何謂行動研究（Action Research）？試說明之。

選擇題

（　）1. 某青少年社福機構為協助中輟生發展職涯，而規劃準備性多元就業服務方案，希望藉此培養青少年的就業能力與職業倫理，同時亦期望透過此研究建立該機構未來的青少年就業服務模式。為達成此研究目的，本研究計畫最適合採用何種研究方法？
　　　(A) 實驗研究
　　　(B) 調查研究
　　　(C) 行動研究
　　　(D) 非介入性研究（Unobtrusive Measures）

（　）2. 下列關於內容分析法的特點，何者是不正確的？
　　　(A) 需根據抽樣架構進行抽樣
　　　(B) 需進行變項的操作化定義及屬性的分類
　　　(C) 需進行編碼與資料計數
　　　(D) 內容分析只限量性分析，跟質性分析無關

（　）3. 使用次級資料進行研究所面臨的最大問題為何？
　　　(A) 樣本選擇問題　　　　　　　(B) 資料蒐集策略
　　　(C) 問卷結構　　　　　　　　　(D) 效度問題

解析

申論題：

（一）評估研究

1. 評估研究（Evaluation Research），是指為了達成評鑑並且改進人群服務方案的概念化、設計、計畫、行政、效能、效率和效用等目的，而綜合採用的各種研究設計及方法（例如：實驗、調查、參與觀察等的研究類型稱之，也就是說，評估研究是一種取向而不是單一的研究方法。

2. 評估研究於社會工作者而言，是具有相當高的實用價值，因為社會工作研究的目的，本來就是希望能解決工作中所面對的問題，更進一步期望能對案主提供更有效、更適切的服務，因此在社會工作實務領域中，評估研究是一種非常常見的研究方式。評估研究可分為需求評估、過程分析／評估、成果評估、成本效益分析等。例如：臺灣地區六星計畫關懷據點的成果評估。

（二）行動研究法

1. 行動研究法，又稱為參與式行動研究（Participatory Action Research），又稱為行動研究法。在質性研究方法中的特色是有其社會行動目的。使用這種方法，研究者會充當被研究者的資源，通常是弱勢團體，讓他們有機會為自己的利益採取有效行動。這些弱勢參與者會界定自己的問題，界定想要補救的方法，以及帶頭設計能幫助他們完成自己目標的研究。

2. 行動研究的目標，不只是在對研究的現象與行為進行詮釋而已，同時也要達到對研究現象進行改變或改革的目標。就實踐行動的層次而言，行動研究其實是包含了規劃（研究）、行動與發現（評估）等，不斷循環的過程。行動研究法的類型包括實驗型態、組織型態、專業型態、充權型態等。

選擇題：

1. C　透過中輟生的參與可使其發現自己面臨的職涯問題，以發展其職涯能力，將使得本研究可達到更佳的效益。而行動研究就是讓方案或組織中的人員研究自己的問題，並設法去解決的一種研究方法。

2. D　內容分析法在分析的過程中，每一個步驟都應有明確的規則與流程作依據。所要研究的內容，設計出客觀的類別，以便可以把資料「翻」成號碼（Coding），就可以使研究者排除本身的主觀性，而作客觀的解釋，而這係質性分析的一環。

3. D　藉由別人所蒐集的資料，把適合我們研究的原始資料再拿來做分析。亦即，用不同於過去報告的方式，對已存在的資料再作分析，所呈現的說明、解釋、結論或新增的知識，即為再次／次級分析法；使用再次／次級分析法之前，要注意過去的哪些資料是我們現在仍然要用的？是否有把握能得到真實反應的資料？才能提升研究的效度，否則即面臨資料之效度問題。

附錄
歷屆試題

113年第一次專門職業及技術人員高等考試社會工作師考試試題

■ 等別：高等考試

■ 類科：社會工作師

■ 科目：社會工作研究方法

本書章節	命題重點	申論題		測驗題		配分
		考題編號	題數	考題編號	題數	
第1章	社會工作研究方法與研究取向			6,7,35,38,39,40	6	7.5
第2章	假設、理論、概念與變項			1,2,3,4,9,10,30	7	8.75
第3章	測量與抽樣	1	1	1,13,14,22,23	5	31.25
第4章	問卷設計與調查			12,15,18,19,20,21,23	8	10
第5章	資料統計與分析			34	1	1.25
第6章	實驗研究			8,27	2	2.5
第7章	觀察研究			16	1	1.25
第8章	質性研究	1	1	5,17,26,28,29,36,37	7	33.75
第9章	其他研究方法			24,31,32	3	3.75

甲、申論題部分：（50分）

一、某縣政府想進行「婦女生活狀況與福利需求調查」，預定採用系統抽樣法或分層隨機抽樣法（stratified random sampling），試從樣本分布情形、施測成本、適用時機來比較二者的差異。

二、近幾年來卑親屬殺死尊親屬的重大老人保護案件頻傳，若研究者想要了解每件重大老人保護案件的發生原因和脈絡，及各縣市老人保護社會工作者對於重大老人保護案件施虐者特質的想法，試說明研究者如何運用「內容分析」及「焦點團體訪談」方法來進行資料的蒐集？以及這二種方法的優、缺點？

乙、測驗題部分

( ) 1. 某醫務社工師長期觀察病人與家屬的互動情形,發現家屬陪同病人的時間越多,則病人的住院適應程度越好,因此他認爲「家屬支持與病人適應程度有關」。此屬於下列何種推理?
(A) 實證推理　　(B) 演繹推理　　(C) 歸納推理　　(D) 統計推理

( ) 2. 承上題,醫務社工師以此進行研究,其測量「家屬陪同病人的時間」,爲下列何種變項?
(A) 自變項　　(B) 依變項　　(C) 中介變項　　(D) 控制變項

( ) 3. 某研究者將研究變項社會工作者的「畢業科系」分成社會工作系畢業、社會工作相關科系畢業與其他三類時,此一分類具有下列何種特質?
(A) 既互斥又周延　　　　　　(B) 互斥但不周延
(C) 周延但不互斥　　　　　　(D) 既不互斥又不周延

( ) 4. 科學之輪(Wheel of Science)指出理論與研究是屬於那一種互動關係?
(A) 單向的因果關係　　　　　(B) 非線性關係
(C) 曲線關係　　　　　　　　(D) 循環關係

( ) 5. 採用質量混合研究設計(mixed method)邏輯時,下列敘述何者錯誤?
(A) 採用混合研究設計,量化研究和質性研究設計不可能同時進行
(B) 即便研究設計混合,研究者須不要違反質性與量化研究的基本原則
(C) 研究者需考慮所要研究的主題有結合質性量化研究的必要性
(D) 研究者需熟悉質性與量化的研究方法,並且確保兩種方法的品質

( ) 6. 有關因果模型的說明,下列何者錯誤?
(A) 若要檢定二因素是否具有因果關係,可忽略二因素的發生時間
(B) 若二因素具有因果關係,則此二因素的關係應具方向性
(C) 若二因素間沒有關連性,則無因果關係
(D) 若二因素間存在其他因素的影響,則很難判斷因果關係

( ) 7. 從或然率的角度來解釋因果關係時,下列敘述何者正確?
(A) 在現象的陳述中若是「有了 X,便有極大的可能產生 Y」時,X 就是產

　　生 Y 的必要條件

(B) 在現象的陳述中若是「若不是 X，便不可能 Y」時，X 就是產生 Y 的充分條件

(C) 在現象的陳述中若是「若不是 X，便不可能 Y」時，X 就是產生 Y 的必要條件

(D) 兩種變項有因果關係，就看得出其中有必要條件的存在

(　) 8. 某社會工作者運用單一團體前後測的方式進行方案評估，下列敘述何者正確？

(A) 可以明確知道服務方案是因，參與者改變是果

(B) 可以知道方案參與者是否有進步

(C) 可以知道方案的真正因果關係

(D) 可以知道影響方案因果關係的外在因素

(　) 9. 在某一針對 200 位單親爸爸的研究中，研究者所擬定的研究假設為：單親爸爸對子女教育之期待會因其本身之教育程度而有所差異。下列敘述何者正確？

(A) 此研究中生理性別不是變項

(B) 此研究之假設具有方向性

(C) 此研究之自變項為對子女之教育期待

(D) 此研究之假設為虛無假設

(　) 10.若某一研究之變項為：「施暴者當時所處的狀態」，而該變項測量的類別設為：①工作壓力 ②失業 ③精神疾病 ④外遇 ⑤失去親人，有關此一變項選項設計之敘述，下列何者正確？

(A) 周延性和互斥性都有　　　　　　(B) 有互斥性，無周延性

(C) 有周延性，無互斥性　　　　　　(D) 周延性和互斥性都沒有

(　) 11.某國中發放記名問卷給學生，請他們填寫自己抽菸和喝酒的頻率，結果很多學生填的答案都比實際情況為低。此為下列何種誤差？

(A) 隨機誤差　　　(B) 相關誤差　　　(C) 系統誤差　　　(D) 三角誤差

(　) 12.甲、量表僅施測一次，分兩半套分別計分，再計算兩半套間的相關。乙、量

表施測一次，交由兩人評分，計算兩項分數的相關。丙、將同一量表的兩套組題連續於同一團體施測，計算兩項分數的相關。以上三種測量信度的方法分別爲何？

(A) 交互評分者信度、複本信度、重測信度

(B) 折半信度、複本信度、內部一致性信度

(C) 折半信度、交互評分者信度、複本信度

(D) 折半信度、交互觀察者信度、平行信度

(　) 13. 當樣本數從 100 增加到 500 時，下列敘述何者正確？

(A) 抽樣分配的標準誤會增加　　　　(B) 抽樣分配的標準誤會降低

(C) 不會影響樣本分配的標準誤　　　(D) 抽樣分配不會趨近常態分布

(　) 14. 某學者想邀請校園性騷擾被害者進行研究，下列何種抽樣方法最適當？

(A) 系統隨機抽樣　　　　　　　　　(B) 簡單隨機抽樣

(C) 分層隨機抽樣　　　　　　　　　(D) 立意抽樣

(　) 15. 對於電話訪問的敘述，下列何者正確？

(A) 相較於面對面訪問，較不易召募到訪員

(B) 訪問品質較好控制，訪員效應較低

(C) 不容易產生樣本涵蓋誤差

(D) 電話訪問的問卷長度一般以 50 分鐘爲限

(　) 16. 對於觀察方法的敘述，下列何者錯誤？

(A) 觀察的步驟通常是由集中到開放，以利蒐集到全方位的觀察資料

(B) 進行觀察之前，事先應確定觀察的問題並制定觀察計畫

(C) 研究者選擇一特定時間段，對這段時間發生的事情進行觀察，屬於一種時間抽樣法的聚焦方法

(D) 相較於聚焦式的觀察，封閉式的觀察只針對事先設定的角度和內容進行觀察和量的計算

(　) 17. 關於量化研究假設的敘述，下列何者錯誤？

(A) 讓研究問題更聚焦

(B) 具有可測量的條件

(C) 對兩個或兩個以上變項之間的關係進行推測性論述

(D) 提升研究的複雜與主觀性

( ) 18. 社工想了解個案接受服務後自我效能感是否提升,因此使用量表在服務前進行前測,在服務半年後進行後測。請問下列何者不會對內在效度造成威脅?

(A) 過程中發生重大事件　　　(B) 成熟因素

(C) 個案隨機分派　　　　　　(D) 測量工具品質

( ) 19. 爲了解一個量表是否具有建構效度(construct validity),常用下列何種統計方法分析?

(A) 相關係數檢定　　　　　　(B) 變異數分析

(C) 因素分析　　　　　　　　(D) 迴歸分析

( ) 20. 若我們將某社會福利機構(甲)之志願服務人員當成實驗組,而給予某種同理心訓練課程,同時又選擇另一機構(乙)的志願服務人員爲控制組。在沒有前測的狀況下,若三個月之後,我們發現甲機構的志願服務人員在同理心量表的平均分數大於乙機構之平均分數,則下列何種因素最可能威脅此一研究設計之內在效度?

(A) 統計迴歸趨中效應　　　　(B) 經歷其他事件(歷史效應)

(C) 選樣效應　　　　　　　　(D) 測驗效應

( ) 21. 對於調查研究方法的敘述,下列何者錯誤?

(A) 又稱抽樣調查方法,乃經由標準化過程收集有關樣本具有信度和效度的資料

(B) 以電話進行調查時,訪員必須要依照相同的次序問每一個受訪者同樣的問題,用同樣的方式做記錄

(C) 調查研究所蒐集的資料,可運用統計分析技術進行母體狀況的推估

(D) 調查研究的抽樣一定要採用簡單隨機抽樣

( ) 22. 下列那一種抽樣設計可能產生較大的抽樣誤差?

(A) 簡單隨機抽樣　　　　　　(B) 立意抽樣

(C) 等比例隨機抽樣法　　　　(D) 叢集隨機抽樣法

( ) 23. 進行調查研究時,應該針對訪員進行訓練。下列何者不是訪員訓練的內容?

(A) 讓訪員了解調查內容與研究目的

(B) 提醒適當的服裝儀容和應對禮節

(C) 說明可能遇到的狀況與處理方式

(D) 練習如何遊說以讓對方同意受訪

( ) 24. 關於敘事研究中的敘事組合成分，下列何者錯誤？

(A) 人物　　　　(B) 口述歷史　　　(C) 情節　　　　(D) 場域

( ) 25. 有關如何在調查研究中測量抽象概念，下列敘述何者正確？

(A) 必須經過定義概念化與操作化後，方可測量

(B) 只要研究者設計好研究問題，就可測量

(C) 可以根據抽象概念直接在問卷中詢問

(D) 抽象的東西基本上無法測量，必須捨棄

( ) 26. 下列主題何者最適合採用紮根理論分析？

(A) 社區權力的結構分析　　　　(B) 特殊族群生活方式的比較

(C) 環保運動的成效　　　　　　(D) 成為遊民的歷程

( ) 27. 下列何種研究設計，最不能檢驗變項的因果關係？

(A) 古典實驗研究設計（classical experimental design）

(B) 所羅門四組研究設計（Solomon four-group design）

(C) 只有後測有控制組的研究設計（posttest-only control group design）

(D) 只有一次測量的單組研究設計（one-shot case study）

( ) 28. 有關測量青少年的偏差行為，下列何者不屬於量化的評量？

(A) 頻率　　　　(B) 期間　　　　(C) 程度　　　　(D) 歷程

( ) 29. 有關焦點團體的敘述，下列何者正確？

(A) 是量化研究方法的一種

(B) 參與者的選取是用隨機選樣

(C) 雖然有優點，但是此方法收集資料很貴、很耗時

(D) 團體的動力可能帶來調查研究時收集不到的資料

( ) 30. 對理論的敘述，下列何者錯誤？

(A) 理論歷久彌新不會改變

(B) 理論是針對特定社會現象的解釋

(C) 理論可說是個整體世界觀，用以瞭解世界上各種事件

(D) 理論嘗試說明社會現象的本質

(　) 31. 行動研究（Action Research）本質上屬於下列何種社會科學研究觀點？

(A) 實證性觀點　　(B) 詮釋性觀點　　(C) 批判性觀點　　(D) 新右派觀點

(　) 32. 針對照顧者殺人事件中，追蹤研究指出「相對於作奸犯科或者天生心狠手辣的壞人，他們沒有前科，可能是家中最有責任感的那個人，照料因病倒下的至親，他們是一群不一樣的殺人犯。」其可能是採用何種研究方法得到的結論？

(A) 焦點團體　　　(B) 行動研究　　　(C) 個案研究法　　(D) 介入研究

(　) 33. 下列結論是從某社會工作研究報告中摘錄出來：「在分析社會工作者提供服務所依據的實務工作模式時，有 15% 表示其所使用的是社會心理模式；25% 為問題解決模式；另外有 60% 則是使用生態區位之觀點。」此研究者是用何種層次來測量「使用模式」這個變項？

(A) 等比（ratio）　　　　　　　　(B) 類別（nominal）

(C) 等距（interval）　　　　　　　(D) 等級（ordinal）

(　) 34. 承上題，若想用統計圖來呈現該項結果，下列何者較為適當？①條形圖 ②點狀分布圖 ③次數多邊形圖 ④圓餅圖（pie 圖）⑤趨勢圖

(A) ②④　　　　　(B) ③⑤　　　　　(C) ②③　　　　　(D) ①④

(　) 35. 承第 33 題，在這個研究中的資料分析單位（unit of analysis）是為下列何者？

(A) 社會工作者　　　　　　　　　(B) 實務工作模式

(C) 研究者　　　　　　　　　　　(D) 社會福利機構

(　) 36. 質性資料分析的一個重要目標是運用歸納方法將所觀察到的資料發展出系統性的理論，這種類型的理論是下列何者？

(A) 經驗理論　　　(B) 觀測理論　　　(C) 紮根理論　　　(D) 歸納理論

(　) 37. 在質性研究資料分析過程中，將個別零散的資料予以分類或是類別化，屬於下列何項步驟？

(A) 資料整理　　　　　　　　(B) 編碼

(C) 撰寫備忘錄　　　　　　　(D) 概念繪圖

(　) 38.有關研究者行為倫理的敘述，下列何者錯誤？

(A) 研究者在其知識範圍內，需確保使用適合的方法進行研究

(B) 因為使用數據資料，所以量化研究者的個人偏差不會影響研究結果

(C) 研究者不得以偏向某方利益的方式報告研究結果

(D) 研究者需敏感於自身價值觀或偏好是否影響研究資料的解讀

(　) 39.若研究進行前完全告知參與者研究內容，研究便無法進行，此時關於研究倫理的敘述，下列何者錯誤？

(A) 研究所涉及的風險必須非常低

(B) 能在事前告知的資訊必須儘可能事前告知

(C) 在研究程序結束後儘早將真相告知參與者，以獲得其理解

(D) 研究主要為增進人類福祉，故參與者事後知情並不重要

(　) 40.下列那一項行為違反了研究倫理原則？

(A) 分析資料可以忽略性別的差異

(B) 應該察覺自己研究參與者族群的偏見

(C) 必須注意研究結果不當文字的使用

(D) 強調研究參與者的利益是重要於研究結果的發現

解析

申論題

一、考點分析

- 在歷屆試題中，系統抽樣法（systematic sampling）、分層隨機抽樣法（stratified random sampling）均是經典考題，更是金榜考題，在編者著《社會工作研究方法》第3章「測量與抽樣」的榜首提點中，即已叮嚀考生詳加準備。

茲將系統抽樣法（systematic sampling）與分層隨機抽樣法（stratified random sampling）之樣本分布情形、施測成本、適用時機加以比較二者的差異如下：

（一）樣本分布情形

1. 系統抽樣法（systematic sampling）：亦即每隔固定的抽樣間隔（K）就抽取出一個樣本來。在使用此方法時要特別注意的是，必須避免單位的次序和抽樣間隔一致，亦即，使用系統抽樣時，應注意一個危險性，即當母群體的名冊排列和抽樣區間的間隔一樣，又稱為週期性（Periodicity），樣本的抽樣偏誤就會發生。

2. 分層隨機抽樣法（stratified random sampling）：研究者需將母群體分成不同的層／類，每一層／類都必須明確，而且類與類之間必須有顯著的互斥性，因此每一個個體都只能歸在其中一類。同時最好符合：「層間異質性高，而層內同質性高」的前提。經過歸類以後，每一層／類中的樣本彼此之間相似性很大，而類與類之間卻差異性很大，也因此研究者在每一類別中選取較少數的樣本時就足具代表性，抽樣的效率可以增加。抽取的樣本數，最好能按母群體各層人數比例來計算抽取，以便整個樣本的結構與母群體的結構差異不大。不過若母群體的人口資料中，各層人數比例差異太大的話，則此時恐不易完全按照母群體各層人數比例來抽取樣本。也就是說，此時是適合使用加權（Weighting）的狀況。

（二）施測成本

1. 系統抽樣法：在實務上，系統隨機抽樣幾乎等同於隨機抽樣。如果，母群體的名冊在抽樣前就已經是隨機分布，那麼系統抽樣選出的樣本當然也是隨機樣本。但亦如同簡單隨機抽樣（simple random

sampling），研究者須名冊中的每一個元素編號（不可跳號），全部元素編號完畢之後，不同於簡單隨機抽樣以亂數表抽樣，系統抽樣是根據所需的樣本大小，從名冊中每隔 k 個元素抽樣。當系統抽樣要將所有的名冊加以編後，在母群體名冊數量龐大時，逐一編列名冊，耗時費工，增加施測成本。

2. 分層隨機抽樣：在母群體龐大時，逐一編列母群體名冊耗費大量施測成本，而如樣本符合分層抽樣的適用時機，分層抽樣可以依照分層的各母群相關比例，進行抽樣。此種抽樣方法不須事先編製母體名冊編後，與系統抽樣法相較，較為減省成本。

（三）適用時機

1. 系統抽樣法：經檢視母群體名冊的特性，如果名冊的排列未具有某種特別的順序，可以視研究的需要採用系統抽樣。但如名冊的元素有某種特別的順序，就必須評估採用該等順序對抽樣的影響，研擬對策來降低可能的誤差，或是改用其他抽樣方法。

2. 分層隨機抽樣：當研究的母群體數量龐大及具有可分層的特性時，可評估採用分層隨機抽樣。使用分層隨機抽樣時，必須要能獲得分層的資料，且樣本分層後，每一個分層間要具有異質性，而每一個分層中要具有異質性，

二、考點分析

■ 內容分析法、焦點團體訪談法均是重要的命題焦點，屬於基礎題型，但如同時須搭配實務案例運用，則須預為詳加準備。在準備上，可以事先準備一個案例，如考題無指定實務案例對象，則可直接套用；如考題已有指定實務案例，則以原先準備的實務案例，以該架構為主，配合實際案例情況加以修改，可省卻考場臨時思考可能面臨之時間壓力及不周全之處。

（一）內容分析法

1. 內容分析是指透過系統化的分類過程，將文本資料逐漸由繁化簡的過程，並賦予簡單統計數字作為說明依據。內容分析其實在某種程度是融入統計的分析方法（特別是描述統計的次數分配方法）去分析質性的資料。

2. 運用「內容分析法」進行資料的蒐集：以「想要了解每件重大老人保護案件的發生原因和脈絡，及各縣市老人保護社會工作者對於重大老人保護案件施虐者特質的想法」為例

   (1) 從文本資料中抽樣

   ① 本研究針對衛生福利部保護司提供 2020 至 2023 年接受通報之後已經開案接受處遇，並且結案的個案記錄檔案資料庫，進行樣本抽樣。本研究以電腦亂數表隨機抽取的方式進行，因此，所抽出的樣本具有代表性。

   ② 分類與編碼：須根據研究的目的來設定分析類目並加以整理歸類。經檢視開案資料庫，可以區分成 12 個部份，包括：A. 接案記錄，包括個案類型、個案狀態、受虐類型、接案時間、主責人員、追蹤輔導日期等；B. 個案來源；C. 被害人基本資料以及選項資料，例如：性別、生日、婚姻狀況等；D. 相對人基本資料及選項資料；E. 兩造關係，包括同住與否；F. 案情摘述；G. 服務計畫；H. 家系圖；I. 案情評估，包括受暴時間、地點、使用武器、受傷與否、精神虐待、驗傷、報警、財物損失、是否有其他成員受暴、是否有未成年子女等；J. 聯繫記錄，包括聯繫方式（電訪、面訪）、聯繫對象等；K. 保護扶助；L. 結案評估。本研究以文本分析前述抽樣個案的紀錄資料檔案後，進行變項資料編碼、萃取。

   ③ 分析詮釋經過整理（過錄）的資料並得出結論：研究者經過前述的分類與編碼後，進行資料的分析。本研究統計分析以描述性的統計為主，類別變項是以次數和百分比分析和呈現，連續變項則以平均數和標準差呈現。藉由此內容分析法，以初步了解重大老人保護案件的發生原因和脈絡，及各縣市老人保護社會工作者對於重大老人保護案件施虐者特質的想法。

（二）焦點團體訪談

1. 焦點團體是一種聚焦在單一且和情境相關的論題，以進行有組織、腦力激盪、和團體的討論，以便蒐集資料的研究方法，透過此方法，研究者能夠在短時間內針對研究議題，觀察到大量的言語互動對話，對於未知領域的調查、研究假設的發展、政策發展和規劃、實務的應用、和測量工具的建構等目的的達成都極有助益。當研究者想透過團

體互動與討論的過程來了解團體成員對某一現象或議題的看法時，即可使用焦點團體訪談法。

2. 運用「焦點團體訪談法」進行資料的蒐集：以「想要了解每件重大老人保護案件的發生原因和脈絡，及各縣市老人保護社會工作者對於重大老人保護案件施虐者特質的想法」為例

   (1) 焦點團體的樣本選取以豐富性為原則，選取能夠提供豐富和有意義資料的參與者為標準，參與者的特質和經驗以多元性為主，提供的資料比較可能具有豐富性。為了瞭解老人受暴或老人保護的服務模式，本研究擬邀請老人保護工作的執行人員、專家學者、醫療機構、警政機構、老人服務中心等主管或第一線的實務工作者參與焦點團體的討論。

   (2) 在樣本的人數方面，每一次焦點團體參與的人數以 5-12 人或 6-10 人為限，人數不宜過多或過少，否則將影響團體的動力，因而影響資料的豐富性。另外，焦點團體取樣的飽和度並不是以人數的考量為基準，並不是依照個案質性訪談「進行到第幾個人之後，資料已經出現重複」的飽和原則，而是辦理多少次的團體，資料開始出現重疊，不再有新資料出現，也就是團體辦理的次數，才是飽和的指標。依資料的飽和度或豐富性決定必須辦理的焦點團體的次數，一般辦理的次數是 1-4 次，考量到城鄉或區域之間可能的差距，本研究針對北、中、南、東四個區域總共辦理六場焦點團體。藉由此焦點團體訪談法，可深入了解重大老人保護案件的發生原因和脈絡，及各縣市老人保護社會工作者對於重大老人保護案件施虐者特質的想法，俾利未來老人保護政策及社會工作處遇之參考。

乙、測驗題部分

1. C 歸納推理是以所觀察的事實為依據，藉以發展出通則或概括（Generalization）。

2. A 自變項為「家屬陪同病人的時間」，依變項為「病人的住院適應程度」。

3. A 變項所包含的所有屬性有周延性（Exhaustive），絕無遺漏，亦即，所

有可能的情形都會被包含在變項的所有屬性之中。屬性應具有獨特性，亦即唯一性與互斥性（**Mutually Exclusive**）。也就是在分類過程中，一個屬性就是一個唯一的選擇，同時彼此之間沒有重疊。題意所述既互斥又周延。

4. D 在實際的科學研究中，理論和研究的互動乃是涉及演繹和歸納的交替循環，永無止境。Walter Wallace 以「科學之輪」（Wheel of Science）的圓圈循環來形容此一歷程，說法相當貼切且傳神。在此一模式當中，理論產生假說，假說引發觀察，觀察形成概化，而概化又導致理論的修正。經過修正的理論接著又引發修改的假說和新的觀察，新的觀察又促使概化的修改，並進一步修正理論。很明顯地，這個模式裡沒有起點，也沒有終點，是一種循環關係。

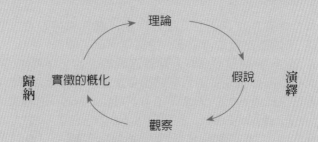

圖　科學之輪：科學的循環模式

5. A 融合／混合研究法（**Mixed Methods Research**）指的是在一研究中，使用了兩種以上的量化及（或）質性資料蒐集與分析的方法，但其中一個方法比較重要。此種研究法在資料蒐集可以同時或循序進行（選項 (A) 有誤）。但在研究過程中要留意不同性質資料的整合。

6. A 果關係的條件（先決條件）：
   (1) 時間順序：從時間系列來說，「因」一定要在「果」之前，有了因，才有果；一個因素或事件要「引起」另一個因素或事件的出現或變化，那麼這個因素或事件在時間上必須比所引起的因素或事件先行出現。選項 (A) 有誤。

(2) 相關性：這個先決條件的意思是，如果兩個變數之間存在因果關係，那麼它們必須共同變化。相關性並不「等於」因果關係。並不是所有的共變現象或相關性都代表因果關聯。

(3) 非假性關係：如果兩個變數（變數 A 和變數 B）之間表現出一種似真的因果關係，但這個關係是不真實的，那麼此時，假性關係（Spurious Relationship）就出現了；二者之間的相關，必須被證明非由其他因素的影響所造成。因為兩個變項之間的關聯，很可能是由第三個因素所造成。若要說兩件事情有因果關係，必須也能實這種相關只存在於這兩個變項之間。

7. C　必要條件是指某種情況有了「因」以後，必然的會產生影響（effect）。充分條件是指當某種情況中，有了充分的「因」素時，就會有很大的可能性會使「影響」也產生。選項 (C) 正確。

8. B　單一團體前後測的方式是在處遇之前先做前測 O_1，然後比較與後測 O_2 之間的差異是否顯著。優點是可以比較 O_1 與 O_2 之不同（選項 (A) 正確）。缺點是 O_1 與 O_2 兩者之間的差距，除其他因素不少。例如：測量的問題會使受訪者的敏感度增高，後測當然會比前測要好；其他歷史（History）的因素、成熟（Maturation）的因素，加上統計迴歸（Regression Effect）的問題（後測的分數會有歸回平均數的趨中現象產生），若無控制組與之比較，勢必無法客觀。

9. A　單親對象有單親媽媽、單親爸爸，本研究對象僅是單親爸爸，生理性別當然是男性，因此，在此研究中生理性別已不是變項。選項 (A) 有誤。

10. B　變項所包含的所有屬性有周延性（Exhaustive），絕無遺漏，亦即，所有可能的情形都會被包含在變項的所有屬性之中。屬性應具有獨特性，亦即唯一性與互斥性（Mutually Exclusive）。也就是在分類過程中，一個屬性就是一個唯一的選擇，同時彼此之間沒有重疊。題意所述所述變項類別並未包括「其他」，因此變項不具周延性。

11. C　系統誤差（Systematic Error）是指蒐集到的資料與原先預定測量的事物有所不同，即產生系統誤差。題意所述問卷結果，學生的抽菸和喝酒的頻率，填的答案都比實際情況為低，即為系統誤差。

12. C　(1) 折半信度（Split-Half Reliability）：就是把問卷「折」成一半，然後

再看受訪者在這兩半測驗上的分數彼此之間的相關係數，即為其折半信度值。題意甲屬之。

(2) 交互評分者信度／評分者間信度（Inter-Rater Reliability）通常是指觀察者間信度（Inter-Observer Reliability），有時又稱為計分者間信度（InterscorerReliability）。關心測驗是如何計分一致或由兩位評分者評定行為。題意乙屬之。

(3) 複本信度（Alternate-Form Reliability），亦即同方向信度，主要是適用於教育領域。複本是指與正本本質相同、結構也相同的問卷或測驗卷，它是另外設計的問卷，與正本「一致」但不「一樣」。所以理論上此兩種版本的考卷所測量的結果應該相同或近似，而此時即表示複本信度較高。題意丙屬之。

13. B 抽選重複樣本平均數的分布，此樣本分布的標準差稱為「標準誤」（Standard Error）。標準誤愈小表示樣本的平均數與母群體平均數愈接近。當樣本被重複使用或當樣本很大時，樣本平均數的抽樣分配趨近於「常態曲線」（選項 (D) 有誤）。標準誤受母數變異數及樣本「中央極限定理」（Central Limit Theory）所影響。因為每個樣本平均數的變異數須除以樣本大小，所以樣本數愈大，變異數愈小；在一個抽樣分配中，標準誤隨著樣本增加而減少（選項 (A)、(C) 有誤、選項 (B) 正確）。

14. D 立意抽樣是指研究者依據自己的研究目的及對母群體了解來選取樣本，特別是當研究者有足夠的知識，可以選出具有代表性的人選時，就是立意抽樣。立意抽樣適用之情況，包括：研究者使用它來選擇特別能提供訊息的獨特個案；研究者可能使用立意抽樣來選取很難以接近、屬性特殊的母群中的成員；研究者想要確認特殊個案類型，以便進行深入探究。題意所述進行校園性騷擾被害者進行研究，適合使用立意抽樣。

15. B (1) 選項 (A) 有誤，電話訪問的訪員因不須直接面對受訪者，故訪員的招募較面對面訪問容易。

(2) 選項 (C) 有誤。電話調查法無法確定接聽電話的本人，是否是中選樣本人，以及電話訪問母群體的先天涵蓋率不足等因素，容易產生樣本涵蓋誤差。

(3) 選項 (D) 有誤。電話調查所問的問題不能太多（一般都不超過十一、二題），以便能在極短的時間內完成訪問。

16. A 選項 (A) 有誤。觀察的步驟通常是由開放到集中，以利蒐集到全方位的觀察資料。

17. D 量化研究強調解釋、預測以及檢證有關社會事實的因果假設，因此較適用於解釋性研究／因果性研究；量化研究通常是對大範圍的人群、透過隨機抽樣與統計檢定等步驟，去驗證假設是否成立，或是了解母群體的需求，因此也格外重視研究結果的推論（外在效度）。質性研究的目的不在於驗證，而是在於深度探索一個較為複雜的、抽象的內心世界，因此質性研究不強調推論，而強調新觀念的開發與探索內涵、意義的深度掌握。選項 (D) 有誤，所述為質性研究。

18. C 影響實驗設計（研究設計）內在效度的因素：
    (1) 歷史效應：是指在研究過程中，是否發生一些外在的特殊事件左右。選項 (A) 屬之。
    (2) 受測者的反應。
    (3) 個人的身心成熟。選項 (B) 屬之。
    (4) 熟悉測驗內容（測驗效應）。
    (5) 測量工具有問題（工具效應）。選項 (D) 屬之。
    (6) 統計迴歸。
    (7) 差異選擇（選擇偏差）。
    (8) 實驗過程中的傷亡問題（參與者損耗）。
    (9) 受訪者被選擇參與研究與本身成熟度之間的交互作用。
    (10) 因果的時間次序問題。
    (11) 實驗、控制兩組之間相互學習的混淆（處理汙染／處置擴散）。
    (12) 實驗者的期望。
    (13) 對控制組所作的補償（犒賞行為）。
    (14) 士氣低落。

19. C 建構效度（Construct Validity）是指測驗能否測量理論的概念或特質的程度。一個好的問卷，其結果不僅可以反映出現實，其結構也應符合理論。所以問卷的設計應該從一個建構的理論出發，先導出各項關於該理論的各樣假設，衍化出各種相關的概念與變項，據之以設計和編製問卷。問卷調結束後，更應由果求因，常以相關、實驗、因素分析等方法，查核調查的結果是否符合理論上的結構與見解。

20. C　差異選擇（選擇偏差），即為選樣效應。選擇偏差是受試者未能形成相等組別所產生的威脅，這個問題之所以發生，是因為設計時沒有做好隨機指派，亦即，實驗組中的受試者帶有影響依變項的特性。實驗計畫裡一定要把樣本分成兩組：實驗組與控制組，這兩組最好愈相似愈好，所以才會設法用隨機抽樣或隨機分派的方式，把樣本公平的區分為兩組。這種差異的選擇當然會造成實驗結果的「顯著差異」，但是這種差異是由差異的選擇而來，而不是由實驗的影響而來。題意所述並未對志願服務人員進行隨機指派，故屬有選樣效應所產生之偏差。

21. D　選項 (D) 有誤。調查研究（Survey Research Method）是以抽樣的方式，探討樣本的狀況與現象（即樣本的屬性），把樣本所得之資料推論到整個樣本。隨機抽樣方法包括簡單隨機抽樣、系統隨機抽樣、分層隨機抽樣、集叢隨機抽樣等。研究者可依研究需求選擇適合的抽樣方法。

22. B　選項 (A)、(C)、(D) 均為隨機抽樣。選項 (D) 為非隨機抽樣。立意抽樣是指研究者依據自己的研究目的及對母群體了解來選取樣本，特別是當研究者有足夠的知識，可以選出具有代表性的人選時，就是立意抽樣。立意抽樣相較於其他選項之研究設計，可能會產生較大的抽樣誤差。

23. D　(1) 訪員訓練課程一開始應該要介紹該研究，即使訪員只是參與研究的資料蒐集階段，如果他們知道研究的目的與研究設計將有助於訪談的進行，而訪員如果不知道研究的來龍去脈，士氣和動機通常比較低落。選項 (A) 屬之。

　　　(2) 訪員訓練必須讓讓訪員對調查資料都徹底了解、對整個調查都要負責任（投入與委身）（Commitment）、把個人特質所造成的影響減到最低程度、根據常識當機立斷，處理問題。此外，必須穿著適當的服裝及適當的應對禮儀。選項 (B)、(C) 屬之。

24. B　敘事研究（Narrative Inquiry / Narrative Research）是一種用敘述性的故事來描述及分析的一種研究方法。敘事研究中的敘事組合成分，包括：人物、情節、場域。選項 (B) 不屬之。

25. A　測量是根據某些準則，把一些對象或事件賦予數字的過程。測量過程係以演繹的方式從抽象到具體。研究者間概念化一個變項，賦予它一個清楚的概念定義，然後進行操作化，發展出一個操作型定義，或一組指

標，最後使用這些指標，把這些指標用到經驗世界上。而操作化究是把抽象的定義予以實體化，使之可以用測量的方式來衡量此概念時，即謂操作化。選項 (B)、(C)、(D) 有誤。

26. D 紮根理論（Grounded Theory），亦稱為「有根基的理論」，是「一個使用一組有系統的程序，而發展出關於某個現象以歸納方法得出理論的一種質化研究方法。紮根理論是一種始於觀察和尋找模式、主題或共同範疇的歸納式質性方法。選項 (D) 成為遊民的歷程，最適合採用紮根理論。

27. D 只有一次測量的單組研究設計（one-shot case study），因為只有一次的測量，只能稱為前實驗設計，且因為沒有另外一組可比較，因此無法肯定處遇的作用。處遇的結果可能在沒有處遇時也一樣可以產生，所以處遇結果只是推測的結果而已。這個方法的缺點是沒有控制組的比較，所以在推論上當然也不科學，無法檢驗變項的因果關係。

28. D 選項 (D) 歷程，不屬於量化的評量，為質性的評量。

29. D
(1) 選項 (A) 有誤。焦點團體為質性研究的方法之一。
(2) 選項 (B) 有誤。焦點團體的參與者不可能透過機率抽樣技術挑選出來，他們大多是依據討論主題立意抽樣出來的。
(3) 選項 (C) 有誤。焦點團體的優點之一是可以快速蒐集到相關資料，並做立即處理。

30. A 選項 (A) 有誤。理論是由一組交互相關的概念或命題（Proposition）所組成。理論會因為社會的變遷等因素，而有所改變或修正。

31. C 「行動研究」是一種由下而上的研究方式，強調以實務工作者的需求與立場出發，對實務工作者本身所處的工作情境與內涵進行反省與批判，並結合相關的過程與步驟，找出解決或改變實務工作的困境與問題解決方案或行動策略。

32. C 個案研究（Case study）是針對單一的個人、家庭、團體、社區或社會，以個殊式的方式進行檢視。研究者之所以選用個案研究法，是因為找得到有深入調查價值的特殊個案。個案研究法雖然是針對一個特定的個案進行個殊式的理解，但個案研究結果也可以進一步發展為更普遍、

更律則式的理論基礎。題意所述可能是採用個案研究法所得到的結論。

33. B　類別尺度／類別變項（名義尺度／名義變項）（Nominal）：變項的屬
性只具有周延性和互斥性就是類別尺度。例如：性別、宗教信仰、婚姻
狀態、出生地、主修科系、職業等。分析類別尺度的資料時不能用量化
方式計算平均數、標準差、中數等，這是沒有意義的，但是，我們可以
陳述出，例如：個案數量的 40% 是男性，60% 是女性等。題意所述之
實務工作模式有社會心理模式、問題解決模式、生態區位之觀點，即是
類別尺度。

34. D　由於類別尺度（Nominal）屬性為分類變項，不具有連續性，分析類別
尺度的資料時不能用量化方式計算平均數、標準差、中數等。因此，若
想用統計圖來呈現社會工作者提供服務所依據的實務工作模式之結果，
以條型圖（題意①屬之）、圓餅圖（pie 圖）（題意④屬之）較為適當。

35. A　分析單位的類型包括個人、團體、方案、組織或機構、社區、其他事務
等（Artifacts）。題意所述「在分析『社會工作者』提供服務所依據的實
務工作模式時」，因此，這個研究的分析單位是「社會工作者」。

36. C　紮根理論是一種始於觀察和尋找模式、主題或共同範疇的歸納式質性方
法。

37. B　在質性研究資料分析過程中，將個別零散的資料予以分類或是類別化，
係屬於編碼的步驟。紮根理論的目的在建立理論，應用一系列的「方
法」（Method）來蒐集與分析資料，觀察與訪談是常用來蒐集資料的方
法，而 Strauss 和 Corbin 認為分析資料的程序包括開放式編碼（Open
Coding）、主軸式編碼（Axial Coding）和選擇式編碼（Selective
Coding）等過程。

38. B　選項 (B) 有誤。量化研究者因為使用數據資料的個人偏差，會影響研究
結果。

39. D　選項 (D) 有誤。社會工作研究者從事研究之前，應在適當時機取得研究
參與者自願簽下的知情同意書，拒絕參與者不應受到任何暗示性或實質
性的剝奪或懲罰；不得利用不正當的誘因吸引參與者，應注意參與者的
福祉、隱私及尊嚴。社會工作研究者執行研究或研究設計牽涉隱瞞、欺

騙或不需知情同意書的程序，則需經過嚴格且具公信力單位的檢視。社會工作研究者的研究執行牽涉刻意隱瞞時，應於事後告知研究參與者並取得其同意，才可進行發表。

40. A　選項 (A) 有誤。分析資料時忽略性別的差異，違反了研究倫理。亦即，研究者缺乏對性別偏誤的敏感度。

國家圖書館出版品預行編目資料

社會工作研究方法／陳思緯編著. -- 九
版. -- 臺北市：考用出版股份有限公司，
2024.12
面；　公分
ISBN 978-626-7551-01-1(平裝)

1.CST: 社會工作　2.CST: 研究方法

547.031　　　　　　　　　113011044

4K74

社會工作研究方法

作　　　者 ─ 陳思緯(272.7)

編輯主編 ─ 李貴年

責任編輯 ─ 李敏華、何富珊

文字校對 ─ 李驊梅

封面設計 ─ 姚孝慈

出 版 者 ─ 考用出版股份有限公司

發 行 人 ─ 楊榮川

總 經 理 ─ 楊士清

總 編 輯 ─ 楊秀麗

地　　　址：106臺北市大安區和平東路二段339號4樓

電　　　話：02-27055066（代表號）

傳　　　真：02-27066100

網　　　址：https://www.wunan.com.tw

電子郵件：wunan@wunan.com.tw

劃撥帳號：01068953

戶　　　名：五南圖書出版股份有限公司

法律顧問　林勝安律師

出版日期　2014 年 1 月初版一刷
　　　　　2020 年 1 月七版一刷
　　　　　2021 年 11 月八版一刷
　　　　　2024 年 12 月九版一刷

定　　　價　新臺幣620元

經典永恆・名著常在

五十週年的獻禮 ── 經典名著文庫

五南，五十年了，半個世紀，人生旅程的一大半，走過來了。
思索著，邁向百年的未來歷程，能為知識界、文化學術界作些什麼？
在速食文化的生態下，有什麼值得讓人雋永品味的？

歷代經典・當今名著，經過時間的洗禮，千錘百鍊，流傳至今，光芒耀人；
不僅使我們能領悟前人的智慧，同時也增深加廣我們思考的深度與視野。
我們決心投入巨資，有計畫的系統梳選，成立「經典名著文庫」，
希望收入古今中外思想性的、充滿睿智與獨見的經典、名著。
這是一項理想性的、永續性的巨大出版工程。
不在意讀者的眾寡，只考慮它的學術價值，力求完整展現先哲思想的軌跡；
為知識界開啟一片智慧之窗，營造一座百花綻放的世界文明公園，
任君遨遊、取菁吸蜜、嘉惠學子！